U0617219

创 业 管 理

主　编　张　成
副主编　李俊辉　罗美玲
　　　　余俊香　刘全明

西安电子科技大学出版社

内 容 简 介

　　本书系统地阐述了创业所需的基本理论、基本方法、基本流程及技巧，吸收了国内外创业管理的成功经验和最新成果，以实用、创新为特色，将理论与实践相结合。

　　本书可作为各类高等学校开设创业教育课程的教材，也可作为从事就业创业指导工作的人员及本身正在创业人员的培训教材和自学参考书。

图书在版编目(CIP)数据

创业管理/张成主编. 一西安：西安电子科技大学出版社，2018.8(2020.8 重印)

ISBN 978-7-5606-5092-0

Ⅰ. ① 创… Ⅱ. ① 张… Ⅲ. ① 创业—高等学校—教材 Ⅳ. ① F241.4

中国版本图书馆 CIP 数据核字(2018)第 205693 号

策划编辑　李　伟
责任编辑　买永莲　任倍萱
出版发行　西安电子科技大学出版社(西安市太白南路 2 号)
电　　话　(029)88242885　88201467　　　邮　　编　710071
网　　址　www.xduph.com　　　　　　　电子邮箱　xdupfxb001@163.com
经　　销　新华书店
印刷单位　陕西精工印务有限公司
版　　次　2018 年 8 月第 1 版　　2020 年 8 月第 3 次印刷
开　　本　787 毫米×1092 毫米　1/16　　印　张　18
字　　数　426 千字
印　　数　1301～2300 册
定　　价　39.00 元

ISBN 978－7－5606－5092－0 / F

XDUP 5394001-3

如有印装问题可调换

前　言

　　"大众创业，万众创新"已经成为当今社会最生动的实践。创业在实现人生价值、创造社会财富，推动历史进步方面起着不可替代的作用。创业是我国现代经济发展的最重要的动力之一，也是我们进行改革创新、制度创新、理论创新主要的实践手段。在风起云涌的创业浪潮中，大学生的创业活动备受关注，大学生创业已成为高校中的亮点。在高校开展创业教育，是高校服务国家加快转变经济发展方式、建设创新型国家和人力资源强国的战略举措，是深化高等教育教学改革、提高人才培养质量、促进大学生全面发展的重要途径，是落实以创业带动就业，促进高校毕业生充分就业的重要措施。

　　知识经济时代既为大学生发展提供了机遇，又为大学生施展才华和实现抱负提供了舞台。教育在校学生和创业者识别创业机会并创办自己的新企业，管理和发展自己的新企业，激发在校学生和创业者的创业热情、创业潜力和创业思维，提升他们的创业综合素质和创业能力，促使他们形成良好的事业心、进取心和对事业的探索精神，是时代的要求，也是我们编写出版本书的宗旨。

　　参加本书编写的人员既有多年从事大学生创业指导的管理人员和教师，也有正在实施创业的企业高层管理人员，他们具有较强的理论功底和实践经验。在本书编写过程中，我们遵循理论与实践相结合的原则，系统阐述创业的基础知识和基本理论，使在校大学生和创业者熟悉创业的基本流程和基本方法，了解创业的法律法规和相关政策，激发创业意识，培养创业精神和创业能力，提高社会责任感，把自己所学的知识转化为生产力来实现自身的价值，更好地拓展个人发展空间。

本书的编写采用了集体讨论、分头执笔、交叉修改的方式。全书由张成负责统稿、审稿。全书共分十章。各章的具体分工如下：第一章、第二章和第四章由顺德职业技术学院张成老师撰写；第三章、第五章由顺德职业技术学院李俊辉老师撰写；第六章、第八章由顺德职业技术学院罗美玲老师撰写；第七章、第九章和第十章由佛山市顺德区容桂职业技术学院余俊香老师撰写；各章节的创业案例由北京智维财富投资管理有限公司刘全明总经理提供。

　　本书具有几个鲜明特点：一是观念新，二是取材新，三是案例新。本书既可供高等学校、高等职业技术学院、中等职业技术学校和相关职业技术培训班作为教材使用，也可供企业相关人员参考阅读，用于全面提升创业综合素质和创业能力。

　　本书的出版得到了西安电子科技大学出版社的积极支持和帮助，在此表示感谢。本书在编写过程中引用于许多学者的著作和研究成果，特在此对原作者表示衷心的感谢！

　　由于编者水平有限，书中不妥之处在所难免，请各位专家与同仁多提意见和建议。

编　者

2018 年 6 月

目　　录

第一章 创业导论

知识目标

- 了解创业的含义、要素及其对社会和个人发展的影响。
- 理解创业类型及创业的功能和意义。
- 掌握创业精神与人生发展的关系及其对社会发展的推动作用。

能力目标

通过本章的学习，唤醒大学生的创业意识，点燃创业热情，推动社会发展。

随着高等教育的大众化，高校毕业生人数急剧增加(2015 年全国各类高等教育毕业生规模为 749 万人)，大学生就业难早已成为社会关注的焦点和热点问题。然而，大学生就业难并不是我国独有的问题，为缓解就业的压力，世界上很多国家都把大学生创业作为带动就业的核心动力，并取得了一些成功的经验。目前在美国、欧洲等发达国家，大学毕业生创业人数占毕业生总数的比例一般为 20%～30%，自主创业已成为大学生就业的重要途径之一。从我国目前的实际情况来看，很多大学生并没有把创业作为事业和人生的追求，大学生创业人数还不到毕业生总数的 0.1%，而大学生创业成功的比例也很低，只有 2%～3%。因此，如何学习和借鉴发达国家的经验，化解当前制约大学生创业的不利因素，通过精心组织、科学管理，来唤醒大学生的创业意识，点燃其创业热情，帮助更多的大学生成功创业，必将成为高等学校乃至全社会的一项重要任务。

第一节 创业概述

创业是人类最基本的实践活动，从某种意义上说，人类社会发展的历史，就是一部不断创业的历史。通过各个时代的创业，人类不断地创造新的物质财富和精神财富，来满足自身物质和精神的需要，从而推动社会不断进步，使社会逐步走向文明、昌盛、富强。

一、创业的含义与功能

(一) 创业的含义

现在随手拿起一份报纸或一本杂志，打开收音机或电视机的新闻频道，或者进入一个新闻网站，都会发现有关企业家或创业型企业的报道。创业是当前的一个流行话题。如果现在有人问有关创业的定义，该如何回答，如何进行描述呢？

创业(Entrepreneurship)一词的出现可追溯到二百多年前的法国。1775 年，法国的经济学家 Richard Cantillon 将创业者和经济中承担的风险联系在一起。这就是创业的第一次定义，即创业代表着承担风险。

　　《现代汉语词典》对"创业"的解释是：创办事业。而"事业"是指人所从事的，具有一定目标、规模和系统并对社会发展有影响的经济活动。《辞海》对"创业"的解释是：创立基业。"基业"是指事业的基础。由此可见，创办事业是创业的本质。

　　创业有广义和狭义之分。广义的创业是指人类的创举活动，或指带有开拓、创新并有积极意义的社会活动。这种活动可以是盈利的，也可以是非盈利的，可以是经济方面的，也可以是政治、军事、文化、科学、教育等各个领域的。只要是人们以前没有做过的，对社会产生积极影响的事，都可以说成创业。如美国的荣斯戴特提出："创业是一个创造增长的财富的动态过程。"杰弗里·蒂蒙斯指出："创业是一种思考、推理和行为方式……创业导致价值的产生、增加、实现和更新，不只是为所有者，也为所有的参与者和利益相关者。"

　　另外，从更广义的角度理解，一个人根据自己的性格、兴趣、知识与能力等选择自己的角色、职业和工作岗位，在这一岗位上创造性地发挥自己的特长和才干，实现个人价值并为社会带来财富的活动，都属于创业，因而职业也有岗位创业的含义。

　　从狭义上所讲的创业概念，源于"Entrepreneur"(企业家、创业者)一词，因而对其理解通常带有经济学的视角。如刘先明认为："创业是指某个人发现某种信息、资源、机会或掌握某种技术，利用或借用相应的平台或载体，将其发现的信息、资源、机会或掌握的技术，以一定的方式，转化、创造成更多的财富、价值，并实现某种追求或目标的过程。"郁义鸿、李志能在《创业学》一书中指出："创业是一个发现和捕捉机会并由此创造出新颖的产品或服务，实现其潜在价值的过程。"

　　在创业的定义中发现的一个共同主题是意识到企业家的重要作用。毫无疑问，如果没有一位愿意去做一名企业家要做的事情的人，就不会有创业。

　　创业定义中的另一个共同主题是创新。创新包括变化、改革、改造，以及新方法的引进。

　　综上所述定义和教育部大纲的要求，我们将创业定义为"不拘泥于当前资源，寻求机会，进行价值创造的行为过程"。该定义包括以下四个方面的内容：

　　(1) 创业是创造的过程。创业创造出某种有价值的新事物，这种新事物必须是有价值的，不仅对创业家本身，而且对其开发的某些目标对象也是有价值的。

　　(2) 创业需要贡献出必要的时间，付出极大的努力。要完成整个创业过程，要创造新的有价值的事物，就需要大量的时间，而要获得成功，没有极大的努力是不可能的。

　　(3) 承担必然存在的风险。创业的风险可能有多种形式，依赖于创业的领域，但是通常的风险来自财务方面、精神方面、社会方面及家庭方面等。

　　(4) 给予创业家以创业报酬。作为一个创业家，最重要的回报可能是其由此获得的独立自主，及随之而来的个人满足感。对于追求利润的创业家，金钱的回报无疑是最重要的。很多的创业者乃至旁观者，其实都把金钱的回报视为成功与否的一种尺度。

　　(二) 创业的功能

　　自 20 世纪 80 年代以来，国外经济和管理学界就一直非常重视"创业"这个十分重要和活跃的领域。这主要是由于创业作为经济发展的原动力，在促进经济高速增长、加速技术创新和科技成果转化以及增加就业机会、缓解社会就业压力等方面的作用日益突出和增强。现阶段在我国推行创业，具有以下功能：

(1) 促进城乡结构的优化，加快我国城市化进程。要打破我国长期形成的城乡二元经济结构，实现小城镇建设、农业产业化、农村剩余劳动力转移，主要依靠无数异常活跃、自主经营的小业主及微小企业构造微观运作平台。它们是"公司＋农户＋基地"的基础力量，是进城进镇务工经商的主力军，是城镇房地产(住宅和商铺)的重要消费者。

(2) 促进产业结构优化，加快第三产业发展。服务业是能够大量容纳劳动力的产业，一般用工数量是工业的2～3倍。鼓励在第三产业创业，能迅速提高我国第三产业在国民经济中的比重，同时改善人民生活水平和提高生活质量。

(3) 促进所有制结构的优化。从所有制性质看，创业的微型和小型企业都是私营和民间资本，国有资本将从国民经济竞争领域逐步退出，此时需要民营企业及时去填补和置换国有资本。因此，扶持创业小企业做大、做强具有重要意义。

(4) 促进经济规模结构的优化。只有积极发展成千上万"小而专"、"小而特"、"小而精"的微型和小型企业，并形成社会化生产和服务体系，金字塔形的大、中、小型企业规模结构，才能具有国际竞争力。

(5) 促进投资结构的优化，加快民间投资进入。目前在市场紧缩、消费疲软、民间投资意愿不强的情况下，主要依靠政府的投入支撑国民经济发展，从长远看积极财政政策的效果是有限的。大量民间资本的创业对国民经济的增长有直接贡献，其投资效率也是很高的。

(6) 带来劳动力就业的倍增放大效应。创业不单是创业者个人创立自己的一份事业、产业，还创造出新的就业机会。比如一个小型企业能够吸纳3～5个人就业。

(7) 提高政府就业管理工作效能。通过创业带动就业的杠杆作用，政府减轻了就业服务工作量，提高了就业服务工作效率。

(8) 增加国家税收。通过一大批创业的微型、小型企业的设立和成长，还能够增加国家税源；成千上万勤俭、诚信创业的小业主将成为中产阶级的中坚力量，为发家致富提供正面的典型示范，其社会效果和经济效果不可估量。

二、创业要素与类型

(一) 创业要素

由创业的概念可知，创业的要素包括创业者、商业机会、技术、资源、人力资本、组织、产品服务等几个方面，如图1-1所示。

(1) 创业者。创业者是创业过程中处于核心地位的个人或团队，是创业的主体。创业者在创业过程中起着关键的推动和领导作用，其职责包括识别商业机会、创建企业组织、融资、开发新产品、获取和有效配置资源、开拓新市场等。因而创业者的素质和能力是创业成功的第一要素。

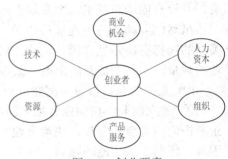

图1-1 创业要素

(2) 商业机会。商业机会是创业过程中的核心，创业者从发现和识别商业机会开始创业。商业机会指没有被满足的市场需求，它是市场中现有企业留下的市场空缺。商业机会就是创业机会，它意味着顾客能得到比当前更好的产品和服务的潜力。

(3) 技术。技术是一定产品或服务的重要基础。产品与服务当中的技术含量及其所占比例，是企业满足社会和市场需求的支持保障，是企业的核心竞争力。

(4) 资源。资源是组织中的各种投入，包括各种人、财、物。资源不仅指有形资产，如厂房、机器设备，也包括无形资产，如专利、品牌；不仅包括个人资源，如个人技能、经营才能，也包括社会网络资源，如信息、权力影响、情感支持、金融资本。

(5) 人力资本。人力资本是创业的重要资源投入。创业成功的关键在于创业者的识人、留人、用人。形成创业的核心团队，制定有利的政策制度和有效的组织结构，建立良好的企业文化是建立人力资本的核心。

(6) 组织。组织是协调创业活动的系统，是创业的载体，是资源整合的平台。创业型组织的显著特征是创业者的强有力领导和缺乏正式的结构和制度。从广义来说，创业型组织是以创业者为核心形成的关系网络，不仅包括新设组织内的人，还包括这个组织之外的人或组织，如顾客、供应商和投资人。

(7) 产品服务。产品服务是创业者为社会创造的价值，它既是创业者成功的必要条件，也是创业者对社会的贡献。正是通过为社会提供更多更好的产品服务，人类社会的财富才日益增多，人们的生活才变得丰富多彩。

总之，创业是具有创业精神的创业者、商业机会、组织与技术、资金、人力资本等资源相互作用、相互配置，创造产品和服务的动态过程。

(二) 创业类型

随着创业活动的日益广泛，创业活动的类型也呈现出多样化的趋势。了解创业类型，比较不同类型创业活动的特点，有助于我们更好地理解和开展创业活动。创业从不同的角度，根据不同的标准可以做不同的分类。

(1) 根据创业动机，创业可分为机会型创业与就业型创业。

① 机会型创业，是指创业的出发点并非谋生，而是为了抓住、利用市场机遇。它以市场机会为目标，能创造出新的需要，或满足潜在的需求，因而会带动新的产业发展，而不是加剧市场竞争。

② 就业型创业，指为了谋生而走上创业之路。这类创业是在现有的市场上寻找创业机会，并没有创造新需求，大多属于尾随型和模仿型，因而往往小富即安，极难做大做强。

虽然创业动机与主观选择相关，但创业者所处的环境及其所具备的能力对于创业动机类型的选择有决定性作用。因此，通过教育和培训来提高创业能力，就可以增加机会型创业的数量，不断增加新的市场，减少低水平竞争。

(2) 根据创业者数量，创业可分为独立创业与合伙创业。

① 独立创业，指创业者独立创办自己的企业。其特点在于产权是创业者个人独有的，企业由创业者自由掌控，决策迅速。但它需要创业者独自承担风险，创业资源准备也比较困难，还受个人才能的限制。

② 合伙创业，指与他人共同创办企业。其优劣势与独立创业相反，优势在于资源准备相对容易，风险均摊，决策制衡，可以发挥集体智慧。但缺点在于权力多头，决策层级多，

响应速度慢。

(3) 根据创业项目性质，创业可分为传统技能型创业、高新技术型创业和知识服务型创业。

① 传统技能型创业，指使用传统技术、工艺的创业项目，它具有永恒的生命力。尤其是酿酒、饮料、中药、工艺美术品、服装与食品加工、修理等与人们日常生活紧密相关的行业中，独特的传统技能项目表现出了经久不衰的竞争力，许多现代技术都无法与之竞争。

② 高新技术型创业，指知识密集度高，带有前沿性、研究开发性质的新技术、新产品项目。

③ 知识服务型创业，指为人们提供知识、信息的创业项目。当今社会，信息量越来越大，知识更新越来越快，各类知识性咨询服务的机构将会不断细化和增加，如律师事务所、会计师事务所、管理咨询公司、广告公司等。这类项目投资少、见效快。如北京有人创办剪报公司，把每天主要媒体上与该企业有关的信息全部收集、复印、装订起来，有的年收入达100万元，且市场十分稳定。

(4) 根据创业方向或风险，创业可分为依附型创业、尾随型创业、独创型创业和对抗型创业。

① 依附型创业，可分为两种情况：一是依附于大企业或产业链而生存，为大企业提供配套服务，如专门为某个或某类企业生产零配件，或生产、印刷包装材料；二是特许经营权的使用，如利用麦当劳、肯德基等的品牌效应和成熟的经营管理模式，减少经营风险。

② 尾随型创业，即模仿他人创业，"学着别人做"。其特点：一是短期内只求能维持下去，随着学习的成熟，再逐步进入强者行列；二是在市场上拾遗补缺，不求独家承揽全部业务，只求在市场上分得一杯羹。

③ 独创型创业，指提供的产品或服务能够填补市场空白。这种独创性包括商品的独创性，或者商品的某种技术的独创性以及服务的独创性，如生产环保性更好且去污力更强的洗衣粉，创立首家搬家服务公司、婚介公司等。但其也有一定的风险性，因为消费者对新事物有一个接受的过程。独创型创业也可以是旧内容新形式，比如产品销售送货上门，经营的商品并无变化，但在服务方式上改进了，从而更具竞争力。

④ 对抗型创业，指进入其他企业业已形成垄断地位的某个市场，与之对抗较量。这类创业风险最高，必须在知己知彼、科学决策的前提下，抓住市场机遇，乘势而上，把自己的优势发挥到极致。比如，针对1990年年初外国饲料厂商在中国市场大量倾销合成饲料的背景，希望集团运用对抗型创业，建立了西南最大的饲料研究所，定位于与外国饲料争市场，从而取得成功。

(5) 基于创业方式，创业可分为复制型创业、模仿型创业、安定型创业和冒险型创业。

① 复制型创业。复制型创业是在现有经营模式的基础上进行简单复制的过程。例如，某人原本在一家化工品制造企业担任生产部经理，后来离职创立一家与原化工品制造企业相似的新企业，且生产的产品和销售渠道与离职前的那家企业相似。在现实生活中，复制型新创企业的比例较高，由于前期经验的累积，这种类型创业的成功率也很高。但是，在这种类型的创业活动中，创新的贡献比较低，对创业精神的要求也比较低，因此，在以往的创业研究中，对这种类型的创业关注得比较少。

② 模仿型创业。模仿型创业是一种在借鉴现有成功企业经验基础上进行的重复性创

业。这种创业虽然很少给顾客带来新创造的价值，创新的成分也很低，但对创业者自身命运的改变还是较大的。它与复制型创业的不同之处在于，其创业过程对于创业者而言，具有很大的冒险成分。例如，某软件工程师辞职后，模仿别人开一家饮食店。这种形式的创业具有较高的不确定性，学习过程长，犯错误的机会多，试错成本也较高。不过，创业者如果具备较高的素质，那么只要他得到专门的系统培训，注意把握市场进入契机，创业成功的可能性也比较大。

③ 安定型创业。安定型创业是一种在比较熟悉的领域所进行的不确定因素较小的创业。这种创业虽然为市场创造了新的价值，但是对创业者而言，并没有太大的改变，其所从事的仍是比较熟悉的工作。这种创业类型强调的是创业精神的实现，也就是创新的活动，而不是新组织的创造。企业内部创业即属于这一类型。例如，企业内的研发团队在开发完成一项新产品之后，继续在该企业内开发另一款新的产品。这种创业形式强调的是个人创业精神的最大限度的实现，而不是对原有组织结构进行设计和调整。

④ 冒险型创业。冒险型创业是一种在不熟悉的领域进行的不确定性较大的创业。这种创业除了对创业者具有较大的挑战，并会给其带来很大的改变外，其个人前途的不确定性也很高。通常情况下，那些以创新的方式为人们提供具有自主知识产权的新产品、新服务的创业活动，便属于这种类型的创业。冒险型创业是一种难度很高的创业类型，有较高的失败率。尽管如此，因为这种创业预期的回报较高，所以对那些充满创业精神的人来说，它仍极具诱惑力。这里需要提醒大家的是，创业者只有在具备超强的个人能力，拥有非常有竞争力的产品，恰逢适宜的创业时机，且制定了合理的创业方案，并能进行科学的创业管理的条件下，才有可能获得创业的成功。

(6) 基于创业主体，创业可分为个体创业和公司创业。

个体创业主要指不依附于某一特定组织而开展的创业活动。公司创业主要指在已有组织内部发起的创业活动，这种创业活动可以由组织自上而下发动，也可以由员工自下而上推动，但无论推动者是谁，公司内的员工都有机会通过主观努力参与其中，并在这种创业中获得报酬和得到锻炼。从创业本质来看，个体创业与公司创业有许多共同点，但是由于创业主体在资源、禀赋、组织形态和战略目标等方面各不相同，因而两者在创业的风险承担、成果收获、创业环境、创业成长等方面存在较大的差异。两者的主要差异见表 1-1。

表 1-1　个体创业和公司创业的主要差异

个 体 创 业	公 司 创 业
创业者承担风险	公司承担风险
创业者拥有商业概念	公司拥有概念，特别是与商业概念有关的知识产权
创业者拥有全部或大部分事业	创业者或许拥有公司的权益，但可能只是很小一部分
从理论上说，创业者的潜在回报是无限的	在公司内，创业者所能获得的潜在回报是有限的
个体的一次失误可能意味着整个创业失败	公司拥有更多的容错空间，能够吸纳失败
受外部环境波动的影响较大	受外部环境波动的影响较小
创业者具有相对独立性	公司内部的创业者更多受团队的牵制
在过程、试验和方向的改变上具有灵活性	公司内部的规则、程序和官僚体系会阻碍创业者的策略调整

续表

个 体 创 业	公 司 创 业
决策迅速	决策周期长
低保障	高保障
缺乏安全网	有一系列安全网
在创业主意上，可以沟通的人少	在创业主意上，可以沟通的人多
至少在创业初期，存在有限的规模经济和范围经济	能够很快实现规模经济和范围经济
严重的资源局限性	在各种资源的占有上都有优势

三、创业过程的阶段划分

创业过程包括创业者从产生创业想法，到创办新企业或开创新事业并获取回报的整个过程。这个过程涉及的活动和行为较多，如寻找创业机会、组建创业团队、筹集创业资金、制订创业计划，等等。为了帮助大家更好地把握创业过程的关键环节，我们按照时间顺序，将创业过程划分为机会识别、资源整合、创办新企业、新企业生存和成长四个阶段。

（一）机会识别

识别创业机会是创业过程的核心，也是创业管理的关键环节。识别创业机会包含发现机会和评价机会的价值两个方面的活动，这其中有许多问题值得研究。

第一，创业机会来自哪里？或者说创业者应该从何处识别创业机会？

第二，为什么某些人能够发现创业机会而其他人却不能？或者说，哪些因素影响甚至决定了创业者识别机会？

第三，创业机会是通过什么形式和途径被识别的？是经过系统地搜集资料和周密地调查研究，还是偶然被发现的？

第四，是不是所有的机会都有助于创业者开展创业活动并创造价值？

通过这些问题，我们可以看到创业者在识别机会阶段经常要开展的活动。为了发现机会，创业者需要多交朋友，并经常与朋友沟通交流，这样做有助于创业者更广泛地获取信息。创业者还需要细心观察，从以往的工作和周边的事物中发现问题，看到机会。在发现机会之后，创业者还需要对机会进行评价，以判断机会的商业价值。

（二）资源整合

整合创业资源是创业者开发机会的重要手段。强调资源整合，是因为创业者可以直接控制的可用资源少，许多成功的创业者都有过白手起家的经历。对创业者来说，整合资源往往意味着整合外部的、别人掌握控制的资源，来实现自己的创业理想。

人、财、物是任何生产经营单位都要具备的基本生产要素，创业活动也是如此。对打算创业并识别了创业机会的创业者来说，要想成就一番事业，就要组建创业团队、筹集创业资金、搭建创业平台、建立销售渠道、理顺上下级关系。如果是创建生产性企业，还需要租用场地、建造厂房、购置设备、购买原材料等。

创业活动是创业者在资源匮乏的情况下开展的具有创造性的工作，势必面临很大的不确定性。在很多情况下，创业者自身对事业的未来发展也不清楚，所以外部组织和个体当然不敢轻易地将自己的资源投给创业者。因此，不少创业者在创业初期乃至新企业成长的很长一段时间里，都要把主要的精力投入到整合资源中。

（三）创办新企业

新企业的创建和新事业的诞生，往往是创业者开始创业行为的直接标志，有人甚至将是否创建了新企业作为个人是不是创业者的衡量标准。创建新企业有不少事情要做，包括公司制度的制定、企业注册、经营地址的选择、确定进入市场的途径，等等，有时甚至要在是创建新企业还是收购现有企业等进入市场的不同途径之间进行选择。

企业内创业可能没有公司制度设计问题，但同样要设计奖惩机制，甚至需要制定利益分配原则；可能没有企业注册问题，但同样要有资金投入及预算控制机制等问题。创业初期，迫于生存的压力，也由于对未来发展无法准确预期，创业者往往容易忽视制度和机制建设，结果给以后的发展带来许多问题。

（四）新企业生存和成长

从表面上看，新企业的运营与有多年经营历史的企业相比，没有什么本质的区别，都要做好生产销售等类似的工作。但真正创办过新企业的人都知道，它们之间的差异还是很大的。对已经存在的企业来说，其销售工作的核心任务是注重品牌价值，维护好老顾客，提升顾客的忠诚度。而对新创建的企业来说，它虽然也要考虑品牌价值等问题，但首要的任务是争取到第一个顾客。这意味着新企业要为顾客创造更大的价值，意味着要为获得同样的收益付出更大的代价和成本。

确保新创建的企业生存，是创业者必须面对的挑战，从某种意义上说，只有活下来才能谈其他的问题。但是，强调生存的重要性，并不意味着不考虑成长和发展。"人无远虑，必有近忧"，不考虑成长就无法生存得更长远，在竞争激烈的环境中尤其如此。新企业的成长是有规律的，创业者需要了解企业成长的一般规律，预想企业不同成长阶段可能面临的问题，并采取有效的措施予以防范和解决，使机会价值得到充分实现；同时不断地开发新的机会，把企业做大、做强、做活、做长。

 创业故事　　　　　　**创新与改变——乔布斯的创业故事**

提起史蒂夫·乔布斯(Steve Jobs)，关于他的一组震撼性的数字就会浮现在我们眼前：2 次手术，3 个孩子，8 年抗病，11 款经典产品，100 倍股价涨幅，1000 万台 iPad，1 亿部 iPhone，2.7 亿台 iPod，带动全球超过万亿产值，使其成为当今社会追梦者的偶像和精神领袖。但创业是一种创新活动，充满了机遇，也充满了挑战和变数，成功、竞争和风险与创业形影相随。与其说乔布斯创造苹果是一部成功的经典，不如说他和苹果公司都经历了常人所不能经历的挫折。世上本无天才，成功必有艰辛。在本故事中，我们将一起探讨乔布斯如何白手起家、黯然离开、另起炉灶、艰难回归，到再创辉煌，顽强对抗病魔，打造了庞大的苹果帝国，最终成为全世界数亿人顶礼膜拜的传奇人物。

一、苹果问世

1955 年 2 月 24 日，斯蒂夫·乔布斯出生在美国旧金山，刚刚出生，就被心狠无情的父母遗弃了。幸运的是，一对好心的夫妻收留了这位可怜的私生子。虽然是养子，但养父母却对他很好，如同亲子。学生时代的乔布斯聪明、顽皮、肆无忌惮，常常喜欢别出心裁地搞出一些令人啼笑皆非的恶作剧。不过，他的学习成绩倒是十分出众。

当时，乔布斯就生活在著名的"硅谷"附近，邻居都是"硅谷"元老——惠普公司的职员。在这些人的影响下，乔布斯从小就很迷恋电子学。一个惠普的工程师看他如此痴迷，就推荐他参加惠普公司的"发现者俱乐部"。这是个专门为年轻工程师举办的聚会，每星期二晚上在公司的餐厅中举行。就在一次聚会中，乔布斯第一次见到了电脑，他开始对电脑有了一个朦胧的认识。

上初中时，乔布斯在一次同学聚会上，与比他年长 5 岁的沃兹见面。沃兹是学校电子俱乐部的会长，对电子学也有很大的兴趣。两个人一见如故，8 年后他们创办了苹果电脑公司。

19 岁那年，刚念大学一年级的乔布斯突发奇想，辍学成为雅达利电视游戏机公司的一名职员，之后成为该公司的一名工程师。安定下来之后，乔布斯常常与沃兹在自家的小车库里琢磨电脑。他们梦想着能够拥有一台自己的电脑，可是当时市面上卖的都是商用的，且体积庞大，价格昂贵，于是，他们准备自己开发。制个人电脑必需的就是微处理器，可是当时的 8080 芯片零售价要 270 美元，并且还不出售给未注册公司的人。两人不灰心，仍继续寻找，终于在 1976 年度旧金山威斯康星计算机产品展销会上买到了摩托罗拉公司出品的 6502 芯片，功能与英特尔公司的 8080 相差无几，但价格却只要 20 美元。

带着 6502 芯片，两个狂喜的年轻人回到乔布斯家的车库，开始了自己伟大的创新。他们设计了一个电路板，将 6502 微处理器和接口及其他一些部件安装在上面，通过接口将微处理机与键盘、视频显示器连接在一起，仅仅几个星期，电脑就装好了。乔布斯的朋友们都被震惊了，但他们还没意识到，这个其貌不扬的东西就是世界上第一台个人电脑，会给以后的世界带来多大的影响。但是精明的乔布斯立即估量出这种自制电脑的市场价值所在。为筹集批量生产的资金，他卖掉了自己的大众牌小汽车，同时劝说沃兹也卖掉了他珍爱的惠普 65 型计算器。就这样，他们有了奠基伟业的 1300 美元。

1976 年愚人节那天，乔布斯、沃兹及乔布斯的朋友龙·韦恩做了一件影响后世的事情：他们三人签署了一份合同，决定成立一家电脑公司。公司的名称由偏爱苹果的乔布斯一锤定音——称为苹果。后来流传开来的就是那个著名的商标——被人咬了一口的苹果。而他们的自制电脑则被顺理成章地追认为"苹果 1 号"。

二、黯然离开

一个偶然的机遇给"苹果"公司带来了转机。1976 年 7 月的一天，零售商保罗·特雷尔来到乔布斯家的车库，当看完乔布斯熟练地演示电脑后，他认为"苹果"机大有前途，决意冒一次风险——订购 50 台整机，但要求一个月内交货。乔布斯喜出望外，立即签约，拍板成交，这可是做成的第一笔"大生意"。

50 台整机在特雷尔手里很快销售一空，有了良好的开始，"苹果"公司名声大振，开始了小批量生产。乔布斯和沃兹开始意识到，他们的小资本根本不足以应付这急速的发展。乔布斯后来回忆道："大约是在 1976 年秋，我发现市场的增长比我们想象的还快，我们需要更多的钱。"为此，他们分头去找资金支持，包括沃兹就职的公司惠普。但遗憾的是，这些公司都没意识到这其中蕴藏的商机和市场。

机遇往往垂青努力的人。1976 年 10 月，百万富翁马尔库拉慕名前来拜访沃兹和他们的车库工场。马尔库拉是位训练有素的电气工程师，且十分擅长推销工作，被人们称为推销奇才。由于在股票生意上发了财，他很早就选择了退休的生活。但看到这两个年轻人的新产品，马尔库拉决心重操旧业，帮助他们把公司大张旗鼓地办起来。他主动帮助他们制定一份商业计划，给他们贷款 69 万美元，将自己的命运与两个年轻人联系在一起。有了马尔库拉这样的行家里手的指导，有了这笔巨资，"苹果"公司的发展速度大大加快了。

1980 年，《华尔街日报》的全页广告写着"苹果电脑就是 21 世纪人类的自行车"，并登有乔布斯的巨幅照片。1980 年 12 月 12 日，"苹果"公司股票公开上市，在不到一个小时内，460 万股被抢购一空，当日以每股 29 美元收市。按这个收盘价计算，"苹果"公司高层产生了 4 名亿万富翁和 40 名以上的百万富翁。乔布斯作为公司创办人当然是排名第一。

因为取得了巨大的成功，乔布斯在 1985 年获得了由里根总统授予的国家级技术勋章。然而，成功来得太快，过多的荣誉背后是强烈的危机。由于乔布斯的经营理念与当时大多数管理人员不同，加上蓝色巨人 IBM 公司也开始醒悟过来，也推出了个人电脑，抢占大片市场，使得乔布斯新开发出的电脑节节惨败，总经理和董事们便把这一失败归罪于董事长乔布斯，于 1985 年 4 月经由董事会决议撤销了他的经营大权。乔布斯几次想夺回权力均未成功，便在 1985 年 9 月 17 日愤而辞去"苹果"公司董事长职务。

1996 年 12 月 17 日，全球各大计算机报刊几乎都在头版刊出了"苹果收购 Next，乔布斯重回苹果"的消息。此时的乔布斯，正因其公司(现在的皮克斯公司)成功制作出第一部电脑动画片《玩具总动员》而名声大振，个人身价已暴涨逾 10 亿美元。而相形之下，"苹果"公司却已濒临绝境。乔布斯于"苹果"危难之时重新归来，"苹果"公司上下皆十分欢欣鼓舞。就连前 CEO 阿梅利奥也在迎接乔布斯的欢迎词中说："我们以最隆重的仪式欢迎我们最伟大的天才归来，我们相信，他会让世人相信苹果电脑是信息业中永远的创新者。"乔布斯重归故里，心中牵系"大事业"的梦想。他向苹果电脑的追随者们说："我始终对'苹果'一往情深，能再次为'苹果'的未来设计蓝图，我感到莫大荣幸。"这个曾经的英雄终于在众望所归下重新归来了！

受命于危难之际，乔布斯果敢地发挥了首席执行官的权威，大刀阔斧地进行改革。他首先改组了董事会，然后又作出一件令人们瞠目结舌的大事：抛弃旧怨，与"苹果"公司的宿敌微软公司握手言欢，缔结了举世瞩目的"世纪之盟"，达成战略性的全面交叉授权协议。乔布斯因此再度成为《时代》周刊的封面人物。

接着，他开始推出了新的电脑。1998 年，iMac 背负着"苹果"公司的希望，凝结着员工的汗水，寄托着乔布斯振兴"苹果"的梦想，呈现在世人面前。它是一个全新的电脑，代表着一种未来的理念。半透明的外装，一扫电脑灰褐色的千篇一律的单调，似太空时代的产物，加上发光的鼠标，以及 1299 美元的价格标签，令人赏心悦目——不愧是苹果设计，标新立异，非同凡响。为了宣传，乔布斯把笛卡尔的名言"我思故我在"变成了 iMac 的广告文案"I think, therefore iMac!" 由此成了广告业的经典案例。

新产品重新点燃了"苹果"拥戴者们的希望。三年来他们一直在等待的东西出现了，iMac 成了当年最热门的话题。1998 年 12 月，iMac 荣获《时代》杂志"1998 最佳电脑"称号，并名列"1998 年度全球十大工业设计"第三名。

接着，1999 年乔布斯又推出了第二代 iMac，有着红、黄、蓝、绿、紫五种水果颜色的款式供选择，一面市就受到用户的热烈欢迎。1999 年 7 月推出的外形蓝黄相间，像漂亮玩具一样的笔记本电脑 iBook 在市场上迅即受到用户追捧。iBook 融合了 iMac 独特的时尚风格、最新无线网络功能与苹果电脑在便携电脑领域的全部优势，是专为家庭和学校用户设计的"可移动 iMac"。1999 年 10 月 iBook 夺得"美国消费类便携电脑"市场第一名，还在《时代》杂志举行的"1999 年度世界之最"评选中，荣获"年度最佳设计奖"。

三、终成奇迹

1997 年，乔布斯被评为"最成功的管理者"。越来越多的业界同仁认同了此观点。甚至连当初将乔布斯挤出"苹果"公司的斯卡利也情不自禁地赞叹："'苹果'的逆转不是骗局，乔布斯干得绝对出色。'苹果'又开始回到原来的轨道。"

乔布斯成为一个奇迹，但这个奇迹还将继续进行下去。他总是给人以不断的惊喜，无论是开始还是后来，他天才的电脑天赋，绝妙的创意脑筋，伟大的目标，处变不惊的领导风范筑就了"苹果"企业文化的核心内容，"苹果"公司的雇员对他的崇敬简直就是一种宗教般的狂热。雇员甚至对外面的人说："我为乔布斯工作！"

四、创业智慧

1. 最永久的发明创造都是艺术与科学的嫁接

史蒂夫经常指出，"苹果"和其他所有计算机公司的最大区别在于苹果一直设法嫁接艺术与科学。乔布斯指出，研究 iMac 的初始团队拥有人类学、艺术、历史和诗歌等学科的教育背景。这对苹果产品脱颖而出一直很重要。这是 iPad 与它之前或之后所有平板电脑的区别。这是一种产品的外观和触觉，是它的灵魂。但计算机科学家或工程师很难看出这种重要性，因此任何公司都必须有一个领袖认识到这种重要性。

2. 要创造未来，你不能靠销售经验

有一种管理理论认为，你必须倾听顾客的意见。史蒂夫·乔布斯是说这是浪费时间的商人之一。今天的顾客并不总知道自己想要什么，尤其如果是他们从未见过、听过或接触过的东西。当"苹果"要推出平板电脑的消息已经很明确时，很多人持怀疑态度。当人们听到那个名字(iPad)时，它成了微博上的笑料。但是，当人们拿着它使用它的时候，它成了"必不可少的东西"。他们不知道之前没有它是怎么过的。iPad 成为有史以来发展最快的苹果产品。乔布斯(和"苹果"团队)信任自己胜过信任任何人。几百年来，毕加索和其他伟大的艺术家都是如此。乔布斯是第一个这么做的商界人士。

3. 绝不要害怕失败

乔布斯被自己挑选的继任者解雇，这是商界 30 年来最著名的尴尬事之一。但是，他没有从此成为一个默默无闻的风险资本家。他振作起来，投入自己热爱的工作。8 年前，他被诊断为胰腺癌，并被告知只有几周生命。如同塞缪尔·约翰逊说的，没有什么比垂死更能让人集中精神。以下是乔布斯 2005 年在斯坦福大学的演讲片段："没有人愿意死。就算想上天堂的人也不希望通过死去那个地方。但是，死亡是我们共同的终点，没有人逃得过。而且，本该如此，因为死亡很可能是生命最好的发明。它是生命的变革促进者。它清理掉旧的，让位给新的。"

"你的时间是有限的，所以不要浪费在过别人的生活上。不要受困于教条，也就是按照别人思考的结果生活。不要让他人的意见淹没你内心的声音。最重要的是，有勇气遵从你的内心和直觉，它们知道你真正想成为什么，其他的都是次要的。"

4. "你无法把还没有画出的点连起来，只能把已经画出的点连起来"

这是乔布斯 2005 年在斯坦福演讲时的另一句名言。这背后的想法是，无论我们如何试图规划生活，生活永远会有完全无法预料的东西。当下的痛苦和失败——被女朋友甩了，没得到麦肯锡的工作，在一家没有如你所愿取得成功的新兴公司上"浪费"4 年——这一切或许都为你数年之后的辉煌成功播下种子。

5. 倾听心底的声音，它告诉你是否在正确的道路上

大多数人听不到心底的声音。我们只是认定我们打算在金融部门工作，或者当医生，因为父母告诉我们要这样做，或者因为我们想赚很多钱。当我们有意或无意作出这样的决定时，我们就扼杀了心底那个微弱的声音。从那以后，我们大多数人就打开了"自动驾驶功能"，随波逐流。你遇见过这样的人，他们都是好人，但他们不会改变世界。乔布斯有一颗不安分的心，总是匆匆忙忙，怀着计划，他想做计算机。当乔布斯最初看见图形用户界面(GUI)的例子，他知道这是计算机的未来，他必须把它造出来。这后来成为 Macintosh。无论心底的声音告诉你什么，倾听它都是明智的。

6. 对自己和他人期待很高

我们听说过史蒂夫·乔布斯大喊大叫、训斥雇员的事情。我们听说，他是控制狂，是完美主义者。关键在于，他倾听自己的激情和心底的声音。他在乎，他希望自己做到最好，也希望所有为他工作的人都做到最好。如果他们不在乎，他就不想用他们。但是，他却不断地把人才吸引到身边。为什么? 因为人才也在乎。有一种说法: 如果你是二流人才，你就会雇用三流人才，因为你不希望他们看起来比你聪明。如果你是一流人才，你就会雇用超一流人才，因为你希望得到最佳的结果。

7. 别关注正确，关注成功

乔布斯被苹果解雇后，在接受一次采访时这样说: 如果你必须得偷别人的好主意才能使自己的主意变得更好，那就偷吧。你不能执著于自己对某种产品的设想而忘掉当下的现实。"苹果 3"出台后，如果乔布斯继续做 Lisa，"苹果"日后绝对开发不出 iMac。

8. 在身边聚拢一批最有才华的人

有一种误解，苹果就是史蒂夫·乔布斯。公司里的其他人都是姓名不详的属下，努力讨好这位无所不

知无所不闻的乔布斯。事实上，乔布斯在身边聚拢了一批人才：菲尔·席勒、约尼·艾夫、彼得·奥本海默、蒂姆·库克，还有前零售负责人罗恩·约翰逊。他们才华过人，但没有得到该得的赞誉。自从乔布斯卸任 CEO 后，苹果股价依旧如此强劲，这是整个团队力量的证明。乔布斯曾经雇用过糟糕的管理人才。约翰·斯卡利最后就解雇了乔布斯，而且按照乔布斯的说法，他差一点让公司灭亡。乔布斯从自己的错误中总结经验，意识到身边没有人才就什么也做不成，这一点值得称赞。

9. 求知若饥，虚心若愚

这是来自乔布斯令人难忘的斯坦福演讲：

"我年轻的时候，有一本令人惊叹的杂志叫做《全球概览》，是我们那一代人的圣经之一。它的创立者叫斯图尔特·布兰德，就住在离这儿不远的门洛帕克，他给这份杂志诗意的生命。那是在 60 年代末，个人电脑和桌面排版系统还没出现，所以一切都靠打字机、剪刀和宝丽来照相机。这有点像平装本的谷歌，产生在谷歌出现 35 年以前。它是理想主义的，里面有很多极棒的工具和伟大的想法。

斯图尔特和他的团队发行了几期《全球概览》。当这本杂志走完了自己的旅程时，他们出版了最后一期。那是 70 年代中，我正处在你们这个年龄。最后一期的封底是清晨一条乡村小路的照片，如果你喜欢冒险，你可能会去那样的地方远足。下面是一行字：保持饥饿，保持愚蠢。这是他们离开时的告别。求知若饥，虚心若愚。我一直希望自己是这样。今天，你们要离开校门开始新的生活，我希望你们也这样。"

10. 如果有实力、决心和远见，凡事皆有可能

尽管史蒂夫·乔布斯是有史以来最伟大的 CEO，是现代计算机之父，但说到底，他只是一个凡人。他是丈夫、父亲、朋友，就像你我一样。我们可以像他那样特别——如果我们学到他的经验并把这些经验用于自己的生活。当乔布斯 20 世纪 90 年代回到苹果时，苹果距离破产只有几周之遥，但它现在是世界上最大的公司。如果你继续遵守以上这些简单的教训，生活中一切皆有可能。

五、乔布斯的创业经

(1) 每天早晨，我都会在镜子中看自己，并且问自己："如果今天是我生命中的最后一天，你会不会完成你今天想做的事情呢？"当答案连续很多次是 "NO" 的时候，我知道我需要改变某些事情了。

(2) 你的生死存亡掌握在消费者的手中，他们才是我们关注的对象。我们的工作就是对整个用户体验负责。如果表现不及格，那就是我们的错。错就一个字。

(3) 我的工作不是对人表现得和蔼可亲。我的工作就是把我们手下这些 "牛人" 们召集起来，然后督促他们，让他们做得好上加好。对付 "牛人" 有什么招数呢？那就是采取更为极端的思路和手段。

(4) 很多公司选择缩减，那可能对于他们来说是对的。我们选择了另外一条道路。我们的信仰是：如果我们继续把伟大的产品推广到他们眼前，他们会继续打开他们的钱包。

(5) 设计不仅仅是视觉和感觉上如何，设计也是它运行起来如何。

(6) 领导者和追随者的区别在于创新。

(7) 有时当你创新时，你会犯错误。最好赶快承认它们，并在其他创新中改进。

(8) 你不应该为了当老板而开公司，你必须真心喜欢某样东西。我了解的每家成功公司的创业都是由于没人相信他们的想法会成功，最后只好自己开公司。苹果就是这样，Pixar 和 Intel 也是如此。你必须热爱自己的想法并愿意为它冒险。开公司很难，如果没有热情，你早晚会放弃。我做的最难的事情就是创业开公司，但也是最有意思的事情。

(9) 我相信最终是工作在激发人们的能力，有时我希望是我来推动它，但其实不是，而是工作本身。我的工作是使工作尽可能显现美好，并激发出人们的最大潜能。

(10) 如果你想自己创业而且你还年轻，最好的办法是找有经验并想投资的人，他不一定要是风险资本家，关键不在于他的身份，而在于他是不是有经验。

(11) 我跟着我的直觉和好奇心走，遇到的很多东西，在后来被证明是无价之宝。

（12）你们的时间很有限，所以不要浪费在过其他人的生活上，不要被其他人的观点的噪声掩盖你真正的内心的声音。

（13）治愈"苹果"之法并不在于降低成本，而是通过创新摆脱现在的困境。

（14）你的时间有限，所以不要为别人而活，不要被教条所限，不要活在别人的观念里，不要让别人的意见左右自己内心的声音。最重要的是，勇敢地去追随自己的心灵和直觉，只有自己的心灵和直觉才知道你自己的真实想法，其他一切都是次要。

第二节 创业精神与人生发展

著名管理学家德鲁克曾经指出，世界目前的经济已由"管理型经济"转变为"创业型经济"，企业唯有重视创新与创业精神，才能再创企业生机。创业的动因源于创业精神，因此创业精神对于个人、组织和社会变得日益重要，甚至不可或缺。

创业精神是以创新、变革为核心的个性品质，也是推动社会经济变革、促进社会经济发展的重要力量。它既体现在创业者个体在创业实践活动中所表现出来的独特的市场判断能力、与众不同的行为方式，以及敢于冒险、敢于担当、百折不挠的意志品质等方面，也体现在一个国家或一个企业的技术创新、经营模式创新、管理制度创新、产业创新等方面。它既对个体的人生追求和事业发展具有重要影响，也对企业的发展、民族的兴旺和国家繁荣具有重要影响。

一、创业精神的概念和主要特征

（一）创业精神的概念

创业精神这个概念最早出现于18世纪，其含义一直在不断变化。综合已有的创业精神定义，我们认为，创业精神是创业者在创业过程中的重要行为特征的高度凝结，主要表现为勇于创新、敢当风险、团结合作、坚持不懈等。创业精神的基本内涵可以从哲学层面、心理学层面、行为学层面三个方面加以理解：从哲学层面看，创业精神是人们对创业行为在思想上、观念上的理性认识；从心理学层面看，创业精神是人们在创业过程中体现的创业个性和创业意志的心理基础；从行为学层面看，创业精神是人们在创业行为中所表现的创业作风、创业品质的行为模式。

创业精神是创业者各种素质的综合体现，它集冒险精神、风险意识、效益观念和科学精神为一体，体现了创业者具有开创性的思想、观念和个性，以及积极进取、不畏失败和敢于担当等优秀品质。创业精神不但是一种抽象的品质，而且是推动创业者创业实践的重要力量。这具体表现在以下三个方面：第一，创业精神能让创业者发现别人注意不到的趋势和变化，看到别人看不到的市场前景；第二，创业精神能让创业者在新事物、新环境、新技术、新需求、新动向面前具有较强的吸纳力和转化力；第三，创业精神能让创业者不断地寻找机会，不断地创新，不断地推出新产品和新的经营方式。

（二）创业精神的主要特征

经济学家熊彼特专门研究了创业者创新和追求进步的积极性所导致的动荡和变化，将创业精神看作一股"创造性的破坏"力量。因为创业者采用的"新组合"使旧产业遭到淘汰，原有的经营方式被新的、更好的方式摧毁。管理学家德鲁克将这一理念更推进了一步，称创业者是主动寻求变化、对变化做出反应并将变化视为机会的人。

综观各个学派、各方人士对创业精神的理解，通过对古今中外创业者的创业活动和人格特征的深入分析，我们将创业精神的特征概括为以下几个方面：

(1) 综合性。创业精神是由多种精神特质综合作用而成的。诸如创新精神、拼搏精神、进取精神、合作精神等，都是创业精神的重要特质。

(2) 整体性。创业精神是由哲学层面的创业思想、创业观念，心理学层面的创业个性和行为学层面的创业作风构成的整体，缺少其中任何一个层面，都无法构成创业精神。

(3) 先进性。创业精神的最终体现就是开创前无古人的事业，所以它必然具有超越历史的先进性，想前人之不敢想、做前人之不敢做。

(4) 时代性。不同时代的人们面对着不同的物质生活和精神生活条件，创业精神的物质基础和精神营养也就各不相同，创业精神的具体内容也就不同。

(5) 地域性。创业精神还明显地带有地域特色。例如，作为改革开放前沿的广东，其创业精神明显带有"敢为天下先"、"务实求真"、"开放兼容"和"独立自主"等特性。

二、创业精神对个人生涯发展的影响

创业精神不是与生俱来的，而是在后天的学习、思考和实践中逐渐形成的。创业精神一经形成，就会对人一生的发展产生重要影响。这种影响既体现在创业者创业准备和创业活动的始终，也体现在普通人的日常工作、学习和生活中。从某种意义上说，创业精神不但决定个人生涯发展的态度，而且决定个人生涯发展的高度和速度。

1. 创业精神决定个人生涯发展的态度

作为一个社会人，其生涯发展必然要受到各种社会因素的影响。但是，不同的人由于其生涯发展的态度不同，所以在面临各种各样的发展机遇时，其选择也不相同。而创业精神作为一种思想观念、个性心理特征和行为模式的综合体，必然会对其生涯发展态度具有重要影响。例如，创业精神中思想观念的开放性、开创性，容易让人接受新思想、新事物，形成开放的态度，敢于开风气之先，从而想他人未曾想，做他人不敢做，成为事业上的领跑者。再如，创业精神中的创新精神、拼搏精神、进取精神、合作精神等，能使人树立积极的生活态度，在顺境中居安思危、不懈奋进，在逆境中不消沉萎靡，排除万难、励精图治，重新找到生涯发展的方向。有道是"态度决定一切"，在相同的个人禀赋和社会条件下，有创业精神的人因为有更积极的人生态度，所以更有可能发现和把握机会，更有可能取得事业上的成功。

2. 创业精神决定个人生涯发展的高度

创业精神是一个人核心素质的集中体现，它不仅决定了一个人在机遇面前的选择，还决定了一个人的生涯目标和事业追求。具有创业精神的人，无论是创办自己的企业，还是在各种各样的企事业单位就业，都会志存高远、目光远大、心胸宽广。这样的人不但在事业上会取得更大的成绩，在个人品德和修为上，也会达到更高的境界。

随着国家经济、政治、文化、社会、生态"五位一体"的深入改革，社会结构将发生重大调整，各行各业将在变革中重新达到利益均衡，这既为个人的发展提供了更多的机会，也给其带来了更大的挑战。在这种背景下，大学生如果能够有意识地培养自己的创业精神，让个人理想与社会发展的趋势和节奏相吻合，就有可能使自己事业的发展，达到计划经济时期无法想象的高度。但是，大学生如果在个人生涯发展上仍然沿袭计划经济时期的思维模式，不去主动规划自己的生涯发展，一切等着家长、学校和政府安排，一心想找个安稳、轻闲的"铁饭碗"，就很有可能一辈子也找不到理想的工作，甚至毕业就"失业。

3. 创业精神决定个人生涯发展的速度

创业精神是一种主动精神和创造精神，这种精神能让人积极、主动、优质、高效地做好自己承担的每一份工作，从而在平凡的岗位上做出不平凡的贡献。实践证明，具有创业精神的人，不管在什么岗位，不管从事什么职业，其强烈的成就动机，其追求增长、追求效益的欲望，都将转化为内心强劲的追求事业成功的动力。在这种动力驱使下，人们会将眼前的工作作为未来事业发展的起点，把握好生命中的每一个机会，做好自己从事的每一项工作。创业精神也是一种求真务实的精神。这种精神的本质，就是实事求是、讲求实效，就是实干苦干、反对浮夸、反对空谈。在人类社会的发展史上，许多企业家正是凭借这种精神，创造了从白手起家到富可敌国的财富神话；许多科学家、思想家、政治家、教育家和劳动模范，也正是凭借这种精神，从一个普通学子成长为举世瞩目的业界精英。当前，我国正处于改革开放的攻坚时期，改革是一条从来没有人走过的路，既不能在"本本"中找到现成的答案。也无法从前人的经验中寻找固有的模式，更不能靠幻想和争论来解决出路问题。在这种背景下，富于创业精神的人，敢于靠自己的实践探索，"摸着石头过河"，会接受更多的挑战，完成更多的任务，取得更大的业绩，因而会得到更快的发展。

三、创业精神对社会发展的作用

创业是一个国家经济活力的象征，一个国家的经济越繁荣，它的创业活动就越频繁。西方发达国家的经济繁荣发展史，伴随着一轮又一轮的创业史。因此，创业被认为是一个国家经济发展和社会发展的推动力，创业精神被誉为人类最宝贵的精神。

1. 创业精神是经济发展的原动力

创业精神对一个国家和地区的经济发展，都具有非常大的推动作用。创业精神不但能够催生大批创业者和新企业，而且能够造就快速发展的新行业。美国是举世瞩目的经济强国，而它之所以能从一个新兴的以农业为主的移民国家，变成世界上最先进的工业化国家，靠的就是美国人民的创业精神。据统计，在 20 世纪 30 年代，美国全国每年诞生新公司 20 万家；到了 20 世纪 70 年代中期，这个数字就翻了 3 倍；而至 1994 年，每年新增企业数达到了 110 万~120 万家，翻了 5 倍以上，大约平均每 250 个美国公民就有一个新公司。如今，美国经济的增长方式通过几代创业者的努力已经发生了巨大的转变。据统计，新兴的英特尔、微软和思科三个企业，其年销售额是通用、福特、戴姆勒-克莱斯勒这三大汽车公司的 2.7 倍，其 1 美元创造的年收入为 8.04 美元，是三大汽车公司的近 29 倍。

改革开放几十年来，中国经济的发展速度虽然很快，但随之带来的问题，比如食品安全、药品安全、环境污染、产品质量等问题，却令国人无比担忧。这些问题的产生虽然有多方面的原因，但缺少创业精神，缺少真正的企业家，却是其中最为重要的原因之一。因此，当下的中国特别需要创业精神，特别期望企业家承担起应尽的社会责任，自觉诚信经营，自觉维护生态环境，提供"绿色、节能、环保"产品，促进社会经济可持续发展。

2. 创业精神是解决就业问题最有效的措施

今天大多数经济学家都认为，创业精神是刺激经济增长和创造就业机会的必要因素；倡导创业精神，营造有利于创业的环境和氛围，是解决就业问题最有效的措施。在发展中国家，成功的小企业是创造就业机会、增加收入和减少贫困的主要力量。因此，政府对创业的支持是促进经济发展的一项极为重要的策略。诚如经合组织商务产业咨询委员会 2003 年所指出的，"培育创业精神的政策是创造就业机会和促进经济增长的关键"。政府可以实施优惠措施，鼓励人们不畏风险创建新企业，这类措施包括实施保护产权的法律和鼓励竞争的市场机制等。美国麻省理工学院的戴维·伯齐教授对 1969—1976 年美国小企业的研究发现，雇员不到 20 人的小企业创造了美国 66% 的新工作机会。从 1969 年到 1976 年，新的较小型、成长型企业创造了美同经济中 81.5% 的新就业机会。1993 年到 1996 年，诞生了 800 万个就业机会，而且占比仅 5% 的年轻、快速成长型公司，创造了 77% 的就业机会。这些数据足以说明，雇员少于 100 人的小企业创造了美国经济中大多数的就业机会。

就业难是近年来我国面临的最大的社会问题之一。据统计，2015 年我国普通高校毕业生人数已达 749 万人左右，还有大量农村剩余劳动力需要转移，大量的国有企业下岗工人和机关分流人员需要安置。在这种情况下，完全依靠政府和现有的企业，根本无法解决就业问题。因此，借鉴国外的成功经验，弘扬创业精神，鼓励和扶持创业者创业，已经成为解决中国就业问题的根本性措施。

3. 创业精神是促进科技成果产生和转化的根本动力

科技是第一生产力，但要发挥出这一生产力的作用，一是要促进科技成果的产生，二是要促进科技成果快速、顺利地转化为现实的生产能力。而倡导创业精神，鼓励更多的有创业意愿的人去创业，则是实现上述两个促进的根本性措施。据美国国家科学基金会、商务部等机构统计，第二次世界大战以后，美国 50% 的创新、95% 的根本性创新是由小型创业公司完成的。事实上，20 世纪，60% 的发明创造来自独立的发明者和小企业，复印机、胰岛素、电子管、青霉素、拉链、自动变速装置、喷气式发动机、直升机、彩色电视、圆珠笔等许多新产品，都是由小企业创造的。据测算，小企业的创新成本比大企业的更低，小于 1000 人的小型企业的创新成本大约是大型企业（员工数为 1000～10 000 人）的 1/4，是超大型企业（员工数超过 10 000 人）的 1/25。小型公司在研究和开发上每花 1 美元，可以产生大型公司 2 倍以上的革新项目，产生超大型公司 24 倍的革新项目。如果把创业比作经济发展的发动机，那么创新就是发动机的汽缸。据统计，美国无论是高新技术产品（如计算机软件）还是一般的民用产品（如食物），其新品种中的 70% 都是由个体企业发明的。日本的研究也表明，一半的企业创新是由小企业提供的。而且，新企业不仅创新效率高，创新的商品化效率也高，小企业可以在较短时间内使创新进入市场，平均只需 2.2 年，而大公司则需 3.1 年。

综上所述，倡导创业精神，加强知识创新和技术创新，发展高科技，实现产业化，是我国经济发展面临的深层次问题，是提高国民经济整体综合实力，实现跨越式发展的紧迫要求，也是应对国际竞争，确保中华民族在 21 世纪立于不败之地的战略抉择。

 案例分析

【案例】 罗佳驹读高三时，在距离高考还有 9 个月之际，学习态度一向认真的他突然以回家上网、聊 QQ 为由请假两周。其实，他是去上网找浙江大学有高考阅卷经验的研究生们请教应试技巧、咨询改卷评分标准，最后自己总结出一套"高考攻略"。原本只有考二本水平的他按照制定的策略和学习计划坚持 7 个月之后，尽管考取清华大学的目标成为泡影，但他却被浙江大学分数最高的专业录取。如果说大二时加入的创业班对罗佳驹后面的创业起到了一定的启蒙作用，那么参加高考和填报志愿的种种经历则为罗佳驹踏入教育培训行业做了很好的铺垫。

2009 年 12 月份，罗佳驹嗅到二三线城市教育培训市场的商机之后，行事向来稳健的他选择一边读研一边创业。他向亲朋好友借了 12 万元启动资金，做起了面向中小学生的一对一的个性化辅导培训机构——杭州晟睿教育咨询有限公司(以下简称晟睿或晟睿教育)。

3 年后，晟睿教育已经在绍兴、上虞、嘉兴等浙江的二三线城市成立了 11 个分校。在应试教育的主营业务之外，这些学校还提供高考填报志愿、出国留学等各种咨询服务和免费的国学教育。晟睿所到之处，都能拿下行业龙头"学而思"和"龙文教育"，成为当地第一名。2012 年，晟睿的营收额近 4000 万元。

罗佳驹要做的是绝对龙头的位置。"我一直拿杭州市场当作教科书来看。曾经分别有 4 家公司是杭州的龙头老大，但'老大'一直在变化，会变成老二、老三甚至老四。所以，必须做绝对的龙头老大才有价值。"他要求晟睿的规模必须远远大于当地"老二"。

公司成立之初，罗佳驹的另类做法曾被很多人耻笑。比如，培训中心设在绍兴，却多此一举地在杭州又租间办公室作为运营总部；明明可以自己充当老师和咨询师，第一年办学却要"奢侈"地花钱招校长。如此一来，公司运营成本高出很多，第一年的财务报表不堪入目。但罗佳驹认为这些投入绝对值得，因为他的第一家店就得按照连锁的经营模式来做。"第一家店做得很好，一走上连锁道路就垮掉的比比皆是，因为他没有这种连锁的思维。而我们从第一天开始就要摸索怎样在远距离决策时确定一套标准的经营模式，这样便于以后多家连锁店的复制。我培养的不光是业务和经营都很成功的分公司，还有远程管理能力。"

这位老板非常信任团队的执行力，也认识到晟睿有能力在 3 天之内在浙江全省每个初中门口布下总计 2 万名发传单的兼职人员。"很多时候，团队的执行力超出想象。"考虑到学生会拒绝接受传单，兼职人员会自己花 40 元买套蜘蛛侠的衣服穿在身上，吸引学生疯抢传单。"尽管只是发传单这么一件小事情，但是它能够决定公司的文化，决定品牌的市场覆盖率。"

当初开第一家店时，罗佳驹只租了一个 200 平方米的教学中心。最初的思路是想把学校的面积一点点稳步扩大，但等做到第三家教学中心时，他彻底推翻之前的想法，提出至少要做 400 平方米、500 平方米的教学中心。原因是，随着店面的增加，在自己精力有限的情况下，他根本顾及不了团队的精神状态，他希望靠扩大开店面积、努力提高产品品质来激起团队的工作激情。

晟睿在绍兴的核心校区面积有 2500 平方米，在当地绝无仅有。如此大面积的校区引起了绍兴市副市长的关注和参观。不用搞任何关系，罗佳驹就轻而易举地拿到了绍兴市教育局十年未曾批准过的培训教育资质。

"200 平方米的校区对员工来说可能只是一个临时的办公场地，而 2000 平方米的教学中心能够让员工感觉这是一个不会随时倒掉的公司，能让他们过上稳定的生活。"

3 年开 11 家教学中心，说起来发展也不算快。罗佳驹坦言，2011 年由于决策失误，公司错过了一次快速发展的机会。如果运用银行杠杆，晟睿的发展速度能更快，当时有点过于谨慎。"我们已经有一年半时间没有大踏步前进了，只是保持稳健增长，这不是我的风格决定的，而是我对宏观形势、资金等方面判断出现问题造成的。"

罗佳驹感受到开新校区带来的增长不如绍兴校区自身成长带来的贡献大。2011 年 11 月，谨慎的他在

内部宣布了一个决定：2012年不开新校区，因为大环境真的不够好。“今年其实我们做到六七千万都没有任何问题，管理能力其实也能够负担得起两倍的成长。之所以抑制成长是因为我们还没把现有的模式真正做成熟。我们不追求短期的财务价值，也不认为上市公司的模式就是正确的、标准的模式。”事实上，2012年很多同行开新店确实遭遇了失败，罗佳驹发现一家机构开了4家教学中心，最后关掉了两家。他庆幸这次不扩张的决策是正确的。

依靠市场推广和投资开店肯定可以暂时把业务量拉大，这点罗佳驹不否认。但他认为中国教育培训机构健康的成长方式应该是真正依靠产品取胜，而不是靠单纯追求店面的数量。

作为最大的产品经理，他愿意花很大工夫不断打磨产品。比如，他用两个硕士带领团队花费两年时间研究和分析以往4年的高考志愿填报数据和录取情况，做出比同行更全面的高考填报志愿数据库。但最终他没有靠卖数据赚快钱，而是将数据库免费开放给家长和学生使用。

发展至今，罗佳驹大错误没犯，小错误有一堆，但他敢于承认错误，更敢于开会时当面检讨。他开玩笑说：“会上经常说‘我错了’，以至大家都认为我认错不值几个钱了。”但是，每次认错，罗佳驹都会给公司带来大的变革。

晚上睡觉前，罗佳驹会琢磨特别细致的东西。他知道自己搞连锁服务业，如果哪个细小环节出现漏洞，未来发展过程中都会被无限放大。“产品设计不好可以重新修正，但我们做服务的如果出现漏洞就很难改正。”在做互联网创业的朋友们与他一起聊天时，大家都能感受到罗佳驹的管理做得细致入微。“甚至细致到纠结于员工每句话的逻辑，纠缠到让他们睡不着觉。我非要听他们讲得比我细才行。”罗佳驹又开起了玩笑。

“暑假快到了，业务就会变好”，这种逻辑在公司不允许被听到。他会强迫员工把逻辑中的每一个细节一步步推理出来：暑假到了，一是学生有时间，二是家长上班，需要将学生托付出来，学生可以通过这段时间弥补功课上的差距，所以会有接受培训的需求。这才是罗佳驹想要的逻辑。

罗佳驹的管理文化其实细中有粗。当教学中心还很小的时候，就有很多朋友催罗佳驹赶紧出台点制度管理一下教务。“头一年我坚决不出制度，我只跟老师们探讨怎样教学，跟他们聊聊天。他们如果备课累了，可以上网、看电视。我觉得他们才是专家，出制度管他们，这不是扯淡嘛!”罗佳驹认为，每个企业的管理方式应该有很大的区别，晟睿应该有自己的文化。

教育产品的核心是教师的心情和智慧。“如果老师不开心，等于把50%的产品核心竞争力破坏掉了，那这家培训机构还有什么产品力可言?”所以，我们如果想要做得好，就不可能在管理上做得太细。在罗佳驹看来，晟睿能让每位老师感觉是在为自己打仗，并由此形成了独特的文化，这才是它能够把“学而思”、“龙文教育”打下去的真正原因。

【案例分析】 晟睿教育的创始人罗佳驹和当今中国许多年轻的创业者们一样，年轻、有个性、勇于创新、敢当风险，他们在创业的过程中更多的不是以赚钱多少来衡量自己做的事情，而是借助创新、变革来体现自我价值。他们在创业实践过程中所表现出来的对市场的独特判断力、与众不同的行为方式，以及敢于冒险、敢于担当、百折不挠的意志品质无一不激励着他们坚守自己的梦想，实现创业的成功。可以说，正是这种创业精神的推动，使得罗佳驹在嗅到二三线城市教育培训市场的商机，发现别人忽视的市场前景的同时，在新事物、新环境、新技术、新需求、新动向面前具有较强的吸纳力和转化力。他准确把握住了中国教育培训机构健康的成长方式，即真正依靠产品取胜，而不是靠单纯追求店面的数量，坚持教育产品的核心是教师的心情和智慧的理念等。正是这种独特的经营方式以及企业文化使得晟睿教育得以从众多教育培训机构中脱颖而出，在二三线城市战胜“学而思”和“龙文教育”。

第三节 创业与知识经济发展

科学技术的日新月异和经济社会发展的快速转型，决定了求变才能生存、创新才能发展。同时随着社会的发展，原来以物资和资本为主要生产要素的经济模式已逐渐被知识经济所代替。在现代社会的经济发展过程中，知识经济所创造的社会价值已经远远超出物资和资本经济所创造的社会价值。因此，经济社会发展快速转型、大力发展知识经济的背景，为创业热潮兴起提供了肥沃的土壤和适宜的环境。

如今的经济是世界经济一体化条件下的经济，是以知识决策为导向的经济，它促使我们对身边发生的一切事物重新审视与认识。知识经济形态是科学技术与经济运行日益密切结合的必然结果，是经济形态更人性化的表现形式。

知识经济，又称新经济，是指建立在知识和信息的生产、分配和使用基础上的经济。它是与农业经济、工业经济相对应的一个概念，是一种新型的富有生命力的经济形态。

知识经济的兴起表明人类社会正在步入一个以现代科学技术为核心的，以知识资源的占有、配置、生产、分配、消费为最重要因素的新的经济时代。在知识经济时代，全球产业结构正面临着新的重组，因此要发展知识经济就必须进行经济的相应转型。

知识经济的基本特征是知识型企业的大量出现，并在经济活动中起着越来越重要的作用。知识经济使人类的社会生活、产业组织形式、企业的组织与运行方式都发生了巨大变化。在知识经济时代，创业的概念已经不局限于创办一个企业。

一、经济转型与创业热潮的关系

纵观全球创业发展的历史，大体经历过三次创业热潮。第一次创业热潮产生于资本主义的工业革命时期；第二次是二战后复苏的商业经济使大量的创业活动不断出现；第三次是 20 世纪 80 年代以来的新经济创业革命风暴，是以经济全球化扩张、信息技术高速发展以及知识时代的出现为背景的创业热潮。在经济转型下，创业热潮兴起的原因主要有以下几个方面。

1. 科学技术的革命引发创业热潮的兴起

20 世纪 50 年代末，计算机的出现和逐步普及，把信息对整个社会的影响逐步提高到一种绝对重要的地位，人类进入了信息化时代。20 世纪 80 年代，科学技术获得了前所未有的进步，以生物医药、光电子信息、航空航天技术、新材料等为代表的科技革命成为经济增长的技术基础，使资源优势日益让位于技术优势，推动了科技创业活动。传统企业注重生产要素的投入，科技创业型企业则将重心放在生产前端、技术项目转移和知识要素的配置上，即创业企业依托高技术创新成果实现对创业资源的重新配置，并孵化出新企业。同时，在软件开发和大规模信息产业发展的带动下，物业和通信费用的降低和便捷化使得中小企业经营成本骤降，创业变得愈加容易。在以计算机、信息技术发展为先导的现代制造业领域，最佳规模较小或者不存在规模经济，进入壁垒较少，创业门槛较低，为创业提供了大量的机会。新科技革命为创业热潮的发展提供了可能，推动了创业热潮的发展。

2. 生产方式的变革引领创业热潮的方向

经济全球化是指世界经济活动超越国界，通过对外贸易、资本流动、技术转移、提供服务、相互依存、相互联系而形成的全球范围的有机经济整体。经济合作与发展组织前首席经济学家奥斯特雷认为，经济全球化主要是指生产要素在全球范围内广泛流动，实现资源最佳配置的过程。经济全球化体现着一体化特征的世界经济增长关联和依存体系，世界经济正走向一个"增长条件共同体"，各国经济增长在很大程度上得益于全球化的程度。经济全球化不仅促进了生产要素的重新配置，还加剧了各国的竞争。产业阶梯式转移成为世界经济不断发展的重要机制。发达国家高科技产业化程度高、技术成果多，与发展中国家形成了"势差"，这种"发展势差"和"技术势差"往往存在着"互动机制"，发达国家的某些产业可能向发展中国家，特别是新兴发展中国家转移。伴随着这种转移，发展中国家也会获得相对先进的技术和管理经验。另外，新兴技术的发明和发展，也使生产呈现分散化、小型化趋势。由于来自国外竞争对手的不断增加，发展中国家各自的市场行情更加不稳定，一些抓住机遇的创业企业会迅速成长起来。20世纪90年代以后，新兴发展中国家在第三次创业浪潮中表现出色，随之，一批具有高速发展潜力、成长前景好的创业型企业脱颖而出。

3. 创业环境变化推动创业热潮的发展

创业环境在创业者创立企业的整个过程中有非常重要的影响。在垄断体制时代，中小企业的竞争优势与发展潜力受到了限制，其重要性得不到认可。二战后，垄断经济体制的崩溃为广大中小企业发展提供了广阔的空间，中小企业在吸纳社会就业、提高市场竞争性、培养企业家等方面都得到了各国政府的认可。近些年来，由于很多国家进一步放松了管制，市场体制和市场结构更加灵活和开放，生产要素的流动与配置更加自由，市场需求和供给也面临着更大的不确定性，这使得规模经济的优势逐渐让位于知识优势和信息优势。众多新兴创业型企业能把科技发展的前沿性与市场需求的前瞻性准确地对接起来，不仅满足了消费者的个性化需求，还开辟了许多新兴市场，催生了许多新兴产业。可以说，创业适应了科技时代市场价值发现和竞争机制由"生产导向，供给推动"向"服务导向，需求驱动"转变的发展趋势。知识和技术作为最重要的生产要素，只有与创业资本相结合，才能使创业成为一国经济发展的主导因素。创业需要社会风险资本和政府政策性融资的支持。20世纪80年代，美国中小企业的成功，电子、信息等新兴产业的蓬勃发展，在很大程度上得益于风险资本和技术创新基金的资助。各国政府纷纷出台扶持政策，推动了创业活动的发展。

二、知识经济时代创业的重要意义

(一) 创业对社会的意义

只要简单回顾一下近二三十年间，创业者所创造出的新行业，诸如个人电脑、生物技术、闭路电视、电脑软件、办公自动化、手机服务、电子商务、互动网络、虚拟技术等，我们不难想象出创业者是如何巨大地改变了世界的发展进程和人们的生活、工作和学习方式。

1. 创业可以增加社会财富，促进经济发展和社会繁荣

创业过程是增加社会财富的过程，企业在生产经营的过程中，为社会创造了财富，增加了社会价值，并大大增加了国家的财政税收。企业的产品和服务拉动了国内市场需求，满足了人民生活的需要，丰富了市场，促进了社会经济的繁荣。创业还改变了传统的产业格局，催生了很多崭新的行业，加速了经济结构调整。在创业过程中，社会资源得到优化配置，市场体系不断得到完善，市场竞争活力得以保持。

20世纪90年代以来，美国社会经济、科技高速增长堪称当代奇迹。对此，相关研究者认为，创业革命是美国经济持续繁荣的基础。据统计，美国95%以上的财富是由1980

年以后新出现的比尔·盖茨等新一代创业英雄们创造的。在世界上的其他地方，如欧洲、日本，创业同样推进着经济的快速增长。

在我国，经 40 年的改革开放，创业活动催生了中小企业的迅速崛起。新创的中小企业是中国经济新的增长点，提供了大量的产品和服务，对我国经济持续高速增长，对促进我国的城市化进程和现代化建设，起到了重要的作用。

2. 创业可以实现先进技术转化，促进生产力提高和科技创新

创新是创业的主要驱动力量，创业是新理论、新技术、新知识、新制度的孵化器，也是新理论、新技术、新知识、新制度形成现实生产力的转化器。

2010 年 5 月 27 日，苹果公司的市值超过微软，成为世界上最大的科技公司；2011 年 9 月，苹果公司市值达到 8816 亿美元。苹果公司如何让自己在短短的 10 年内发生颠覆性的变化，从而让世界刮起"苹果"旋风，大家为它的每一款产品的推出都翘首以盼呢？归根结底是其可持续的技术创新能力。苹果公司在准确把握消费趋势的前提下，通过持续的技术创新使自己始终处于行业领先地位。

美国的相关研究表明，第二次世界大战后，在美国创业型小企业的创新占所有创新的一半，占重大创新的 95%；较小的创业型企业的研究开发比大企业更有效率和更为强劲，小企业每一美元的研究开发经费产生的创新是大企业的两倍。

就我国来说，当前中国经济结构调整的重点是发展高新技术产业和进行传统产业的升级改造。而创业往往伴随着新技术、新产品、新工艺、新方法进入市场。科研成果转化型的创业企业，往往伴随着新的技术或工艺的产生与发展。成功的创业企业必然会为社会经济注入新鲜活力，有利于促进整个社会生产力的发展。

3. 创业可以提供就业岗位，缓解社会就业压力

我国人口众多，劳动人口就业问题一直是一个关于民生的大问题，解决就业问题是我国的一个长期任务。目前，我国又处于一次人才流动时期，在这次流动中，四股劳动大军纷纷涌向中国的劳动市场：一是大学毕业人数激增；二是农村劳动力向城镇转移的步伐还将进一步加快；三是随着我国加入世界贸易组织五年过渡期的结束，国企改革力度的加大和经营机制的转换，下岗工人的数量会继续增加；四是"海归"人数的增加。受人口基数、人口年龄结构、人口迁移及社会发展进程等因素影响，21 世纪前 20 年我国仍将面临较大的就业压力。

中小型创业企业不仅解决了创业者本身的工作岗位，同时也为需要工作的人们提供了大量的工作岗位，扩大了就业率，降低了失业率，大大缓解了社会就业压力，从而稳定了社会秩序。

"以创业促进就业"是党的十七大提出的明确要求。创业是最积极、最主动的就业，它不仅能解决大学生的自身就业，还能通过带动就业产生倍增效应。清华大学中国创业研究中心的调查数据表明，每增加一个创业者，当年带动的就业数量平均为 2.77 人，未来 5 年带动的就业数量平均为 5.99 人。因此，让更多的创业者投身创业更有助于提高创业带动就业的效应。

4. 创业可以激发整个社会的创新意识和创业精神，有利于观念的转变

在美国，创业革命使得"为自己工作的观念"深深扎根于美国文化中。在我国，近年

来如火如荼的创业大潮使得无数人进入了经济和社会的主流，对于形成创新、宽容、民主、公正、诚信等观念和文化具有积极作用。

目前，我国自主创业的空间非常大。与世界各国相比较，我国人均拥有的企业数量很少，发达国家每千人企业数量平均在 45 个左右，发展中国家也在 20～30 个，而我国不到 10 个。所以，加大对大学生创业的扶持力度，意义深远。

（二）创业对创业者的意义

创业是一个伟大的历程，是一个精彩的大舞台。创业起步可高可低，创业的发展空间无限。通过创业，才能有效实现人生价值，把握人生航向。

(1) 创业可以主宰自己，充分发挥自己的才干。许多上班族之所以感到厌倦，积极性不高，重要原因之一是给别人"打工"，个人的创意、想法往往得不到肯定，个人的才能无法充分发挥，愿望得不到实现，工作缺乏成就感，行事有诸多约束，往往感觉"怀才不遇"。而创业则完全可以摆脱原有的种种羁绊，摆脱在行为上受制于人的局面，充分施展自己的才华，发挥最大潜能，使自己的人生价值得到更好的体现。

(2) 创业可以帮助个人积累财富，一定程度上满足个人对物质的追求欲望。工薪阶层的收入有高有低，但都是有限的，没有太多提升的空间。而摆脱这些烦恼的最佳途径就是开创一份完全属于自己的事业，它提供给创业者的利润是没有极限的，可任你想象。根据统计资料，在美国福布斯富人榜前四百名富人中，有 75% 是第一代的创业者。而各类名目的中国富豪榜中，以创业起家的也不在少数。

(3) 创业能够使个人有机会和实力回馈社会，具有极高的成就感。创业者创造的企业一方面为社会提供了产品或服务，一方面为个人、社会创造了财富。企业融入社会再生产的大循环之中，从多个环节中为国家和社会做出了贡献。这种贡献使得创业者个人能够从中收获巨大的成就感。

(4) 创业使个人能够从事喜欢的事业并从中获得乐趣。创业者选择创业项目，通常都会从个人感兴趣的领域着手，将其与自己的知识技能、专业特长等结合起来，而做自己喜欢做的事本身就是一种享受。

(5) 创业使个人从挑战和风险中得到别样的享受和刺激。创业充满挑战和风险，同时也充满克服种种挑战的无穷乐趣。在创业过程中，可以感受到无穷的变化、挑战和机遇，这是一个令人兴奋的过程。创业者可以通过征服创业过程中的重重困难来获得一种激励和快感，丰富自己的人生体验。

三、知识经济条件下创业的主要特征和方式

（一）知识经济条件下创业的主要特征

创业是促使知识经济时代到来的决定性因素。经济的知识化和知识的资本化使创业行为发生在社会生活的各个角落，使创业成为更多有志者的生活选择。在知识经济时代，创业行为实现的价值以及实现其价值的机会几乎是无限的。计算机、通信等信息技术的发展，改变了人们对时间、空间、知识、智力的概念，同时也改变了人们对需求、市场、管理、价值、财富等概念的基本认知。在知识经济时代，创业行为体现出以下五个特征。

(1) 创业将更加容易。由于信息产业的出现与壮大，人们获取创业机会与市场信息的渠道快捷容易，技术的日新月异、市场的快速变化、人们生活节奏与方式的变化，使创业机会大大增多。根据市场的需要、企业的需要以及技术的进步进行创业构思并实践，是每个正常人都能做到的。在知识经济时代，人人随时都有创业的机会，只要你愿意。

例如，先有了网站运营、网店经营之后才产生的一种新型的创业形式——网络创业。网络创业主要是经营网站和网店，归根结底就是一种以网络作为载体的创业形式。网络创业与网络营销是不可区分的整体，因为网络创业本身具有网络营销的性质，所以很多时候网络创业的本身就是网络营销，此种形式以网店为主，网站经营也有部分网络营销的成分在内。由于网络创业的网络特性吸引了越来越多的大学毕业生投身到网络创业中来，尤其是从事 IT 行业的青年人，造成了网络创业—浪高过—浪的创业热潮，所以网络创业也是一种具有勃勃生机的创业形式。

(2) 知识的快速流动和扩散，使得学生与老师、学习与工作、企业与社会的界限更加模糊。在工作中不断学习，使以往人们对学习是吸纳知识、工作是使用知识的简单认知发生了改变，学习与工作的界限逐渐模糊，这在美国硅谷和我国中关村的高新技术企业中体现得很明显。由于企业与社会界限的模糊，出现了许多创业的新模式，比如在公司内创业、公司鼓励与吸纳新创业的企业、公司支持员工在社会上创业等。

(3) 创业与成功的距离更近了。由于创业环境大大改善，创业所需的信息可以快捷低廉地获得，创业所需的资金可以从风险投资家那儿得到；同时，由于企业孵化器、创业中心的大量出现，资本市场的发育，从创业到成功、从投入到回报所花费的时间比以往任何时候都短。

(4) 创业的源泉大大增加了。由于知识与技术获取的渠道增多，技术发明者与技术掌握者已经不是主要的创业者来源，知识与技术能够面对更多的人，创业行为将更加普遍。

(二) 知识经济条件下创业的主要方式

创业是促使知识经济时代到来的决定性因素。经济的知识化和知识的资本化使创业行为发生在社会生活的各个角落，使创业成为更多有志者的生活选择。在知识经济时代，创业行为实现的价值以及实现其价值的机会几乎是无限的。计算机、通信等信息技术的发展，改变了人们对时间、空间、知识(智力)的认识，同时也改变了人们对需求、市场、管理、价值、财富等概念的基本认知。在知识经济时代，由于企业与社会界线模糊化，因而出现了许多创业的新模式，比如在公司内创业，公司鼓励与吸纳新创业的企业，公司支持员工在社会上创业等。

1. 团队创业比例日益增加

创业团队的概念将被普遍接受，创业团队是技术与管理、资金在创办人员方面的组合。一个根据市场需求分析形成创业构思的创业者，不管他是管理者还是技术掌握者，都可以去寻求技术的掌握者或者管理者而形成创业团体。高新技术产业的创业活动更多地采用团队创业的模式，有技术的创业者希望寻求有管理经验、市场经验的合伙人组成创业团队，共同寻求资金创办企业；同样，有管理经验、了解市场、有创业构思的创业者希望寻求能支撑创新构思的核心技术人员加盟创业团队共同发展；有资金的个人投资者、风险投资家同样希望寻找到拥有核心产品或服务、有管理经验、有技术能力的创业团队作为其投资对象。利益共享、风险共担的经营理念不仅体现在企业内部，更加重要的是体现在企业外部，即体现与供应商、经销商的战略伙伴关系上。

2. 企业内创业日益普遍

企业内创业是企业的管理者及员工在企业内部进行的创业，是一种更广泛意义上的创业。这种创业的动机来源于市场经济条件下，企业谋求生存和发展的渴望。在激烈的市场竞争条件下，一方面，企业承受着"优胜劣汰"这一市场法则的压力；另一方面，又充满了创造财富、壮大力量、实现自我价值的强大动力。因此，企业会不断通过管理机制创新、技术创新、开拓新市场、采用新战略等手段，来改善和发展自己。这种创业与独立创业相比，显然会更安全和更具有普遍性。企业内创业，既包括通常意义上所理解的当企业面临困境时的革命性的战略改变，如我们常说"民营企业的第二次创业、第三次创业"等，也包括企业在正常甚至良好经营状态下，为维持现状及进一步改进所进行的创造性努力。企业一旦成立，企业内的创业就不会停止，否则，企业要么停滞不前，要么面临亏损倒闭的危险。

3. 母体脱离型创业渐成风气

母体脱离型创业是公司或企业内部的管理者从母公司中脱离出来，新成立一个独立公司、子公司或业务部门。母体脱离创业现象也比较常见。例如，母体发展规模扩大，为追求生产专业化而分出新的业务部门或子公司；共同创业的团体在企业做大后出现意见不统一，因而把母体分割成若干部分各自经营；母体资本积累充足，为扩大经营规模及领域而投资建立新企业。相比之下，母体脱离型创业的成功率更高。因为分出来的新企业，创业者具备一定的经营管理经验，能够吸取母体的经验教训，少走弯路；分出来的新企业，在产品和服务上都不会脱离母体企业太远，多数都在一个行业，甚至只是一个产品的不同部分，因而在产品技术、管理团队的经验和客户资源上，都具备一定的基础；母体脱离企业多数在资金上要比独立创业企业充足，而且因为有过去稳定的客户资源，还可以通过赊原料等方式节省创业资金。

✦✦✦✦✦ **思　考　题** ✦✦✦✦✦

1. 什么是创业？创业具有哪些功能和类型？
2. 什么是创业精神？创业精神具有哪些特点？
3. 结合实际，阐述创业精神对职业生涯发展和社会发展带来了哪些影响。
4. 阐述经济转型与创业热潮的关系。
5. 阐述知识时代创业的特征和意义。

第二章 创业环境

知识目标

- 了解创业的国内外背景以及我国创业活动现状。
- 理解大学生创业环境要素及我国目前创业教育开展情况。
- 掌握创业教育对策和创业环境评价。

能力目标

通过本章的学习，使大学生做好创业知识和技能的储备，为创业奠定扎实的基础。

21 世纪是一个充满生机与活力的世纪。科学技术的进步使整个世界日新月异，人类通向未来的道路变得更加宽阔。从全球范围看，世界在发生着根本性的革命。新世纪的科技发展在多学科、大跨度、深层次中交叉、渗透和融合，人类的创新思维不断揭开客观世界的奥秘，引发全新的技术革命和产业革命。

现代交通和网络技术大大缩短了人们之间的距离，"地球村"的概念应运而生。这是一个群雄争辉的时代，全世界最优秀的人才纷纷涌向一个全新的竞技场，无论是富甲一方还是身无分文，每一个公民都可能在这个变化多端的世界上亲手开创出一番事业。

第一节 创业背景

一、创业环境概述

创业环境是一个复杂的社会大系统，由创业文化、政策、经济和技术等要素构成，是多层面的有机整体。构筑良好的创业环境，需要社会、经济、文化各方面的系统支撑。

(一) 创业环境的含义

创业环境是指开展创业活动的范围和领域，是创业者所处的境遇和情况。它是对创业者创业思想的形成和创业活动的开展能够产生影响和发生作用的各种因素和条件的总和。

创业环境有三个方面的含义：

(1) 创业环境是创业活动的领域。所有的创业活动都是具体的、现实的，都要有一个明确的方向和目标。在哪个行业里创业，创什么样的业，都要从实际出发，受环境的支配，不能随心所欲。创业环境在很大程度上规定了创业的性质和活动范围。

(2) 创业环境是创业者面临的处境。环境在本质上是一个动态系统，具有较大的不确定性。创业环境始终处于不断的发展变化过程中，使创业者不断面临新的情况，解决新的问题，这就决定了创业是一项变革和创新的活动。

(3) 创业环境是创业活动的基本条件。环境是一种客观存在，存在是决定意识的。创业环境对创业活动的决定性作用在于它能为人们的创业活动提供各种精神的或物质的条件，能从各个方面影响着创业活动的进程，决定着创业活动的成败。

(二) 创业环境的表现形式

(1) 社会环境与自然环境。社会环境也可称为国情，是指创业者所处的国家和社会的政治制度、经济制度、法律制度、思想文化、风俗时尚以及党和政府在特定历史时期的路线、方针、政策等方面的条件。自然环境是指创业者面对的地理、资源、气候等自然状况。社会环境和自然环境作为开展创业活动的宏观背景，它们的变化能对创业活动产生巨大的不可抵抗的影响。创业者只能利用它们，但却无法改变它们。

(2) 内部环境与外部环境。内部环境是创业组织内部各种创业要素的总称，如人员、资金、设施、技术、产品、生产、管理、运营等方面的情况。内部环境是创业者的"家园"。俗话说"家和万事兴"，它对创业活动的开展至关紧要。处理好内部关系，优化内部环境，是创业活动生存的根基，外部环境是创业组织外部的各种创业条件的总称，包括社会的、自然的、政治的、经济的、合作的、竞争的、远处的、近处的形势和情况，对创业组织的发展具有广泛的影响力，是创业组织发展的保证。创业组织要适应的正是这种环境。

(3) 融资环境与投资环境。融资环境是指创业者为了扩大创业实力需要聚集资金的社会条件。投资环境特指创业者资金投向的项目行业及地区概况。融资与投资是创业活动不可分割的两个方面，同样都受特定地区人们的经济收入、消费观念、风险意识、国家政策等环境因素的影响。

(4) 合作环境与竞争环境。创业的合作环境是指创业者对外扩张、寻求发展、建立协作伙伴关系的环境氛围，通常指相关行业、供应商、经销商、广告商、技术所有者、风险投资公司及新闻媒体等单位的情况；竞争环境是指创业者所处的行业状况，包括行业的经营思想、产品质量、技术力量、管理水平、营销政策等。合作环境与竞争环境是创业组织生存与发展极为重要的外部条件，任何创业者都无法脱离这个环境而存在。

(5) 生产环境与消费环境。生产环境是指创业者的资金转化为产品的过程所需要的各种因素，包括劳动力、生产设施、原材料、技术服务、动力供应、交通运输等状况；消费环境是指创业者的商品转化为货币过程所需要的各种条件，包括特定地区人们的富裕程度、消费观念、消费水平、市场和竞争对手等方面的状况。

上述各种形式的创业环境相互交织，构成了完整的创业环境系统。创业者只有全面认识和把握自身所处的环境的基本构成，熟谙各种环境所内含的共同趋向和基本要求，才能够切中时代的脉搏，进行卓有成效的创业活动。

二、创业的国内外背景

(一) 创业的国际背景

20 世纪 80 年代，以生物医药、光电子信息、航空航天技术、新材料等为代表的科技革命成为经济增长的技术基础，使资源优势日益让位于技术优势，推动了科技创业活动。传统企业注重生产要素的投入，科技创业型企业则将重心放在生产前端的研究开发、技术项目转移和知识要素的配置。即创业企业依托高技术创新成果实现对创业资源的重新配置，并孵化出新企业。同时，在以计算机、信息技术发展为先导的现代制造业领域，最佳规模较小或者不存在规模经济，进入壁垒较小，创业门槛降低，为新创企业提供了大量的机会。

新技术的进步和经济体制的变革为广大中小企业发展提供了广阔的空间，中小企业在吸纳社会就业、提高市场竞争性、培养企业家等方面都得到了各国政府的认可。很多国家进一步放松管制，市场体制和市场结构更加灵活与开放，生产要素的流动与配置更加自由，市场需求和供给也面临着更大的不确定性，使规模经济的优势逐渐让位于知识优势和信息优势。众多新兴创业型企业能把科技发展的前沿性与市场需求的前瞻性准确地对接起来，不仅满足了消费的个性化需求，还开辟出许多的新兴市场，催生出许多的新兴产业。可以说，创业适应了科技时代市场价值发现和竞争机制由"生产导向、供给推动"向"服务导向、需求驱动"转变的发展趋势。

西方各国政府纷纷出台扶持政策，推动了创业活动的发展。政府制定了鼓励创业的政策和措施，增加研究开发资金投入，完善商业基础设施，通过有针对性的、高效率的研发机构，加快技术成果商业化进程，提高专利和知识产权的效率和利用效益，刺激技术再生及催化，特别是形成有益于一些能够促进微观活力和促进创业知识溢出的制度激励结构，如知识产权制度、风险资本制度、技术商业化制度、利润分配制度、股权激励制度等。美国以硅谷和华尔街为代表，形成了以科技创业、风险投资和资本市场相互联动的一整套发现和筛选机制。事实证明，这套机制具有强大的制度优势。强大的资本市场和科技创业浪潮帮助美国实现向创新经济的转型。

(二) 创业的国内背景

1. 创业者的变化

(1) 创业者角色越来越专业化。创业者从主要依靠自己来创业向主要依靠团队来创业改变，单打独斗、个人英雄主义的时代已经一去不复返了。现代创业需要各种知识、信息和能力，一个人因为时间、精力有限，难以甚至不可能成为通才。据有关研究，由各种专才组成的优势互补的创业团队，是最佳的黄金搭档。

(2) 创业者规模越来越庞大。在创业浪潮的推动下，创业者队伍越来越庞大。据统计，2003 年，18～64 岁的成年人中，每 100 人有 11.6 人参与了创业活动。据此推算，在 13 亿中国人中，每年有 5000 万中国人加入到创业活动行列。

(3) 创业者队伍趋向多样化。创业者队伍从单一结构向多样化结构转变。改革开放初期，创业者主体主要为两类：一类是农村头脑活络的农民，另一类是城镇无业居民或部分效益欠佳企业的职工。近十多年来，越来越多的具有不同背景的人士加入到创业者队伍中来，如大学生、机关干部、企业高级管理人员、大学教师、残疾人等，这其中既有专职的，也有兼职的，几乎涵盖了各行各业、各种背景、各种年龄层次。女性创业者、团队创业也呈现增长趋势。

(4) 创业者素质越来越高。改革开放初期，许多头脑灵光又不安于现状的人掘到了人生的第一桶金。然而，他们中的部分人素质并不高，学历层次一般在高中以下，多为小学、初中文化背景。这些人在业界昙花一现，很快就消失了，剩下的是那些注意边创业边学习的佼佼者。进入知识经济时代，要求创业者有很高的素质，不注意自身素质提高的创业者迟早会被淘汰。现在创业者队伍基本上都是大专以上文化程度，很多是硕士、博士毕业生。

2. 创业资源的变化

(1) 创业机会的变化。

① 创业机会的发现越来越困难。改革开放初期，我国是一个巨大的卖方市场，具有无限的创业机会，而且创业机会是属于外显型的，基本上是拿来就可以用，而且又快又准。进入买方市场以后，虽然创业机会数量依然不减，但创业机会由外显型转为内隐型，机会要靠"挖"，靠"挤"，靠"钻"。难怪有人说，三流企业满足需求，二流企业跟踪需求，一流企业创造需求。在这种情况下，要求创业者掌握更多的信息，进行更加细致的观察、更加冷静的分析和更为及时的把握。

② 创业机会的分类越来越精细。改革开放初期，受卖方市场影响，创业机会属于外显型、给予型、施舍型、被动型的，有的是创业机会，看你要不要，这时创业机会还算不上是创业的首要前提。现在受买方市场的影响，情况发生了巨大改变，创业机会已经变成了内隐型、发掘型、创造型、主动型的，创业机会需要靠创业者去发掘、去创造，创业机会已经成为创业的首要前提。没有创业机会，创业无从谈起。同时，创业机会也对创业者提出了更高的要求。

(2) 创业技术的变化。

① 创业技术的作用越来越重要。改革开放初期，社会生产方式基本上是生产决定消费，同时消费者对消费品的要求主要是强调实用。这时，技术还不是生产的决定因素；现在情况发生了重大改变，社会生产方式基本上是消费决定生产，消费者对消费品的要求主要强调特色、款式、质量、美观，技术成为生产的决定因素，要求生产者着力改进技术，进行技术创新，以满足消费者的需要。

② 创业技术的地位越来越突出。传统创业的关键生产要素是资金。有钱好办事，有钱可以购置设备，可以创办企业。现代创业的关键生产要素是技术，技术是竞争的立足点，也是融资的支撑点。在现代创业中，风险投资者是否愿意投资，要看创业者的主打技术是不是高新技术。

(3) 创业信息的变化。

创业信息量越来越大。由于创业信息越来越多，增加了创业者筛选、过滤、整理信息的压力，使创业者难以在一定时间内有效地得到必要的创业信息。

创业信息渠道越来越广。创业信息渠道越来越趋向多元化，有报纸、杂志、广播、电视、互联网等，需要创业者选择一种适合自己的主要信息获取方式。

3. 创业管理的变化

创业路径的变化主要变现在：由于创业成本的增大和创业风险的加剧，引起创业难度的加大，从而导致创业实践的延长和创业路径的曲折。

(1) 创业成本增大。创业成本增大的变化主要表现在三个方面：一是由于产品的知识技术含量趋高，引起研究开发成本增大；而是市场竞争的日趋激烈，引起市场营销成本增大；三是人才在创业中的地位和作用越来越重要，引起人力资源成本增大。

(2) 创业风险加剧。创业风险包括新产品开发风险、投资风险、市场风险、政策风险和管理风险等。随着创业中不确定性因素的增加，各种风险就会随时随地出现，并且相互影响，相互交织，加剧了创业风险。

(3) 创业难度加大，创业实践延长，创业路径曲折。由于创业成本增大和创业风险加剧，导致创业难度加大，创业实践延长，创业路径曲折，以致创业成功率降低。据统计，美国每年创业成功的概率为 10%，这从一个侧面反映了创业的艰难。

 创业故事　　　**创业就是颠覆旧事物的过程——俞敏洪的创业故事**

俞敏洪是一个草根英雄和创业偶像。从提着糨糊瓶满世界贴招生广告的穷教师，到美国纽约证交所上市的亿万富豪，他的转变只用了十三年。他是中国的"留学教父"。当他走在哈佛、耶鲁等大学的校园时，每三个中国留学生中至少会有两个人对他说："老师好。"以至于有这样一个评价：他在哈佛和耶鲁的号召力超过了中国任何一位大学校长。他是"赢在中国"第三季的评委。他在节目现场的每一次点评，都会引爆雷鸣般的掌声，征服了无数观众。美国《时代》周刊对他的描述是：这个一手打造了新东方品牌的中国人是"偶像级的，像米奇或者小熊维尼之于迪斯尼"。

十几年来，新东方成功地帮助数以万计的年轻人实现了出国梦，莘莘学子借此改变了命运。有人评价说，"在中国，任何一个企业都不可能像新东方这样，站在几十万青年命运的转折点上，站在东西方交流的转折点上，对中国社会进步发挥如此直接而重大的作用。"在某种意义上，俞敏洪对于希望创业和正在创业的年轻人而言，并不在于他身价多少，而在于贯穿了他整个新东方创业过程的难能可贵的精神。

一、个体户的奋斗

1991 年，俞敏洪从北大辞职。解决生活的唯一办法就是到社会上的培训学校授课，随后发现观念相差颇大，于是萌发了自立门户的念头。1993 年，在北京中关村一间简陋的小屋里，俞敏洪创办了新东方学校。当时的学校，只有一个托福考试培训班。为了招生，俞敏洪只有自己骑着自行车，拎着糨糊桶在零下十几度的冬夜里去刷小广告。这就是新东方发展的第一阶段——个体户阶段，首先是俞敏洪自己干，后来用俞敏洪的话来说就是"后来我老婆加盟我了"。当时俞敏洪夫人是北大的英语老师，新东方需要人手，于是夫人就辞去了工作，加盟了俞敏洪。俞敏洪称新东方的这个阶段为个体户奋斗阶段，一直奋斗到1995年年底。

二、新东方的急速扩张期

1995 年，新东方开始进入急速扩张期，新东方学员超过 1 万人的规模。那时，俞敏洪陷入了一个困境，总觉得自己一个人干事情没劲，想要有一帮人一起干。俞敏洪说："看看那些在巨大压力下生活的老朋友，如果他们生活得很好就去取经，如果他们生活状况一般就忽悠他们回来一起干事业。"于是在 1995 年之后，徐小平、王强等人相继回国，加入新东方。俞敏洪、徐小平、王强给新东方注入了新鲜血液。几个人一人分管一块领地，共同创造新东方品牌。新东方就像一个磁场，汇集起一个年轻人的梦想，这群在不同的土地上刷广告、洗盘子、做推销、当保姆奋斗而终于出人头地的年轻人积蓄了一种要爆发的能量。

三、股份制改造阶段

任何事物总是变化的，1999 年底，随着英语培训市场的变化与新领域的迅速发展，新东方各路诸侯的胃口和攀比心态随之扩大，利益边界严重混淆、重叠，矛盾、冲突日渐加剧，曾经非常有效的"分封制度"开始出现隐患。所以股份制改造成为新东方继续发展的必然，也成了新东方矛盾的开端。2000 年 5 月新东方开始股份制改造。五个月后，俞敏洪与徐小平等人共同注册了"东方人教育科技发展有限公司"，重新整合新东方产业资源。在新组建的董事会，俞敏洪身兼董事长和总裁职务。股份制完成后，新东方原来的利益平衡完全被打破，此时的新东方完全乱了头绪，下一步该往前怎么走，谁也看不清前进的方向。即使找了多家咨询公司，新东方依然徘徊在漩涡中，无法自拔。

四、高层"暗战"，新东方遭遇寒冬

新东方公司化改造 2000 年 5 月开始正式启动，历时一年半，高层思想不统一，冲突不断。小股东既得利益没有了，人、财、物的支配权取消了，公司没有利润，自然陷入恐慌，陷入对俞敏洪改革动机的怀疑。同时，出于学校发展的考虑，对现金的使用不够透明化，使得小股东们担心在新东方有着绝对控股地位的俞敏洪不尊重股权，不相信俞敏洪在公司停滞不前的情况下能拿出钱来分红，所以想到了以"逼宫"的方式促使俞敏洪下课，以保证自己的利益。之后新东方又陷入了剧烈的人事震荡中。事实上，新东方进入鼎盛时期之后，进入了"过三关—排座次—分金银—论荣辱"的怪圈。

五、资本的"救赎"

2003 年新东方股份制改造基本完成。新东方开始推进第四个阶段，即获取国际资本，进入海外上市的通道。2004 年底，老虎基金等多家公司向新东方注资。引进私募基金成就了新东方上市的第一步。老虎基金的加入从某种意义上说，也重组了新东方内部的股权结构。重组股权为新东方上市做好了前期准备。复杂的股权结构并不利于公司在美国上市，同时也很难让俞敏洪解决内部管理的控制权问题。在引入老虎基金后，俞敏洪对于新东方的发展有了更为清晰的掌控。上市以来，新东方有了全新的蜕变。新东方严格按照美国上市公司的要求进行内部管理，制度更加健全。俞敏洪希望用严厉的美国上市公司管理规则来规范内部，以制度说话，避免前面出现的人情和利益纠葛，从而实现自身的"救赎"，让企业顺利发展。

六、扩张与稳定的权衡

在任何一个企业中，同时存在着扩张与稳定这两种力量，创业者的责任就是要巧妙地把握这两种力量之间的动态平衡，促进企业在扩张的进程中保持稳定，并在稳定的基础上实现新一轮的扩张。新东方于 2006 年 9 月在纽约上市，上市就意味着资本市场及投资者对这家教育培训机构永不停歇的增长需求。不过在很多人预期的快速扩张上，新东方却一直显得非常谨慎甚至保守，俞敏洪说他的做事风格是，在没有完全准备好的情况下不会冒进。这种风格与面临的来自资金市场的增长压力之间产生了一定的矛盾。新东方自始至终都在强调自主经营，而不是采用扩张更为快速的加盟形式。

七、创业智慧

1. 梦想有多大，事业就有多大

作为一个创业者，需要有一种渴望，有一种梦想。没有渴望和梦想的日子使创业者的生命失去活力和勇气。梦想被俞敏洪定义为一种不可阻挡的向往。创业者的梦想是不安分的，是高于现实的需要，踮起脚才能够得着，有的时候需要跳起来才能够得着。一个人的梦想有多大，他的事业就有多大。当初俞敏洪出去创业为的就是养家糊口。然而，当新东方做到一定程度的时候，俞敏洪那时的梦想就不仅是赚钱了，他说道："把眼光放到你这个可以看到的圈子外面去看，也就是你的目光必须超出你现在所看到的所有的东西、你看到的所有的人，这样的话你才能保证自己的成长和进步，这是一种志向。"马云也曾说过："作为一个创业者，首先要给自己一个梦想。"

2. 信念与激情

俞敏洪认为，每个人做事情，都在寻找内心的支撑，寻找一种内心的信念。创业，就必须要有吃苦的精神、执着的信念。俞敏洪认为信念和激情这两个词是连在一起的，"激情是信念的一种外在表现，如果内心没有信念的话，外在的言行不可能产生激情"。虽然新东方在成立之初只有一间小屋，但是创业的激情却在俞敏洪的体内燃烧，看着简陋的招生办公室，他想的却是新东方的美好未来。在 1993—1998 年的五年间，俞敏洪平均每天上课 10 小时，足迹几乎踏遍全国各地。俞敏洪用他慷慨激昂的言语激励无数"屡败屡战"的学子们从绝望中寻找希望，借生动的寓言故事启发学员，让他们找到前进的方向。

3. 分享理论：财散人聚

作为创业者，一定要懂得与他人分享。一个不懂得与他人分享的创业者，不可能将事业做大。新东方于1993年创办，俞敏洪是唯一一位在新东方做教师的员工，俞敏洪最亲近的员工就是他妻子。新东方越办越大，俞敏洪想把远在国外的朋友都拉回来，继续把培训教育做大。同为北大教师的徐小平和北大同学王强回国加盟新东方，俞敏洪让每个人都有一块自留地，结果每个人都在自己的所属领域做得非常大。俞敏洪的这种"分享理论"的激励效果十分明显，新东方进入了它的第二个发展阶段，实现了快速扩张。新东方还建立了相对完备的出国考试培训、基础外语培训、出国留学服务教学体系，并迅速扩张到全国多座大城市，真正称霸于国内英语培训市场。

4. 耐心地等待机会

我们经常听到有人抱怨没有机会。其实不是没有机会，而是我们有没有能力抓住机会。机会属于那些有准备的人。世界上每天都充满了各种各样的机会，但最后机会只会落到有能力的人身上。创业是能力和机遇碰撞的结果，机会总是会青睐有准备的人。俞敏洪说，自己当初选择创办"新东方"时，正是看中了当时国内学生开始热衷出国的潮流，同时社会上掀起学习英语热潮这样的机遇。俞敏洪认为机遇其实就在自己不断仔细观察所属的社会环境，认真思考、归纳总结的过程。这个过程中面临着得与失、取与舍、成与败，是一次次顺流逆流中痛并快乐的自我更新。创业机会的得来绝不是靠守株待兔，每个创业者都应该主动地去寻找机会。往往机会的来源便可极大促成创业的成功。要创业，就要会解析这个时代的趋势。

5. 用精神力量去领导

2001年，新东方的上层矛盾激化，几乎到了分崩离析的程度，俞敏洪再一次面临难关。几经努力，俞敏洪终于力挽狂澜，使新东方迈上了良性循环的轨道，成为一个具有现代化企业结构的新东方。在这次动荡中，俞敏洪是付出了代价，但是他获得了更多的回报，不仅树立了绝对的领导权，还赢得了一个安定团结的局面。俞敏洪认为，不应该靠股权等外在强制性的东西去领导下属，真正成功的领导者应该用精神去领导。至于如何才能拥有这种精神力量，使下属愿意追随你，俞敏洪说：首先你要相信这种精神力量，其次你做过的事情证明了你这样做是对的，这就加固了你的精神力量，最后你要把这种精神力量通过言行传递给别人。我让我所有的管理者都看到，我比他们更加勤奋，更加努力，更加把新东方当成家。同时，要想拥有这种领导者的魅力、领导者的精神力量，最重要的是让身边的人跟自己一样坚持一个信念，而这个信念最核心的要素，俞敏洪认为就是企业的愿景。

6. 把大目标分解为小目标

在现实中，人们做事之所以会半途而废，这其中的原因，往往不是因为难度较大，而是觉得成功离得太远。很多企业之所以会倒闭，不是因为他们的目标太大不可能完成，而是因为他们没有给自己定下阶段性目标。将长远目标分解为多个易于达到的阶段性目标，每达到一个阶段性目标，都会体验到"成功的感觉"，这种"感觉"会强化创业者的自信心，并推动创业者稳步挖掘潜能去达到下一个目标。俞敏洪在做事的时候，一般都会问自己两个问题：一是做这件事情的目标是什么，因为盲目做事情就像捡了一堆砖头而不知道干什么一样，会浪费自己的生命。第二个问题是需要多少努力才能够把这件事情做成，也就是需要捡多少块砖头才能把房子造好。之后就要有足够的耐心，因为砖头不是一天就能捡够的。

7. 集体英雄主义

在中国最近十几年的英语培训市场上，还有一个英语培训品牌堪称奇迹，那就是"疯狂英语"。疯狂英语的创始人李阳凭借着自己的独创的喊话式英语学习法，也曾经在大学校园里流行过几年时间。但是李阳的疯狂英语品牌却并没有带来同新东方一样的财富。曾有人问俞敏洪，你和李阳有什么不同？俞敏洪说道：他是个人英雄主义，我是集体英雄主义。俞敏洪表示，过去他一个人演独角戏时各种成功与荣耀都集中在自己身上，自己也可以一言九鼎。但是当组织结构不断扩大，仅凭一个人的力量无法完成整个机构的运转时，吸取他人意见和建议成为管理成功的关键。俞敏洪意识到，培训行业这个门槛要求相当低，任何一个懂点英语的人在家里开一个培训班就可以拿到一个注册学校的资格执照。所以，新东方的成功是一个团队的成功，因而也就具备了很强的竞争力。

八、俞敏洪的创业经

(1) 只有知道如何停止的人，才知道如何加速。

(2) 绝望是大山，希望是石头，但是只要你能砍下一块希望的石头，你就有了希望。

(3) 忍受孤独是成功者的必经之路，忍受失败是重新振作的力量源泉，忍受屈辱是成就大业的必然前提。忍受能力，在某种意义上构成了你背后的巨大动力，也是你成功的必然要素。

(4) 会做事的人，必须具备以下三个做事特点：一是愿意从小事做起，知道做小事是成大事的必经之路；二是胸中要有目标，知道把所做的小事积累起来最终的结果是什么；三是要有一种精神，能够为了将来的目标自始至终把小事做好。

(5) 绝对不做自己能力控制不了的事情。自己一定要能当大厨，这样当你的大厨撂勺子时，你还可以救场。

(6) 金字塔如果拆开了，只不过是一堆散乱的石头，日子如果过得没有目标，就只是几段散乱的岁月。但如果把一种努力凝聚到每一日，去实现一个梦想，散乱的日子就集成了生命的永恒。

(7) 世界上成功的人，没有一个不是全身心热爱自己做的事情的，否则他一定半途而废。对于我个人来说，我一定全身心投入新东方，就像沃尔玛的总裁一辈子都开着自己的小飞机在全世界每个店飞来飞去，看到商品都恨不得去亲吻一下，他对每个商品都充满感情，你说他能不把每个商品卖得像艺术品一样吗？

(8) 开始的时候，团队就像面粉，一拍就会散。但是随着时间的延长，往里面加水，揉啊揉啊，慢慢地就会成为面团，就很难散了，甚至越揉越黏。到最后这个团队就分不开了。

(9) 如果一个人的能力是能够坐一间 24 平方米的充满绿色、洒满阳光的办公室，你只给他 8 平方米的办公室他迟早有一天是要离开的。

(10) 全世界最难做的一件事情就是自我提升，你有多大的气概，你就能做多大的事情，但没有人生下来就有宏大的气概，这里面有一个不断学习的过程。对于我来说，实际上是一个非常痛苦的过程。

(11) 做人最大的乐趣在于通过奋斗去获得我们想要的东西，所以有缺点意味着我们可以进一步去完善，有缺陷之处意味着我们可以进一步去努力。

(12) 人生之中，最重要的就是要明白我们的生命和我们的事业到底是怎么回事，有一句话说得好："生命是一个过程，事业是一种结果。"

(13) 所有获得大成就的人，都经过了一条必经之路，那就是从自愿自觉走向坚韧不拔、艰苦卓绝地努力，最后才能够达到一个极高的境界。

第二节　创业环境分析与评价

创业活动是在一定的创业环境下进行的，我国目前的创业活动属于活跃型，但是创业环境总体上却属于不好的。在 9 个创业条件中，仅有有形基础设施和市场变化方面高于 GEM 的水平，在其他条件方面我国均处于低水平。因此，全面改善创业环境将促进个人创业的发展。

一、我国创业活动现状

清华大学发布的《全球创业观察中国报告》显示，2006 年中国的创业指数(即百名 18～

64 岁的劳动力中参与创业的人数比例)为 16.2%，高于 2002 年的 12.3%、2003 年的 11.6% 和 2005 年的 13.7%，排在全球被调查的 42 个国家中的第 6 位。中国在全球的创业活动中处于非常活跃的状态，作为亚洲的发展中国家，目前已超过日本、新加坡、印度、泰国而位居前列。

从创业活动分类看，生存型创业指创业行为是出于别无其他更好的选择，即不得不参与创业活动来解决其所面临的困难，我国不少下岗职工的创业行为属于这种类型，占 38.7%，而创业行为的动机是出于个人抓住现有机会的强烈愿望，创业有更好发展机会的机会型创业比例占 59.2%。

从创业环境看，2007 年中国在 31 国中排名 16 名，排在巴西、意大利、俄罗斯、西班牙等国的前面。2007 年我国创业环境评分略高于平均值 3.0，研究表明，只有综合评分超过 3.0 时，创业环境才进入良好的状态，因此，目前我国的创业环境处于上升态势，略高于国际中等水平，中国整体的创业环境没有得到大的改善。相对于创业意愿强、创业机会多、创业精神强的现状，改善创业环境变得紧迫和必需。目前我国创业环境的四大特点如下。

1. 群体创业潮兴起

当前中国的创业环境很好。特别是党的十六大明确指出，海内外各类投资者在我国建设中的创业活动都应该受到鼓励。一切合法的劳动收入和合法的非劳动收入，都应该得到保护。要形成与社会主义初级阶段基本经济制度相适应的思想观念和创业机制，营造鼓励人们干事业、支持人们干成事业的社会氛围，放手让一切劳动、知识、技术、管理和资本的活力竞相迸发，让一切创造社会财富的源泉充分涌流，以造福于人民。这再一次激发了人们的创业冲动和创业热情。

因此，当前我国成为世界上创业活动最活跃的地区之一。

当前，我国群体性创业活动其最明显的特征就是表现出平民化趋势。特别是电子商务进入 2.0 时代，更加推动了这种平民化趋势的快速发展。这种平民化趋势表现在以下几个特点：

(1) 创业门槛低，适宜平民进入。中国的经济环境已经发生了变化，入世后，市场竞争日益国际化，政府的管理趋向透明，法律更加健全，竞争环境更宽松、公平，这些都使得创业的门槛降低，非常适合平民创业者的进入。

(2) 创业主体来自社会基层具有平民色彩。这种平民化的创业主体格局适宜于我国社会主义初级阶段的经济特征和多数创业者起步阶段的经济状况，具有门槛低，起步点低，适宜大量平民进入成为创业主体的现实可能性。因此才能形成群体性创业潮。

(3) 创业营销活动具有平民化定位。这些具有平民色彩的创业企业，大都能在自己创业的过程中坚持平民化的视角和营销思路，实行平民化的价格定位和发展模式，体现出平民创业的发展特点和聚财方式。

(4) 平民化创业企业显示了平民聚财的旺盛生机。这些具有平民视角的企业由于市场定位科学，获得了最大的客户资源和市场空间。因此发展迅速，显示了平民化定位的渠道优势和竞争优势，展现了旺盛的生命力。

2. 创业教育蓬勃开展

创业能力是一种生存能力。创业教育是一种培养和提高生存能力的教育。

早在 1972 年《学会生存》的报告就指出："有一类青年人，已经在相当高的阶段上成功地完成了正规学习，但他们所受的训练却不适应经济上的需要。"这是国际教育领域反思教育发展经验的基本认识。

1989 年 11 月，在北京召开"面向 21 世纪教育国际研讨会"。会议代表要求"把事业心和开拓技能教育提高到目前学术性和职业性教育所享有的同等地位"。世界经济合作和发展组织的专家柯林·博尔更将创业教育总结为：未来的人应掌握的"第三本教育护照"。

创业教育思想提出后，得到了联合国教科文组织、世界劳工组织、世界银行和国际教育署的大力支持和积极倡导。联合国教科文组织指出："创业教育，从广义上来说是指培养具有开创性的个人。"

在该组织《教育——财富蕴藏其中》的报告中进一步指出：在基础教育阶段，实施就业创业教育的主要着眼点是培养全体受教育者的就业意识、创业精神和社会责任感，努力提供使受教育者终身受益的教育培训。唯有如此，教育才能真正承担起教人生活、教人做人的重任。

自此，世界创业教育获得了快速的发展。很多国家在不同程度上进行了就业创业教育的探索。

3. 创业培训的多种形式和巨大作用

创业培训是一个国家创业成熟度高低的重要标志，更是一个国家和地区创业能力强的原因之一。对中小企业实施创业辅导是世界各国、各地区政府所普遍采用的一种通行做法。据不完全统计，有 70%左右的美国企业在创立之初曾得到过美国小企业局(SBA)的资助和辅导。在我国台湾地区，绝大部分中小企业特别是资讯科技企业都得益于创业综合辅导计划。

在我国香港地区，不仅设有创业辅导的公共服务平台，而且在政府相关部门都设有中小企业服务机构，约有七成以上的中小企业接受过政府的创业辅导和援助。

我国依据《中小企业促进法》赋予各级政府部门的职责已经将建立中小企业创业培训体系作为完善城市功能、实现国家长治久安的重要举措并已确定了深圳等一批试点城市，还拨出专款设立"民营与中小企业发展专项资金"，重点支持建立各类中小企业。创业者利用好这样的平台就能演绎出无数创业快速崛起的神话。

创业培训是对具有创业意向和创业条件的人员，进行提升创业能力的培养。当前，在全民的创业热潮中，我国的创业培训正在兴起。

4. 创业孵化器的迅速扩展

创业孵化器也叫企业孵化器(Business-Incubator 或 Innovation-Center)，是一种新型的创业经济组织。它起源于 20 世纪 50 年代，由美国的乔·曼库索于 1959 年首次提出。它通过提供低成本的研发、生产、经营的用地，通信、网络办公等共享设施，系统的培训和咨询，政策、融资、法律和市场推广等方面的支持系统，使创业企业的创业成本得以降低，创业风险得以规避，创业成功率得以提高，是一种适于中小企业生存和成长的发展环境和发展空间。

企业孵化器在推动高新技术产业的发展、孵化和培育中小科技型企业以及振兴区域经济、培养新的经济增长点等方面发挥了巨大作用，因此，在全世界发展很快。我国当前已经进入创业孵化器大国行列。创业企业孵化器已经成为培养成功的创业企业和企业家的摇篮和风险投资的理想投资场所。我国的成都、武汉、上海在创业孵化器中进行风险投资的探索均取得了成功的经验。

二、我国大学生创业现状分析

大学生创业已引起了社会各方面的关注，国家不断推出针对大学生就业的各种优惠政策，鼓励和支持大学生自主创业。各地政府部门也都推出了针对大学生的创业园区、创业教育培训中心等，以此鼓励大学生自主创业。部分高校也创立了自己的创业园，为学生创业提供支持。尽管有国家和学校提供的政策等支持和扶持，但是大学生自主创业情况却不容乐观。具体分析如下：

(1) 自主创业参与者少，旁观者多。尽管中央和地方的政府机关、税务部门以及各个高校都对大学生自主创业给予了这样或那样的优惠条件，但是大学生参与的热情仍不是很高。大学生仍然把政府部门、大型国有企业和外资企业作为择业的首选目标，自主创业发展步伐缓慢。

(2) 自主创业多是从事一些技术含量不高的传统行业，成功率低。大学生在校参加的自主创业计划大赛中，大多数项目都是关于高新技术的。一旦学生毕业脱离学校后，要凭个人之力创办高科技企业，却往往显得势单力薄。因为一些风险投资公司不愿意投资到学生创业的这种规模小、风险大的企业。所以，大多数毕业生在创业时选择了启动资金少、容易开业且风险相对较小、较容易操作的传统行业，如餐厅、咨询、零售等小而适合自己的行业。这样一方面可以节约成本；另一方面也可以先积累经验，也有人认为大学生创办如此小店，大有浪费国家教育资源的嫌疑。

(3) 创业心态日趋理性。1999 年团中央、中国科协、全国学联决定，举办全国首届"挑战杯"大学生创业大赛并将此项赛事发展成为常规性大学生创业比赛。在创业竞赛的带动下，大学生创业活动曾一度兴起，但在具体的实践中却暴露出了一些问题，如路径狭窄、方式单一、盲目起步等。随着时间的推移，许多大学生不再好高骛远，创业心态日趋理性和务实。

(4) 网上创业成为热门选择。网络经济的风生水起为众多大学生勾勒出了许多实现财富梦想的"捷径"。更为重要的是，网络的深入普及和网络商业平台的成熟，使得通过网络进行创业具有传统创业平台不可比拟的优势。大学生开网店、网上创业的成功案例正呈上升趋势。一些毕业生表示，他们已经将网上创业就业作为职场的新选择。

(5) 创业的成功率偏低。大学生创业在我国目前还处在探索阶段，大学生创业的状态总体上说是成功者少、失败者多，在创业过程中存在着各种各样的问题。据统计，社会创业的失败率高达 70% 以上，而大学生创业成功率只有 2%～3%，远低于一般企业近 30% 的创业成功率。

三、大学生创业的意义

(1) 大学生创业是国家兴旺发达的动力源泉。

知识经济时代，创新决定着一个国家和民族的综合实力和竞争力。创新是一个民族进步的灵魂，是国家兴旺发达的不竭动力。青年一代，尤其是大学生，是中国最具活力的群体。接受了系统科学素养和人文精神熏陶的大学生，是国家最宝贵的人力资源和科技资源。思维活跃、灵感丰富、敢于标新立异、具有创新精神的大学生，是新思想、新观念、新技术、新工艺的发源地，更应是许多高新技术产业和新兴行业的带头人。

　　大学生创业已成为导致美国经济奇迹般地持续增长的"秘密武器"。在美国，小企业占企业数的 99%，产值占 GDP 的 40%，70% 的技术创新由小企业完成。在以美国为代表的西方发达国家大学生创业的平均比例为 20%。而目前我国大学生创业的平均比例是 0.3%。

　　我国改革开放以来，创业活动催生了中小企业的迅速崛起。新创业的中小企业是中国经济新的增长点，提供了大量的产品和服务，对我国经济持续高速增长、促进我国的城市化进程和现代化建设起到了重要的作用。让更多的大学生参与创业，推动经济全面增长无疑是提高国力的有效方法。

　　(2) 大学生创业是新形势下解决就业难题的有效途径。

　　管理学大师彼得·德鲁克曾对 1965—1984 年间的美国经济进行过研究，他发现：创业型就业是美国经济发展的主要动力之一，鼓励创业是带动就业增长的主要措施。就业机会都是中小企业创造的并且都是创业型和创新型企业创造的。尤其在大企业进行大裁员时，中小企业在稳定就业方面起着越发重要的作用。

　　目前，我国中小企业创造的最终产品和服务价值相当于国内生产总值的 60% 左右，缴税额为国家税收总额的 50% 左右，提供了近 80% 的城镇就业岗位。私营企业和个体经济就业成为就业主渠道。

　　从统计看，每 1 人创业平均可带动 3～5 人就业，如能成功实现由中小企业向大型企业的转型，其倍增效应将会更大，同时，大学生创业也是一种最积极、最主动的就业形式，因此，政府把进一步实施积极的就业政策、鼓励支持劳动者自谋职业和自主创业作为解决当前就业难题的最直接、最有效的途径。

　　人生的道路有千万条。面对高校毕业生严峻的就业形势，大学生正面临着人生道路的重要选择。是怨天尤人还是奋发图强，是消极等待还是积极进取，不同的选择会使每个人的人生具有不同的意义，创造出不同的价值。只有那些对生活充满热爱、对前途充满信心的人，才能成为"第一个吃螃蟹的勇士"，在当今激烈的市场竞争当中，凭着自己的知识和智慧，创出一条属于自己的人生道路。

　　(3) 大学生创业是市场经济条件下社会进步的推动器。

　　大学生创业活动促进了社会经济体制的改革和深化。创业是将创造性融入企业的一种完整概念，其核心就是创新，包括技术创新、组织创新、管理创新和制度创新。实际上，我国的企业制度创新就是从中小企业开始的，体制改革也是首先以中小企业为实验田的。

　　创业繁荣了市场、丰富了人们的生活，提高了人们的生活质量。大量的新创中小企业利用其灵活的机制，通过"多品种"、"小批量"等个性化服务以及参与垄断行业和新兴产业领域的竞争，保证了市场活力，促进了市场竞争。

　　创业促进了社会稳定和谐，是实现共同富裕的有效途径。大学生自主创业不仅使得大批白手起家的人获得丰厚的财富回报，更通过扩大社会就业、降低社会失业率稳定了社会秩序，实现了共同富裕的发展目标。

大学生创业还有利于社会文化、观念的转变。创业使得无数个人进入了经济和社会的主流，对于形成创新、宽容、民主、公正、诚信等观念和文化具有积极作用。

(4) 提倡大学生创业是高等教育人才培养模式改革的方向。

传统教育理念是以培养就业型人才为主，是按照社会生产生活的具体岗位需要来培养人才，无论在政策、理论还是实践上，都没有重视由人才创造就业岗位、创造生产生活的理念。

20 世纪末，国际教育界曾经预测：21 世纪全世界范围内，将有一半以上的大中专学生要走上自主创业的道路。1998 年在巴黎召开的世界高等教育会议更是明确提出"高等学校必须将创业技能和创业精神作为人才培养的基本目标，要使高校毕业生不仅成为求职者，而且成为工作岗位的创造者"。知识经济时代的教育不仅仅是就业、择业教育，更应该是创造、创新、创业教育。大学应该成为创造创业性人才培养的摇篮，教会学生创业，为学生走向社会、独立谋生奠定基础。

四、创业环境要素

创业环境是由诸多环境要素共同构成的。全球创业观察，即 GEM 开发出 9 个方面的创业环境要素，包括金融支持、政府项目支持、政府政策、教育培训、研究开发转移效率、商业和专业基础设施、进入壁垒、文化和社会规范。

(一) 创业宏观环境的主要因素

1. 政治、法律与法规环境

政治、法律与法规环境指的是党和国家制定的相关法律与政策等，可以分为大政策环境与小政策环境，前者是针对所有创业者而言的；后者则是针对某一特定人群的，比如大学生创业者。

以大学生创业者为例。大政策包括民营企业的地位转变；大力扶持高新技术企业；高等院校的技术转让收入免征营业税；高等院校服务于各行业的技术成果转让、技术培训、技术咨询、技术服务、技术承包所取得的科技性服务收入暂免征收企业所得税；税收优惠政策向西部倾斜；中华人民共和国中小企业促进法等。

小政策包括国家和各级政府为鼓励支持大学生自主创业相继出台的一系列有利于大学生自主创业的政策，包括教育部、国务院办公厅、财政部、发改委、劳动与社会保障部、国家工商总局、团中央等针对大学生自主创业出台的相关政策和措施。

2. 经济环境

经济环境指的是国家或地区的整体经济状况，包括经济发展水平、社会经济结构、经济体制、宏观经济政策、物价水平、劳动力情况等。比如为了科学协调发展我国经济，当前我国的经济结构正处于调整时期，大力扶持高新技术企业已被列为我国政府新时期的主要任务之一，国家已经相继出台了诸多政策扶持措施。国务院还批准设立了用于支持科技型中小企业技术创新项目的政府专项基金。这类项目应该是大学生创业具有优势的项目。

3. 社会文化环境

社会文化环境主要指的是一个国家或地区的民族特征、人口状况、社会阶层、价值观念、生活方式、风俗习惯、宗教信仰、伦理道德、文化传统等的总和。大学生在创业时，要对自己产品的消费对象有一个清楚的定位，应当密切注意人群特征以及发展动向，不失时机地辨明和利用人口状况带来的市场机会。

比如北京某大学 2015 年调研报告表明，80% 的大学生愿意创业，但是走上创业之路的不足 3%，其中原因耐人寻味——家长的约束占了很大比例，中国人根深蒂固的保守求稳崇祖的思想作怪。随着我国民众思想的不断解放，创业的文化环境会得到不断的改善。

4. 科技与教育环境

科技与教育环境指的是一个国家或地区的科技发展水平、国民受教育程度、人力资源的开发程度以及教育方式等。比如，我国职业教育学校中的广告设计专业的学生，他们即使在计划经济年代也绝大部分选择自主创业，是因为他们的学习模式是边学边做，理论课课时只占其教学计划 20%，而实践课课时却占到了 80%，学生走出校门已是一个有着创意的职业人。

(二) 中观环境的主要因素

任何一个新创企业都必然归类为某个行业或某几个行业，因此，行业环境就是创业的中观环境。创业者在分析自己的产品和服务时，都会先分析所在行业的发展现状和未来增长趋势。一般来说，行业环境主要包括以下因素。

(1) 现有竞争者。了解竞争者的基本情况，如竞争者的数量、分布地区、规模、资金技术状况等，重点要分析那些威胁最大的竞争对手的发展状况和发展方向，包括主要竞争对手的资金、技术、规模、人才及他们的新技术、新市场和新产品等方面。

(2) 潜在进入者。一个产品的成功开发会引来其他企业的加入，特别是那些进入壁垒不高的行业。因此，创业者在创业之初要考虑自己的新创业会引来多少跟风者，自己如何保持优势。一般来说，创业者可采用加大壁垒方法来减少潜在竞争对手，尤其是技术壁垒，保持自己的产品差别。

(3) 替代品生产厂家。不同的产品，可能其外观和物理属性不同，但完全可以具备同样功能。产品的使用价值或功能相同、能满足消费者相同的需要、在使用过程中可以相互替代，生产这些产品的企业就形成了竞争。因此，创业者在创业时要分析哪些产品可以替代本企业提供的产品，判断哪些类型的替代产品可能对自己造成的威胁。

(4) 消费者。消费者主要包括两个因素：消费者的总需求量决定行业的市场潜力，从而影响行业内所有企业的发展前景。不同消费者讨价还价能力会诱发企业之间的竞争，从而影响企业的获利能力。在进行消费者分析时要注意消费者需求的内容、特点、趋势，消费心理、消费层次和购买力等因素。

(5) 供应商。供应商为企业提供原材料、零部件等投入性原材料。供应商因素包括其特点、态度和数量等因素，这些直接影响到创业者在商务谈判中的地位、相互之间的关系等因素。

一般来说，新创企业的行业环境分析主要关注两个问题：一是行业内的竞争程度及变化趋势；二是行业所处的生命周期。

创业者的宏观和中观环境构成创业者的外部环境，而美国学者迈克尔·波特的五种力量模型反映了新创企业环境因素。一个国家的政治法律与政策环境、经济环境、社会文化环境、科技与教育环境构成创业者的宏观环境；而现有市场竞争者、潜在的进入者、供应商、消费者和替代品生产者决定了一个企业的竞争力，则构成了创业者的中观行业环境因素。

（三）微观环境的主要因素

创业者微观环境主要指的是创业组织内部各种创业要素和资源的总和，比如人员、资金、设施、技术、产品、生产、管理、运行等方面的情况。内部环境是创业者的家园、是创业活动的根基，要从创业团队、资金及其来源、产品竞争力、技术开发水平、生产工艺、市场渠道能力、货源等方面找出自身的优势和劣势。

（1）创业愿望。大量的研究表明，强烈的创业愿望几乎是成功创业的充分条件。只要创业者具有这一强劲的内驱力，那么他就会一次次地寻找商机，充满激情地去创业。

创业愿望是被唤起的初衷，隐藏于创业者心灵深处，是他最初的、最原始的、难以忘怀的心愿；创业愿望是被激发的渴望，是创业者一直想做的，但由于种种原因的限制始终未能如愿的事业；创业愿望是被挖掘出的价值，它在创业生活中具有至高无上的地位，比做其他事业更有价值；创业愿望是理性的选择，是根据创业者真实的现实情况而清理过的初衷、渴望和价值，是创业者激情和理智的选择。

（2）创业者无形资源。在很多情况下，创业者的无形资源决定有形资源的开发和利用，即创业者创业愿望的强烈程度、创业动机与目的的不同和成功创业标准的水平决定着创业者自身的哪些东西可以成为创业资源。能否将创业者身上的"一根草"变成创业的"法宝"，全在于创业者如何将自己的资源优势开发和利用为创业资源。

（3）创业与管理技能。在不确定的环境条件下，由于创业者很少进行细致的市场调研和分析，创业和管理过程中充满困境和挫折，因此技术与商业技能很重要。技术与商业技能低会阻碍具备创业意愿的人进行创业。在新的市场经济中，由于创业者缺乏基本的管理技能，因此培训和教育服务尤其重要。

（4）金融和非金融支持。从管理的角度看，创业者需要财务支持有三个方面的原因：分散创业风险、积累创业资本、进行成长性和扩张性投资。由于创业的高风险特征以及创业者对融资成本的考虑，在创业早期阶段，新创企业的资金来源主要是私人权益资本，包括自有资金、亲戚朋友借贷和引入私人股权筹集资金。在创业不确定性逐渐降低、新创企业进入成长阶段后，风险投资才开始进入，这时新创企业的进一步成长和扩张也更需要风险投资的支持，包括资金和管理两个方面。

五、创业环境评价

（一）创业环境分析

1. SWOT 分析法

SWOT 分析法又称为态势分析法，是一种能较客观而准确地分析和研究现实状况、分清利弊的方法。该方法是将企业外部环境的机会(Opportunity)与威胁(Threat)，内部条件的优势(Strength)与劣势(Weakness)分为纵横两个维度加以对照分析，既可以一目了然，又可以从内外环境条件的相互联系中做出更深入的分析评价，见表 2-1。

表 2-1　创业环境分析

创业项目内外部环境综合的 SWOT 分析法			外 部 环 境	
			机会(O)	威胁(T)
			1. _____ 2. _____ 3. _____	1. _____ 2. _____ 3. _____
内部条件	优势(S)	1. _____ 2. _____ 3. _____	SO 战略: 　利用机会,发挥优势,抢占市场,扩大规模	ST 战略: 　利用优势,抵御威胁;如不足以抵御威胁,就要考虑优势转向
	劣势(W)	1. _____ 2. _____ 3. _____	WO 战略: 　其一是强化能力,抓住机会;如不能有效提升能力、消除劣势,只有放弃	WT 战略: 面对外部威胁与自身劣势,最佳的战略就是尽量避免或放弃

　　SWOT 分析法要求正确地识别优势、劣势、机会和威胁因素,在开始寻找机会与威胁、优势与劣势时,要尽可能多地去挖掘,找得越多越好。当你进行 SWOT 分析时,你可能已找出很多的机会与威胁、优势与劣势,这时要从每项中找出最重要的 3～5 个因素放在表2-1 中进行综合分析,不能都罗列进来,那样就没有重点了,也无法做出有效的创业战略选择。在 SWOT 分析后,要发挥优势,抓住机会,明确发展方向,找出差距和不足,针对威胁因素采取相应措施,最终实现自己的目标。

　　2. PEST 分析法

　　PEST 分析法是常用的宏观环境分析的方法,其中"P"是政治(Politics),"E"是经济(Economy),"S"是社会(Society),"T"是技术(Technology)。

　　(1) 政治法律环境。政治环境主要包括政治制度与体制、政治局势、政府的态度等;法律环境主要包括政府制定的法律、法规。

　　(2) 经济环境。构成经济环境的关键战略要素包括 GDP、利率水平、财政货币政策、通货膨胀、失业率水平、居民可支配收入水平、汇率、能源供给成本、市场机制、市场需求等。

　　(3) 社会文化环境。社会文化环境中影响最大的是人口环境和文化背景。人口环境主要包括人口规模、年龄结构、人口分布、种族结构以及收入分布等因素。

　　(4) 技术环境。技术环境不仅包括发明,而且还包括与企业市场有关的新技术、新工艺、新材料的出现和发展趋势以及应用背景。

　　PEST 分析法通常采用矩阵式的方法,就是在坐标中分成四个象限。如以政治和经济两个因素做坐标,政治环境和经济环境都好的情况下,环境就有利于创业;政治环境和经济环境都不理想的情况下,环境就不利于创业;环境一个好一个不太好时,创业行动就要谨慎。PEST 分析法通常用于创业外部环境的分析。

　　(二) 创业环境评价

　　1. 创业环境评价的原则

　　(1) 全面性原则。影响创业环境的因素有很多,既有内部因素,也有外部因素;既有宏观因素，也有微观因素；既有社会因素，也有自然因素。这些因素涉及市场、行业、经济、环境、政治、社会等各个方面，因此，在评价创业环境时，要全面考虑，综合评价。

(2) 科学性原则。创业环境评价的科学性体现为评价指标的科学性和评价方法的科学性。对于评价指标而言，科学性表现在两个方面：第一，指标是在实证的基础上确定的；第二，是在参考相关评价指标体系的基础上，结合创业实际确定的。评价方法的科学性体现在对关键指标要采取定性分析法，然后结合定量分析法进行评价。

(3) 重要性原则。在坚持全面性原则的基础上，我们对影响创业环境的指标进行分类，对影响创业机会的关键指标采用定性的方法，这也是创业环境评价的第一步；同时，考虑不同地区、不同地域、不同历史阶段的差异性，对创业环境指标体系进行调整，保留那些影响创业环境的关键要素，去掉对创业环境影响不大的因素。

(4) 可操作性原则。创业环境的评价最终要落实到操作层面。评价指标要在结合中国实际的基础上，通过实证取得。创业环境评价指标体系由定量指标和定性指标组成，无论是定量指标还是定性指标，指标的赋值要求容易取得；另外，评价的过程在追求科学性的基础上不易太复杂，无论是创业主体还是投资商都容易操作。

2. 创业环境的评价体系

对创业环境的评价，可按照以下指标体系进行系统分析与评价，见表 2-2。

表 2-2 创业环境的评价指标体系

一 级 指 标	二 级 指 标	三 级 指 标	判断方法
与创业相关的宏观经济景气指标	经济增长拉动创业	近三年 GDP 年均增长率	%
		当年通货膨胀率	%
	市场扩张刺激创业	近三年消费年均增长率	%
		近三年出口年均增长率	%
	投资活跃推动创业	近三年投资年均增长率	%
	经济增长拉动创业	近三年城镇居民可支配收入年均增长率	%
鼓励创业的环境指标	教育鼓励创业	中小学教育是否有关于创业创新的内容	是或否
		创业管理教育是否进入大学课堂	是或否
	宣传鼓励创业	发布可操作的《鼓励创业条例》手册数	册
		举办创业宣传周(月)宣传次数与参与人数	次或人
		奖励优秀创业者的人数或金额	人或万元
	舆论鼓励创业	互联网创业网站个数	个
		互联网上检索创业新闻条数	条
		专业核心期刊研究创业的文章数及其影响因子	篇或影响度
	文化鼓励创业	个人冒险意识	强或弱
		团队合作精神	强或弱
		对收入差距的态度	接受或改变

一级指标	二级指标	三级指标	判断方法
支持创业的环境指标	人才支持创业	吸引海外留学人员回国创业的人才数	人
		重点扶持国内具有潜力的创业者人数	人
		免费提供劳动力就业训练的结业人数	人
	金融支持创业	银行提供的创业小额信贷总额	万元
		政府设立创业投资基金总额	万元
	技术支持创业	研究与开发支出	万元
		技术成果交易和转让价值	万元
	信息支持创业	安排商务访问团次数或人数规模	次或人
		定期公布有效创业信息条数	条
	项目支持创业	政府为创业者直接提供资金或政策项目数或规模	个或万元
		政府组织社会力量为创业者提供的项目数或规模	个或万元
支持创业的环境指标	网络支持创业	是否开放式创业网络	是或否
		投资家网络是否健全	是或否
		产业地域聚集程度高低	高或低
	政策支持创业	税收减免与优惠估计值	万元
		创业企业承担税收外各项费用的平均值	万元
		政府采购对创业企业产品的购买额	万元
服务创业的环境指标	"一站式"服务创业	审批一家新办企业所需工作日	天
		审批一家新办企业所需交纳的费用	万元
	"孵化器"服务创业	创业中心有形基础设施的配套状况	好或偏差
		创业中心在孵企业数	个
		创业中心在孵企业总收入	万元
	"创业板"服务创业	风险投资资本供给总额	亿元
		创业板证券市场的上市企业数或规模	个或亿元
	中介组织服务创业	组建分行业创业者协会	个
保护创业的环境指标	法律保护创业	知识产权保护	好或偏差
		财产和人生安全保障	好或偏差
	道德保护创业	社会信用状况	好或偏差
	社会化保护创业	建立创业失败企业的退出通道	好或偏差
综合体现创业环境水平的成果指标	创业景气指数	中小企业开市率	%
		中小企业闭市率	%
	创业类型	前两年创业企业成活率	%
		机会拉动型创业比重	%
		贫穷推动型创业比重	%
	创业企业经营状况	创业企业资产总额	万元
		创业企业销售收入	万元
		创业企业就业人数	人

案例分析

【案例】 "绿手指"是北京林业大学校园里的一个学生公益社团。与同在学校公益社团的不少同学一样，负责人刘美辰是个典型的"90后"。她参加公益社团的动机很单纯——因为这个"好玩"。新学年伊始，"绿手指"社团里几个环境工程专业的社员就提议能否利用学校食堂的残餐废油做手工皂。在一次北京环保协会的培训会议上，刘美辰认识了中国人民大学环保协会的同学，并且获知了联想青年公益创业计划。"绿手指"社团参加了这个计划，并且从初赛到复赛，"绿手指"的"地沟油变肥皂"项目从众多竞赛项目中脱颖而出。

地沟油是近几年冒出的社会问题，一度令人闻之色变。就在各界为怎样解决问题不停争论时，攻读环境工程学专业的刘美辰等同学获悉，油可以做肥皂。她所在的环保社团便马上行动起来，先把学校食堂当做试点，获得肥皂制作的基本原料。同时，与北京一家专门从事社区公益事业的企业——北京爱思创新进行合作，后者在皂化反应等专业知识方面给予他们不小的帮助。刘美辰等人设想，社团的活动或许能在北京的高校中引起关注，继而以浪卷之势，层层推进。

而联想青年公益创业大赛的启动，让他们更加看到了这个项目的可操作性。"联想的介入能帮助我们解决不少困难，提高组织管理能力。"加上媒体的宣传报道、公益训练营以及可能获得资金支持等潜在因素，刘美辰对前景颇为乐观，"绿手指"公益创业的想法由此成型。

随着联想等大型企业的进入，公益创业活动正在社会上产生越来越大的影响，很多大学生也对此极为关注。与普通的商业创业不同，公益创业在启动之初并不需要那么多资源，关键是要有合适的创意与行动力。大学生从设计一个公益项目开始，通过组织化运作，可以学习和掌握公益项目的操作技能，成为具备专业知识、技能和实践经验的公益专门人才。同时，公益创业行动能帮助大学生提前完成职业选择和职业准备，解决大学生社会化不足和就业难的难题。

"绿手指"目前基本采用的是"内循环"和"外支援"互补的生存方式。"内循环"是从餐饮企业获得地沟油，制成的肥皂再返还回去，这样可以解决原料成本问题；"外支援"则是寻求可长期合作的肥皂厂商，通过他们的包装广告费用获取一定利润。刘美辰称，与肥皂厂商合作，还相当于得到了可靠的质量"背书"。制成的肥皂，除了返还餐饮企业的那部分，其他的则用于举办环保低碳宣传活动时进行派发。

【案例分析】 创业是一个创造新事物的过程，也是一个实现价值增值的过程。这意味着创业所创造出来的这种新事物，对创业者以及对其服务对象而言都是有价值的。地沟油是近几年社会中凸显的热点话题，它关系到人们的饮食安全，与人们的切身利益息息相关。如何更好地解决这一问题，已成为困扰人们多年的障碍，这就为在此领域能够另辟蹊径的创业者提供了发展的机会和空间。以刘美辰为代表的"绿手指"，正是看中了此项目的可操作性。他们立足于目前广受关注的地沟油问题，很好地抓住人们迫切想解决地沟油问题的机会，利用专业知识，组建专业团队，策划了废油做肥皂的创意。与此同时，他们还与北京爱思创新进行合作以获得专业支持，通过参加联想青年公益创业大赛来对创业项目进行推广，将废油制成肥皂，并对特殊肥皂进行包装、推广，从而实现社会效益。他们以公益为目的，以创业为理想，从源头上减少了地沟油的形成，实现了资源再利用，宣传了环保节能思想，关注了食品安全问题。

第三节 大学生创业教育

大学生创业是市场经济深化发展的产物。开展大学生创业教育是顺乎时代发展和大学教育要求的行为。培养具有创新精神和创新能力的 21 世纪优秀大学生是大学创业教育的首要目标。在大学期间，为每一个梦想和立志创业的大学生提供理性、实用、针对性强的创业教育，帮助他们在创业精神、知识、能力和心理等方面打下坚实的基础，最终助推大学生成功创业，是大学创业教育的现实任务。

一、大学生创业教育的分类和内容

（一）创业教育的分类

1. 侧重整体能力和素质的创业教育

这类创业教育的特点是在大力倡导素质教育的同时，将创业教育的活动融入其中。其主要代表是中国人民大学。该校强调创业教育"重在培养学生创业意识，构建创业所需的知识结构，完善学生的综合素质"，将第一课堂与第二课堂结合起来开展创业教育。

在第一课堂方面，调整教学方案，加大选修课程的比例，拓宽学生自主选择课程的空间；开设诸如"企业家精神"、"风险投资"、"创业管理"等创业教育系列课程；改革教学方法，提倡参与式教学；以鼓励学生创新思维为导向，改革考试方法等。在第二课堂方面，学校不以功利性为导向，鼓励学生创造性地投身于各种社会实践活动和社会公益活动中。通过开展创业教育讲座以及各种竞赛、活动等方式，形成了以专业为依托、以项目和社团为组织形式的"创业教育"实践群体。

2. 侧重创业知识和技能的创业教育

这种创业教育的特点是以商业化运作方式设置专门机构，开设创业教育课程，建立大学生创业园，教授学生如何创业并为学生的创业活动提供资金资助以及咨询服务。其主要代表是北京航空航天大学。该校成立了"创业管理培训学院"，专门负责与学生创业有关的事务，如开设"创业管理课程"、"创业企业的设立与研发"等课程。而且，学院还特地设立 300 万元的创业基金，对学生的创业计划书经评估后进行"种子期融资"。

此外，广西工学院职业技术学院在建立创业园区、培养学生创业创新能力方面做出了初步的尝试。他们的设想为，创业园区的经营项目由学生自行确定，学生自筹资金、自主经营、自负盈亏，但同时学院也可提供少量的贷款。

3. 综合式的创业教育

此类创业教育一方面将创新教育作为创业教育的基础，在专业知识的传授过程中注重学生基本素质的培养；另一方面，则为学生提供创业(创办公司)所需资金和必要的技术咨询。这种创业教育类型的主要代表是上海交通大学。该校以"三个基点"(素质教育、终身教育和创新教育)和"三个转变"(专才向通才的转变、教学向教育的转变、传授向学习的转变)为指导思想，确立创新人才培养体系的基本框架和基本内容，注重学生整体素质的培养和提高。

在实验教学方面，学校投入经费高达 8000 多万元，建立了数个实验实习中心和创新基地，全天候向全校各专业学生开放，培养学生的实践动手能力。在第二课堂方面以社会活动为依托，以竞赛活动为载体，推动创业教育的开展。

学校实施"科技英才计划"，设立学生"科技创新基金"，资助学生进行科技创新活动，学校还成立专门的科技创新实践中心，对学生的创业、创新活动进行指导、咨询和评价。除此之外，学校还举办若干大学生创业大赛活动并尽可能地创造条件把竞赛中选拔出来的成果向应用端延伸，使学生的科技成果得以物化。目前，由该校研究生创办的"学子创业有限公司"已经入驻上海"慧谷"科技创业基地，开始了真正的创业历程。

（二）创业教育的内容

创业教育要使学生了解当前我国严峻的就业形势和巨大的社会就业压力，认识创业是解决中国社会就业问题的重要途径，培养学生创业的意识、能力和相关知识，帮助大学生理性、客观地对待创业问题。

1. 学生创业意识的激发

创业意识是创业能力形成的动因系统，是创业活动的内驱力，它由创业需要、动机、兴趣、理想等几个方面组成。凡是成功的创业都离不开良好的社会道德感、社会责任感，因此，创业意识的培养包括创业自我意识的培养和创业社会意识的培养。

高校创业教育的主要任务就是要重视营造创业氛围，使学生转变就业观念，培养创业意识和创业精神。主要内容是：自信心培养；处世态度、行为方式和工作作风的培养；社会责任感的培养；竞争意识和竞争精神的培养；培养坚韧不拔的毅力，愈挫愈勇的精神。

2. 相关创业知识的传授

(1) 扎实深厚的专业知识和全面、广博的非专业知识是创业的基础。扎实的专业知识既为学生创业创造条件，也决定学生创业的特点。

(2) 相关的商业知识也是必备的，如商品交换、商品流通等的知识。

(3) 有关企业管理方面的知识如人事管理、财务管理、物资管理、生产管理和市场营销管理等知识，是合理利用企业资源、提高企业运营效率所必需的。

(4) 相关法规知识也是不可缺少的。如工商注册登记、合同法、财务、知识产权保护等方面的知识，都为学生顺利创业所必备。

3. 创业能力的培养

尽管创业能力的具备并不决定创业者的成功，但这些能力的高低强弱确实从根本上影响创业者成功的概率和创业的发展。创业能力可以通过课堂教学得到提高，但又不能完全依赖于课堂教学。创业实习与实践是提高创业能力和水平的最佳途径和平台。因此，创业实践活动是高校开展创业教育活动的重要形式，学校要注意创造条件为学生提供创业实习和实践的机会，以便实打实地培养学生创业的能力。

创业能力的内容很多，它包括专业能力、方法能力和社会能力三大类。

(1) 专业能力是创业能力中最基本的能力，是人们从事某一特定职业所必需的本领。只有具备一定的专业能力才能从事该专业的创业实践活动。这种专业能力包括创办企业中主要职业岗位的必备从业能力，接受和理解与新办企业经营管理方向有关的新技术的能力以及把环保、质量经济等知识和法律、法规运用于本行业实际的能力。

(2) 方法能力是创业的基础能力，是指创业者在创业过程中所需要的工作方法。如：接受和处理事物的能力；捕捉商机的能力；分析决策的能力；创新能力和理财的能力等。

(3) 社会能力是创业的过程中需要的行为能力，主要指与非智力因素有关的能力，如人际交往、合作、自我约束、适应变化和承受挫折的能力等。

4. 创业心理品质的培养

创业的过程是艰苦的，会遇到困难和挫折，甚至有失败的可能，所以学生在创业过程中必须拥有良好的创业心理品质。

创业心理品质主要由意志和情感组成，包括独立性、敢为性、适应性、合作性和健康情感等。在培训中应注重意志力和情感调节方面的培养。根据学生的不同特点，帮助他们正确了解自己，正确认识社会，认识到创业的艰难，形成吃苦耐劳、谦虚宽容、坚韧不拔的创业心理，以提高其对市场变化的心理应变能力，这是决定创业成功的必不可少的心理力量。

二、开展大学生创业教育的意义

开展创业教育对推进创新型国家建设、促进科技成果转化、深化高等教育改革、促进大学生自我发展具有重要意义。

(1) 创业教育是建设创新型国家的迫切需要。

建设创新型国家、增强国家经济实力、摆脱不平等的国际分工是进入 21 世纪应对激烈的国际竞争的迫切需要。建设创新型国家的首要问题是在全社会培育创新精神；关键环节是使企业成为创新主体；核心要素是造就大批创新型人才。而创新精神的培养、企业创新主体地位的确立、创新型人才的造就，很大程度上都依赖于创业教育。

从国际和国内历史经验来看，企业在创新体系中具有重要的作用。中国在计划经济体制下，主要依靠政府、科研院所和高等院校来推进技术创新。但随着市场经济体制的建立和逐步完善，企业在自主创新中发挥着越来越重要的作用。而企业的创立和发展，更是离不开创业教育。

(2) 创业教育是促进科技成果转化的迫切需要。

我国要在 21 世纪中叶达到中等发达国家水平，必须大力提升全民的创新意识和创新能力，抓住机遇大力发展知识经济，实现我国经济社会的协调发展。据统计，我国科技成果转化率只有 15% 左右，技术进步对经济增长的贡献率只有 29%，远低于发达国家 60%～80% 的水平。高新技术企业的产值在社会总产值中占的比例仅为 2%。

另外，我国每年有 20 000 余项比较重大的科研成果和 5000 多项专利，但是最终转化为工业产品的成果不足 5%，而欧美发达国家转化率则高达 45%。造成这种局面的原因很多，其中缺乏创业意识和创业技能是重要制约因素之一。由于缺乏创业意识和创业技能，单纯技术发明或创新没有创造原动力，欠缺面向应用的针对性，因此难以转化。开展创业教育将在很大程度上促进科技成果转化。

(3) 创业教育是深化高等教育改革的迫切需要。

随着高等教育大众化进程的加快，当前大学生就业形势已日趋严峻，大学生毕业即失业的现象已不鲜见。大学生一味等待就业机会的来临而非积极地创业和开拓事业，在目前状态下，将挤占社会岗位资源，加剧整个社会就业负担；而严峻的就业形势将会造成智力资源的极大浪费，同时会延缓高等教育大众化的进程。

国外的经验表明：有效实施创业教育，可以培养和造就数以百万计有创业精神和创业能力的小型企业家，这既可增强国家经济活力、促进社会经济发展，又可优化人力资源配置、缓解社会就业压力。深化高等教育改革就是要改变传统的就业教育的思维模式，使高校毕业生不仅是求职者，更是工作岗位的创造者。这种以创造性就业和创造新的就业岗位为目的的创业教育是大众化背景下深化高等教育改革的迫切要求。

(4) 创业教育是促进大学生自我发展的迫切需要。

当代大学生更加关注个性化发展，越来越多的学生以创业为目标，追求在最大限度上发展个性、实现自身价值。同时，面对激烈的就业竞争压力，不少学生为拓展将来职业发展空间，在夯实理论知识、掌握基本技能的同时，迫切希望学习一定的创业知识，培养创业能力。这就要求高校在进行传统的就业教育的同时，还必须开展创业教育，注重激发学生的创业欲望，培养其创业素质。

只有这样，才能使毕业生具备竞争能力和生存能力，既可以去寻找合适的岗位就业，又能够在为了寻求更好的自我发展机会时走向自主创业的道路。因此，开展创业教育也是学生谋求生存、促进自我发展、实现自身价值的需要。

三、国内外开展创业教育的情况

(一) 国外创业教育开展状况

第一门创业教育课程由哈佛大学商学院的迈尔斯·梅斯教授 1947 年 2 月向 188 名 MBA 学生讲授，被视为创业教育的开端。

杰弗里·蒂蒙斯教授是美国最早从事创业学教育的教育家，对创业教育课程体系做了较为详细的阐述。蒂蒙斯将自己的创业教育课程分为理论课程和实践课程两大块，其中理论课程又划分为五大部分：战略与商业机会、创业者、资源需求与商业计划、创业企业融资和快速成长。实践课程划分为创业计划竞赛、发明创造活动、试办小型公司。

1974 年全美有 75 所大学开设了创业课程，2014 年已经超过 1100 所大学、学院和社区学院都开设有创业教育课程。以百森商学院、麻省理工大学、哈佛大学等为代表的高等院校已经建立了 50 多个创业研究中心。

德国的创业教育起源于 20 世纪 50 年代的德国的"模拟公司"，有效地解决了职业学校经济类专业实践教学的难题，有助于培养学生的实践能力和增长相关知识。

英国目前主要存在两种创业教育课程，一种是"为创业"课程，另一种是"关于创业"课程。这两种课程区别在于配备的教师有所不同，教学方法和评估体系也有一定差别。

澳大利亚大学里的创业教育已经进行了几十年，澳大利亚 TAFE(技术与继续教育学院)针对创立小企业，积极开展小企业创业教育。

印度在 1966 年就曾经提出过"自我就业教育"的概念，鼓励学生毕业后自谋出路，使他们"不仅是求职者，还应是工作机会的创造者"。

肯尼亚技术培训与技能开发部规定：有条件的职业学校都要设立创业教育研究室和小企业中心。

日本特别重视创业教育，在课程设置上把创业教育放到了必修课的位置，日本高校于 1994 年创设的"综合学科"课程结构由必修科目、选修科目和自由科目组成，其中《产业社会与人》作为学生的必修创业课程。

(二) 我国大学生创业教育开展状况

我国作为联合国教科文组织"创业教育"课题的成员国,早在 1991 年就开展了基础教育阶段创业教育的研究。当时已在 6 省、20 个县乡和 30 多所学校进行了创业教育的实验。但是未能推广和坚持下去,没有成为全国教育改革的主流。

我国内地的创业教育最早是从高新技术产业开发区开始的。当时个别院校教师已经在教学过程中穿插了一些创业的内容。比较成体系的创业管理教育还是起始于 20 世纪 90 年代末。

1998 年,清华大学学生发起并主办首届"创业计划大赛"并在国内管理学院中率先为 MBA 开设了"创新与创业管理"方向,还为全校本科生开设了"高新技术创业管理"课程。

1999 年,第一届中国大学生创业计划大赛在清华大学举办。随后,共青团中央开始组织全国性的大学生创业计划和课外学术科技作品竞赛。团中央、中国科协又于 2000 年和 2002 年分别在上海交通大学、浙江大学举办了第二届、第三届"挑战杯"中国大学生创业计划竞赛,从 2002 年起,教育部也成为这一赛事的主办单位之一。

1999 年,国务院批准《面向 21 世纪教育振兴行动计划》,提出"加强对教师和学生的创业教育,采取措施鼓励他们自主创办高新技术企业"。同年,《中共中央国务院关于深化教育改革全面推进素质教育的决定》公布,指出"高等教育要重视培养大学生的创新能力、实践能力和创业精神"。同年召开的第三次全国教育工作会议强调"要帮助受教育者培养创业意识和创业能力"。

2002 年 4 月,教育部在清华大学、北京航空航天大学、中国人民大学、上海交通大学、西安交通大学、武汉大学、黑龙江大学、南京财经大学、西北工业大学 9 所大学开展创新创业教育试点工作,标志着我国高校创新创业教育进入了教育行政部门引导下的多元探索阶段。

2010 年 4 月,教育部在北京召开推进高等学校创新创业教育和大学生自主创业工作视频会议。会上,教育部副部长陈希指出,推进高等学校创新创业教育和大学生自主创业工作是贯彻落实党的十七大提出的"提高自主创新能力、建设创新型国家"和"以创业带动就业"发展战略的重大举措,是适应国家经济社会发展、加快经济发展方式转变的必然要求,是高等教育改革和发展的迫切需要。

2010 年 5 月,教育部下发《关于大力推进高等学校创新创业教育和大学生自主创业工作的意见》。《意见》要求,高等学校创新创业教育要面向全体学生,融入人才培养全过程。要在专业教育基础上,以转变教育思想、更新教育观念为先导,以提升学生的社会责任感、创新精神、创业意识和创业能力为核心,以改革人才培养模式和课程体系为重点,大力推进高等学校创新创业教育工作,不断提高人才培养质量。由此,我国高等学校创新创业教育进入新的发展阶段。

四、大学生创业教育发展对策

(一) 当前我国大学生创业教育存在的问题

我国对大学生进行的创业教育系统性还远远不够,可以说只是起步阶段,还没有形成系统完善的创业教育理论与培训体系。虽然,在这一领域进行探索的院校与专家不在少数,但并没有形成一套适合我国国情与教育发展现状的行之有效的方案。因此在毕业时自主创业的学生终究还只是少数。主要问题表现在两个方面：一是理论研究不够；二是教育教学实践中存在诸多缺陷。在理论研究方面，目前学界对创业教育的理论研究还是零散的、不系统的，相关论述停留在搞好全面发展教育、主体性教育、素质教育、创新教育、就业与创业等理论层面，集中、系统、全面地探讨创业教育的文献十分欠缺。

在教育教学方面，许多高校尚未建立起完善的创业教育体系，缺乏对实施创业教育的计划、模式、课程设置、师资队伍建设、教学资源配置等的研究和探讨。具体来说主要有以下几点：

(1) 高校的创业环境还处于起步阶段，无法为创业教育提供完善的环境。

与美国的创业教育相比，我国高校的创业教育环境落后。我国高校创业教育环境落后主要表现为三个方面：

① 高校环境与社会环境脱节，产、学、研断层明显。中国高校创业教育还未形成相对成熟的理论体系与框架，无法从理论高度解释创业活动的各种问题、探索创业产生和发展的规律或概括出具有普遍意义的成功创业经验，与学校环境外的企业、研发机构缺乏联系，无法根据社会的需要调整教学体系。在这种大环境下，高校培养的毕业生必然不适应社会的需要，更不用说很好地融入社会。

② 未设置专门负责创业教育的部门。目前，绝大多数高校的创业教育主要由学生处或团委负责，国内的创业教育主要是为大学生毕业分配服务。近几年，虽然许多高校迫于大学生就业市场的压力，纷纷开设了大学生就业指导课程，但也只是学生临近毕业时匆忙上阵。学校此举目的也仅为毕业生能顺利就业，找到一份好工作而已。很少有院校能够将就业指导纳入学校的必修课程体系，为学生提供包括职业生涯规划、创业指导、就业信息指导等各个方面的服务。

③ 缺少专门从事创业教育的师资队伍。在高校充当此教学任务的教师基本上缺少创业知识、缺少创业经历和创业经验。即便是如此，目前专门从事创业教育的师资队伍仍然稀缺。

(2) 高校创业教育观念落后，创业教育未正式纳入课程设置体系。

高校创业教育观念落后主要表现在两个方面：

① 对于创业和创业教育，高校领导和教师的观念还相对滞后。目前，就业率是大家公认的评定一所高校教学质量好坏的关键指标。在这种意识形态引导下，大部分高校追求学生就业率，对大学生创业动力不足必然是情理之中的事情，而处于此漩涡之中的教师的教学也必然是围绕就业服务。

② 学生的自主创业意识淡薄。大学生在家长"自主创业没有面子"的老观念的影响下，自然将公务员和白领工作作为理想职业的首选；若这种理想职业无法找到，则以考研来实现，而自主创业则是大学生最后的被动选择。此外，创业教育未正式纳入高校的课程设置体系。目前虽成功举办了几届创业"挑战杯"，但发展到现在，其培育大学生创业的性质已发生变质，一些学校在活动中推出的创业计划大多由教师代庖，学生沦为参赛代表。创业教育在高校的普及推广率比较低，至今还仅是少数人的创业活动，而不是多数人的"创业教育"。

(3) 创业教育的实施中存在界面障碍，使得实施偏位。

在我国高校创业教育的实施中存在四种界面障碍：

"高校—社会"界面的存在，使得创业教育脱离实际需要，无法培养出真正的创业人才，无法充分发挥高校的人才与企业的资本间的优势，实现人才与资本的有机结合。

"制定人—教师"界面的存在，使得教师只能按照学生处或团委的需要和学校提高就业率的目标去开展教学，无法从本质上引导大多数学生创业。

"制定人—学生"界面的存在，使得创业教育课程趋于条框化、理论化，缺乏实际操作性，无法从根本上引发学生的学习热情。

"教师—学生"界面的存在，使得创业教育课程在选择教材方面也存在很大的局限性和滞后性，无法适应学生和时代的需要。学生则仅是作为一个被动的接受者，其主动性和创造力无法得到充分发挥，最终使得本来具有创业禀赋的 30%的在校大学生的创业激情消失殆尽。在上述四种界面的综合影响下，这种缺乏系统性的创业教育未必能够获得理想的效果。

(4) 高校课程设置的共同弊病，制约了创业教育的深入发展。

重理论、轻实践是我国高校课程的共同弊病。这种弊病造成我国的教材比较晦涩难懂，学生的学习兴趣不高。理论脱离实际造成特定教学内容滞后于形势的发展，过时和陈旧的现象严重。在教学中，对许多反映现实变化和面貌的新理论、新观点没有及时普遍地采纳，对新兴、交叉、边缘、横断等学科的知识，没有合理充分地运用。

创业教育则是鼓励学生的创造性、自立和个人的主动性，涉及的知识更涵盖了人文社会科学和自然科学等一系列的知识内容。而目前大部分高校的"创业教育"形式单一，缺乏多样性、系统性与层次性课程设置，也缺少指导学生正确面对逆境、如何摆脱逆境的教育，这必然会使创业教育大打折扣，影响其实际效果。

(5) 创业教育尚未形成科学的理论体系。

目前，各方面关于创业教育的理论研究还没有引起足够重视。现有的理论研究还是零散的、不系统的。从研究课题上看，20 世纪 90 年代初，江苏省教科所等单位承担了国家级"创业教育"类课题，发表了一批研究论文，出版了系列丛书。但是，创业教育的研究并没因此形成"热潮"，而是"冷却"下来。

近几年，随着社会对人才吸纳力的减弱，就业压力增大，毕业生就业滞后或不能就业的现象直接威胁着高校的生存与发展，少数院校才开始这方面的研究。也就是说，在过去相当长一段时间内，创业教育的课题几乎无人问津，认为这类课题的研究缺乏客观实践条件与软环境，是对现行教育观念、教学行为的冲击，阻力大，难操作，所以只是喊喊口号而已。可见的有关论文也不多，没有形成科学的理论体系，不足以指导教学实践。

(6) 创业教育课程设置存在问题。

目前，高校对大学生创业能力的培养还停留在搞一些与创业有关的活动阶段。有的高校虽有毕业生创业指导中心，但也仅仅停留在对创业团队、创业过程的扶植上，如鼓励学生自办公司、开展创业计划竞赛等。这对学生创业能力的提高会有一定帮助，但并不能从根本上解决问题。从高校的创业教育课程设置来看，工商管理专业本身开设的有关工商管理创业课程，其目标是培养"白领"而不是培养"老板"的；其他专业尚未开设完整的"创业管理"等创业教育系列课程。

(7) 创业教育资源配置不足，创业实践环节薄弱。

实施创业教育不能仅仅停留在教材和课堂上，更重要的是应开辟见习、实习基地，切实开展创业实践活动。由于学生实习可能给接收的单位带来某些经济损失，高校往往需要拨款给实习单位，而高校的财务预算又没有这方面的独立支出。另外，高校本身的实习资源也很贫乏，出于无奈，只好"化繁为简"，省略见习、实习环节。

（二）大学生创业教育问题的成因

尽管我国从政府到社会、高校及传媒都支持大学生自主创业，为大学生休学创业、管理咨询、商务培训、广告宣传等方面提供了不少帮助，但是我国大学生创业教育与国外相比仍有较大的差异，主要原因可以归结为以下几点：

（1）提前或推迟学业、接触社会的机会不多。在这种教育的环境下，大学生知识创新意识不足，普遍缺乏一种创新精神、冒险精神和职业精神等，因而真正走出校园投入创业实践的不多，创造计划也就往往离实际远一些。

（2）我国大学生创业的科技含量不高。只有部分大学生涉及网络设计、市场营销、现代物流、软件编制等高科技领域，有相当一部分是从事快餐连锁、产品推广、异地销售等创业活动，因而难以出现像敢于向微软的视窗操作系统挑战的芬兰大学生 Linux 那样的创业者。

（3）我国为大学生创业提供了过多的保护政策和必要保障，因而大学生创业公司从成立那天起就不能完全接受市场的考验，不能转变为具有市场竞争能力的真正意义上的公司，多数大学生创业公司处于倒闭破产和合作失败的边缘。

（4）我国的经济学家、管理学家和其他专家如社会学、心理学专家等对创业学的研究还刚刚起步或者还没有起步。

创业研究上的不够，表现在课堂上的创业课程是零碎的，缺乏作为一个学科应有的系统性；表现在社会氛围上，缺乏有利于引导学生创业的社会舆论，更谈不上鼓励更多人走入创业行列的社会主体价值观念的形成。

由此可见，中国大学生创业教育的实践探索、理论研究以及政策推动与国外相比还有很大的差距，也没有能够满足现实发展的需要，迫切需要进一步发展和完善。

（三）高校大学生创业教育的发展对策

为了改变我国高校创业教育不足的现状，作为创业知识推广与普及载体的高校必须从如下几个方面进行改进。

1. 改革高校教育模式，推动高校向素质教育、创造教育转变

中国的高校教育与社会的实际需要相脱节，主要以应试教育为主，在此基础上培育出来的大学生当然无法适应知识经济发展的要求，这已是公认的事实。鉴于此，改革高校的传统教育模式显得尤为迫切。知识经济时代需要大量高素质、创造能力强的劳动者，这即是高校改革的目标，高校的教育必须从应试教育向素质教育和创造教育转变。学校教育不等于职前岗位培训，它给学生提供的是一个走向社会的起点，而不是终点，要改变专业对口的静态就业观，确立就业就是不断创业的动态过程的人才观，它不但要求学生自己解决就业问题，还能为社会创造更多的就业岗位。

对大学生进行创业教育、培养具有创新精神和创业能力的高素质人才是当前高等学校

的重要任务。高等学校应改革传统的人才培养模式，转变单一人才观为复合通用人才观，明确现代社会所青睐的人才不再是专业定向、意识定态、思维定式、技能定型的人，而是具备宽泛专业基础、适应多变竞争趋势、敢于独立创新等素质潜能的人才。

一方面，通过素质教育的实施提高大学生的综合素质，尤其是文化素质，使大学生学会做人、学会如何在逆境中生存、学会与他人共事和合作。另一方面，通过启发性和多样化的教育方式实施创造教育，为学生提供一个学习和实践的宽裕的环境和更多的创造机会，使学生在学习和实践中深刻理解创业知识和创造的内涵，从而推动大学生成为适应时代需要的、真正合格的毕业生。

2. 转变学生和教师的观念

只有突破二者间的界面障碍，才能在我国高校成功地开展创业教育。

(1) 要转变学生和教师的观念，树立起既要就业又可以创业的崭新观念。对于教师来说，学生未来能否就业不是唯一的目的，培育其创业意识与创业能力也是不容忽视的；对于学生而言，考研和就业不再是未来职业的唯一选择，而能自主创业也不失是一个理想选择。

(2) 要理清对于创业教育的认识。创业教育实际上是培养最具有开创性个性的人，培养学生的首创精神、冒险精神、创业能力、独立工作能力以及技术、社交和管理技能。

(3) 要实现师生在创业教育中的沟通与互动。作为教师，应将培育大学生的创业意识、创业能力和创业人格为目标，应将逆商培养作为创业教育的着力点，切实培养学生在困境面前能拥有良好的思维方式和行为反应的习惯。作为学生应清楚：教师只能在相关知识的传授、创业思想的武装和解决学生前期创业准备上给予一定的指导，能否创业成功的关键在于自己。

3. 建立自己的创业教育师资队伍，推进其专业化

对于创业教育实施而言，高校师资的强弱、是否专业化是其能否成功的关键。要真正开展创业教育，教师队伍建设必须专业化，要培养具有创业素质的学生，教师就必须有过创业实践。为了实现这一目标，高校可以从其内部和外部两个方面入手。

一是高校对内可以通过培训或鼓励教师创业实践，从而形成自己的具有实际经验的专职教师。具体而言，一方面，高校可以出资送骨干参加教育部举办的创业培训，使大学老师通过培训知道怎样进行创业，从而能在创业教育教学中懂得如何去传道；另一方面，高校应制定一些新的激励措施，鼓励教师在保证教学科研的情况下，到创业一线去兼职，甚至可以有计划地每一至两年选派有潜力的青年教师开展创业实践，培养他们的市场意识和市场运作经验，从而使他们在创业教育教学中明白如何真正地有针对性地解惑。

二是高校对外可以请一些企业、一些经验丰富的成功企业家、创业者、技术专家做创业基地的兼职教师或者按合适的比例引进或聘任工程技术和科研类人员、经营类人员、法律类人员、企业类人员、社会学类人员，形成不同类别、不同层次的创业教育师资队伍。

4. 将创业教育纳入高校教程，使之规范化、制度化

创业教育可以说是一项系统工程。虽然因高校的属性和条件不同不可能对之形成统一模式，但是推进其规范化、制度化已是势在必行，具体的办法有如下几种。

(1) 将创业教育纳入高校教程，为学生奠定坚实的创业理论基础。学校的创业教育要及时跟上，高校必须改革传统的教学模式，增设创业教育课程，将其列为必选科目，采取多种形式的教学方式，丰富他们的创业学识，具体的教学方式主要有三种：

① 在课堂上可考虑采用创业案例进行教学。向学生直观、生动地展示成功创业者的创业精神、创业方法、过程和规律，培养学生良好的自主创业意识，使他们树立全新的就业观念；启发学生的创业思路、拓宽其创业视野；培养学生创业的基本素质、能力和品质。

② 在课外开展创业计划大赛、创业交流，开设创业教育课讲座等，以丰富多彩的形式实施创业教育。

③ 定期举办对话交流论坛，请创业成功人士直接与学生进行面对面的对话，解答其在课堂学习中和实际创业中的疑难问题，帮助学生分析创业成功与失败的原因，为其提供创业借鉴与指导。

(2) 与企业联合或创办校办企业，为学生提供创业教育的实践基地。高校可以在学生与企业之间建立桥梁，让学生的创业活动与企业之间形成良好的互动，使其中的创业成果尽快产业化。高校也可以创办校办企业，在校办企业中有意识地引导学生自主创业，团体协作，实现创业。

(3) 鼓励学生自己创业，在独立实践中得到创业锻炼。高校可以在目前学年制条件下，实施相对开放的弹性教学，创造条件让学生边学习、边操作、边实践；鼓励和允许学生在不影响学习的情况下走出去创业，适当引导他们创立一些有新意的、投资少、见效快、风险小的实体，使他们在实践中体会到创业的乐趣与艰辛，增强意志力，学习摆脱困境的能力。

5. 加强课程体系建设，调整人才培养目标

在我国，有关创业教育的研究比较薄弱。高校应该积极行动起来，深入研究、大胆实践，形成丰富的理论体系，努力构建合理的创业教育课程体系。加强课程体系建设的途径有三条：

(1) 削减、合并甚至取消若干与创业关系不甚密切的课程。

(2) 有针对性地新增一部分有助于培养大学生创新精神、实践能力、综合素质等与创业密切相关的课程，如创业意识学、创业社会学。

(3) 专门开设一门如创业学、创业教育之类的课程，集中介绍有关创业的基本原理与方法。

同时，教学方法及手段也要进行一定的改革，要根据学习风格迥异的学生的不同需求，采用灵活多样的教学技巧与教学风格，多安排课题讨论、案例分析，组织开展创业模拟活动、专题汇报、参观调查和相互交流等教学形式，恰当使用一些现代化教学手段，以增强知识的直观性、形象性和立体感，加速大学生对知识的理解和吸收进程，提高学生独立完成任务和创造性解决问题的能力。

6. 营造创业教育氛围，完善其服务体系

我国高校可借鉴国外的先进经验，为大学生创业尽量提供多方面的支持。除了要有方便大学生创业的特殊政策和一个宽松的学籍管理环境之外，还要经常性地开展一些具有独创性的创业计划大赛并创造条件使学生成果走向产业化。要建设高校科学技术"孵化器"和创业示范基地，组建学生创业策划与咨询机构，引导大学生创业，要经常性地举办一些创业讲座，邀请一些成功人士谈谈创业的经验，激发大学生的创业热情和欲望，在全社会范围内形成一种浓厚的鼓励和支持大学生创业的氛围。校团委、学生会可成立创业协会、

模拟企业家协会等组织，通过社团沙龙的组织管理、公共活动的设计组织、报纸杂志的创意策划、学术研究的立项申请、法律或金融实践的模拟等相关活动来渲染创业氛围并可设立大学生创业基金，为大学生创业提供物质上的保障。

7. 丰富创业教育实践活动，构建人才培养新模式

创业理论是创业之根本，是创业实践的基础。这主要是创新意识的培养、创业心理的培育、创业素质的培训、创业能力的锻炼等，同时对与创业有关的法律知识、管理知识、财会知识、风险防范等一系列相关知识的学习和掌握有助于学生了解和掌握创业的相关知识，在他们身上埋下创业的种子、形成创业意识，经过社会实践的磨炼，时机成熟时就会成为创业的开拓者、实践者。

在理论学习的基础上，社会实践教学是创业教育的重要内容。创业教育是一门实践性很强的学科，为使学生尽快掌握创业过程的实质，应多组织产业实践活动，边学边干。如开展"创业计划"竞赛就是国内外进行创业教育的成功经验；建立创业基地，帮助、扶持学生进行真正的创业活动；将社会实践作为创业教育的大课堂，拓宽学校与企业、社会沟通的渠道；指导和帮助学生创办和经营商业或科技公司，从事商务活动、技术发明、成果转让、技术服务等；鼓励和支持学生在校期间进行自主创业的尝试，多参加社团活动来丰富自己的工作经验，兼职打工丰富自己的社会阅历，将学习与社会工作更好地结合；还可鼓励广大学生在不影响学习的情况下，利用周末及业余时间创立一些投资少、见效快、风险小的实体，以营造一种创业氛围。

8. 进一步加强创业教育科研工作

创业教育科研能为创业教育提供理论基础，同时也为编写适合本土的教材提供了可能性。由于我国的创业教育起步晚，初期的科研很多都必须借鉴国外，要创造符合国情的大学生创业教育也必须在实践中摸着石头过河，所以科研必定在实践中慢慢成长，相互作用。

我国的创业教育科研必须挖掘好创业教育的内涵，围绕"创业是什么"、"组成创业的要素有哪些"、"我国的创业教育怎么开展"等根本问题开展。同时借鉴美国的经验，美国有超过 1500 所的高校设立了创业教育研究机构，专门从事大学生创业教育和科研的工作。这样做一方面解决了教材问题；另一方面也解决了师资难题，对创业教育的开展大有益处。

❖❖❖❖❖ **思 考 题** ❖❖❖❖❖

1. 什么是创业环境？创业环境要素通常包括哪些方面？

2. 目前我国大学生创业处于什么样背景下？在现有条件下，大学生应该为创业做好哪些准备？

3. 请自选一个案例，运用创业环境的 SWOT 分析法对其进行分析。

4. 当前国内外创业教育的现状怎样？我国在大学生创业教育方面存在什么问题？

5. 结合学校实际情况，谈一谈如何构建创业教育体系。

第三章　创　业　者

知识目标

- 了解创业者的内涵和分类。
- 理解创业者应具备的创业意识、创业素质和创业能力。
- 掌握创业意识、创业素质和创业能力的培养途径和方法。

能力目标

通过本章的学习，使大学生结合自身的创业需要，培养创业综合素质和能力。

创业是商业活动中最复杂的一个过程，它蕴涵着很高的风险，在人人都想创业的时代，有人成功就必然有人失败，创业要想成功，优秀的创业点子非常重要，创业者不但要考虑自己是否具备创业的条件，同时还要做好承担一切压力与责任的心理准备，以及要有敏锐的眼光和创新意识、创业素质、创业能力，能从平凡的事中找出闪光点。

第一节　创业者概述

哈佛大学拉克教授说过这样一段话："创业对大多数人而言是一件极具诱惑的事，同时也是一件极具挑战的事。不是人人都能成功，也并非想象中那么困难。但任何一个梦想成功的人，倘若他知道创业需要策划、技术及创意的观念，那么成功已离他不远了。"创业没有想象的那么难，创业者不是完人也不是神人。在古今中外的创业史上，大多数创业者都是普通人。

一、创业者的内涵

创业者这个词最早是由法国经济学家坎迪伦于 1755 年引入经济学的。1880 年，法国经济学家萨伊首次给出了创业者的定义。他将创业者界定为预见特定产品的需求以及生产手段，发现顾客，克服困难，将一切生产要素相结合的经济行为者。1934 年，著名经济学家熊彼特专门研究了创业者创新和求进步的积极性所导致的动荡和变化，认为创业者应为创新者。

（一）狭义的创业者

西方早期的创业学者将创业狭义地理解为"创办企业等经济实体"，与此相联系，也将创业者狭义地定义为企业的创办者，即组织、管理一个公司或企业并承担其风险的人。创业者的英文对应词是"Entrepreneur"。有两种基本含义：一是指企业家，即在现有企业中负责经营和决策的领导人；二是指企业创始人，通常理解为即将创办新企业或者是刚刚创办新企业的领导人。我国对创业学的研究起步较晚，早期所用教材也多是从西方引进的，所以在大多数场合，我国有关创业者的概念也是在西方创业学的范围来理解和运用的。

关于狭义的创业者概念，目前有两个已被广泛接受的观点很值得注意。一是创业者并不等于企业家，因为大多数创业者并不具备企业家的眼界、格局和个人品质。从创业者转变为企业家，需要一个逐渐成长和完善的过程。二是狭义的创业者是指参与创业活动的核心人员，而不仅限于企业的法人代表或领导者、组织者。因为在当今的创业活动中，高新技术企业、合伙制企业所占的比例越来越大，离开了核心技术专家和主要合伙人，很多创业活动根本无法进行，所以核心技术专家与主要合伙人也应被视为创业者。

那么，什么样的人能成为狭义的创业者呢？在对古今中外创业者进行研究的基础上，我们从创业者所承担的责任、义务的角度，将成为狭义的创业者的基本条件概括为：愿意承担创业过程中的所有不确定性和风险，并有激情和勇气克服创业中的各种困难，持之以恒地为实现自己的创业目标努力奋斗的人。当然，在科学技术飞速发展、产品和技术老化周期日益缩短、社会分工日益细化的今天，创业者还应熟悉自己所从事的创业领域，并具有较强的创新意识、创新精神和创新能力。

(二) 广义的创业者

关于广义的创业者概念，目前主要有两种界定方式。一种是从人们在工作中所扮演的角色的角度，将创业者界定为参与创业活动的全部人员。在这种界定方式下，创业活动的发起者、领导者与创业活动的跟随者，都被视为创业者。另一种界定方式是从人们所从事的工作的性质的角度，将创业者定义为主动寻求变化，对变化做出反应，并将变化视为机会的人。这种界定方式打破了传统的创业概念，将其外延扩大为所有主动寻求变化并对变化做出反应的活动。在这种界定方式下，企业创办者、企业内创业者、个体劳动者、自由职业者、项目合作者等以各种身份从事具有创新性活动的人，都可以称为创业者。

在我国普通高等学校的"创业基础"课教学中，虽然会对狭义创业活动、创业要素、创业过程，以及狭义的创业者将要面对的问题、应该具备的素质和能力等进行探讨，但在大多数情况下，我们说的创业者是广义的创业者，而且这个概念的外延包含了参与创业活动的全部人员，以及以各种身份从事具有创新性活动的所有人员。从这个概念的外延中可以看出，它整合了上述两种广义的创业者概念，具有极大的包容性。在这一概念下，普通高校的所有学生都可以成为创业者，都可以在"创业基础"课中找到课程内容与自己未来发展的结合点，都可以从课程学习中直接受益。

二、创业者的分类

创业者可以从几种不同的角度来分类，主要可以根据创业者在创业过程中所扮演的角色、创业者的影响力和创业者的创业内容、创业者所处的创业领域等分类。

(一) 根据创业者的角色划分

根据创业者在创业过程中所扮演的角色，可划分为独立创业者和创业团队。

同为创业者也有不同的角色和地位，有人适合独立创业，比如其有一定的资金，有极强的独立性等。有人适合团队创业，比如与人相处融洽；有人不适合团队创业，比如该创业者能力很强，但不善于与其他人相处。在团队创业中，有的创业者适合担任主导人物，有的创业者只适合扮演参与创业者的角色。

1. 独立创业者

独立创业者是指独自创业的创业者，即个人独自出资和个人独自管理。独立创业者的创业动机和实践受很多因素影响，如发现很好的创业机会，对创业活动具有专注的精神、独立性强，失去工作或找不到合适的工作，对目前所从事的工作失去兴趣，受他人成功创业的影响等，这些因素都有可能激发独立创业活动。

独立创业者的主要特点是：创业过程中充满挑战和机遇，可以充分发挥创业者的想象力、创造力，自由展示独立创业者的主观能动性和创新能力；独立创业者可以主宰自己的工作和生活，按照个人意愿追求自身价值最大化，实现创业的理想和抱负。但是，独立创业者的难度和风险较大，独立创业者可能会缺乏管理经验，或缺少资金、技术资源、社会资源、客户等，创业压力也相对较大。

2. 创业团队

创业团队是由少数具有技能互补的创业者组成的，为实现共同的创业目标，有一个能使他们彼此担负责任的程序，共同为达成高品质的结果而努力的共同体。依据创业团队的组成者特征可以划分为不同类型的创业团队，主要有星状创业团队和网状创业团队。

(1) 星状创业团队。星状创业团队是目前最为常见的创业团队。星状创业团队有一个核心人物作为团队领导者，由该领导者基于自身创业理念和需要组建团队，成员间可能熟悉，也可能陌生，团队成员主要为团队提供支持和执行具体任务。例如，美国太阳微系统公司创业之初就是由维诺德·科尔斯勒确立了多用途开放工作站的概念，接着他找了乔和本奇托斯两位分别在软件和硬件方面的专家，以及一位具有实际制造经验和人际沟通技巧的麦克尼里，组成了太阳微系统公司的星状创业团队。但核心人物的权威性过强可能导致权力的过分集中和盲目权威，一旦团队冲突出现，其他团队成员处于被动地位，易做出退出决定，对团队发展不利。

星状创业团队主要的特点是：新企业结构紧密，创业团队向心力强，主导人物在新企业中的行为对其他个体影响巨大；创业过程中决策程序相对简单，新企业效率较高；星状创业团队容易形成权力过分集中的局面，从而使决策失误的风险加大。

(2) 网状创业团队。网状创业团队一般都是团队成员在过去的交往过程中，共同认知并确认某个创业想法，同时就创业行为和活动达成了共识以后，开始共同进行创业。一般来说，网状创业团队的成员在创业之前原本就有密切的关系，可能是同学、亲友、同事、朋友等。与星状创业团队不同，在网状创业团队组成时，并没有明确的核心人物，创业团队成员根据各自的特点在新企业中进行自发的角色定位。因此，在新企业中，团队的每位成员基本上扮演的是协作者或者伙伴角色。一些著名企业的创建多是由于具有某种关系而结识，基于团队成员互动激发出创业点子，然后合伙创业。例如，美国微软公司的比尔·盖茨和童年玩伴保罗·艾伦，惠普公司的戴维·帕卡德和他在斯坦福大学的同学比尔·休利特等，都是典型的网状创业团队。

网状创业团队的主要特点是：创业团队中没有明显的主导人物，整体结构较为松散；新企业在决策时，一般采取集体决策的方式，通过大量的沟通和讨论达成一致意见，因此新企业的决策效率相对较低；当团队成员之间发生冲突时，一般都采取平等协商、积极解决的态度消除冲突，团队成员不会轻易离开，但是一旦团队成员间的冲突升级，使某些团队成员撤出团队，就容易导致整个团队的涣散。

（二）根据创业者的影响力划分

根据创业者对市场和个人的影响力，可划分为复制型、模仿型、安定型和冒险型四种创业者类型。

1. 复制型创业者

创业者复制原有公司的经营模式，创新的成分很低。新企业中属于复制型的创业者比率虽然高，但由于这种类型的创业者创新贡献低，缺乏创业精神的内涵，不是推动社会、经济发展的主要动力。

2. 模仿型创业者

模仿型创业者对于市场虽然也无法带来新价值的创造，创新的成分也很低，但与复制型创业者的不同之处在于，创业过程对于创业者而言还是具有很大的冒险成分。这种类型的创业者如果具有一定的素质，经由系统的创业培训，掌握正确的市场进入时机，还是有很大机会可以获得成功的。

3. 安定型创业者

安定型创业者虽然为市场创造了新的价值，但对这类创业者而言，本身并没有遭遇太大的改变，从事的也都是比较熟悉的业务。这种类型的创业者强调的是创业精神的实现，也就是创新的活动，而不是新组织的创造。

4. 冒险型创业者

这种类型的创业者对本身的转变大，创业不确定性高；对新事业的产品创新而言，也将面临很高的市场不确定风险。冒险型创业者是一类创业难度很高且风险比较大的创业者，有很高的失败率，但成功所获得的报酬也很大。这种类型的创业者如果想要获得成功，则必须要在创业者能力、创业时机、创业精神发挥程度、战略、创业过程管理等方面，都有很好的搭配。

（三）根据创业者的创业内容划分

按照创业者的创业内容，可划分为生产型、管理型、市场型、科技型和金融型五种创业者类型。

1. 生产型创业者

生产型创业者是指通过创办企业推出产品的创业者，主要特点是创业者一般都具有企业的生产技术或产品开发背景，以生产技术为主体，常常直接从事商业化技术或者产品开发，生产的产品通常科技含量比较高。

2. 管理型创业者

管理型创业者是指那些综合能力较强的创业者，他们对专业知识并不十分精通，主要的特点是创业者在管理和协调中有自己的特长，能够通过各种有效的管理手段带领新企业前进。

3. 市场型创业者

市场型创业者通常是缺乏企业的技术专业背景，没有技术经验，或者只有非技术组织的职业经验，但是善于识别技术机会、有创业的点子，又有一定的资金支持的创业个体，他们的主要特点是注重市场，善于把握变化中的机会。例如，MBA 学生具有管理知识，大多数有管理实践经验，他们捕捉到了某个创业机会，自主创业，属于市场型创业者。在我国计划经济向市场经济转轨过程中，就曾涌现出大批的市场型创业者。海尔集团总裁张瑞敏有一句名言"三只眼睛看世界"，其意思就是计划经济时期企业只要一只眼，即盯住政府就可以了；市场经济条件下的企业则要有两只眼，一只盯住市场，另一只盯住员工；转型期的企业则需要具备第三只眼，也就是说除了盯住市场和员工之外，还要盯住政府出台的政策。

4. 科技型创业者

科技型创业者多与高校和科研机构有关联，具有很强的科研知识背景，并常常从事基础科研开发，掌握了某种技术，有强烈的欲望把科研成果转换成生产力，一般在高等教育机构或非商业化的实验室担任或曾担任过学术职位，主要特点是创业者以高科技为依托创办企业。如高校里的部分科研型教授以自己的科研成果为核心，筹集资金，创办实体，属于典型的科技型创业者。20 世纪 80 年代后，为了鼓励科技成果转化为生产力，我国推出了一系列鼓励高等院校和科研机构创办企业的措施，如今的许多科技企业的前身就是原来的校办企业和科研机构创办的院(所)办企业，如北大方正、清华同方以及联想集团等。

5. 金融型创业者

金融型创业者实际上是一种风险投资家，他们向新企业提供的不仅仅是资金，更重要的是专业特长和管理经验。他们不仅参与新企业的经营方针和规划的制定，还参与新企业的营销战略制定、资本运营以及人力资源管理。

(四) 根据创业者所处的创业领域划分

根据创业者所处的创业领域，可划分为传统创业者和技术创业者。传统创业者是指在传统的行业，如餐饮、房地产、服装等行业筹集资金，创办企业，为顾客提供产品或服务的创业者。技术创业者以突出技术为主，所创办的企业一般规模比较小，产品的技术含量较高，附加值比较高，利润空间比较大。

三、创业者容易犯的错误

(1) 错误的市场定位。成功需要高瞻远瞩。一些取得较大成功的人总会先选择一个巨大并有足够发挥空间的市场。因为选择一个好的市场能够弥补大量的过错，而选择错误的市场会使你的事业变成一场转轮游戏，而转轮的每个弹膛都有一颗子弹。

(2) 错误的创业合作者。曾有人说："毁掉一段友情最快速的方法就是和他一起创业。"就算你们是朋友，但并不代表你们能够合作愉快。就好比婚姻，意见相左反而彼此吸引。

别和观念总与你一致的人一起创业。找这样一个人才是最合适的：他的优点是你的缺点，他的弱项是你的强项。两人虽然意见对立，但能够更全面地总结并克服困难，并彼此信任。

（3）一直在等待。想知道你的产品有无市场的唯一方法是带着你的产品拜访并且要求人们购买，或者立刻使用。在你的计划阶段所想象的可能发生的事情，和你在市场上销售自己的产品或服务时实际上发生的事情是有巨大差别的。所以创业要尽早，从而得到反馈意见，反复考虑只能永远反复下去。

（4）花钱太快、太多。大多数创业者的失败就是因为一个简单的理由：他们不善经营。要知道，作为创始人，你的工作就是确保公司在财政枯竭之前走上正轨。

企业家们喜欢在商业模式调整好之前投入过多的资金。正确的做法是尽量花费少量的资金并尝试找到最适合自己的商业模式。如果你正在销售一款产品，除非你的销售员要求涨两倍工资，否则不要轻易更换销售员。做买卖不能太冲动，除非你非常肯定人们都会来买你的产品。

（5）雇佣不理想的员工。假设你的商业模式是一匹赛马，那么员工就是赛马骑师。成功者和失败者的区别通常不在于马，而在于骑马的人。企业家们通常会犯一个错误是，不断填补职位的空缺以保证公司能持续运作来进行他们认为更重要的任务。雇佣员工不只是创业者待办列表里的一项任务，而是公司的命脉，所以应慎重对待。

（6）未能解雇不合格的员工。所有第一次创业的企业家和经理都雇佣过不理想的员工。双方带着最好的意愿来交易合作，但由于各种原因失败了。你需要思考一下问题：你会让不合格的员工来使你的公司日益衰败，带坏其他员工，并且影响士气，制造无数麻烦吗？你会直接解雇他们吗？

（7）忽视你的内心。在做关键的决定时，经过长期训练并听从内心的创业者，会创造巨大的社会财富。例如马克·扎克伯格(Facebook 创办人)，直觉告诉他，学生们在校园里会喜欢彼此之间能够无缝联系的服务，并且他对每一样产品做出的决定，从网上供给到照片标签，都来源于内心的决策。如果你的直觉告诉你，一个有潜力的被雇佣者不适合你的道德观和价值观，就别雇佣他。如果你的直觉告诉你，你的产品将不再吸引任何一位顾客，更不用说大规模的交易了。

 创业故事 　　　**用实力创造神话——马云的创业故事**

很多人都会认为，凡是成就大业的人在学生时代也必定是一名资优生。然而有这样一个人，小学考重点中学，考了三次没有考上，大学也是考了三次最终如愿——这基本上算是一个习惯意义上的"差生"了，然而就是这样的一位"差生"，成就了互联网的一番神话。

有人认为他激情四溢，有人却指责他惯于忽悠；可是不管怎么说，他都是个英雄，一个让人琢磨不透的英雄，因为他不断地做到其他人做不到的事，成就着我们这个时代关于创业的梦想，关于财富的梦想，关于奋斗的梦想——他就是马云。

一、从"差生"到英语教师

1964 年 9 月 10 日，马云出生在杭州一户普通人家。在求学时代，马云可谓是个顽童。连马云也曾笑言自己小学考重点中学，考了三次没有考上，大学也是考了三次最终如愿——这基本上算是一个习惯意义上的"差生"了。

算不上好学生的马云唯一值得骄傲的就是他的英语。刚改革开放之际，到杭州旅游的外国人多起来，马云一有机会就在西湖边逮着人家练习英语，尽管开始的时候他的英语还不熟练，可是时间长了，他竟然说的一口流利的英语，并且一直用到今天。

考上杭州师范学院后，马云当选为学生会主席，后来又成为杭州市学联主席。这个时候的他已经洗脱了"差生"的印记，开始崭露头角。

1988 年，大学毕业后的马云去杭州电子工业学院担任英语老师。他的课到课率最高，他并不强制点名，但是学生们都喜欢听他讲课，他经常给大家讲做人的道理。尽管深受学生们的欢迎，但是当时马云的工资每月仅仅 110 元左右。不甘寂寞的他找了不少兼职，并利用课余时间为到杭州观光的外国游客担任导游，不过这样的零工对收入并没有显著的帮助。

1992 年，马云和朋友一起成立了杭州最早的专业翻译社——海博翻译社，课余四处活动接翻译业务。当时经营特别艰难，经常入不敷出。马云一看这样不行，就背着口袋到义乌、广州去进货，卖礼品、包鲜花，用这些钱养了翻译社 3 年，开始收支平衡。

二、从害怕电脑到互联网老板

翻译社没给马云带来什么钱，倒是让他有了一次出国的机会。在美国，马云第一次在朋友那里接触了互联网。不过那个时候的马云对电脑甚至有一种恐惧："我甚至害怕触摸电脑的按键。我当时想：谁知道这玩意儿多少钱呢？我要是把它弄坏了就赔不起了。"

对马云有触动的是，他好奇地对朋友说在搜索引擎上输入单词"啤酒"，结果只找到了美国和德国的品牌。当时他就想应该利用互联网帮助中国的公司为世界所熟悉。

事实上，尽管今天已经可以号称互联网大亨的马云对技术依旧不太懂，但是他对互联网的理解却比谁都深刻。很多人刚刚接触互联网思考的是背后的技术问题，而马云却想的是商业模式问题。

有了想法就做，回国后的马云迅速辞了职，借了 2000 美元，1995 年 4 月开办了"中国黄页"，这是中国第一批网络公司之一。1997 年底，马云和他的团队在北京开发了外经贸部官方站点、网上中国商品交易市场等一系列国家级站点。

但是因为种种原因，马云发现在体制内的职业生涯明显不太适合他。1999 年初，他放弃了在北京的一切，决定回到杭州创办一家能为全世界中小企业服务的电子商务站点。回到杭州后，马云和最初的创业团队开始谋划一次轰轰烈烈的创业。大家决定不向亲戚朋友借钱，集资了 50 万元，据点就在马云位于杭州湖畔花园的 100 多平方米的家里，阿里巴巴就在这里诞生了。

这个创业团队里除了马云之外，还有他的妻子、他当老师时的同事、学生，以及被他吸引来的精英，比如阿里巴巴首席财务官蔡崇信，当初抛下一家投资公司的中国区副总裁的头衔和 75 万美元的年薪，来领马云几百元的薪水。

他们都记得，马云当时对他们所有人说："我们要办的是一家电子商务公司，我们的目标有三个：第一，我们要建立一家生存 102 年的公司；第二，我们要建立一家为中国中小企业服务的电子商务公司；第三，我们要建成世界上最大的电子商务公司，要进入全球网站排名前十位。"

阿里巴巴成立初期，公司是小到不能再小，18 个创业者往往是身兼数职。有了一定名气之后也面临资金的瓶颈。正在这个时候阿里巴巴 CFO 蔡崇信的一个在投行高盛的旧关系为阿里巴巴解了燃眉之急，以高盛为主的一批投资银行向阿里巴巴投资了 500 万美元。而后日本软银的总裁孙正义约见了马云，投资了 2000 万美元。

从 2000 年 4 月起，纳斯达克指数开始暴跌并持续了长达两年的低迷不振状态，这让很多互联网公司陷入了困境，甚至关门倒闭。但是阿里巴巴却安然无恙。很重要的一个原因是，阿里巴巴获得了 2500 万美元的融资，而这个网站从来没有乱花钱的习惯，更重要的是马云那坚持不懈的信念，马云终于攀上了他自己设定的高峰。

三、创办淘宝网

阿里巴巴宣布注资 1 亿元创办淘宝网的时候，互联网冬天的阴影还很沉重，淘宝网的投资实际上是整个冬天之后互联网业界的第一次大规模投资。与此同时，易趣已经占领了中国 80%以上的市场份额，而eBay 已在 2002 年以 3000 万美元的代价，收购了易趣三分之一的股份，并在 2003 年以 1.5 亿美元的价格收购了易趣余下的股份，并允诺继续增加对中国市场的投入，以增强其在中国市场的绝对领先地位。马云在这样的时刻选择进入这一领域被当时的一些媒体形容为"非理智"、"疯狂"和"豪赌"。

投资淘宝的想法诞生在 2003 年年初，是时马云认为个人电子商务市场开始逐渐成熟，而且阿里巴巴的业务已经相对稳固，需要做更长远的打算。孙彤宇当时正是淘宝网项目的负责人，他说："eBay 当时在中国的确做得很大，但我们发现它有很多弱点。客户对它的抱怨很多，这就是我们的机会。"他所说的弱点，其中的重要一点是 eBay 坚持的收费原则。"在那个时候就采取收费模式，我们觉得在时间上并不适合。所以我们在去年一直呼吁大家以培育市场为目的，不要急着去收钱。"孙彤宇说。

在瞄准对手弱点之后，短短的 120 天之后，孙彤宇就完成了从详细的市场调研到组建 10 人团队的"创业"过程。在前期没有进行任何市场推广的情况下，2003 年 5 月 10 日，淘宝网正式上线。20 天后，淘宝网迎来第 1 万名注册用户。2003 年 7 月 7 日，阿里巴巴正式宣布投资 1 亿元开办淘宝网。

马云创办淘宝网做的第一件事就是，将阿里巴巴"客户第一"的价值观移植到淘宝。他频繁地与自己的会员进行沟通，广泛搜集客户的需求，为了一个问题，可以在论坛里跟淘宝的会员泡到深夜。淘宝的员工都熟悉一个词："练内功"，就是研究如何让这个网站更贴近会员的感受，让会员怎么能够一目了然，并在最短的时间内在 800 多万件海量商品里找到自己需要的东西。

对于客户服务，马云对他们的要求是用心去服务，对于技术平台，马云对他们的要求则是做出不需要服务的产品。

淘宝网有很多阿里巴巴公司移植过来的经验，阿里巴巴在电子商务领域做了 5 年多时间，他们最熟悉客户，最知道他们需要什么。但是同时淘宝网也一直在不断地进行研究和学习，曾多次邀请亚马逊网站原首席科学家来淘宝网进行讲学和调研，具体到一件产品如何分类才算科学，一个页面中产品摆放的细微位置变换所产生的影响，也都是他们研究的范围。

四、推出支付宝业务

通过广泛的调查，淘宝发现很多用户知道网上购物的优点，但让其不能完全认可的最主要因素就是担心网络支付的安全性。马云在瑞士达沃斯参加 2005 年世界经济论坛的会议上表示，2005 年将是中国电子商务的安全支付年。不解决安全支付的问题，就不会有真正的电子商务可言。而安全支付的问题一旦解决，电子商务将让淘宝网商踏踏实实地赚到钱。

为保障交易安全，淘宝设立了多重安全防线，全国首推卖家开店要先通过公安部门验证身份证信息。现在又有了手机和信用卡认证；每个卖家有信用评价体系，记录了交易价格等信息，如果卖家有欺诈行为，信用就会很低；为了最大程度上避免欺诈的行为发生，淘宝在中国第一个推出了确保网络交易安全的产品——支付宝，通过跟国内主要银行以及相关部门的合作，让网络交易真正变得"天下无贼"如果用户使用支付宝遭遇欺诈，可以全额赔付。

五、收购雅虎中国

2005 年 8 月，雅虎用 10 亿美元外加雅虎中国换了阿里集团 39%的股权。阿里巴巴当时羽翼未丰且处境艰难，雅虎注资解了马云燃眉之急。2010 年 10 月，阿里和雅虎双方签订的五年条约到期。根据条约，雅虎将从 2010 年 10 月起在阿里集团董事会中增加一席，虽然雅虎一直未指派具体董事进入，但条约规定雅虎和阿里管理层同占两个席位，这成为马云的心病。除此之外，雅虎的投票权还将从 35%增加到 39%。这意味着如果阿里不采取行动，马云将失去对集团的控制权。聪明如马云，怎会让控制权旁落。除了回购股权，马云别无选择。从谁手里回购？选项只有两个：第一雅虎，第二软银。

2010 年底，马云将原来属于阿里巴巴集团旗下的支付宝公司转出，新的拥有者是国内马云控股的另一家公司。2011 年 5 月，雅虎将支付宝已被转让事件披露，并给予马云谴责。但是马云找到了理由，称支付宝转为内资公司是为了在国内拿到支付牌照。雅虎和软银都在支付宝转让事件上大为光火。时任雅虎 CEO 的巴茨最先表达不满，雅虎创始人杨致远也出面和马云交涉。孙正义通过媒体传达了对马云非常生气。支付宝转移事件后，雅虎和软银不得不坐下来和阿里谈判。三方在 2011 年 7 月底达成了关于支付宝股权的框架协议，雅虎和软银获得了怎样的赔偿似乎并不重要，重要的是马云向雅虎展示了威胁性和威慑力，对阿里旗下各公司的控制。

支付宝事件过后，马云对回购雅虎股票的想法越来越浓。2011 年 10 月，没给马云好脸色看的巴茨被解聘过后，马云在美国频繁高调表达，对收购雅虎非常感兴趣。最有意思的是，马云说早就为收购雅虎的 200 多亿美元做好了准备。雅虎目前资产主要来自四部分：阿里集团股份、雅虎日本股份、目前持有的现金和核心业务价值。雅虎目前核心业务面临谷歌、Facebook 等广告业务冲击，搜索服务被谷歌打到井底，财务营收显示，雅虎发展处于停滞状态，市值始终在 150 亿～200 亿美元之间徘徊。除此之外，雅虎的管理层是出了名的混乱。高层离职一拨接一拨，首席执行官从巴茨换到汤普森再到最新的梅耶尔，似乎谁都无法在这个职位上真正地挽救雅虎。当寻求收购成为雅虎的关键词时，对马云来说则是机遇。雅虎最终选择了卖掉一半股份给阿里巴巴集团。交易完成后的阿里巴巴集团董事会，软银和雅虎的投票权之和将降至 50% 以下。同时，雅虎将放弃委任第二名董事会成员，也放弃了一系列对阿里巴巴集团战略和经营决策相关的否决权。

六、创业智慧

1. 不甘落后，永不放弃

马云的学生时代可谓一段传奇，三次高考，两次失败，但他只是更加激励自己。在担任英语教师期间，马云坚持不懈，身兼多职，不甘落后，抱着必定成功的信念。在成为互联网老板的时候，无论遇到什么样的困难他都能努力克服，正是这种永不放弃的精神使得马云创造一个又一个神话。

2. 反应敏锐，思路清晰

从中国黄页到阿里巴巴，再到淘宝到支付宝，马云总是善于发现和把握网络发展规律，在分析当时国内外市场变幻的同时抓住机遇。

3. 胆大心细，一往无前

马云先是作为杭州十佳教师而后辞职下海，然后离开和杭州电信合作的中国黄页、离开和外经贸部合作的中国国际电子商务中心(EDI)，一是大胆，一往无前、不留退路；二是心细，虽然离开其实心中已经酝酿了一盘更大的棋局。

4. 激情四射，魅力服人

马云先后离开与杭州电信和外经贸部合作的公司，手下员工都愿意放弃更好条件甘愿吃苦受累追随马云重新创业，当年创业的 18 个人至今仍然追随马云发展。更能通过个人魅力和激情吸引某国际风险投资公司的亚洲代表蔡崇信放弃工作追随，六分钟搞定软银孙正义投入 2000 万美元的风投。

5. 相信自己，理智分析

马云对自己有超级的自信，在阿里巴巴创业的第一次会议上马云就预告了未来，要求全程摄影，以此作为历史见证。很多人说马云狂妄，但马云说过自己创立海博网络的时候靠的是勇气和眼光。阿里巴巴创业初期马云要求合作伙伴"用闲钱投资，不允许借钱，因为失败的可能性极大"。马云很狂很自信，但相信这是他基于理智分析的结果。一个人成功一次是偶然，但马云 1999 年自阿里巴巴创业成功至今的不断发展，我们不能说马云只有大胆和自信，这里面肯定还包含了智慧和理智。

七、马云的创业经

(1) 商业合作必须有三大前提：一是双方必须有可以合作的利益，二是必须有可以合作的意愿，三是双方必须有共享共荣的打算。此三者缺一不可。

(2) 那些私下忠告我们，指出我们错误的人，才是真正的朋友。

(3) 注重自己的名声，努力工作、与人为善、遵守诺言，这样对你们的事业非常有帮助。

(4) 我们花了两年的时间打地基，我们要盖什么样的楼，图纸没有公布过，但有些人已经在评论我们的房子怎么不好。有些公司的房子很好看，但地基不稳，一有大风就倒了。

(5) 互联网是影响人类未来生活30年的3000米长跑，你必须跑得像兔子一样快，又要像乌龟一样耐跑。

(6) 如果早起的那只鸟没有吃到虫子，那就会被别的鸟吃掉。

(7) 在我看来有三种人：生意人，创造钱；商人，有所为，有所不为；企业家，为社会承担责任。企业家应该为社会创造环境。企业家必须要有创新的精神。

(8) 创业要找最合适的人，不一定要找最成功的人。

(9) 要有个性，个性不是喊口号，不是成功学，而是别人失败的经验！

(10) 诚信不是一种销售，不是一种高深空洞的理念，是实实在在的言出必行，点点滴滴的细节，诚信不能拿来销售，不能拿来做概念！

第二节　创业者的创业意识、创业素质和创业能力

创业是一项颇具挑战性的事业，不仅对专业知识要求很高，而且对人的要求也很高，尤其是创业意识、创业素质和创业能力。这是创业者成功创业的基础和前提，大学生只有具备了一定的创业意识、创业素质和创业能力，才有可能成功创业。

一、创业者的创业意识

（一）创业意识的内涵

创业意识是指在创业过程中，对创业者起推动作用的个性心理倾向。创业意识包括创业的需要、动机、兴趣、理想，信念等心理成分，支配着创业活动中创业者的态度和行为，是创业的动力因素。

创业需要是创业活动的最初诱因和最初动力。只有当创业需要上升为创业动机时，才能形成心理动力。创业动机对创业行为产生促进，推动作用，有了创业动机，标志着创业实践活动即将开始。创业兴趣能激发创业者的深厚感情和坚强意志，使创业意识得到进一步升华。一般在创业活动中取得了一定成效时，便会引起兴趣的进一步提高。

大学生创业意识则是大学生根据社会和自身发展的需要所引发的创业动机、创业意向或创业愿望。创业意识是人们从事创业活动的出发点与内驱力，是创业思维和创业行为的前提。

大学生创业意识的形成，不是一时冲动或凭空想象出来的。从心理学的角度分析，这种创业意识源于对现实条件和就业状况的客观分析，是由于对成功的渴望和对现状的不满足而激发出来的强烈事业心和使命感，并由此产生的更高的人生价值追求。

因此，对于每一个希望创业的人，都必须首先强化创业意识。华东师范大学在一项关于大学生创业意识的调研中，研究者对华东师范大学、华东理工大学、上海师范大学、华东政法大学、上海财经大学、上海交通大学等高校的540名全日制本科生进行了问卷调查。

统计结果显示，当代大学生的创业意识表现为激情与理性并存；77.6%的大学生表示考虑创业；35.9%的学生认为资金是大学生创业的最大困难；28.9%的学生认为最大的困难是"社会关系不够宽广、不利于开展工作"；19.1%的学生认为最难的是兼顾学业，时间、精力有限。多数大学生缺乏创业方面的经验，他们在大学期间除从事家教外，只有一些简单的兼职经历，如发广告传单、产品推销与发放调查问卷等。在创业方式的选择上，8.4%的学生选择独立创办自己的工作室，71.7%的学生选择与志同道合的朋友成立小公司。

（二）创业意识的内容

1. 商机意识

真正的创业者，会在他创业前、创业中和创业后，始终面临着识别商机、发展市场的考验。他必须有足够的市场敏锐度，可以宏观地审视经济环境，洞察未来市场形势的走向，以便做出正确的决策来保证企业的持续发展。

2. 转化意识

仅有商机意识是不够的，还要在机会来临时抓住它，也就是把握机会，把商机转换成实实在在的收入和公司的持续运作，最终实现自己的创业梦想。转换意识就是把商机、机会等转化为生产力，把你的才能、你在学校学到的知识转化为智力资本、人际关系资本和营销资本。

3. 战略意识

创业初期给自己制定一个合理的创业计划，解决如何进入市场、如何卖出产品等基本问题。创业中期需要制定整合市场、产品、人力方面的创业策略，转换创业初期战略。需要指出的是，创业战略不只有一种，也没有绝对的好坏之分，关键要适合自己的创业之路。在这条路上应该时刻保持着战略的高度，不以朝夕得失论成败。

4. 风险意识

创业者要认真分析自己在创业过程中可能会遇到哪些风险，一旦这些风险出现，要懂得应该如何应对和化解。大学生是否具备风险意识和规避风险的能力，将直接影响到创业的成败。

5. 敬业意识

李嘉诚说："事业成功虽然有运气在其中，主要还是靠勤劳，勤劳苦干可以提高自己的能力，就有很多机会降临在你面前。"大学生创业，一定要务实，要勤奋，不能光停留在理论研究上。可以从小投资开始，逐步积累经验，不能只想着一口吃个胖子。没有资金，没有人脉都不要紧，关键你要有好的思路和想法，有勇气迈出第一步，才会成功。

二、创业者的创业素质

（一）创业素质内涵

由于创业概念本身的综合性和复杂性，对于创业素质的内涵，国内外学者说法不一。国内有代表性的定义有："创业素质是人的素质的重要组成部分。创业素质包括创业意识、创业精神、创业心理品质、创业知识、创业技能等，它融会在人的其他素质之中，是人生获得创业成功的关键。"

创业素质是指在人的心理素质和社会文化素质基础上、在环境和教育影响下形成和发展起来的，在社会实践活动中全面地较稳定地表现出来并发生作用的身心组织要素结构及其技术水平。它是知识经济社会人才素质的重要内容，是制约创业实践活动最终达到创业目标的不可或缺的主体因素。大学生的创业素质主要有创业意识、创业知识、创业能力和创业品质 4 个有机部分组成。

原武汉大学校长刘道玉在其著作《创业与人生设计》中提到，创业素质分为个性素质、智力素质、文化素质、心理素质、身体素质 5 种素质。国外比较有代表性的观点有：美国创业家马丁·格伦德认为，成功创业者应该具备的"九大素质"：选择一个爱好、制定一个目标、拿着薪水学习、与成功者为伍、相信自己、以己之长发财致富、敢于提问、不循规蹈矩、不墨守成规和努力工作等；威廉·D·拜格雷夫认为优秀创业者的基本素质应包括10 个"D"：理想(Dream)、果断(Decisiveness)、实干(Doers)、决心(Determination)、奉献(Dedication)、热爱(Devotion)、周详(Details)、命运(Destiny)、金钱(Dollar)和分享(Distribute)。

(二) 创业素质要素

由于创业素质内涵的综合性与广泛性且对于不同的人群其侧重点又有所不同，我们通过对相关理论的整理分析发现，创业素质包含以下几个方面的要素。

1. 良好的创业意识

良好的创业意识是创业实践的原动力，指在创业实践活动中对人启动力作用的个性心理倾向，包括需要、动力、兴趣、思想、信念和世界观等心理成分。它支配着创业者对创业活动的态度和行为，集中表现为自强、自立、注重学习等。

2. 健康的创业心理

健康的创业心理主要表现为良好的心态和坚韧的毅力。创业毅力体现为一种信念，还体现为一种韧劲，需要创业者能够吃苦耐劳、能应对挫折或困境。

3. 丰富的创业知识

专业知识是创业成功的基本条件，没有丰富的专业知识，就难以把握商机和经营之道；而非专业知识，包括经营管理知识、法律知识、营销学知识、社会知识、方法论等综合知识，也对成功创业起着至关重要的作用。

4. 出色的创业能力

创业能力包括创新能力、分析创业判断能力、交流与合作能力等。在目前许多高校教学中已经构建起理论与实际教学相互融合的教学体系。理论与实践"零距离"毕业与上岗"零过渡"已成为一些学校教学中的新理念。同时，还必须学会妥善处理人与人、人与组织之间、人与社会之间的关系，培养优秀的团队合作能力、良好的沟通能力和人际交往能力。

5. 务实的创业精神

创业精神(entrepreneurship)是一个过程，即某个人或者某个群体通过有组织的努力，以创新的和独特的方式追求机会，创造价值和谋求增长，不管这些人手中是否拥有资源。创业精神包括发现机会和调度资源去开发这些机会。哈佛大学商学院将"创业精神"定义为

"追求超越现有资源控制下的机会的行为"。他们认为，创业精神代表一种突破资源限制、通过创新来创造机会的行为。创业精神隐含的是一种创新行为，而不是一个特别的经济现象或个人的特质表现。大学生创业精神主要有：坚定的创业信念、顽强的创业意志、积极的创业心态、鲜明的创业个性等品质。

这五个要素是相互联系的有机整体，每一项要素均有其独立的地位和功能。创业意识是动力，缺乏创业意识，无此方面的想法与要求，不可能有创业的举动，创业将成为一句空话。创业心理和创业精神是条件和保障，起调节作用，对创业中可能出现的各种情况、困难挫折，必须有正确的态度。良好的心理品质会直接影响创业的成效。创业能力是核心，它是人们进行创业活动的关键因素，直接关系到创业活动的成败和效率的提高。创业知识是基础，只有掌握创业知识，创业活动才能顺利开展。

(三) 创业素质内容

大学生是社会重要的人才资源，也是社会建设和发展的重要后备力量。随着经济的发展、时代的变革，社会要求有更多的主动创业者而不是更多的就业被动者。在这一现实的需求下，部分高校毕业生积极创业，做出了一定成绩，起到了带头作用。然而事实证明，大学生创业群体的整体素质不高，为了进一步提高大学生创业素质，有必要阐述清楚大学生应该具有哪些方面的创业素质。

1. 成就动机

成就动机是人们期望成功的一种想法或信念。对成就动机的探讨是创业特质研究中最重要的内容之一。默里早在 20 世纪 30 年代就开始系统地研究成就动机。他认为成就动机这一特质指控制、操纵或组织客体、个人或观念来克服障碍，达到一个新的高度，从而超越自我、竞争对手和其他人并通过这一成功体验来增强自尊。成就动机是一种内在固有的对更有趣和更富有挑战性任务的渴望与追求，具有较强的内隐性。也有一些观点认为成就动机是人要求获得高成就的欲望，包括三重含义：

(1) 不断努力以达到所渴望目标的内在动力。

(2) 从事某种工作时，个人自我投入、精益求精的倾向。

(3) 在不利情境中，冲破障碍克服困难、努力追求目标的内在倾向。

中国人从小就被培养去追求与团体有关的目标(group-related goal)，因此，中国人的成就动机主要以家庭的成就为目标。

许多创业心理研究的结果已经表明，个体成就动机的高低与个体创业行为之间存在某种程度的关系，个体对成功的渴望越强烈，其创业意愿也更强烈，创业行为也越有可能出现。关于创业行为、创业意愿与成就动机之间的关系，根据心理学家麦克里兰的观点，成就动机与个体参与创业活动的意愿间存在紧密关系，在诸多影响创业意愿的人格特质中，成就动机是创业意愿最稳定的预测特质。

国内学者王重鸣、范巍的研究表明，在中国文化背景下，个体创业意向的结构维度包括创业需求性和创业可行性两大部分。其中创业需求性包括创新导向、成就导向和自我尊重；创业可行性包括个人控制和责任意识。可见，创业成就动机是中国企业家创业意向的组成部分之一。

个体的成就动机与个人的背景资料有关，这些背景资料包括个体的性别、专业、父母职业等。其中，在中国的成长过程中受家族背景的影响最深。譬如，父母的职业、家族的经济状况、家族形式，可能对个人成就动机有所影响，父母是创业家的个体更有可能会选择自主创业。

创业是一项具有创新性和风险性的活动，同时也是一项自我挑战和跨越的活动。缺少成就动机、缺少对成功的渴望和追求将首先从心理上使个体远离创业。因此，在高校的创业教育中，应该通过各种途径和方法增加学生的成功体验，激发学生的成就动机，提高学生超越自我的内在动力。但根据动机理论的解释，对创业而言，人的成就动机不是越高越好，中等程度的动机是最佳的；否则会产生焦虑等消极情绪反应，反而不利于创业行为。

2. 内在控制源

控制源理论是由罗特提出的。心理控制源是指人们对行为或事件结局的一般性看法，这种一般性看法包括两种成分，一是外在性二是内在性。心理控制源的内在性指的是人们相信自己应对事情结果负责，即个人的行为、个性和能力是事情发展的决定因素；而心理控制源的外在性则指人们认为事件结局主要由外部因素所影响，如运气、社会背景和其他人。内在控制源被许多学者认为是创业者应该具备的特质之一，许多成功的创业家都表现出内控性特点。创业是成功和失败交替出现的一种行为。如果个体把成功和失败均归于外在的原因，如运气，那么个体就失去了对自我和环境的控制。可想而知，创业也不会成功。

在大学生群体中，内控者和外控者的比例基本接近。有些学生遇到挫折和失败总是怨天尤人，责怪机遇不好，责怪任务太难，总是不会从自己身上寻找原因；有些学生有相似的经历时，会冷静地分析自己身上存在的问题、总结原因，以避免以后犯类似的错误。对于创业这样一项极具挑战性的活动、内在控制源是必须具备的一项特质。

3. 风险承担倾向

风险承担倾向预示着面对风险情境时，个体如何作出抉择。从某种意义上看，创业与风险等同，创业意味着风险。准确地说，当机会出现的时候，伴随而来的首先是两样东西：机遇和风险。只有敢于冒险的人，才能坚牢地抓住机会。风险承担倾向往往在面临抉择的时刻起关键作用，这种抉择将伴随创业活动始终。

比如，在创业前期准备过程中，有些大学生会花费大量时间思考以下问题：我到底应该从哪个行业入手开始自己的创业活动？这种活动会为我带来多少利润？假设创业过程不像预先想象得顺利怎么办？我辞掉工作进行自主创业值不值得？归根结底，这些行为均是对风险的一种抗拒和排斥，但我们一定要清楚，没有风险的创业是不存在的，或者更进一步说，创业就是为了追求风险。

我们曾经与一名自主创业的在校大学生进行访谈，在谈到风险承担问题时，该学生谈到，作为一名大学生创业者，我不是在等待风险的降临，而是在主动寻求风险。因为寻求风险的过程，就是寻求机会的过程。这名创业者的观点充分表明了风险承担倾向这一人格特质对创业的重要性。

但同样值得强调的是，风险承担倾向并不是越高越好，它的最佳点应该保持在中间水平，适度即最佳。创业者需要个体承担风险，在风险面前不退缩；反之，若这种倾向过高，可能会转化成一种鲁莽，明知不可为而为之，将注定失败。因此，创业者所需要的风险承担倾向适度即可。

4. 问题解决能力

创业者同样非常关注个体的问题解决能力。问题解决能力很难用一个统一的定义进行界定，它更多地是指一种综合能力。问题导向的个体通常会把困难的、不熟悉的、较糟糕的任务视为可解决的。具有较强问题解决能力的个体不愿再在工作过程中经常接受他人的帮助并拥有较强的领悟能力和较快速的信息处理能力。他们一般依据目标导向的问题解决策略并经常能够找到一些创造性的方法解决问题。独创性、敏感性、对问题的重新界定，这些品质是个体在不利环境中成功解决问题的关键因素。

在几十年中国改革的浪潮中，"巨人"史玉柱无疑是最具传奇色彩的大人物之一。1989年，以40 000元借债起家，短短5年位居福布斯"大陆富豪排行榜"第8位，顷刻间财富又灰飞烟灭，沦落为负债2.5亿元的"中国首穷"。几年后卷土重来，还清巨债，又一次身家几亿，胜过当年的鼎盛时期。很多人戏称他为中国"最著名的失败者"，但他同样也是"最著名的成功者"。他现在的成功与他在不利环境中的优异问题解决能力有很大关系，以独特和敏锐的视角重新界定问题，在不利环境中成功解决问题。

5. 自动坚持自己

自动坚持和肯定自己也是创业者应该具备的特质之一。在创业的创立阶段及随后的经营阶段，在与客户、合作伙伴及金融人员的交往沟通过程中，创业者需要一种支配性的和不妥协的态度方式。与风险承担倾向相类似，自动坚持自己的程度保持中等水平即可。一方面，我们很难想象，个体若过度依赖他人的意见，对自己的观点不自信、不坚持，能够成功地创业且经营企业；另一方面，创业成功通常依赖与顾客或合作者进行协作，缺乏妥协会严重破坏创业的成功。

事实上，自动坚持自己可以包括很多种人格特质，如自信、执着。执着同样也是意志品质的体现。无论是面对成功或失败，如何坚定地选择，坚定不移地开创新的局面并把握中等适度的程度，是每一个创业者都应该考虑的。

6. 不确定容忍性

不确定容忍性指个体在不确定的环境中组织信息的方式。它是在复杂环境生存的能力，忍受矛盾、不屈不挠地解决各种复杂的问题。较高的不确定容忍性是创业人格特质的一个独特构成部分。

事实上创业活动本身就是一项具有不确定性的活动，它是一项考验人意志的活动。不确定、不一致、不完整、模糊性、矛盾性等情况在创业过程中均有可能出现。个体能否承受这种不确定、如何承受这种不确定，将会成为创业成功的关键。当不确定的情境出现时，有些个体承受不住这种不确定所带来的压力，草率地处理和解决问题；也有一些个体会以一种耐心的态度，等待情境明朗化再做出决定，即对不确定情境有更强的容忍度。一些研究表明，与管理者相比较，创业者具有更强的不确定容忍性。

7. 情绪稳定性

一个人若很容易烦恼和焦虑或者经常被失败的恐惧折磨，那么这个人将很不适合管理一个公司或企业。情绪稳定性对工作绩效有显著的影响，尤其是对一些压力较大的工作。拥有高情绪稳定性的个体更能够肯定、更能从积极的角度思考问题并对自己的生活感到满意，很少会感到气馁。低情绪稳定性的个体则表现为焦虑、不安、悲哀和喜怒无常。高情绪稳定性是创业者的优势所在。

如何管理好自己的情绪是现代人非常关注的一个问题。中国古代的思想家老子认为人应该"无惊"，面对任何情况都不应该有太大的情绪发应。中国的文学家王蒙在谈到老子的思想时，提到人很难一下子达到"无惊"，而应该是一个渐进的过程，从大惊到小惊到无惊。无论是本应该无惊，还是逐渐达到无惊，一种好的情绪状态应该是宠辱不惊，而这种情绪品质也是创业者所应该具备的特质之一。

刚刚起步处于青春期的大学生人生阅历比较简单，遇到问题的时候情绪很容易受影响，起伏较大。在高校创业教育中，如何引导学生妥善管理自己的情绪、做情绪的主人也是创业教育的一个重要内容。

8. 创新性

创新性或创新能力主要指发现新问题、提出新方法、建立新理论、发明新技术的能力，是创新型人才必须具备的基本能力。创新能力的培养重在培养创新思维能力、动手操作和实践活动能力及最终解决问题的能力。创业能力则是指能够顺利实现创业目标的特殊能力，包括专业技术能力、经营管理能力和社交沟通能力、分析和解决实际问题的能力、把握机会和创造机会的能力等。创新能力的大小会影响创业能力的强弱。

基本上所有的创业家都认识到创新是企业生存和发展的基本所在。固定资产近 30 亿元的中国工业电器龙头企业浙江正泰集团董事长南存辉在总结企业发展时说："一个优秀企业的发展，是不断战胜对手和超越自我的结果。创新与卓越同在，创新是企业的生存之本。正泰的创新，就在于技术创新、制度创新和管理创新。"

政府领导者也同样认可创新是企业家的重要特质和品质之一。2008 年，国务院总理温家宝出席夏季达沃斯论坛年会开幕式和企业家座谈会，回答了世界经济论坛主席施瓦布和企业家的提问。他对在座的企业家提出了两点希望：第一，要坚持创新。要想成为领军人物、领军企业、领军经济体，没有创新，不走在别人前头是没有出路的；第二，企业家要有道德。每个企业家都应该流着道德的血液，每个企业都应该承担其社会责任。合法经营与道德结合的企业，才是社会需要的企业。

对于大学生而言，其创新创业能力的培养重在创新实践和动手能力的训练。

9. 团队或小组合作能力

对于大多数创业者来说，谈到创业就会谈到创业合作伙伴和创业团队的问题。确实，单枪匹马创业的大有人在，但是，更多见的是与人合作的创业，所以对于创业者而言，团队或小组合作能力也是其应该具备的特质之一。

刘常勇教授认为一个成功的创业团队所应该具备的特质包括形成内聚力与一体感、团队利益第一、坚守基本经营原则、对企业的长期承诺、成员愿意牺牲短期利益来获取长期的成功果实、全心致力于创业新事业的价值、合作的股权配置、公平弹性的利益分配机制、经营成果的合理分享及事业能力的完美搭配。这些特征同样也是团队合作能力的体现。

当代大学生基本出生于 20 世纪 80 年代以后，受我国计划生育政策的影响，以独生子女居多。独生子女受其成长环境的影响，较多表现出自我的特点，更容易从自己的角度出发思考问题，而缺乏同伴合作能力。因此，团队合作能力和小组合作能力同样是高校创业教育应该重视的内容。

三、创业者的创业能力

（一）创业能力的内涵

创业能力是指直接影响创业实践活动效率，促使创业活动顺利进行，并能够创立和发展一项或多项事业的主体心理条件。大学生创业能力既具有创业能力的基本内涵，又富有其自身特色。大学生因其自身的思想先进性、时代创新性、高知识水平等特点，其创业能力具有更加丰富的内涵。作为一种综合性的能力，它由认知能力、自主能力、专业能力、竞争能力、社会能力等组成。

（二）创业能力的内容

创业能力作为一种特殊的能力，直接影响到创业活动的效率和创业的成功。在培育学生创业能力过程中，可以落实到决策能力、经营管理能力、专业技术能力、交往协调能力、创新能力等具体能力的培养上。

1. 决策能力

决策能力是指创业者根据主客观条件，因地制宜，正确地确定创业的方向、目标、战略以及具体选择实施方案的能力。决策是一个人综合能力的表现，创业者首先要成为一个决策者。

大学生要创业，首先，要从大众化的创业目标以及方向中进行分析比较，选择最适合发挥自己特长与优势的创业方向、途径和方法。在创业的过程，能从错综复杂的现象中发现事物的本质，找出真正存在的问题，分析原因，从而正确处理问题，这就要求创业者具有良好的分析能力。其次，要能做出正确的判断。判断就是能从客观事物的发展变化中找出因果关系，并善于从中把握事物的发展方向。分析是判断的前提，判断是分析的目的。第三，决策离不开创新。创业实际上是一个充满创新的事业，所以创业者必须具备创新能力，有创新思维，无思维定式，不墨守成规，能根据客观情况的变化，及时提出新目标、新方案，不断开拓新局面，创出新路子。可以说，不断创新是创业者做出智慧的决策、不断前进的关键环节。

2. 经营管理能力

经营管理能力是指对人员、资金的管理能力。它涉及人员的选择、使用、组合和优化；也涉及资金聚集、核算、分配、使用和流动。经营管理能力是一种较高层次的综合能力，是一种运筹能力。经营管理能力的形成要从学会经营、学会管理、学会用人、学会理财几个方面去努力。

（1）学会经营。创业者一旦确定了创业目标，就要组织实施，为了在激烈的市场竞争中取得优势，必须学会经营。

（2）学会管理。学会质量管理，要始终坚持质量第一的原则。质量不仅是生产物质产品的生命，也是从事服务业和其他工作的生命，创业者必须严格树立牢固的质量观。要学会效益管理，要始终坚持效益最佳原则，效益最佳是创业的终极目标。可以说，无效益的管理是失败的管理，无效益的创业是失败的创业。做到效益最佳要求在创业活动中人、物、资金、场地、时间的使用，都要选择最佳方案运作。做到不闲置人员和资金、不空置设备和场地、不浪费原料和材料，使创业活动有条不紊地运转。学会管理还要敢于负责，创业者要对本企业、员工、顾客以及对整个社会都抱有高度的责任感。

(3) 学会用人。市场经济的竞争是人才的竞争，谁拥有人才，谁就拥有市场、拥有顾客。一个学校没有品学兼优的教师，这个学校必然办不好；一个企业没有优秀的管理人才、技术人才，这个企业就不会有好的经济效益和社会效益；一个创业者不吸纳德才兼备、志同道合的人共创事业，创业就难以成功。因此，必须学会用人。要善于吸纳比自己强或有某种专长的人共同创业。

(4) 学会理财。学会理财，首先要学会开源节流。开源就是培植财源，在创业过程中，除了要抓住主要项目创收外，还要注意广辟资金来源。节流就是节省不必要的开支，树立节约每一滴水、每一度电的思想。但凡百万富翁、亿万富翁都是从几百元、几千元起家的，都经历了聚少成多、勤俭节约的历程。其次要学会管理资金。一是要把握好资金的预决算，做到心中有数；二是要把握好资金的进出和周转，每笔资金的来源和支出都要记账，做到有账可查；三是把握好资金投入的论证，每投入一笔资金都要进行可行性论证，有利可图才投入，大利大投入、小利小投入，保证使用好每一笔资金。

总之，创业者心中时刻装有一把算盘，每做一件事、每用一笔钱，都要掂量一下是否有利于事业的发展，有没有效益，会不会使资金增值，这样才能理好财。

(5) 要讲诚信。就创业者个人而言，诚信乃立身之本，创业者在创业过程中，如果不讲信誉，就无法开创出自己的事业；失去信誉，就会寸步难行。讲诚信，一是要言必行；二是要讲质量；三是要以诚待人。

3. 专业技术能力

专业技术能力是创业者掌握和运用专业知识进行专业生产的能力。专业技术能力的形成具有很强的实践性。许多专业知识和专业技巧要在实践中摸索，逐步提高、发展和完善。创业者要重视创业过程中知识及专业技术方面的经验积累和职业技能的训练，对于书本上介绍过的知识和经验要在加深理解的基础上予以提高、拓宽；对于书本上没有介绍过的知识和经验要探索，在探索的过程中要详细记录、认真分析，进行总结、归纳，上升为理论，形成自己的经验特色，积累起来。只有这样，专业技术能力才会不断提高。

4. 交往协调能力

交往协调能力是指能够妥善地处理与大众(政府部门、新闻媒体、客户等)之间的关系，以及能够协调下属各个部门成员之间关系的能力。创业者应该做到妥当地处理与外界的关系，尤其要争取政府部门、工商以及税务部门的支持与理解，同时要善于团结一切可以团结的人，团结一切可以团结的力量，求同存异，共同协调发展，做到不失原则、灵活有度，善于巧妙地将原则性和灵活性结合起来。创业者只要搞好内外团结，处理好人际关系，才能建立一个有利于自己创业的和谐环境，为成功创业打好基础。

交往协调能力在书本上是学不到的，它实际上是一种社会实践能力，需要在实践活动中学习，不断积累总结经验。这种能力的形成一是要敢于与不熟悉的人和事打交道，敢于冒险和接受挑战，敢于承担责任和压力，对自己的决定和想法要充满信心，充满希望；二是养成观察与思考的习惯。社会上存在着许多复杂的人和事，在复杂的人和事面前要多观察多思考，观察的过程实质上是调查的过程，是获取信息的过程，是掌握第一手资料的过程，观察得越仔细，掌握的信息就越准确。观察是为思考做准备，观察之后必须进行思考，做到三思而后行；三是处理好各种关系。可以说，社会活动是靠各种关系来维持的，处理好关系就是要善于应酬。心理学家称：应酬的最高境界是在毫无强迫的气氛里，把诚意传达给别人，使别人受到感应，并产生共识，自愿接受自己的观点。搞好应酬要做到宽以待人、严于律己，尽量做到既了解对方的立场又让对方了解自己的立场。交往协调能力并不是天生的，也不是在学校里就形成的，而是走向社会后慢慢积累社会经验，逐步学习社会知识而形成的。

5. 创新能力

创新是知识经济的主旋律，是创业者化解外界风险和取得竞争优势的有效途径。创新是创业能力素质的重要组成部分。它包括两方面的含义：一是大脑活动的能力，即创造性思维、创造性想象、独立性思维和捕捉灵感的能力；二是创新实践的能力，与人们的知识、技能、经验、心态等有着密切的关系。具有广博的知识、扎实的专业基础、熟练的专业技能、丰富的实践经验、良好的心态的人容易形成创新能力，它取决于创新意识、智力、创造性思维和创造性想象等。

 案例分析

【案例】 王潮歌，北京印象创意艺术发展有限公司创始人、行政总裁，1992 年毕业于中国传媒大学导演专业，在校时就拍摄了电视剧《暑假里的故事》。1995 年，由她执导的舞台剧《华夏民族魂》在人民大会堂上演后获得巨大成功，从此奠定了其在舞台创作领域的江湖地位。2000 年，她不仅导演了令人耳目一新的中国国际服装服饰博览会大型服饰文艺晚会《为你而生》，还导演了大型现代舞剧《乘愿再来》，后来还出任了服装工业协会组织的《春天印象》的总导演及舞美设计。但这些都并未为世人尽知，充其量不过是行业性的知名度而已。

2004 年，王潮歌与张艺谋、樊跃合作开创了中国实景演出之先河。其相继推出的《印象刘三姐》、《印象丽江》、《印象西湖》、《印象海南岛》、《印象大红袍》、《印象普陀》等"印象"系列大型山水实景演出，皆成为当地文化创意产业的成功范本，此后三人又联合执导了在美国纽约大都会歌剧院成功上演的原创歌剧《秦始皇》，以及举世瞩目的北京奥运会的开幕式和闭幕式。但王潮歌的名字，始终被张艺谋的光环遮盖着，直到 2013 年由她领衔执导的我国第一部大型室内情境体验剧《又见平遥》在全国引起巨大轰动后，她才终于在张艺谋的光环之下显露出来。

一、每一次都是新的

"每一次都是新的"是王潮歌导演作品的一大特点，旺盛的、不枯竭的创作灵感，使她成为评论家笔下"最具创新精神的导演"。而在个人生活经营和商业运作上，她也同样不追随主流方式和传统套路，大胆地按照自己的方式去思考，去行动。她在一次答记者问时说："我是一个另类企业家，特另类，我的思维方法和我对企业的认识都跟大家不太一样。"

王潮歌"万分不愿意"外界套用现有的商业模式去理解"印象"，她认为商业模式是一个个企业家自己独创的一种商业特点，一定要随着时间和人的变化而变化。作为一家文化创意企业，"印象"在走以及将走怎样的商业路径，王潮歌"自己也很好奇"。她说："我是第一个'吃螃蟹'的，也许以后长得特好看，也许早早地就死了，不一定。"

作为一个创业者，王潮歌虽然始终保持一种"文化人"的自觉和对商业的"反感"，但却深知商业知识对企业经营的作用。她喜欢在机场买杂志、买书，原来都是买一些小说什么的，现在特自然地就走到经济类那块去了。她说："我已经不是被动地学习，而是开始对这事感兴趣了。"另外，她还非常注意向投资人学习，经常向他们询问各种各样的问题。经过三轮融资，她已经从这些商业精英那里学到了很多商业知识。

二、长板理论

王潮歌是个非常直率的人。在做《开讲啦》的主讲嘉宾时，她一开场就坦言自己特别兴奋，一点都不紧张。她幽默地说："等待这个跟大家见面的机会，等了好长时间，今天终于站在这儿了！挺高兴的！我是谁呢？我叫王潮歌，女，民族，汉，60 年代生于北京，已婚，育有一女。从大学毕业，一直到现在，做过的唯一职业就是导演。我认为"我是谁"这个问题，是大多数中国人现在每天都在问的一个问题。但知道我是谁，特别不容易！"

在谈了自己的成长经历后，她与大家分享了自己的"长板理论"。她认为自己的所有板都短，只有一根长，那就是她的作文写得非常之好。她说："因为我写得好，文学带给我的光荣，带给我的荣誉，足以消解我在物理、数学上的缺陷，所以我现在并不扭曲，只因为我有一个长板。这个长板，使我的性格是完美的，使我今天的生活充满阳光，这个长板也带给我名和利以及生活的饭碗。"

接着，她又用一个简单的例子，进一步解释了她的理论。她说："如果我非常想当一个歌唱家，我天天去练声，我可以唱歌吗？我不可以！为什么？因为我的声带没有长成那个样子，就是我苦死累死，我也不能成为一个歌唱家。这是我的短板，我为什么要练？所以，要知道自己是谁。知道自己是谁，才能够把自己的长板做得更长。短板，就暂且短着吧。"

三、"你才女强人呢"

身在一个基本上全是男人的圈子内，王潮歌凭什么跟他们平起平坐，甚至让他们相信女人的肩膀也是可以"挑重担"的？王潮歌坦言，"说"是不行的，你得"干"出来。因此，她在零下十几度的室外工作长达十几个小时，从不叫苦叫累，可以在必要时每天只睡三四个小时，而且每一次做决定都果断强势，并且最后证明这些决定是对的。王潮歌习惯用这种"刚性"的方式去赢得尊重，原因是她极度自信。

王潮歌还是个"场面人"，她在任何公开场合都能迅速成为焦点。不仅是因为她爱穿色彩鲜艳的衣服，更是因为她有能做"青年导师"的口才。任志强戏称她为"语言有特点"的"人民艺术家"，马云则送给她"女马云"的绰号。而她在事业上的成功和工作中的干练风格，也使人们很自然地将她划入了"女强人"的行列。

但对"女强人"这个称呼，她却很讨厌。"你才女强人呢，我就想干干净净靠自己双手挣钱，加上吃相好看点儿，怎么就女强人了，不靠男人吃饭就一定是女强人吗？"为什么口若悬河能指挥"三军"的女人就不是男人心目中的好妻子？"他们愿意看到我们坚毅隐忍，以及甜美可爱，但当看到修饰漂亮的女人征战商场，他们就从心里嗤地一声：女强人吧，你们？他们就是脑子里有一个对女性固定的标准，因为你不符合，他们就会不喜欢。"

王潮歌说，自己其实跟媒体所宣传的"孙二娘"架势完全不一样，她会把父母、女儿和丈夫一块带着出差，会在适当的时候"示弱"，这种"示弱"并不仅仅是恰当而巧妙地让身边的男士拧开矿泉水的瓶盖，而是"真弱"。"我有时候会冲樊跃大喊大叫，把我所有的火都冲他发。但我会跟他说，你得原谅我，我是女人，我这时候就是受不了了，我得减压。"

一个曾经采访过她的媒体人如此评价："你可能以为王潮歌以这种以刚克刚的方式去跟男搭档合作工作，家庭会不幸福，实际上却相反，她是深谙男性世界规则并且知道什么时候该对抗，什么时候该妥协的人。"而另外一名她的同行则评价："她是真正的强女人，善于驾驭各种男人，就连张艺谋这种个性极强的男人她也能合作十年，足见其情商。"

四、又见平遥

2013 年春节期间，大型情境体验剧《又见平遥》正式公演。这一次，王潮歌肩挑了从策划到导演的所有角色，而张艺谋不再出现在剧目单上，以往他总是担任总导演或者总策划头衔。十年来他们基本上都是这么分工的，张艺谋和樊跃负责整体艺术风格的把握，她负责具体执行。而十年后，张艺谋"隐退"了，"印象"系列和王潮歌却一起成熟了。

"情境体验剧"是一个全新的剧种，表演方式显得奇特。王潮歌说："我们很少有机会这样去看一个演出，这更像一个博物馆，或者说，更像一回穿越。我们有时像一个看客，有时又像亲历者。在一个又一个互不关联的场景中，我们捡拾祖先生活的片段：清末的平遥城、镖局、赵家大院、街市、南门广场……"

有观众含着眼泪看完《又见平遥》整场演出，称这是近十年来看过的最好的作品。有的观众在看完演出后，还要再次游览平遥古城，因为他对平遥古城有了新的认识，认为只有先看了《又见平遥》，了解了平遥精神，才能更进一步了解这座古城的精髓所在。

为了保证这场大型情境体验剧的演出效果，王潮歌与樊跃共同参与设计了"又见平遥"剧场。这个剧场是专为这个演出设计、建造的，它以黄土和瓦作为主要语汇，集传统与现代于一体，与两千多年的平遥古城遥相呼应。为了表达对平遥古城的尊敬，不夺其风采，在设计上整个演出基地向下深挖 6 米空间。

据欣赏过此剧的人们称，情境体验剧《又见平遥》的剧场内部，有着繁复和奇特的空间分割，完全不同于传统剧场。它没有前厅，没有主入场口，没有观众席，没有传统舞台。观众从不同的门进入剧场，在 90 分钟的时间里，步行穿过几个不同形态的主题空间。而表演者更深入观众中间，在观剧人群中往来穿梭，甚至与观众对话，让观众有机会成为戏剧的一部分，一起互动。

【案例分析】 王潮歌是一个另类创业者。之所以说她另类，一是因为她的创业想法与众不同，她很少去想怎么挣钱，她每天大多数时间都在想怎么创作出有新意的作品；二是因为她的创业方式与众不同，她提供给人的不是衣食住行，而是一种艺术享受，但这种艺术享受所拉动的衣食住行产业，却都会使她盈利。王潮歌的创业虽然另类，却揭示了中国当代社会创业活动的许多新质。一是从事文化工作的人也能创业。文化也可以用企业的方式运作，创意也可以盈利。这在西方发达国家，已经是非常普遍的现象。大名鼎鼎的好莱坞、迪士尼，不但大挣本国人的钱，而且能赚全世界人民的钱。二是通过整合资源盈利。"印象"不但充分挖掘了阳朔等风景名胜区的自然资源、人文资源和文化历史资源，而且巧妙地借助了风险投资和地方政府的资源。三是通过形成产业链盈利。"印象"也好，平遥也好，门票收入都只占王潮歌创业收入的一小部分。王潮歌的贡献是通过演出拉动了当地旅游、住宿、餐饮和地方名优特产的整体发展，形成了一个良性循环的产业链。当然，作为文化创意产业的创业者，她需要有自己独特的艺术风格、独到的商业眼光，需要用持之以恒的努力去打造自己的艺术产品，需要通过不断的学习去提升自己的商业知识和经营管理能力。

第三节　创业者综合素质和能力的培养

一、创业意识的培养

创业意识是创业开展的主观条件，是大学生创业成功的前提。创业意识不是天生就有的，而是在后天的生活工作中，经过一系列的活动的训练，激发人的强烈的创业欲望而形成的。大学生创业意识的形成是大学生自身、家庭教育、高等学校创业教育的开展和社会共同努力的结果。大学生创业意识的形成需要大学生发挥自身的主观的努力；需要正确的家庭教育，营造良好的家庭教育环境；需要高等学校转变教育观念，调整教育目标，实施创业教育；同时也需要社会深入地宣传创业，形成良好的社会舆论，形成全民创业的氛围。我们从社会、高等学校、家庭、个人四个层面对大学生创业意识的培养进行阐述。

(一) 社会层面

大学生创业成功不仅依赖于大学生自身的创业意识、创业能力的培养和学校对创业教育的重视，还需要整个社会对大学生创业的支持。因为个人行为的改变发生于一定的社会背景之中，要改变个人的创业意识首先必须改变社会环境。

(1) 营造良好的全民创业氛围。

创业是富民之本，强国之策。倡导大学生创业，必须倡导全民创业，倡导全民具有创业意识。早在中国社会科学院发布的《2005年城市竞争力蓝皮书》中显示，居民商业和创业意识越强的地方，各项经济活动就越活跃，越是能有力地推动当地经济的发展。创业意识受文化、传统思想观念等因素的影响，是一个不断积累和演变的过程，社会应该大力宣传创业，要在全社会培育和谐的创业环境，为创业者搭建创业平台，激发人们的创业激情，引导人们树立创业意识。

政府要鼓励大中专毕业生更新择业观念，鼓励他们到最能施展才华的地方去创业，自强不息。让有能力的人创业。一个人创办企业，就能带动一批人就业，甚至可以带动一批企业，带富一方百姓。作为人民公仆——公务员，是公共产品和公共服务的供给者。公务员要一心一意创事业，一定要落实到服务于大学生创业、百姓创家业、能人创企业上，要挖掘一切有利的条件，团结一切可以团结的力量，创造有利的环境，在全社会形成一个"百姓创家业、能人创企业、干部创事业"的全民创业的生动局面。

大众传媒是大学生取得信息的重要媒介，在大学生创业过程中起到重要作用，大众媒体要从实际出发，要客观报道大学生创业状况，不要过于炒作，过分夸大创业的成功事例，要如实反映创业信息，使大学生创业尽快走向理性化，减少不必要的损失。创业有成功也有失败，我们应该抱有宽容和理解的心态，不要过于炒作，避免让大学生产生超过自身的心理承受能力的压力感。只有在这种环境下，大学生的创业意识才能逐渐形成，大学生才能更好地服务于社会，成为建设和谐社会的主力军和顶梁柱。

(2) 积极创造条件，为大学生自主创业提供政治平台。

当务之急，政府应该加强对大学生创业指导，完善创业环境。政府应该提供更多诸如科技园区之类的创业孵化器，为创业者提供周到的市场服务。政府要专门成立创业指导机构，组织创业专家采取结对子的方式对已经在创业的大学生提供全程的专业指导，提高大学生创业的成功率。政府应设立专门的大学生创业培训机构，对有创业愿望并具备一定条件的毕业生开展创业培训，促使其进一步树立创业意识和竞争意识，掌握创业所必备的工商、税务、金融、劳动和企业经营等方面的相关知识，了解国家对毕业生开办企业的优惠政策，增强经营管理能力和市场决策能力。同时，通过开展政策咨询和跟踪服务，提高创业的成功率。

此外，对想创业的大学生进行评估与考察，对不具备创业素质和创业条件的大学生，要建议其不要创业，避免不必要的资源浪费。

(3) 把高等学校的创业教育成效纳入学校评估体系。

评估是检验一个学校办学水平好与坏，使高等学校能够发现问题，督促高等学校提升办学水平的重要手段。目前，教育部在对高等学校的评估体系中，没有把高等学校的创业教育成效纳入评估体系。这样一来，高等学校不会把很大精力放在大学生创业教育上，创业教育就很难得到实质性进展。因此，需要专门的评估体系加以规定，使高等学校能够认真对待创业教育。在实际的评估工作中，应该根据高等学校开展的创业项目活动成效、参与程度、创业氛围的营造、大学生创业意识的强弱、大学生创业的比例等情况进行综合评估，把学校创业教育业绩纳入学校评优、评先进单位体系中。要推广和交流成功的创业经验，促进高等学校创业教育的共同发展。

（二）高等学校层面

学校教育是连接学生、家庭、社会的纽带，学校教育对于大学生创业意识的形成非常关键。创业教育是一种新的教育观念，也是一项教育的系统工程。高等学校应激发大学生的创业欲望，采取各种途径，激发大学生的创业意识，并培养大学生的创业能力。使其在时机成熟的时候，走上创业道路，实现自己的人生价值。笔者认为高等学校培养大学生的创业意识应该从更新教育理念、调整培养目标、设置创业课程、加强师资队伍建设、营造创业氛围、建立评价系统等方面着手培养大学生的创业意识。

（1）更新教育观念，建立全面的创业教育观。

教育观念的转变是加强和改进高等学校创业教育的先导。作为教育者应该把创业教育作为新的教育理念贯穿于高等学校教育的全过程中。高等学校要加强对学生的创业意识培养，使学生认识到自主创业是生存的需要、发展的需要和社会进步的需要。培养学生的创业意识，要让学生形成适应时代发展的就业观念，这是创业意识培养的重要内容，同时也是迫切需要解决的问题。

指导学生转变就业观念要做到"三破三立"，即：破等待国家安置的旧观念，立自主创业的新观念；破一业而终的旧观念，立准备从事多种职业的新观念；破安于现状的旧观念，立开拓进取的新观念。同时，学校要从多方面激发学生创业欲望，提高创业思维能力，掌握创业方法和策略，从而使他们毕业以后能够走上自主创业的道路。

创业教育是素质教育的体现，其显著特征就是创新性、创造性。这就要求高等学校的教师、科研与管理人员要具有创造性思维，能为大学生的创造活动提供精神土壤。在高等教育大众化的今天，高等教育功能发生了变化，这种变化决定了高等学校要调整人才培养目标，确立多元的就业观。因为每一个人在先天的潜能、性格、爱好、才能等方面存在着差异性，我们应该尊重和保护这种差异，允许学生在某些能力上有特殊的发展，只有这样，才能培养出有特色的创造性人才，才能实现人才培养模式的创新。创业教育的目的在于培养大学生的自我就业意识，使他们有眼光、有胆识、有能力、有社会责任感，做好创业的心理准备和知识准备。要从观念上改变为创业而进行的创业教育，将创业教育的思想渗透到高等学校各方面教育中，贯穿到教书育人、管理育人、服务育人的全过程中去。

（2）构建完善的创业教育课程体系。

学生创业意识的培养是一个逐步升华的认识过程。首先，学校要把提升创业技能和获得创业精神作为学校人才培养的基本目标，并根据各个专业的学制安排，将创业教育贯穿在学生入校至毕业的每一个教学环节。其次，创业教育应作为一门课程来开设。创业课程内容可以在学科之间渗透。高等学校门类众多，每门学科都蕴涵着丰富的创业素质教育内容。在学科教育中渗透创业教育，是培养大学生创业意识，提高大学生创业能力的有效途径。

通过学科渗透创业教育思想是很好的教学方法，但要真正形成大学生的创业意识还需要有专门的创业课程。高等学校应该开设一些例如："创业管理入门"、"创业实务"、"沟通技巧"、"市场调查"及"公司与合同法"的课程，让学生知道创业前需要做的准备、创业的步骤以及如何把握市场等相关的创业知识。使学生逐步树立市场意识、诚信意识、风险意识、责任意识，提高学生的创业能力。

(3) 建设一支适应创业教育的师资队伍。

要培养出有创业意识的学生，高等学校必须建设一支创业教育师资队伍。在这支队伍中，既要有专职教师传授系统的创业理论，又要有兼职的企业家传授创业的经验及教训。只有这样的创业教师队伍，才能提升大学生的创业素质，提高学生的创业意识。高等学校可以从其内部和外部两个方面建设创业教师队伍。

一是高等学校对内可以培训或鼓励教师进行创业实践，增强专职教师的创业能力。具体而言，高等学校可以出资送骨干教师参加创业培训，从而使教师更好地去创业兼职，让有潜力的青年教师开展创业实践，培养他们的市场意识和市场运作经验，从而使他们能够真正地、有针对性地为学生解惑。

二是高等学校对外可以请一些经验丰富的成功企业家、创业者、技术专家作为兼职教师，或者按合适的比例引进或聘任相关创业人员，形成不同类别、不同层次的创业教育师资队伍。同时，高等学校还要不定期请一些企业老总、创业专家到学校演讲，介绍创业的经验，激发大学生的创业意识。

(4) 丰富创业教育实践活动，营造创业氛围。

创业意识的形成离不开实践这条根本的途径，需要课程教学与课外实践活动结合起来。丰富创业教育实践活动，营造创业氛围，高等学校应从以下几个方面入手：

一是设立大学生创业中心。让大学生有一个属于自己的平台，能够在这个平台上分享创业心得，能在这平台上施展才华。教师要发挥积极作用，要为学生提供创业的相关信息。

二是建立大学生创业基金。鼓励有创意的学生通过创业专家评估，获得创业基金，来开发自己研发的产品。同时吸引社会的风险投资为有前景的产品投资。

三是走产学研合作的道路，创建创业基地。把学生带入科研室，让学生参与科研，提高大学生的研发能力。高等学校要创造条件，提供指导与服务，把部分校内市场适度向大学生开放。学生有了锻炼机会，才能进一步提高自身的创业能力。

四是定期举办创业计划大赛，营造良好的创业氛围。在美国，很多创业计划被买走，最终成为上市公司。创业计划大赛不是少数人的舞台，需要大学生积极参与进来，只有大多数大学生参与创业计划大赛，才能形成良好的创业氛围。

五是大学生要主动为自己寻求实践活动。暑期社会实践活动、志愿服务、求学期间打工、结合专业优势和个人特长举办各种培训班，也可搞推广、营销、竞技类的活动。这样的实践活动不仅能够为父母减轻经济上的压力，而且也能锻炼自己的技能，为创业提前做好准备。

(5) 建立有效的创业教育保障机制。

创业教育要取得成功，高等学校必须要建立创业教育保障机制。高等学校要成立专门的督导队伍，加强对创业教学过程的指导与监督，建立信息反馈机制。要密切关注创业实践动态，及时发现创业教学中存在的问题，并加以解决。同时要完善激励机制，增强师生参与创业活动的积极性。各个部门要制定出一系列相互配套、行之有效的规章和措施，把干部、教师、学生参与创业教育研究和实践的成绩，作为其考核、评优、晋升的重要依据，对那些积极参与改革，取得重要成果或成绩的单位和个人，给予重奖和表彰；对在创业教育中表现突出，创业意识强、创业素质好的学生，要大力宣传和表彰。把创业实践计入学分，并对学生的创业素质进行考核，成绩计入学生的综合测评成绩里，与学生的奖学金、评优等方面挂钩。

高等学校只有高度重视创业教育，建立创业教育保障机制，调动师生的积极性，才能使学校、教师、学生形成合力，在校园内形成浓厚的大学生创业氛围，从而激发大学生创业激情与欲望。

（三）家庭教育层面

家庭教育对于形成大学生的创业意识起到非常重要的作用。家长和亲戚的言行间接影响着大学生对创业的认识。

（1）转变传统的观念。

大学生是社会精英，是时代的宠儿，读了大学就意味着有一份稳定的工作。在今天看来，这种观念已经落伍了。有相当多的家长，特别在边远山区等穷苦地方的家长对大学生的认识还停留在精英教育阶段的认识层面上。在高等教育大众化背景下的大学生只是"普通的劳动者"，他们同样要接受市场的考验，同样面临着就业与创业的问题。在高等教育大众化下所培养的人才是多规格人才，既要有面向大型企业单位、面向沿海发达城市就业的毕业生，又要有面向基层、面向农村和西部内陆城市的毕业生，还要有能够自主创业的毕业生。这是历史发展的必然趋势，社会上没有这么多现成的就业岗位，需要有能力的大学生开创自己的未来，为自己、他人提供就业岗位。家长应该多关注时事变化，了解教育的动态发展，及时转变传统的观念，紧跟着当前的国际形势变化。

（2）积极为子女创造有利的创业氛围。

赵有声等人在对温州大学生的创业意愿进行调查时，通过数据分析发现，父母经商的子女打算创业的比例达到 51.2%，父母曾经经商，但现在不经商的子女打算创业的比例为 33.33%，父母没有经商的子女打算创业的比例为 22.9%，这说明了温州大学生创业意识深受父母及周边生长环境的影响。父母的创业行为会带动子女的创业愿望，形成创业意识。通过数据分析得出：家庭背景的优越程度与学生创业意愿成负相关。即家庭经济状况会对学生创业意愿的强弱带来影响，越是出身贫寒的学生，其创业意愿就越强。家庭经济条件相对较差的学生更加想要通过创业成功来改善家庭的经济状况和自己的命运。

家庭环境的好与坏直接影响到孩子创业意识的发展，如果家长对孩子过分宠爱、过度保护、教育不当，就会使得孩子不思进取，碌碌无为。家长意识到这点非常重要。目前，对于大学生缺乏创业意识，创业能力不高的现象，许多的学者过多地指向高等学校的创业教育的失误。单方面指责高等学校是有些偏激的。大学生的创业意识、创业能力的培养是多方面的合力，家庭的教育也相当重要。

在欧美发达国家，家长非常重视对孩子独立意识的培养。孩子们从小就在脑子里播下了创业的种子并有掌握相应技能的欲望。美国年轻人创业比率居发达国家之冠，与从小接受独立教育、艰苦创业教育是分不开的。戴尔公司的创始人迈克尔·戴尔，12 岁时就尝试通过邮票赚零花钱花；被美国商业周刊评为杰出青年创业家的卡斯诺恰，14 岁时就成为一家网络软件公司的负责人。进入新经济时代后，越来越多的美国青年大胆地抓住机遇，执着地实践自己的梦想，以自主创业、打造出自己的一片天地为荣。有专家分析说，正是美国这种家庭教育体制和鼓励创业的社会文化，造就了一批又一批杰出的企业家，推动了美国经济持续不断地发展，保持着世界领先的地位并始终充满了活力。

所以，家长要多接触先进的教育思想，多和孩子交流；引导孩子树立远大的目标，培养其艰苦奋斗、勇于开拓进取的精神；要为孩子做好艰苦朴素的榜样，使其养成勤俭节约的好作风；从小要培养孩子独立自主、自力更生的意识，做一些力所能及的事情；实施正确的家庭教育，积极营造良好的家庭氛围；支持孩子的创业想法，积极为孩子创造条件，使之形成良好的创业意识。

（四）大学生自身认识层面

前苏联教育专家苏霍姆林斯基曾深刻指出："只有能够激发学生去进行自我教育的教育，才是真正的教育。"创业意识的培养必须与自我教育结合起来。为此，培养大学生的创业意识必须从转变大学生的思想观念、积极参与创业活动两个方面着手。

(1) 转变传统的就业观念。

大学生应该意识到，在知识经济时代条件下，人的生存与发展不再是适应，而是创新。大众化的高等教育立足于时代与市场要求，培养的是具有创新精神与实践能力的复合型人才。大众化的高等教育所培养的人才是符合社会需要的多品种、多规格的人才，从"自主择业"走向"自主创业"，这是时代的要求，也是高等学校毕业生就业制度改革所大力提倡的。自主创业是对传统就业观的挑战，它是在自主择业的氛围中产生的一种新的就业形式，有利于发挥人的创造性和冒险精神。

自主创业是历史发展的必然选择，大学生要改变传统的"等"、"靠"、"拿"的就业思想，应深刻意识到这种就业思想已经成为历史。如果自己的思想观念不能跟上时代的步伐，就会被淘汰。大学生要有主体意识，认识到自身肩负的责任：以天下为己任，报效祖国。跨入社会创业，为自己创业，也是为他人创造就业机会，促进社会的和谐发展。

(2) 积极参与创业活动。

事物是由内外因共同决定的。而内因，即大学生自身起到决定性的作用。外部环境再好，如果没有大学生自身的积极参与，不发挥自身的主观能动性，很难形成创业意识。当代大学生应该认识到教师只能在相关知识的传授、创业思想的武装和解决创业前期的准备上给予一定的指导，能否创业成功关键在于自己。

大学生要积极参与各种有利于自身发展的活动，使自己形成良好的商机意识、转化意识、战略意识、风险意识、敬业意识等创业意识。当代大学生要想有一番作为，就必须积极参与社会活动，培养适应社会的能力，以一种积极向上的心态去面对机遇与挑战。

二、创业素质和创业能力培养

创业是极具挑战性的社会活动，是对创业者自身智慧、能力、气魄、胆识的全方位考验。一个人想要获得创业成功，必须具备基本的创业素质。而一个人的创业素质是需要后天的培养和养成的，开展创业素质和创业能力的教育和培养，有助于明确创业目标，把握创业机遇，进行有效的创业决策，克服创业活动中的各种困难，战胜各种挫折，解决各种问题，促进创业成功。

1. 系统的创业素质和能力教育

创业素质的培养是一项漫长的系统工程，我们应注重在日常教学和各项活动中开发和提高大学生的创业基本素质，但不能忽视系统化、规范化的创业素质教育。

(1) 更新传统教育观念，培养学生的创业意识。

在创业、就业的问题上，在同学中存在两种极端的认识：一些同学认为自己是大学生，毕业后当然是就业，从来没想过要创业；另一些同学认定自己要创业，却没有认真想过创业成功要具备什么条件。由此看来，目前大学生对自主创业的认识还比较模糊，有人认为创业就是开店，也有人认为是经营公司，还有人认为大学生毕业后找不到工作自己创业是件丢面子的事。

为此，作为高校必须帮助大学生树立正确的创业观，通过对学生进行教育，让学生对自己有清楚的认识并引导他们了解与所学专业相应的职业在社会发展中的地位、作用、发展状况以及对从业者素质的要求，帮助他们根据社会经济发展需求和个人特点进行职业生涯规划，唤醒其创业意识，点燃其创业热情，引导他们既注重挖掘自身潜能，又能根据所学专业对从业者素质的要求弥补自己的不足，同时做好自我谋职、自主创业的精神准备，从而主动适应职业要求，树立自主创业同样可以创造辉煌的观念。同时引导他们积极地学习求职就业、开拓创业的知识、技能和方法，为以后决定以什么方式创业打下坚实基础。

(2) 调整高等教育的培养目标，培养大学生创业素质和创业能力。

长期以来，在我国高等教育的培养目标中，比较重视知识的掌握和技能的训练，强调人才对现实社会环境的被动适应，很少考虑人才对社会环境的主动适应的问题，即充分发挥人的主观能动性和创造潜能。但随着社会经济体制的改革，这种人才培养模式已经满足不了社会发展的需求，出现了劳动力供过于求的局面，所以高等教育必须对其培养目标做出调整。

高等教育的培养目标定位除了知识、技能领域外，还应包括自信心、动机和态度等。这样的目标应有以下显著特征：

① 使学生在德、智、体、美、劳等方面得到全面发展。

② 以人为本，发扬人的本性，充分发掘学生的个性潜能。

③ 以学生的创造性才能作为高等教育人才培养的主要内容，鼓励学生冒险和开拓进取，保护学生的创造意识和创新精神。

这样的培养目标才有利于对大学生创业素质的培养。

2. 优化课程设置，实行课程目标模块化

任何教育目标都必须通过课程来实现，课程设计的好坏直接影想到目标的达成程度。培养目标的确定是进行课程选择的基础，而课程设置又是实现培养目标的途径和手段。学生创业素质的培养，归根结底要落实到课程设置中。创业素质中所需要的创业知识往往更注重针对性而非系统化。

许多高校虽然纷纷构建起理论与实际并重的教学框架，但在具体到教学过程中往往摆脱不了片面追求知识的广泛性、系统性与复杂性的毛病，忽视了知识的针对性传授。因此，必须整合教学内容，打破原来按学科、课程设计的做法，取而代之以模块及项目的形式，以职业目标引领培养，按照职业岗位的标准体系设置各级目标教学模块，如职业素质模块、职业能力模块、就业准备模块、毕业设计模块及专业设计模块等，每个模块下设置若干子模块及项目。

现在各高校基本都开设了《大学生就业指导》课，但我们不能仅仅局限于这一门课程，必须对原有的课程进行调整，以选修课或必修课的形式，通过实行学分制增设创业教育课程，让学生更大范围地围绕自己的创业活动开展学习。例如在就业指导课中增加《创业社会常识》、《创业指导》等课程，在心理健康教育课中增设《创业心理》等课程；在文化素质教育课程中开设大量与创业有关的选修课，如《法律和税收》、《市场经济》等课程；在实践性教学活动中增加创业教育方面的内容，使学生不仅掌握某些专业生产的操作技能，而且能在社会生产、市场营销、规划运筹、社会服务等活动中接受锻炼，提高创业能力。

3. 改变教学方式方法，培养学生创业能力

虽然教师为主导、学生为主体的说法已经提了很多年，但在大学课堂教学上实际情况却不是很理想。限于教学内容多、课时少的状况，教师"一言堂"现象比比皆是。这种教学模式压抑学生的创新精神，在这种环境氛围中，学生主体意识、主动精神、创业能力的开发和培养无从谈起。因此必须在教学中真正确立学生的主体地位，在传授专业的知识的同时要善于发现和开发蕴藏在学生身上的潜在的创造性品质，注重培养学生的创造性思维，培养学生解决实际问题的能力。

(1) 在教学方式上，主要采用现场教学和讲座相结合的方式。

现场教学是教师根据教学需要，组织学生到有关企业，由任课教师、厂房的专业人员或邀请创业成功者上课(如学生到工厂听创业史、企业管理等专题课)，以加深学生对创业及相关知识的理解，拉近书本理论知识与实践的距离，学校应尽可能地提供学生接触和参与社会的机会，让学生在不断尝试、摸索、反思中学会自我设计、自我选择、自我评价、自我管理；同时也可鼓励学生走出校园，到现场去体验创业的艰辛与喜悦。

讲座是一个很好的教学方法，它能及时调整教学内容，弥补教材的不足。通过讲座让学生了解市场认识市场，从而激发其创业意识、完善其创业人格、提高其经受挫折的能力，为其创业做好心理准备。

(2) 在教学方法上，采用讨论法、案例教学法等方法。

讨论法就是在教师指导下，通过以学生为主体的集体对话和互动形式，通过学生之间和师生之间的多项信息交流，借以实现教学目的的一种教学方法。讨论法从根本上改变了以教师为中心的课堂教学结构，突出了学生的主体地位。在讨论问题的过程中常常会激发学生的创新性问题和意识，让学生在自主探索的过程中形成和发展创造性思维。

案例教学是开展创业教育的一种基本教学方式。教师要学会运用案例组织教学，使学生在了解和熟悉他人创业经验和教训中增长知识和才干，将活生生的事实展现在学生面前，用案例剖析市场经济基本规律，进而实现开拓思路、激发创业热情的目的，为今后的创业打下良好基础。

4. 积极开展大学生创业实践活动

目前，高校的创业教育蓬勃发展，但多局限于课堂教学，缺乏创新实践环节。而创新是一项实践性非常强的事业，缺少了实践这一重要的环节，就有可能出现学生创办企业的高出生率、高死亡率的局面。英国著名生物学家托马斯·赫胥黎曾说："人生伟业的建立，不在能知，乃在能行。"无疑，他也强调了实践对人生大业成功与否的重要性。事实上，无论学生的创业之梦多么美好、创业规划多么完善，若缺乏创业实践的熏陶都只能是虚无缥缈的海市蜃楼。同样大学生的创业素质也不是凭空而降的，是在实践的基础上逐步培养起来的。

5. 开展创业讲座、创业沙龙、创业计划竞赛等问题

我们可以通过组织各种学生活动，如学生社团、创业实践和创业计划大赛等，使学生创业能力得到锻炼和提高，使大学生成为富有激情的实践者，成为艰苦创业的实干家。创业素质教育的实践活动既要加强教学计划内的实践环节，如实习实训、参观学习、军事训练、劳动教育等，还要加强教学外的实践活动，如校园文化活动、专业技能竞赛、各类型的文化指导服务等；既要在校园内进行，也要走向社会、服务社会，还可请有创业经历的成功企业家参与创业讲座，因为他们有创业的时间和创业的心得，完全能够开诚布公地和学生交流其创业的经验，既包括成功的经验又有自己在创业中走弯路、甚至失败的经历，学生得到的经历更加准确也较有说服力。

创业活动是创业素质教育的重要内容，它能使学生进一步巩固知识，激发创业欲望，提高所学知识和技能转化为实际运用的能力，还能培养情感和意志，塑造个性人格，树立坚定的社会责任感，进而实现创业所需的综合素质和能力的全面提高。

6. 建立创业基地，让学生参与社会实践活动

我们应从资金、场地、设备、设施等方面为学生创业提供扶持、优惠等，如设立创业基金、实验室、创业实践基地、科技园、孵化器等，通过创业中心或孵化器借助各类创业基金开展创业实践活动来进行，从而为大学生提供创业的专门活动场所。斯坦福大学所在的"硅谷"就是典型的创业园，雅虎、Excite、网景等公司就是在斯坦福校园的创业氛围中诞生的。

创业园具有现代性、高新科技性和创新性等特征，通过提供基本的商务服务、中介增值服务和资本运作服务等营造良好的创业环境，来吸引高校中具有技术创新能力和科研成果的师生来开拓创业。通过创建创业园，为大学生运用所学知识、提高创业能力提供了条件，也为将来真正创业积累了必要的经验。

7. 打造实践平台

学校可以建立勤工助学中心与创业园一体的双轨制模式，为学生提供创业实践的平台。该模式是一种以勤工助学中心为载体和依托、按照创业园的管理模式和运营机制、大力发展在校大学生的创业教育实践项目。如通过创建健身房、网球俱乐部、按摩治疗室、机床加工厂等经营实体，按照"专业化、市场化、实体化"的企业运营模式，由学生自主创业、自主经营管理，从员工、主管到经理全部由学生担任。

也就是说，从实体的项目设施、市场调研、项目可行性论证、创业计划书草拟、场地布局设计、原料采购到日常经营、管理等创业流程，基本由学生自主操作完成，同时辅以学校领导、专家学者、企业家等多方力量的指导和培训。在此基础之上，如果创业成功，

学校利用媒体报道以及通过向社会各界和媒体推荐，大力宣传学生成功创业的辉煌业绩，营造了浓郁的尊重知识、尊重创业、尊重企业家的校园创业氛围，激发学生的创业热情，同时也赢得了一定的经济效益。

勤工助学中心与创业园的双轨制模式，能够完善大学生的创业知识，促进大学生的健康创业心理的形成，激发大学生的创业举动，培养大学生的创新精神、创业意识以及创业能力，是一种目标明确、可操作性强、富有成效的新型创业实践教学模式。同时，由于它是在学校内部运行，依托了学校的一些资源，大大降低了风险及进入门槛，为学生提供了极大的便利。

8. 建立大学生创业网站，鼓励大学生网上创业

随着信息时代的到来，学生接受信息的渠道逐步多样化。其中，网络信息以其内容丰富、信息量大、传递方便、影响面广、速度快捷、意识观念开放、气氛轻松自由而赢得了学生的青睐。根据大学生的特点，实现"网内网外两手抓，两手都要硬"创业教育新格局，把宣传教育网站建成实现创业教育信息化、提高创业教育效率的平台，以增强大学生的创业意识和创业能力。

其中，中国大学生创业网立足于创业素质养成的创业精神培养，定位于"创造平台，教育培养，沟通互动，咨询帮助，参与提高"，以"点燃创业理性，释放创业激情"为宗旨，瞄准大学生创业，服务于大学生自主创业、求职就业、人生设计、素质提高等教育目标，设有创业教育、创业环境、自我设计、实践尝试、异域文化传播、创业乐园六个栏目，推进了大学生创业活动的科学化和规范化。

各高校在建立大学生创业教育网站、对大学生进行创业教育的过程中，应充分认识到全面提高大学生综合素质的重要性与紧迫性，在指导思想与方法上不断创新，具体方法有以下几种：

(1) 在内容构建上注重服务性。结合学生成长成才特点，把创业教育的内容巧妙地融入与学生成长成才相关的内容中，在网上心理咨询、就业创业指导和学习指导、成功者的足迹等内容中，体现引导学生积极上进、健康成才的指导思想，多角度、多层次开展主页建设。尽量利用身边的优秀人物和感人事迹来教育学生，引导他们正确看待就业和创业。

(2) 在形式上尽量遵循和适应网络的特点。采用一些多媒体技术增强互动性并注意网络宣传的语言艺术，多用活泼、生动的语言，注重人情味，力戒呆板、生硬。

(3) 做好创业教育网站自身的宣传。扩大师生的参与面。对创业教育网站从各种渠道开展宣传，在互联网上多做一些链接并充分利用传统媒体宣传网站，让广大师生了解创业教育网站，关注创业教育网站。

(4) 使网上创业教育与网下创业教育相结合。网上宣传创业教育和日常创业教育保持连贯性，而且相互配合、相互促进，把网上创业教育融入"两课"教学，写进学生日常管理规范，增强学生上网的自律性，在校内营造良好的网上创业教育环境。这样，通过拓展第三课堂教育空间，设立创业教育案例库，加强信息交流，实现资源共享。同时，积极开展创业教育研究和国际交流，包括组织学术活动、经验交流，与国外的信息交流，了解国外创业教育的动态，学习国外创业教育先进的经验。从而使创业教育的理念深入学生心中，使"创业光荣"成为一种时代特征，鼓励大学生成为网上创业高手。

9. 培育高校校园创业文化

中华民族是一个勤劳勇敢富有创造精神的民族，但由于长期的计划经济，创业文化一直没有得到重视。直到新世纪的来临，创业文化才引起了人们的重视。然而创业文化的兴起不是一种自发形成的过程，它需要政府与社会培养。作为一种培育的文化，在观念知识层面上必然需要知识精英率先进行创造，逐渐推广、普及、提高，因此高校无疑应该成为培植创业文化的重要阵地。

创业文化作为社会文化整体系统中的一种文化，是依存于创业实践活动而表现出来的一种文化现象。创业文化包括人们在追求财富、创造价值、促进经济发展过程中所形成的思想观念、价值取向和心理意识，是一种与创业有关的特定的群体心理素质以及社会意识形态和文化氛围。

所谓创业文化，是指敢于开创事业的思想意识以及相应的价值观念和鼓励创业的社会心理的总和。创业是这个时代经济增长的推动力，也是解决社会就业矛盾的一个重要途径。培育和发展创业文化不仅是社会经济发展对高校提出的新要求，也是高校自身扩张和发展的迫切需要。因此，无论什么类型的大学，都应该顺应世界高等教育改革和发展的趋势，开展创业教育，振兴创业文化，塑造大批高素质的创业者，为社会做出应有的贡献。积极的创业文化具有凝聚、导向、约束与激励等功能，是创业者们的精神动力和发动机，是创业企业诞生与发展壮大的灵魂和精神支柱，对创业活动产生重大的潜移默化的影响。

(1) 创业文化融入大学文化中。

深深根植于大学校园的大学文化对学生有着巨大的潜移默化的影响。必须将创业文化融进大学文化中去，通过有关创业的讲座、论坛、课程、模拟创业活动等，让在校大学生生活在一个有创业文化氛围的环境中，通过耳闻目睹、文化熏陶，培养其创业意识，砥砺其创业精神，增强其创业素质，提高其创业的本领。同时也可以充分利用橱窗、广播、板报、标语、校园网等形式大力宣传开展创业教育的重要意义，努力营造深厚的创业文化氛围，让创业文化走进校园，走进每个学生的心灵。

(2) 创业文化融入教学过程中。

教学是高校的主阵地之一，学生 2 / 3 的时间在课堂，因此把创业文化融入教学过程能起到更好的效果。比如在讲授公共课或者专业课的时候都可以把创业文化融入教学中，因创业文化与学生的就业、创业紧密相关，所以创业文化的融入不仅提高了学生学习的积极性，而且提高了教学的实效性。但创业文化的融入还需要教师积极配合，这就牵涉到转变教师观念、提高教师认识的问题。为此，我们应积极培训教师，让教师积极参与到其中来。

(3) 建立良好的创业机制。

各级政府对大学生创业活动的支持与扶植是其创业成功的保障。创业机制既是创业的导向，又是创业的规范，为大学生创业搭建平台。2003 年《国务院办公厅转发教育部门关于进一步深化普通高等学校毕业生就业制度改革有关问题意见的通知》，为大学生创业提供了优惠条件，这之后国家不断出台新政策，支持大学生创业。特别是各级地方政府也积极响应国家号召，为大学生创业铺路。

2008 年，为了推动创业带动就业的条款，国家下发了《国务院关于做好促进就业工作的通知》，一是激活人力资源市场实现就业倍增效应：政府通过政策支持和服务保障营造良好的创业环境，调动劳动者创业的积极性和主动性，通过自找项目、自筹资金、自主经营、自负盈亏、自主创办新的生产和服务项目或企业，在实现自身就业的同时，带动更多的劳动者就业；二是减免收费优惠税收扶持小额担保贷款；三是简化程序，提高效率，放宽市场准入限制，完善支持自主创业、自谋职业政策体系，建立、健全政策扶持、创业服务、创业培训三位一体的工作机制。

（4）发挥社团的带头作用。

学生社团在高校中往往起到先锋的作用，通过社团带动大学生创业是一条很好的途径。学生社团的主要作用有以下几方面：

① 充当校园文化的主力军。文娱体育类社团在大学校园文化中"唱主角"，如爱乐社团、话剧联盟、文青社等，这类社团在繁荣和活跃校园文化方面作用很大。

② 发挥思想教育作用。形成了学校—院系—班级理论学习组织体系，公益实践类社团近年来也迅速拓展。

③ 服务大学生发展需求：就业创业类社团异军突起，如创业者协会、创业促进会等。

创业意味着探索、意味着风险、意味着艰辛、意味着磨难，也就必然伴随着挫折和失败。但大学生只要具备了不怕风险、敢于创新、意志坚强、诚实守信等创业素质，就能有所作为、成就事业。

❖❖❖❖❖ **思 考 题** ❖❖❖❖❖

1. 如何理解创业者的含义？创业者具有哪些类型？你想成为哪种类型的创业者？
2. 如何理解创业意识、创业素质和创业能力？
3. 创业意识、创业素质和创业能力包含哪些内容？
4. 创业者容易犯的错误有哪些？
5. 结合自己的实际，谈一谈如何培养创业综合素质。

第四章　创业团队

知识目标

- 了解创业团队的内涵、特征和作用。
- 理解创业团队组建的要素、原则和步骤。
- 掌握创业团队管理策略。

能力目标

通过本章的学习，使大学生能结合自身的优势组建创业团队。

21 世纪以来，企业面临的外部竞争环境更加复杂多变，越来越多的新创企业采用团队创业的模式，传统的大公司为了应对日趋激烈和复杂多变的竞争形势，增强自身抵御风险的能力，也非常强调用团队管理的方式管理企业。美国著名风险投资公司合伙人曾说过，当今世界充斥着丰富的技术、大量的创业者和充裕的风险资本，而真正缺乏的是出色的团队，如何创建优秀的团队将会是未来创业者面临的最大挑战。

第一节　创业团队概述

一、创业团队的内涵及特征

(一) 创业团队的概念

创业团队是指由两个或两个以上具有一定利益关系的，共同承担创建新企业责任的人组成的工作团队。创业团队是团队而不是群体。团队与群体的差别，在于团队成员具有共同的目标，相互之间有利益关系，并且遵守共同的行为准则和规范，而群体则没有这些特征。例如，军队是团队，而火车上的旅客是群体。军队有保卫祖国的共同目标和使命，有严明的纪律，军队中的每个成员都将密切合作，分别担任哨兵、侦察兵、狙击手等不同的角色，某个军事任务成功与否取决于所有成员的共同努力。而同在一列火车上的旅客们，则没有共同的目标，相互之间也没有利益关系，更不需要密切合作去完成特定的任务。

创业团队按其成员构成的不同，可以分为狭义的创业团队和广义的创业团队。

狭义的创业团队是指有着共同的奋斗目标，共同承担责任与风险，并共同分享创业收益的新创企业的合伙人团队。合伙人团队是由创业初期就投资并参与创业的多个个体组成的，是创业团队的核心部分。合伙人团队的技术、知识、经验、社会关系网络等资源是新创企业最有价值的资源。是否拥有较高的受教育程度、前期的创业经历和相关的产业经验与广泛的社会关系网络等是合伙人团队日后能否取得成功的重要决定因素。

广义的创业团队不仅包括合伙人，还包括与创业过程相关的各种利益相关者，如风险投资机构、董事会成员和专家顾问等。

(二) 创业团队的特征

当创业者决定创业，并选定了创业项目后，最重要的任务就是组建创业团队。创业需要志同道合的伙伴互相支持，分工合作。比尔·盖茨曾说："我一向排斥'企业家'这个字眼，企业家一词对我是个抽象概念，我自己是个软件工程师，而我决定要找一群人来一起工作，这群人经过一段时间的成长，创造出越来越多的产品。"团队对企业的成功有着重要的影响，一项针对美国在 20 世纪 60 年代创办的 104 家高科技企业的研究报告指出，在年销售额达到 500 万美元以上的高成长企业中，有 83.3% 是由创业团队建立的。

组建一支优秀的创业团队对创业者是一项至关重要的工作。一支优秀的创业团队具有以下五个特征：

(1) 知己知彼。一支优秀的创业团队的所有成员都应该互相非常熟悉、知根知底。团队成员能非常清醒地认识到自身的优势和劣势，同时也了解其他成员的长处和短处。团队成员的熟悉有利于成员之间的合理分配，最大可能地发挥各自的优势。

(2) 才华各异。优秀的创业团队应该是成员各有所长、相互补充、相得益彰。一般而言，一支优秀的创业团队必须包括以下几种人：创新意识强的人，可以决定公司未来发展方向，相当于公司战略决策者；策划能力强的人，能够全面周到地分析整个公司面临的机遇与风险，考虑成本、投资、收益的来源和预期收益以及公司管理规范章程、长远规划设计等工作；执行能力强的人，具体负责执行过程，包括联系客户、接触终端消费者、拓展市场等；在一个技术类的创业团队中至少还应该有研究型人才。创业团队还需要有财务、法律、审计等方面的专业人才。

(3) 单一核心。在创业团队中的带头人作为核心人物，是团队成员在合作共事的过程中发自内心认可的，具有远见、威望、魄力和决断力的人。创业团队不能出现两个核心人物，不能有两个人的主要能力完全一样。如果核心人物的优势和职位出现重复，必然少不了各种矛盾，可能最终导致整个创业团队解散。

(4) 目标一致。拥有共同目标是团队区别于群体的重要特征。创业团队的企业目标、企业文化、企业发展路径必须一致。大学生创业初期，困难和失败不可避免，因此目标一致就显得尤为重要。共同的创业目标将分散的个体凝聚成一股强劲的力量。成员能够全身心地为团队发展贡献力量才是创业团队所最需要的，团结就是力量，凝聚就是希望。尤其在遇到困难的时候，团队成员能够志同道合，为共同的目标奋斗就会有希望。

(5) 彼此信任。信任是解决分歧、达成一致的唯一途径。大学生创业团队不仅要志同道合，更要彼此信任。最初创业时要把最基本的责、权、利说得明白透彻，尤其股权、利益分配包括增资、扩股、融资、撤资、人事安排及解散等。这样在企业发展壮大后，才不会出现因利益和股权分配的分歧产生矛盾，导致创业团队的分解。

二、创业团队的作用

创业分为个体创业和团队创业两种形式。当今创业，由于外部环境复杂多变、竞争程度加剧，已经不再是单打独斗、个人逞英雄创业的时代，而是群狼作战、团队创业的时代了，越来越多的创业活动是以团队形式开展的。国内的有关研究表明，60%以上的创业活动都是以团队形式开展的。国外研究表明，高成长企业中，高达80%的初创企业是以团队创业的形式开展的。为什么团队创业的比例越来越大？这是因为相比个体创业来说，团队创业具有整合资源能力强、抵抗风险能力强和发展后劲大等优势，能在创业过程中发挥关键作用。具体表现在如下几点。

1. 有助于初创企业打破创业过程中的资源约束

一个企业刚诞生的时候，往往面临着众多的资源约束，处于"无钱、无人、无客户"的"三无"境地，破除这些资源约束是新创企业必须解决的问题。由于一个人的能力、资金、关系网络毕竟有限，所以解决这一问题的过程往往漫长而艰辛。相比个体创业来说，团队创业由于创业团队成员具有不同的经验、能力和关系网络，其整合资源的能力会成倍增加，这无疑有助于初创企业突破创业过程中的资源限制，实现快速成长。

2. 有助于提升初创企业的决策质量

创业活动面临高度的不确定性，美国小企业局1999年的调查研究显示，创业失败的比率高达89%。据不完全统计，我国大学生创业成功的比率仅为2%～3%。而在导致创业失败的诸多因素中，决策失误高居榜首。创业团队由于其成员具有不同的教育背景、知识经验和个性特征，决策的速度会比个人慢，看问题的角度也会更加多元，这不但会降低决策失误的概率，而且会有助于用创新的方式解决复杂问题，从而提高新创企业的决策质量，降低新创企业的失败概率。

3. 有助于获取风险投资和银行贷款

风险投资商对于新创企业的发展具有重要的推动作用。风险投资商不仅能够带给新创企业发展所需要的资金，还能够带来具有国际视野的管理经验、渠道和网络。美国的研究表明，风险投资商投资的新创企业的存活率，高于美国全国的平均水平。对风险投资商来说，投资新创企业的最大风险来自创业者和创业团队的管理。由于团队创业在决策质量和工作绩效方面往往优于个人创业，所以风险投资商投资的大多数都是拥有良好创业团队的项目。

三、创业团队的社会责任

企业的社会责任，是指企业在商业运作时对其利害关系人应负的责任。企业的社会责任包括企业环境保护、社会道德以及公共利益等方面，由经济责任、持续发展责任、法律责任和道德责任等构成。企业的社会责任要求企业必须超越把利润作为唯一目标的传统理念，强调在生产过程中对人的价值的关注，强调对消费者、对环境、对社会的责任和贡献，从而获得在社会、经济、环境等领域的可持续发展能力。这意味着企业不仅要实现经济利益，还需要兼顾社会和环境的因素，实现可持续发展。

中国社会科学院2011年的《中国企业社会责任报告》，从责任管理、市场责任、社会责任和环境责任等四个方面，对中国创业的社会责任发展水平进行了评价。这里的责任管理是指，企业所制定的企业社会责任发展规划、反商业贿赂制度与措施等；市场责任是指，企业的成长性、收益性以及产品合格率等指标；社会责任包括社保覆盖率、安全健康培训以及评估运营对企业的影响；环境责任则包含了企业的环境管理和节能减排方面的指标。

　　强调企业的社会责任不仅是社会对企业的要求，也是企业自身发展的需要。阿里巴巴创始人马云指出："生意人是唯利是图，有钱就赚；商人有所为，有所不为；而企业家必须承担社会责任，创造价值。""每一个企业都要承担社会责任，并把这个社会责任贯穿于企业的工作中。这种使命感不仅仅是统一思想、凝聚人心、统一行动、提高效率、减少交流成本、激发员工斗志的力量，更是企业的血液、基因和品格。"而要真正做到这一点，创业团队在一开始创业时就要有这种社会责任意识，即使遇到再大的困难，也不能忘记自己的社会责任。

 创业故事　　　　险阻同路，风雨携程——携程四君子的创业故事

　　有这样一家公司，它上市后连续 4 年 16 个季度总收入保持 50%以上的增长。其创始人先后辞去了这家公司的职务，且基本套现了自己手中的股票，保留最多的一个人也只有 1.5%。但即使这样，这家公司仍然在公司几个创始人的掌控之中。公司最大的对手，同样在纳斯达克上市，却连续四年亏损，总亏损达1300 万美元，两家公司在市值上的差距曾一度达到 15 倍。公司的核心创始人之一不仅辞去了职务，还远离了商界和江湖去了美国，在一所大学定居下来，悉心教书、读书，这更是在中国互联网界前无古人的事情。这家公司就是携程，一个由四位创业奇才缔造的奇迹。

　　一、四君子前传

　　季琦，1966 年出生在江苏南通的一个农民家庭，1985 年，他考入上海交通大学。大学四年，季琦都泡在了图书馆，读哲学、读历史、读毛泽东传记。1989 年，季琦大学毕业了，回到南通第二设计院读研究生，研究生毕业后，季琦到上海计算机服务公司工作。1994 年他成功地开拓了证券市场，职位也不断上升，这时季琦已经是单位的骨干，公司还给他分了一套房子。1994 年时，季琦去过一趟美国，说是去寻找自己新的事业起点。而此行他最大的收获就是平生第一次接触到了互联网。那是在 1994 年 9 月 17 日，一个平常的周末，当他查询的信息一行行从屏幕上显现出来的时候，季琦无法想象眼前的事实，"这东西太神奇了！"当时他所在的 Oracle 总部是三幢气势雄伟的大楼，而雅虎公司则在不远处与 Oracle 隔街相望。那天下午，季琦望着街对面的雅虎公司发呆，他模糊地意识到，一个能够改变许多人命运的新技术时代马上就要到来。"当时我对这个东西就有种特殊的、痴迷的感觉。"季琦说道："我觉得跟它可能有种缘分，而且我将来的生活很可能与这个东西有关。"1995 年，季琦从美国回到上海，加入了中化英华，任华东区总经理。1997 年 9 月成立了上海协成科技有限公司，到年底时已经盈利 100 多万元了，季琦挖到了人生的第一桶金。为了让公司更加赚钱，季琦在 1997 年到 1999 年做过很多尽可能做的生意，综合布线、系统集成，甚至软件开发。直到 1999 年，季琦才找到进入互联网的"切入点"，那就是让季琦获得了巨大成功的携程。

　　梁建章，上海人，生于 1969 年，少年时代绰号"大头神童"。他的智商无须测试，自有明证：13 岁接触计算机，半年后开发了一个可以辅助写出格律诗的程序，获得第一届全国中学生计算机程序设计大赛金奖。在 1984 年上海电视台采访梁建章的新闻片中，他演示了这个功能强大的作诗程序。在 DOS 系统屏幕上，只要输入诗题、格律、每句第一个字和韵脚，古体诗就出现了。这背后的语言学基础是：《唐诗三百首》、《千家诗新注》、《学诗百法》、《唐诗鉴赏词典》、《中华诗韵》等。15 岁时，初中没毕业的梁建章直升复旦大学计算机本科少年班。一年后，他考取美国佐治亚州理工大学。

　　沈南鹏，1967 年出生于浙江海宁。青少年时期几乎是在数学题堆里长大的，他得过全国中学生数学竞赛一等奖。梁建章得过的那个程序设计奖，沈南鹏也在同一年拿到过。1989 年从上海交大应用数学系

毕业后，他考取了美国哥伦比亚大学数学系，一年后，转入耶鲁大学 MBA。到 1999 年时，他已在华尔街游走多年，从花旗银行到雷曼兄弟，后成为德意志摩根建富董事。

范敏，1965 年生人，在上海交大校园里整整生活了 7 年，本硕连读后进入上海新亚集团。他为自己重新设置了起点：从办公室助理的位置上下来，到海仑宾馆当见习管理生；此后一步步稳升。到 1999 年时，他已有旅游系统 10 年的从业经验，位居国企总经理，有单位分房，有专配司机。

二、四兄弟擦出创业火花

1999 年的春天，甲骨文中国区咨询总监梁建章、上海协成高科技公司 CEO 季琦、德意志银行亚太区总裁(董事兼中国资本市场主管)沈南鹏、上海旅行社总经理兼新亚酒店管理公司副总经理范敏在徐家汇鹭鹭酒家见面了。这是四个资质优秀、天生具备创业 DNA 的工科男，当时都在各自的领域表现出不寻常的潜力。

在四个人坐下来之前，客户兼朋友的梁建章对季琦说："最近美国的互联网很火，不如我们也做个网站吧。"季琦说："好啊!"

当时，新浪、网易、搜狐等门户网站正热，复制就不必了，从哪里切入呢? 网上书店、建材超市都是可行方向，梁建章忽然说起有一回跟女友旅行迷路，半天找不到出路，"办个旅游网站吧。"他们找到沈南鹏说出想法时，后者的耳膜正被"互联网"这三个字频繁撞击，沈南鹏毫不犹豫答应加入。新公司很快搭建，名叫游狐。梁建章和季琦各出 20 万元，各占 30% 的股份；沈南鹏出 60 万元，占 40% 的股份。他们很快发现，版图上还缺重要的一块：一个熟悉旅游业的人。

于是国企经理、曾在瑞士洛桑酒店管理学校进修过的范敏被他们约来了。第一次游说，范敏面容纹丝不动。席散，梁建章、沈南鹏觉得没戏，"再多找几个合适人选吧。"季琦说："自己的校友都请不动，其他人更难搞定。"

这之后，季琦常去找范敏谈梦想、谈未来。每次去，秘书都会让季琦在办公室外面等，就算领导不忙，也得等。"国企领导都这样，很正常。开始要等 10 分钟，后来逐渐熟悉了，就变成 5 分钟。"最终，"范经理"答应一起参与创业。

在最初创业的日子里，季琦是全职，其他三位利用工作之余一起开会讨论，一道走过创业之初的艰难时光，地点就在徐家汇教堂南侧气象大楼 17 层的半层楼面，200 平方米，与季琦的公司协成共用。

10 月 28 日，网站名称由"游狐"改为"携程"，正式上线。给了携程第一笔风投的 IDG 章苏阳后来说："这四个人有点像一组啮合，各个齿轮之间咬得非常好。团队成员的背景和素质，都足够执掌他们将要操作的公司。"

三、四君子为创业风雨携程

携程的创始团队，一直是人们津津乐道的话题，他们的故事我们可以用四句话来概括：开拓创业看季琦，资本运作看南鹏，管理领先看建章，老道懂行看范敏。

1. 开拓创业看季琦

季琦，一位永不停歇的创业者，曾先后创业 7 次，从 1995 年回国之后，平均 2～3 年就新创建一家企业，罕有败绩。1999 年，他是携程网络联合创始人、原 CEO，携程于 2003 年 12 月在美国纳斯达克上市；2002 年，他是如家连锁联合创始人、原 CEO，如家于 2006 年 10 月在美国纳斯达克上市；2005 年，他是汉庭连锁创始人、董事长兼 CEO，汉庭于 2010 年 3 月在美国纳斯达克上市。季琦创造了每隔三年创办一个上市公司的奇迹。风风火火、锐意开拓的季琦，擅长把一个公司从无做到有。1999 年 5 月携程刚开始创业的时候，季琦以外的另外三位创始人都还在自己的工作岗位上，还是"业余创业"，直到第二轮融资结束后，梁建章、沈南鹏和范敏才开始"全职创业"。那个时候，沈南鹏是德意志摩根建富的董事；梁建章还在甲骨文，拿着几十万的年薪和期权；范敏则是一家上海国有公司的总经理。作为一个已经有过 3 次创业经历的人，季琦非常清楚怎么把公司从无到有做起来，非常懂得如何在中国的游戏规则下生存。尽管互联网进入中国算起来也已经有 10 年的时间，但季琦认为，互联网在中国"还只是刚刚开始"。他强调，互联网为创业者带来的机会不仅仅是体现在技术和商业模式上，"体会互联网的精神，用这种精神去整合传统产业非常有用"。网上的机票和酒店预订业务，可以让全国各地的旅行者统一起来向酒店和航空公司下单，让每一个人通过网络享受同等的待遇，而这是被行政区划人为割裂的传统旅行社无法做到的。1999年春节刚过，季琦将一帮好友招至家中聚会。在尚未褪尽的节日气氛中，几个充满激情的年轻人热烈地讨论起携手创业的理想计划。当时他们就互联网、互联网经济、美国的网络公司、纳斯达克和IPO等话题热烈地讨论了一夜，最后的结论是：决定一起在中国做一个向大众提供旅游服务的电子商务网站。携程旅行网的蓝图由此诞生。可以说，没有季琦，就没有携程。

2. 资本运作看南鹏

沈南鹏，一位不知疲倦的投资者。丰富的海外留学和投资银行工作经历，使他十分熟悉风险投资和资本市场。关于沈南鹏对携程的贡献，最令人传颂的是他帮助携程完成融资并上市。1999年10月，IDG投资50万美元，占携程20%的股份。10月28日，网站名字由原来的"游狐"改为"携程"。携程旅行网正式上线了，并在《上海微型计算机》周刊上刊登广告软文。1999—2000年，全球互联网热潮已经达到了顶点，这段时间内互联网公司为了得到可观的点击率，都开始进行"烧钱"比赛，毫不吝啬地投放广告。携程也不例外，在点击率上下工夫，也在广告上"烧钱"。很快，携程又没钱了。在1999年年底，携程进行第二轮融资，软银中国的代表石明春不但自己决定投资，还拉来上海实业、美国兰花基金和香港晨兴集团，以及IDG一共5家投资公司，一起投资450万美元，占了携程29%的股权。携程在2000年11月并购北京现代运通订房中心，在2002年3月并购北京海岸航空服务有限公司之后，成为国内酒店预订和机票订购的领头羊。终于在2003年12月9日，携程在美国纳斯达克交易所上市。诚然，融资是沈南鹏在携程的一大亮点，但同时有一点也不可忽略，那就是用投资人的眼光来做企业。沈南鹏的确是携程的创始人之一，但他对把一个企业做一辈子似乎并没有那么多的兴趣，对企业的日常管理更加提不起劲来，在一定程度上来说，携程只是沈南鹏的一个投资项目，一个在当时最最重要的投资项目。所以，沈南鹏能够站在更加客观的角度，以更加广阔的视野来看待公司的发展。可以说，没有沈南鹏，携程不会那么顺利地融资上市。

3. 管理领先看建章

梁建章，"大头神童"、少年天才，曾任甲骨文中国区咨询总监。在IT行业，他是少数几个在美国工作过几年，在中国工作过几年，有IT方面的经验，又有管理方面经验的人。在携程创始初期，梁建章在搭建整个系统架构方面贡献重大。然而，不得不承认，携程所在的行业，是一个技术壁垒很低的行业，重点不在于技术，而在于商业模式和管理，尤其是管理。梁建章带给携程最大的，就是他在管理上的经验。从一开始，携程就非常注重规范内部业务流程和管理，而这是很多初创型企业所无法做到的。从2002年开始，携程在内部推行六西格玛管理、平衡记分卡等在制造业领域实行的模式，梁建章提出的"像制造业一样生产服务"的概念在携程深入人心。仅就呼叫中心来说，通过实行六西格玛，服务时间由240秒降到了180秒，每个月节省成本几十万元。一线服务人员有34项定性定量项目，50%以上的服务规范都可以量化到分值，每个分值都有相应的权重，服务部门每个月、每个季度都有定性、定量的考评值。这样的例子还有很多，而这大多拜梁建章所赐。所以，管理，是携程最大的核心竞争力，也是在这个技术壁垒低、模式易模仿的行业中始终让携程一骑绝尘的最重要原因。可以说没有梁建章，也就没有携程在行业内龙头老大的地位。

4. 老道懂行看范敏

作为创始四人中年纪最大(范敏1965年，季琦1966年，沈南鹏1967年，梁建章1969年)、最低调、最不"性感"的范敏，却拥有着10余年的旅游行业经验和丰富的行业内资源，并曾经在著名的瑞士洛桑酒店管理学院学习。范敏曾经多次作出"拯救"携程的努力，总体来说，"范式救赎"分为三招。第一是价格战，携程曾宣布5亿美元进行酒店业务的价格战，返还大量现金；还宣布订机票返现活动，消费者在线预订北京、上海、广州、深圳、杭州、成都六地始发的超过3000个航班，可获得最高715元的现金返回，预算金额同样为5亿美元。第二招便是广撒网，2012年携程新品开发费用为9.12亿元人民币，"新产品"密集问世，如点评返现功能、"百元出境游"、自驾租车平台以及基于Android系统的酒店预订应用。另外通过与捷星航空、首都航空的合作，客户可直接在携程平台上预订捷星机票，并团购首都航空的机票等。在移动互联网方面，携程推出包含携程无线、携程特价酒店、携程旅游、驴评网、铁友在内的无线应用群。携程还收购与投资了一大批公司，包括订餐小秘书、松果网、飞常准、永安旅游和太美旅行等。第三个举措就是裁员，除保留北京、上海、广州、深圳四大城市七大机场渠道外，其他二二线城市的机场、高铁、火车站、汽车站等地面销售员工将全部裁员，共500多人。范敏表示"裁员是正常的销售业务调整"。同时，携程还组建了两家新公司：一是投资公司，进行产业链业务投资或者并购；二是旅游目的地营销公司，打造旅游度假产品，与既有 OTA 业务组建"三驾马车"。他让携程在行业经验和资源这方面的受益非常之多，更可贵的是他最终留了下来!一个年轻的公司，必须有一个把这个公司当做身家性命、把一生的事业贡献给这家公司的人来执掌帅印才能更好地发展。季琦后来去创办了如家和汉庭，沈南鹏继续做他的投资去了，梁建章最终也去了美国，开始了闲云野鹤般的生活，还好携程还有范敏——这位从职业生涯一开始就与旅游行业结缘的人，这位把旅游打造成"崇高的行业"，把携程打造成"崇高的公司"的人。有了范敏，携程未来的路大有可盼。

四、创业智慧

(1) 团队合作非常重要。看完携程四君子的创业故事，我们可以用几个关键词总结一下这个团队：知识丰富，能力互补，眼光长远，心态开放。更难能可贵的是，这四个人都没有做皇帝思想，而只有做事业的决心，且问，当今还有没有第二个公司是由类似的团队打造的？恐怕没有。中国的创业者不甘团队所限，宁愿自己单干者多，携程的四君子给了我们一个很好的团队创业成功的典范。

(2) 各自分工，取长补短。携程四君子能够很好地分析和运用各自的特长：季琦善于最初的创业，梁建章善于企业管理，沈南鹏善于融资管理，范敏善于分析行业信息。他们四人分别发挥各自的能力，取长补短，使得携程在短期内利润翻倍，顺利获得融资上市，并迅速成为行业中的老大。

(3) 个人积淀决定自身潜力。范敏曾是新亚集团最年轻的经理级人物。谈起这个，他笑着说："好汉不提当年勇。"问他怎么有勇气放弃曾经拥有的东西，而在 2000 年去一个名不见经传的旅游网时，他表示，做事业，要有想法，同时要懂得抓住机会，"随波逐流就不好了"。当记者问到如何判断适合自己的机会时，他表示，这是长期工作经验的积累和沉淀。对他个人而言，机会更是种感觉。当有一天，你遇到了一个人，或者一个公司，你会感觉激情澎湃，"就是这个人，就是这个公司"，这时候，"感觉对了，就义无反顾地投入进去，就像谈恋爱一样的"。谈起当初加盟只有几十个人的携程，范敏表示，这是因为在此之前在本土大型旅游企业里积累了丰富经验和管理能力，另一方面也熟悉这个行业，"我们是一点点攒够这个天时、地利、人和，然后一举上市成功的"。范敏的经历，无疑是对"机会只给给有准备的人"的最好诠释。

(4) 理想留在血液里，只会更珍贵。季琦曾经说过：以前受过的那些苦，让我对物质上的困难比较容易克服。我的自由就是拍照片、听古典音乐、一周看三四部 DVD(最好是二战题材)、和太太一起去海边、一个人的时候就去登山。我对财富不是很敏感，它只是做事的副产品。我只关注树是否长高，是否能变成森林，至于结出什么样的果子，什么时候能摘下来吃，我没怎么想过，到现在我还是中产阶级消费水平。季琦说自己是个理想主义者，那时候新创业的团队也是非常理想主义的，这个理想会在他的血液里留下来，不会因为挣到钱了，挣了 1000 万或一个亿就没有了，反而是做得越久，理想显得越珍贵。季琦的话给了我们很多的启示，他的言行、他的理念，都是源自于最初的理想，其实这对于年轻的创业者们尤为重要。

五、携程系的创业经

(1) 放眼宇宙，看看它的过去和未来，无尽的空间、时间和物质，再回头看看我们自己，所谓功、名、利、禄，何堪。

(2) 人总是在追求长久：亘古的爱情、财富的传承、朝代权力的延续、企业的永续经营等，连地球的命运都是不确定的，还有什么是可以永远的啊？

(3) 我们每个人都在追求某些东西：财富、名气、尊重、成就、升官、学问、爱情，甚至幸福，这些追求反过来成为我们的包袱和焦虑。

(4) 人一定要想清三个问题：第一你有什么，第二你要什么，第三你能放弃什么。对于多数人而言，有什么，很容易评价自己的现状；要什么，内心也有明确的想法；最难的是，不知道或不敢放弃什么——这点恰恰决定你想要的东西能否真正实现，没有人可以不放弃就得到一切。

(5) 千万不要太在意别人的看法和说法，每个人生活的经历不一样，价值观不一样。尤其是当下的中国，价值观尤其多元，这是好事啊！价值观的多元说明这个社会的开放和活力。

(6) 不管眼前的道路如何，有时候生活让我们没得选择，只要我们心里有信念和理想，生命中的每一件事情、每一个人都有可能成为我们生命中重要的一个点，这些点连起来，就是我们每个人独特的人生。

(7) 对于平常生活中的人们，世界上最幸运的事情就是能够将工作和自己的所爱结合在一起。

(8) 要近处看看，也要远处望望；既不要无所顾忌，急功近利；也不要浑浑噩噩，虚度年华。

(9) 速度和稳定永远是一对矛盾，把握好这对平衡是艺术，更需要力量。

(10) 在逆境中迅速调整，恢复应有的理性。

第二节　创业团队组建

一、创业团队的构成要素

任何团队都包括五个必不可少的要素，即目标(Purpose)、定位(Place)、职权(Power)、计划(Plan)和人员(People)，简称"5P"。对于创业团队来说更要明确这几个要素，以加强企业的凝聚力和抗风险能力。

1. 目标

目标即我们为什么要建立团队以及希望通过它达到什么样的目的。高效的团队对其所要达到的目标具有明确的认识，并坚信这一目标的实现具有重大的意义和价值。创业团队可以被看做是一个特殊的项目团队，它的目标就是完成创业阶段的公关、技术、组织、管理、市场、规划等各项工作。因此，在创业初期，应当让团队成员充分参与讨论并确定创业目标，共同、远大的目标能够振奋团队成员的精神，激发他们的工作积极性和创造性，最终获得超乎寻常的成果。这里必须强调的是，创业团队的目标一定要具体化，千万不能仅凭一个好的创意而仓促地创业。

2. 定位

定位即团队通过何种方式同现有的组织结构相结合，从而创造出新的组织形式。创业团队的定位要打破传统的惯性思维，让来自不同领域的人们真正成为更具合作性的团队伙伴。具体来说，包含两层含义：

(1) 团队层次的定位，即确定创业团队在企业中的位置，由谁选择和决定团队的组成人员，创业团队最终对谁负责，采取何种措施激励团队成员等。

(2) 成员层次的定位，即确定成员在创业团队中扮演的具体角色，将他们安置到创业组织当中，使人得其所、在其位、谋其政、尽其用。

3. 职权

职权是指团队担负的职责和享有的权利，即团队的工作范围和在某范围内决策的自主程度。它取决于团队类型、目标、定位和组织的规模、结构及业务类型等，且必须与团队的定位、工作能力和所掌握的资源相一致。

由于创业团队的工作范围涵盖企业活动的各个领域，且它的活动直接影响到整个新创企业的现状和未来的成败，所以创业团队的权限往往比较大。这也更加要求创业团队成员的职权一定要明确，既要避免职权的重叠和交叉，又要做到成员之间顺畅的沟通与协调。

4. 计划

　　在确定了团队的职责和权限后，接下来的问题就是如何把这些职责和权限具体分配给团队成员，并明确成员之间如何进行有效的分工合作，这就是计划的具体内容。

　　创业团队的计划立足于对创业团队的整体考虑，它比创业计划更具体、更深入，包括创业团队的领导和规模，领导职位设立的方式(如常设或轮流担任)，领导者的权限与职责，创业团队各成员的职责与权限等内容。当然，计划制定前应在创业团队的成员间展开广泛的讨论，才能保证后期的顺利实施。

5. 人员

　　创业能否获得成功最终还是取决于人员本身。在选择和确定团队人员时，必须认真细致地从多方面考察候选者，内容大致包括候选人的技能、学识、经验和才干，更为重要的是，以上这些要素要尽量符合团队的目标、定位、职权和计划要求。一个好的创业团队绝不仅仅是数名优秀人才的简单集合，而是能够产生协同作用的人员的合理搭配，既要注重知识的匹配，还要关注价值的统一。

二、创业团队类型

1. 星状创业团队

　　星状创业团队是由一个核心来组织所需要的团队，一般在团队中有一个核心主导人物充当领军的角色。这种团队在形成之前，一般是核心领导人有了创业的想法，然后根据自己的设想进行创业团队的组织。因此，在团队形成之前，核心领导人已经就团队组成进行过仔细思考，根据自己的想法选择相应人物加入团队，这些加入创业团队的成员也许是核心领导人以前熟悉的人，也有可能是不熟悉的人，但其他的团队成员在企业中更多时候是支持者角色。

　　星状创业团队的优点是组织结构紧密，高度集权，向心力强，主导人物在组织中的行为对其他个体影响巨大；决策程序相对简单，组织效率较高。但它也存在很明显的缺点，即容易形成权力过分集中的局面，从而使决策失误的风险加大。特别是当其他团队成员和主导人物发生冲突时，因为核心主导人物具有特殊权威，其他团队成员在冲突发生时往往处于被动地位，在冲突较严重时，一般都会选择离开团队，因而对组织的影响较大。

2. 网状创业团队

　　网状创业团队往往是由几个志趣相投的人共同组成一个创业团队。它的成员一般在创业之前都有密切的关系，比如同学、亲戚、同事、朋友等。一般都是在交往过程中，共同认可某一创业想法并就创业达成了共识以后，开始共同进行创业。在创业团队组成时没有明确的核心人物，大家根据各自的特点进行自发的组织角色定位。因此，在企业初创时期，各位成员基本上扮演协作者或者伙伴角色。

　　网状创业团队没有明显的核心，整体结构较为松散，组织决策时，一般采取集体决策的方式，通过大量的沟通和讨论达成一致意见，因此组织的决策效率相对较低。由于团队成员在团队中的地位相似，因此容易在组织中形成多头领导的局面。当团队成员之间发生冲突时，一般都采取平等协商、积极解决的态度消除冲突。团队成员不会轻易离开，但是一旦团队成员间的冲突升级，使某些团队成员撤出团队，就容易导致整个团队的涣散。

3. 虚拟星状创业团队

虚拟星状创业团队是由网状创业团队演化而来的，基本上是前两种的中间形态。在这种团队中有一个核心成员，但是该核心成员地位的确立是团队成员协商的结果，因此核心人物从某种意义上说是整个团队的代言人而不是主导型人物，其在团队中的行为必须充分考虑其他团队成员的意见，不像星状创业团队中的核心主导人物那样有权威。

三、创业团队组建的原则和步骤

1. 创业团队的组建原则

组建创业团队，首先应考虑创业计划实施过程中所需人员应具备的基本知识与能力，从而按照实际需要组织能够担当各种职能的团队成员。

组建创业团队一般要遵循下面的原则：

(1) 目标明确合理原则。目标必须明确，这样才能使创业团队成员清楚地认识到共同的奋斗方向是什么。与此同时，目标也必须是合理的、切实可行的，这样才能真正达到激励的目的。

(2) 互补原则。创业者之所以寻求团队合作，其目的就在于弥补创业目标与自身能力间的差距。只有当创业团队成员相互间在知识、技能、经验等方面实现互补时，才有可能通过相互协作发挥出"1＋1＞2"的协同效应。例如，搜房网创业者莫天全在刚开始组建团队时，就非常重视团队的互补性。他认为，创业团队一定要以互补性考虑为主，大家各有其长，这样才可以组成比较稳定的长期发展的团队。因此，当年的搜房创业团队基本由三方面人员组成：一是懂互联网的技术人员；二是跟房地产产业相关的人员；三是来自国外的"海归"，或者有比较强的资本背景和海外企业运作背景的人员。

(3) 精简高效原则。为了减少创业期的运作成本、最大比例地分享成果，创业团队成员构成应在保证企业能高效运作的前提下尽量精简。

(4) 动态开放原则。创业过程是一个充满了不确定性的过程，创业者在处理创业团队建设上应有发展观念，团队中可能因为能力、观念等多种原因不断有人在离开，同时也有人在要求加入。不要认为团队成员的离开就是对企业"不忠"、"叛逆"。如果有些想离开团队的成员是企业紧缺的人才，创业者首先要文明地努力挽留。如果他们的确想走，创业者不应该生硬地加以阻挠。即使这样留下来了，他们也是"身在曹营心在汉"，造成企业的内耗。因此，在组建创业团队时，应注意保持团队的动态性和开放性，使真正完美匹配的人员能被吸纳到创业团队中来。

2. 创业团队组建的步骤

(1) 明确创业愿景和目标。

创业团队成员要长时期地同甘共苦，完成生命中最有价值的一页，就需要强有力的驱动力，并且通过这个驱动力把团队长期地凝聚在一起。这个共同驱动力就是共同的愿景。

所谓创业团队的共同愿景，是指这个组织中所有成员共同发自内心的意愿，能够激发所有成员为实现这一共同愿望而奉献全部的精力，完成共同的任务、事业或使命。真正的共同愿景能激活每个人的愿望并产生共鸣，使全体成员紧紧地连在一起，能淡化人与人之间的个人利益冲突，从而形成一种巨大的凝聚力。只有当人们致力于实现某种他们深深关切的事业和使命时，他们才会忘掉自己的私利，才会真正地团结起来。

此外，创业团队在目标上的准确定位至关重要。在任何类型的新企业中，创业团队成员都会建立起某种心理约定和创业氛围。虽然这种心理约定和创业氛围通常是随着创业带头人鼓励优秀、尊重团队成员贡献的一系列措施建立起来的，但是如果能把那些目标一致的人选入创业团队，这将大大促进这种心理约定和创业氛围的建立。在成功的新企业里，个人目标和团队成员的整体价值能很好地结合在一起，创业目标同样也能得到团队成员的大力支持。

(2) 制订创业计划。

在确定了一个个阶段性子目标以及总目标之后，紧接着就要研究如何实现这些目标，这就需要制订周密的创业计划。创业计划是在对创业目标进行具体分解的基础上，以团队为整体来考虑的计划，它确定了在不同的创业阶段需要完成的阶段性任务，通过逐步实现阶段性子目标来最终实现创业的总目标。

(3) 招募合适的成员。

招募合适的成员是组建创业团队最关键的一步。关于创业团队成员的招募，主要应考虑两个因素。一方面要考虑互补性，即考虑其能否与其他成员在能力或技术上形成互补。这种互补性形成既有助于强化团队成员间彼此的合作，又能保证整个团队的战斗力，更好地发挥团队的作用。不同角色在创业团队中发挥着不同作用，因此，创业团队中不能缺少任何角色。一个创业团队要想紧密团结在一起，共同奋斗，努力实现创业团队的愿景和目标，各种角色的人才都不可或缺。另一方面要考虑适度规模。适度的团队规模是保证团队高效运转的重要条件。团队成员太少则无法实现团队的功能和优势，而过多又可能会产生交流的障碍，团队很可能会分裂成许多较小的团体，进而大大削弱团队的凝聚力。一般认为，创业团队的规模控制在 2～12 人之间最佳。

(4) 职权划分。

为了保证创业团队成员执行创业计划、顺利开展各项工作，必须预先在团队内部进行职权的划分。创业团队的职权划分就是根据执行创业计划的需要，具体确定每个团队成员所要担负的职责以及相应所享有的权限。创业团队成员间职权的划分必须明确，既要避免职权的重叠和交叉，也要避免无人承担造成工作上的疏漏。此外，由于还处于创业过程中，面临的创业环境又是动态复杂的，不断会出现新的问题，团队成员可能不断出现更换情况，因此创业团队成员的职权也应根据需要不断地进行调整。

(5) 团队的调整融合。

在企业成立之前，没有开展过创业团队成员相互合作协调测试的企业，创业者应早做准备，应对团队成员可能产生的问题。团队成员在价值观、目标、拥有多少股份等方面会有很大的不同，如果这些方面产生分歧而不能很好地解决，将直接影响新企业的生存和发展。所以如果在新企业试运行阶段没有考察团队成员对企业的责任感和贡献度，没有发现的问题将会暴露出来，等问题出现再解决，可能会为时太晚。如某商贸有限公司的股东之一在公司成立时曾经许诺自己家族多年经营钢材、铁锭生意，有很多社会关系可用，还许诺今后在公司运作中遇到资金不够的时候，自己可以负责拆借。可需要用钱的时候，他又拆借不来，完全不能实现当时的承诺。三位股东的矛盾急剧激化，最终导致该商贸有限公司解体。在进行团队调整融合的过程中，最为重要的是要保证团队成员间经常有效地沟通与协调，培养强化团队精神，提升团队士气。

　　需要注意的是，这一组建过程并不是一个完全严格的顺序过程，即创业团队有时并不是严格按照此顺序一步一步地进行组建。事实上，很多创业团队的组建过程没有明确的步骤划分界限，如制度体系构建、团队的调整融合可能贯穿于新企业发展的整个过程之中。创业者在组建创业团队时应在上述基本原则的指导下，根据实际情况灵活加以运用。

 案例分析

　　【案例】　创办广信科技(源于郭广昌和梁信军的名字，1993年更名为复星科技)时，郭广昌是复旦大学团委干部，梁信军是校团委调研部部长，汪群斌是生命学院团总支书记，范伟是学校誉印社的经理，谈剑还在读书。如今，在复星多元化的产业链条中，郭广昌成了整个企业集团的灵魂；梁信军是副董事长兼副总裁，成为复星投资和信息产业的领军人物；汪群斌是复星实业总经理，专攻生物医药；范伟掌管房地产；谈剑负责体育及文化产业。

　　在梁信军眼中，郭广昌是个极有魄力的领导者。20多年前，郭广昌带着一帮刚走出校门的年轻人靠38000元开始创业，如今已经坐拥200多亿元资产，复星集团也成为中国民营企业前三甲，并在医药、房地产、钢铁、商业四个领域都有出色表现。虽然涉及的行业不少，但郭广昌有其原则：能买的不租，能租的不建。他选择扩张对象的底线是：非要行业龙头不可。2005年，复星董事会的人数已由最初的5人增加到7人，新增的是财务、法律、人力资源等方面的专家。"做重大决策我们从来不举手表决，遇到矛盾时通过充分沟通以达成共识，没有形成共识就放弃，以做到科学决策。"梁信军说。

　　在2004年5月复星投资的宁波建龙项目被曝光后，作为领军人物的郭广昌更是在风口浪尖上展现了一个领军人物的魄力。舆论一度猜测宁波建龙可能成为"铁本第二"，同时坊间对复星集团的资金链也一度产生疑问。面对这次危机，郭广昌果断地采取了两条应对措施：聘请著名国际会计师事务所安永对复星集团(包括非上市部分)进行了全面的财务审计，把有关的报告提供给利益关系人；对战略进行了调整，提出适度的多元化，但要坚决贯彻经营的专业化，同时请权威的国务院发展研究中心对复星集团的竞争力作评估。后来，郭广昌把这一场风波看成是对复星的"体检"：检查民营企业的心态是否健康，体质是否健康。事实证明，复星集团经受住了宏观调控的考验，宁波建龙也没有成为"铁本第二"。

　　当年推举郭广昌做领头人时，梁信军这样表述他的理由：郭广昌情商高，能很好地整合与协调团队。另外，在战略思考上，每次当一件事达到一个水准，我们觉得可以歇一口气的时候，他都能提出一个新的像大山一样的目标。他善思辨，新奇的想法从来不断。2004年，在王均瑶去世后，浙江东阳人郭广昌接任上海浙江商会会长。"在我和郭广昌身上表现出来的更多是浙商的共性。"梁信军说。

　　梁信军坦言，浙商以"四千精神"(走遍千山万水，道尽千言万语，想尽千方百计，吃尽千辛万苦)著称，台州商人有浙商的共性，也有差异，比如低调，比如喜欢单打独斗(很多在外地的台州商人，当年都是背着修鞋机、挑着货郎担白手起家的)，但在复星集团，他们把企业文化与团队精神放在一个战略高度。

　　梁信军的口才好、反应快、精力充沛、善于沟通交流，这些特点几乎是复星创业团队公认的，所以他做了集团的党委书记和新闻发言人。梁信军称，自己其实也是性情中人，坦言今天很多人都看到了复星成功的一面。"其实是'一将功成万骨枯'，"梁信军慨叹，"复星走过的13年中，民营企业面临的难题，我们都经历过，只是在大的成功面前，外界都习惯于把小的失败淡化。"

　　当年"五虎将"里的另外3个，如今都在复星多元化产业里独当一面，"当年分工时就考虑到汪群斌、范伟和谈剑可能更适合做产业，做具体事情。"梁信军说，"如果没有汪群斌、范伟和谈剑他们就就业业地去操劳，再好的战略也等于零。"在复星的五人团队中，英俊的范伟略显沉默，也极少在媒体露面，不过他麾下的复地集团在房地产业界倒是让人刮目相看。"他做的比说的要多。"梁信军评价道。

在五人之中，梁信军、汪群斌、范伟均为复旦遗传学专业毕业，这样的一个团队注定会与医药行业结下不解之缘。汪群斌最早和研究部门的技术人员成功开发了复星第一个核酸试剂——乙肝 DNA 核酸试剂盒，为复星进军医药行业打下了坚实基础，后来他提出的"生物医药新经济"概念也引起了业界的广泛关注。1995 年，PCR 乙型肝炎诊断试剂的成功为复星的"五剑客"赚到了第一个 1 亿元。

而五人中唯一的女性谈剑的特殊优势则在政府公关等事务上，同时她还是上海星之健身俱乐部总经理。从 2000 年复地房产在开发楼盘时，为了制造卖点，在小区内建设了一个足球场的无心插柳开始，至今，"星之"已有了 12 家门店，她的身影出现在很多住宅小区的会所中。这样的选址，既避开了市中心商务楼昂贵的租金压力，也让健身与普通市民走得更近，这样一举多得的策略是谈剑成功的秘籍之一。

对此，梁信军称，他们五个人就像五根手指，哪根也少不得。五根手指攥紧，就是一只拳头。复星强调的是团队管理。梁信军认为，创业团队要经得起成功、失败的考验，仅靠友谊是不够的。除了他们几个人在学校就建立起来的良好关系之外，浙商的精神也在他们身上有所体现，由这种共同的文化演绎而成的企业文化，是五人同心的最大基础。

【案例分析】 从以上案例可以看出，复星集团的初始创业团队之所以能取得如此辉煌的成绩，有以下两个重要原因：

一是团队成员有共同的价值观，在这种价值观基础上形成了企业文化。复星五位创始人除了在学校时建立起来的良好个人友情外，都崇尚"走遍千山万水，道尽千言万语，想尽千方百计，吃尽千辛万苦"的浙商精神，这种价值观形成的企业文化将他们的团队紧紧凝聚在一起，从而取得企业成功。

二是具有优秀的核心领导者、明确合理的分工和决策机制。核心领导者郭广昌具有领军人物的魄力，善于战略思考和引领企业，善于整合和协调团队。其他成员各有所长，各司其职，发挥了各自的优势。当遇到重大决策时，团队各成员能充分进行沟通，以达到科学决策的目的。

第三节 创业团队管理

创业基于对理想的追求，来自一股激情的支撑。创业之初，团队成员可能彼此都有高度的承诺与无悔的付出，但随着时间流逝、企业成长，权力分配、理念分歧、利益冲突等问题就会浮出水面，创业团队必须高度重视并解决这些问题，才能确保创业团队的稳定。

一、创业团队的优势与劣势

（一）创业团队的优势

人是最宝贵的资源，优秀的创业团队是新创企业的基石，是任何新创企业人力资源的关键组成部分。一流的创业团队能够带来出色的知识、经验、技能和对公司的承诺，团队成员间紧密和有效的工作关系对任何新创企业来说都是一笔宝贵的财富。

与个体创业相比较，团队创业具有多方面的优势：优势互补、资源共享、拓宽渠道、凝聚智慧、群策群力、降低风险。

（二）创业团队的劣势

1. 团队成员个性不合带来风险

因为经验、友谊和共同兴趣结成合作伙伴，发现商业机会后共同创业的例子比比皆是。这种关系驱动的模式比较适用中国文化的特点，其团队的稳定性相对较高。但人际交集往往会掩盖团队成员性格上的差异、处理问题的态度，关系的远近亲疏也经常会成为制约团队发展的瓶颈。如果创业成员之间因为性格、个性、兴趣不合，很容易导致创业磨合期就出现分歧甚至分裂，引发团队解散的风险。

2. 利益分配争议带来风险

曹垣亮对 200 多位创业者的"创业管理调查"表明，团队伙伴决裂排前三位的原因是团队矛盾(26%)、利益分配(15%)、不能有效沟通(12%)。团队矛盾背后或多或少有利益的成分，这两项合计占 41%，而被竞争对手打败的只有 1%。

很多中小民营企业的创业团队在发展初期，或者一直没有考虑到，或者是碍于面子没有明确提出未来具体的利益分配方案，等到企业规模扩大时就开始为利益怎么分配而争执了。无锡尚德太阳能电力有限公司在创业初始的两年里一直处于亏损状态，后来业务稍有起色，就因为利润分配方案不完善，五个人的创业团队走了四人，只剩下施正荣独立支撑尚德公司，而且离开的四人后来均进入了光伏电池行业，成为尚德的竞争对手。可见，利益分配对于创业团队有着重要影响。

3. 团队成员经营理念不同带来风险

创业之初团队成员选择难免出现随意性和偶然性，或是在团队中承担某种角色的人才过多，团队成员之间角色和优势重复；或是团队成员的经营理念、处理问题方式不一致，团队思想不统一；或是随着企业的成长，有些成员能力难以适应更大规模、更规范的企业经营管理的需要。这些都是引发各种矛盾，最终导致整个创业团队散伙的原因。这种情况是非常普遍的，一个典型的例子就是联想的倪光南和柳传志。柳传志是一位有科技背景的企业管理者，而倪光南是一名著名的科学家，他们的分歧是经营理念的不一致，柳传志是市场导向，而倪光南是技术导向，这一根本的分歧导致了曾被誉为"中关村最佳拍档"的联想创业组合的分裂。

4. 目标不一致带来风险

创业初期，创业团队的目标一般并不十分清晰和明确，随着创业的进程以及外界环境的变化，团队成员可能会发现原先确定的目标和现实之间存在差距。此时如果团队成员之间缺乏沟通，意见难以调和，或是个人目标与组织目标出现较大的不一致，甚至有的成员不认可公司的目标和策略，价值观出现冲突，那么团队就面临着解散的风险。

二、创业团队角色配置

(一) 创业团队的工作岗位与角色类型

创业团队成员必须亲力亲为企业管理的全部职能性工作。这就要求团队成员每人至少承担一项职能性管理工作。从管理功能角度看，创业团队通常有五类基本工作岗位：领导、生产、销售、研发与财务。这五类基本岗位具有密切关联与交互的性质，是创业团队不可或缺的五种职能性工作组合。

从组织行为角度看，创业团队的成员又可分为组织、动议、监督、执行及设计等五类角色，这五类角色互补组成功能相对完备的创业团队。

组织角色在创业团队中起着重要作用，它负责组织团队各类活动，协调团队行为，防止团队成员产生冲突，维护创业团队一致性的目标，是帮助增强团队凝聚力、提高团队士气的指挥者。

动议角色是团队中富有开拓精神、创新意识较强的成员，能提出创新性建议，并为争取社会的支持与认可做出多方面努力。

监督角色思想较为保守，具有较高的风险意识并能科学理性地考虑面临的风险与机遇，通常会监督团队成员行为，劝阻过分冒险而得不偿失的创业行动。

执行角色即创业团队中负责实施团队决议的成员，这类成员要求性格稳重、踏实，能努力将团队的决策付诸实践，并随时准备对可能面临的风险做出补救工作。

设计角色需具有发散性思维和较强的创新意识，能熟练运用自己的专业知识提出许多可行性方案或建议，供其他成员参考。

（二）基于七维度因素分析的团队成员角色与岗位配置

创业团队成员如何进行合理分工与岗位配置，学者们进行过大量研究。

谢科范等提出创业团队角色与岗位配置的七维度因素分析理论。七维度因素是指创新意识、风险意识、守则意识、道德心、责任心、表达力及决断力等七个因素，该理论从意识、性情、自我效能等三个方面对创业团队成员进行角色特征分析，继而探讨团队工作岗位配置。其中，意识因素包括创新意识、风险意识及守则意识，即"三意识"；性情因素包括道德心与责任心，即"二心"；自我效能因素包括表达力与决断力，即"二力"。七维度因素的强度分别用强、中偏强、中、中偏弱、弱五个指标表示。根据对创业团队成员七维度因素的评价与分析，就可以确定每个成员的角色属性，进而考虑工作岗位的恰当配置，如表 4-1 所示。

表 4-1 基于七维度分析的创业团队成员特征识别

团队角色	岗位位置	创新意识	守则意识	风险意识	道德心	责任心	表达力	决断力
组织角色	领导	强	强	强	强	强	强	强
动议角色	销售	中偏强	中	中偏强	中偏强	中	强	中
监督角色	财务	中偏强	强	强	强	强	中偏强	中
执行角色	生产	中偏强	中偏强	中偏强	中偏强	强	中偏强	中偏强
设计角色	研发	强	中	中偏强	中偏强	中	中偏强	中

（1）组织角色适合领导。这类成员原则性强，具有较强的守则意识，道德心与责任心较强，有英雄主义思想；具有冒险精神，敢为敢闯，能聚拢团队；决断力较强，善于革新，可担任公司领导。

（2）动议角色适合销售。这类成员明理，礼貌热情，淳朴轻财，道德心较强；富有开拓精神，创新意识强，创造力较高；表达方面能言善辩，但缺乏冷静，不宜进行决策工作，可谋企业销售、公关之位。

（3）监督角色适合财务。这类成员恪守信用，守则意识较强；不喜权势，诚实敦厚，是值得信赖的人物；擅长思考，知识全面，善于整合各种资源，具有全局观念；具有较高的诚信度，行事稳重且谨慎，可谋企业财务之位。

（4）执行角色适合生产。这类成员为人正直，守则意识较强，对权威性的规则具有较强的顺从心理；具有较强的道德心，对企业忠诚，因此可谋企业生产之位。

(5) 设计角色适合研发。这类成员聪明多智，思维发散，具有较强的创新意识；个性上较随和、谦虚，办事谨慎，因此可谋企业研发之位。

(三) 角色缺失情况下的岗位配置策略

五类角色组成的创业团队是较为完整的创业团队组合模式，这种组合模式通过角色互补和相互监督达到团队的平衡有序，并能促进创业团队的稳定与高效。但实际的创业团队并非恰好由五类角色成员所组成，同时，数量低于五人的创业团队非常普遍。对于五人以下的创业团队，空缺的岗位可以由其他角色成员填补，最终达到平衡。

1. 四人创业团队的角色补位

由于组织角色即领导者的重要性，因此必须保留组织角色的位置。

(1) 动议角色缺失。可由组织角色代替。由七维度特征识别分析可知，动议角色富于激情，性格开朗，与监督角色和设计角色的稳重踏实性格较为不合；而销售角色具有很强的开拓精神，与执行角色性格的顺从不符。因此，组织角色(领导)由于在各方面的出色表现，使其能够接任动议角色的销售职位，这类创业团队组合侧重产品的研究开发与试制，适合科技型创业企业的早期模式。

(2) 执行角色缺失。可由组织角色与设计角色代替。由七维度特征识别分析可知，执行角色的性格较稳重，与动议角色的性急、缺乏冷静不容；监督角色需要对执行角色进行监督，故监督角色不可或缺。因此，除组织角色(领导)可以补其缺位外，设计角色的聪明多智能够替代执行角色在生产过程中开创更多的创新举措，如流程重构、研发成果产品化等。这类创业团队组合侧重产品的开发与销售，适合生产外包的创新型创业企业模式。

(3) 设计角色缺失。可由组织角色与执行角色代替。由七维度特征识别分析可知，设计角色的随和个性与动议角色的急躁个性不容；设计角色具有较强的创新思维，而监督角色的创新力明显不够。因此，组织角色鼎新革故的创新能力可为产品设计所用，执行角色的耿直稳重能使设计角色在进行研发过程中不偏离实际。这类创业团队组合侧重产品的生产与销售，适合经营型创业企业。

(4) 监督角色缺失。可由组织角色代替。监督角色的稳重谨慎与动议角色的开放式性格不合。执行角色与设计角色也不能够代替监督角色的职位。因此，当监督角色缺失时，只能用各维度因素都很优秀的组织角色代替，但前提是组织角色应当掌握监督角色的专业知识技能。这类创业团队组合应侧重产品从研发到销售的整个流程，财务纳入领导范畴，适合实业型创业企业的早期模式。

2. 三人创业团队的角色补位

三人组成的创业团队大多存在于创业企业的早期，或者存在于小微型创业企业中。这类创业团队通常是一人身兼数职，这对于团队成员的专业技术水平、个人能力等方面有更高的要求。三人创业团队必须满足创业企业快速发展的某些重要目标与要求，如生产研发要求、市场推广要求等，三人创业团队的角色补位有如下两种类型：

(1) 生产研发型创业团队。这类团队是指现阶段主要目标放在企业所拥有的创新性产品、技术成果或服务上面，团队工作的重点是不断完善或革新企业的产品或服务。因此，基于生产研发团队的三人组合可以是：组织角色、动议角色、执行角色；组织角色、动议角色、设计角色；组织角色、监督角色、执行角色；组织角色、监督角色、设计角色。

(2) 市场推广型创业团队。这类团队是指现阶段主要目标放在企业所拥有产品的市场推广上，团队人员与外界环境的接触较为密切，其主要工作是挖掘市场需求、销售产品、开拓社会关系网络等。因此，基于市场推广型创业团队的三人组合可以是：组织角色、动议角色、监督角色；动议角色、监督角色、执行角色；动议角色、监督角色、设计角色；动议角色、执行角色、设计角色。

3. 两人创业团队的角色补位

在现实中，两人组成创业团队构成较不稳定。两人创业团队的人员特征可以是同质性组合，抑或是异质性组合，即团队成员要么性格相投，要么性格互补。在职责上，实行职责分工，充分发挥各自的优势。因此，两人创业团队的角色补位更加灵活多变。

实际上，科学合理的角色属性搭配相比较创业团队成员人数来说更为重要。不同的创业团队面临着不同的创业目标和环境，需要进行恰当的团队成员选择和合理分工搭配才能有效提高创业成功率。

三、创业团队的管理策略

不同逻辑组建的团队各有优劣，在日后的团队管理方面的侧重点也不一样。对于理性逻辑组建的创业团队，团队管理的重点在于经常沟通和协调，整合团队成员的技能，强化相互之间的信任感，具体的措施包括明确分工及透明的决策机制，以信任为中心的团队沟通管理，等等。针对非理性逻辑组建的创业团队，管理重点在于信任感的维持、外部资源的整合、避免决策一致性倾向等，具体可采用招募核心员工，聘请外部专业顾问，以利益分配为中心的团队凝聚力管理等。但是，无论哪种类型的创业团队，都有必要借鉴以下方式加强对创业团队的管理策略。

1. 建立以团队理念为核心的公司愿景

真正有效的管理是能够激发人的内在动机，靠人的主观能动性进行自我管理。创业者要带领创业团队取得成功，最有效的办法是建立以团队理念为核心的公司愿景，通过愿景的力量激发创业团队成员发挥自身潜能去实现创业目标。有关研究表明，优秀的创业团队理念一般有以下几个共同点：

(1) 凝聚力。凝聚力是优秀团队的基石，优秀创业团队的成员都会认为，团队的成功离不开每一位成员的共同努力，"一荣俱荣，一损俱损"。

(2) 合作精神。团队合作精神深深根植于优秀团队成员的心中，他们相互合作，"别人的事就是自己的事"，通过互相补位提高团队整体的效率。

(3) 完整性。完整性要求团队成员完成任务的时候，不能够忽略工作质量、员工健康和其他相关利益者的利益，做到不"以邻为壑"。

(4) 长远目标。优秀团队着眼于企业的长远目标，并做好了长期奋战的准备，不会指望通过创业达到一夜暴富。

(5) 收获的观念。在优秀创业团队看来，企业的成功是最终的成功，而不是他们个人的薪水、工作待遇和生活待遇等内容。

(6) 致力于价值创造。创业团队成员都致力于价值创造，通过努力把"蛋糕"做大，不断创新产品和服务，满足客户的需求，让客户、供应商等相关利益者能够获得更大的价值和利润。

(7) 平等中的不平等。在成功的初创企业中，每个团队成员由于能力不同和分工不同，应承担不同的职责和拥有相应的权利，这样才能更好地激励团队成员。因此，不能追求简单的平等。

(8) 公正性。在激励机制上，优秀团队会在设计员工的各种奖励机制的时候，将奖励与个人在一段时期内的贡献和工作成绩挂钩，并随时根据实际情况做出调整。

(9) 共享收获。企业的成功是每一位成员共同努力的结果，当企业发展到一定程度的时候，优秀创业团队会根据关键员工的贡献分配企业收益给关键员工。

2. 建立合理的企业所有权分配机制

在创业团队组建之后，建立合理的企业所有权分配机制，是创业团队必须解决的关键问题。合理的企业所有权分配机制，能增强创业团队的凝聚力，激励创业团队成员更好地为实现企业目标而奋斗，有利于企业的长远发展。在确定企业所有权分配机制过程中，需要注意以下几个原则：

(1) 树立共享财富的理念。在企业所有权分配问题中，要做到兼顾公平和激励并不容易，但创业者若拥有宽广的心胸和"与帮助你创造价值和财富的人一起分享财富"的理念，这将使之不再纠结于持股的百分比问题，而关注如何把企业做大。毕竟，零的51%还是零。只有把企业做大，创业者才能分得更多。蒙牛的创始人牛根生曾在多个场合提到"财聚人散，财散人聚"，说的就是这个道理。

(2) 重视契约精神。契约精神是西方文明社会的主流精神，强调自由、平等、守信。在创业之初，应重视契约精神，及早把确定的所有权分配方案以公司章程形式写入法律文件，以契约形式明确创业团队成员之间的利益分配机制，这样有助于创业团队的长期稳定，避免创业后续的争端和纠纷。

(3) 按照贡献分配所有权。所有权应按照团队成员对企业的长期贡献来分配。在现实中，按照出资额的多少来分配是常见的做法，但不应该忽略没有出资但有关键技术的成员对企业的贡献，应该在分配中予以考虑。

(4) 控制权与决策权统一。初创时期，应实现控制权与决策权的统一。股份大的成员在不拥有公司控制权的条件下，其内心可能比其他成员更看重新创企业，更容易去挑战其他成员的决策错误，甚至决策者的权威，从而引起团队冲突和矛盾。

3. 建立责、权、利统一的团队管理机制

绝大多数新创企业创业团队的核心成员都很少，一般是三四人，多的也不过十几个人。如此少的团队成员从企业管理角度来看，实在是"小儿科"，几乎每个从事管理工作的人都觉得能够轻易驾驭。但实际上，创业团队成员虽少，但是都有自己的想法、自己的观点，其管理难度大大超过一般团队。因此，对创业团队的管理，比较有效的策略是靠规则和制度管理，而不是靠人管理。

(1) 制定创业团队的管理规则。

要处理好团队成员之间的权利和利益关系，创业团队必须制定相关的管理规则。团队创业管理规则的制定，要有前瞻性和可操作性，要遵循先粗后细、由近及远、逐步细化、逐次到位的原则。这样有利于维持管理规则的相对稳定，而规则的稳定有利于团队的稳定。

企业的管理规则大致可以分为以下三个方面：

① 治理层面的规则，主要解决剩余索取权和剩余控制权问题。治理层面的规则大致可以分为合伙关系与雇佣关系。在合伙关系下，大家都是老板，大家说了算；而在雇佣关系下，只有一个老板，一个人说了算。

② 文化层面的管理规则，主要解决企业的价值认同问题。它包括很多内容，但也可以用"公理"和"天条"这两个词简要地概括。所谓"公理"，就是团队成员共同的终极行为依据。所谓"天条"，就是团队内部任何人都碰不得的东西，它对所有团队成员都构成一种约束。

③ 管理层面的规则，主要解决指挥管理权问题。管理层面的规则最基本的有三条：一是平等原则，制度面前人人平等，不能有例外现象；二是服从原则，下级服从上级，行动要听指挥；三是等级原则，不能随意越级指挥，也不能随意越级请示。这三条原则是秩序的源泉，而秩序是效率的源泉。当然，仅有这三条原则是不够的，但它们是最基本的，是建立其他管理制度的基础。

(2) 妥善处理创业团队内部的权力关系。

在创业团队运行过程中，团队要确定谁适合从事何种关键任务和谁对关键任务承担什么责任，以使能力和责任的重复最小化。为了保证团队成员执行创业计划、顺利开展各项工作，必须预先在团队内部进行职权的划分。创业团队的职权划分就是根据执行创业计划的需要，具体确定每个团队成员所要担负的职责以及相应所享有的权限。团队成员间职权的划分必须明确，既要避免职权的重叠和交叉，也要避免无人承担造成工作上的疏漏。此外。由于还处于创业过程中，面临的创业环境又是动态复杂的，会不断出现新的问题，团队成员可能不断更换，因此，创业团队成员的职权也应根据需要不断地进行调整。

(3) 构建创业团队的制度体系。

创业团队制度体系体现了创业团队对成员的激励和控制能力，主要包括团队的各种激励制度、约束制度和沟通制度。首先，创业团队要通过利益分配方案、考核标准和奖励制度等激励制度，使团队成员看到随着创业目标的实现，其自身利益将会得到怎样的改变，从而达到充分调动创业团队成员积极性、最大限度发挥团队成员作用的目的。其次，创业团队要通过组织条例、财务条例、纪律条例、保密条例等各种约束制度，指导其成员不要做出不利于团队发展的行为，对其行为进行有效的约束，保证团队的稳定秩序。最后，创业团队要通过各种积极、高效的沟通制度，来维护创业团队成员间的互信与合作关系。创业团队成员朝夕相处，出现矛盾和摩擦是难免的。但是，如果对这些矛盾和摩擦不及时处理，就很有可能导致创业团队成员之间的冲突，甚至是创业团队的解体。因此，必须建立有利于创业团队成员之间自由沟通的制度，使团队成员间保持相互理解、相互信任的合作关系。

✦✦✦✦✦ 思 考 题 ✦✦✦✦✦

1. 什么是创业团队？它具有哪些特征和作用？
2. 组建创业团队应掌握哪些要素？创业团队的类型有哪些？
3. 组建创业团队通常需要经过哪些步骤？应遵循哪些原则？
4. 创业团队具有哪些优势和劣势？创业团队角色应如何配置？
5. 创业团队管理的策略有哪些？

第五章　创业机会

知识目标

- 了解创业机会的特征、类型和来源。
- 理解创业机会识别的影响因素和方法。
- 掌握创业机会评价的准则和方法。

能力目标

通过本章的学习，使大学生能结合自身的创业行为，用创业机会评估方法评价创业过程是否可行。

机会是人在各种经济和社会活动中遇到的，能促进自身事业发展的客观现象，是人能取得成功的重要因素。在经济和社会发展的过程中，存在着多种多样的机会，如商机、战机等。创业机会是诸多不同类型机会中的一种。由于创业者的自身特质、知识、经历有所不同，必然会导致创业者或潜在创业者对机会的认识有所差异。抓住创业机会的关键是去认真了解创业机会，即所谓的"慧眼识珍珠"。

第一节　创业机会概述

一、创业机会的含义及特征

（一）创业机会的含义

什么是创业机会呢？卡森(Casson)认为，创业机会是指在新生产方式、新产出或生产方式与产出之间新的关系形成过程中，引进新的产品、服务、原材料和组织方式等，得到比创业的成本具有更高价值的状态。柯兹纳(Kirzner)认为，创业机会的初级形态是"未明确界定的某种市场需求，或未得到利用、也可能是未得到充分利用的资源和能力"。熊彼特(Schumpeter)指出，创业机会是通过把资源创造性地结合起来，以满足市场的需求，创造价值的一种可能性。蒂蒙斯(Timmons)认为，一个创业机会"其特征是具有吸引力、持久性和适时性，且伴随着可以为购买者或者使用者创造或增加使用价值的产品或服务"。亚奇维利(Ardichvili)认为，从获取预期消费者的角度来看，机会事实上意味着创业者探寻到的潜在价值。依据上面的定义，创业机会应该由以下三部分构成。

首先，创业机会包含创业理念或新企业想法。创业理念是指创业者或创业团队识别出创业机会或对环境中现实需求的回应。发现一个好的创业理念或新想法是实现创业者理想和识别创业机会的第一步。创业理念尽管非常重要，但它只是一个工具而已，还需要进一步转化成有价值的创业机会，因为一个好的创业理念或新想法未必就能形成一个好的创业机会。比如，利用一项新技术发明了一个很有创意的新产品，但是有可能市场并不接受它；或者一个创业理念或新企业想法听起来还不错，但在市场上缺乏一定的竞争力，也不具备必要的创业资源；或者尽管有些市场存在需求，但是需求的规模还不足以收回创业的成本。那么，如何将创业理念或新企业想法转化为一个创业机会呢？简单来说，就是当创业收益超过成本，从而能够获取利润时，创业理念才能变成机会。

其次，相信事物会产生有利的结果，或者相信创业理念或新企业想法可能带来一个或更多的新产品或新服务产生。

最后，由一系列具体的经济行为完成最终创业目标(经济行为可以是新产品或服务，也可以是建立一个新企业或市场，或者是一些新的规章制度的建立等)。

由此可见，好的创业机会一般要符合以下标准(或特征)：实现目标，即满足那些愿意冒险的创业者或创业团队的愿望；某个市场的真实需求，即那些具有购买力和购买欲望的消费者有未被满足的需求；具有有效的资源和能力，即在创业者或创业团队具备的资源、能力和法律必备条件范围内；具有一定的市场竞争力，即消费者认为购买创业者或创业团队的新产品或服务比购买其他企业的类似产品或服务能够获取更高的价值；能够收回创业成本，即在承担风险和努力创业后，可以带来创业的回报和收益。

因此，创业机会作为一种特殊的机会，可以理解为一种商业机会或市场机会。它是指较为持久的、有吸引力的和适时的一种商务活动的空间，并最终表现在能够为消费者或客户创造价值或增加价值的产品或服务过程中，同时能为创业者带来回报(或实现创业目标)。

(二) 创业机会的基本特征

(1) 客观性和偶然性。创业机会是客观的，无论新企业是否意识到，它都会客观存在于一定的市场环境之中。然而，对某个新企业来说，创业机会并不是每时每刻都显露，机会的发现具有一定偶然性，关键是新企业要努力寻找，从市场环境变化的必然规律中预测和寻找创业机会。

(2) 时效性和不确定性。创业机会具有很强的时效性。俗话说，机不可失，时不再来。机会稍纵即逝，不可复得。新企业如果不能及时捕捉，就会丧失机会。另外，机会和威胁是一个事物的两个方面。在一定范围内，创业机会随着环境的变化而产生，并随着时间的推移而减弱和消失甚至演变为威胁。因此，创业机会利用的结果难以预料，具有不确定性。

(3) 均等性和差异性。创业机会在一定范围内对同类新企业是均等的，但不同新企业对同一创业机会的认识会产生差别。而且，由于新企业的素质和能力不同，利用同一创业机会获益的可能性和大小也难免产生差异。另外，对某类新企业来说是创业机会的环境变化，对于其他新企业则可能构成环境威胁。

二、创业机会类型

1. 根据创业机会可识别性分类

根据创业机会的可识别性，可将创业机会划分为潜在创业机会和显现创业机会。

在市场上存在着明显的未被满足的某种需求称为显现创业机会；而隐藏在现有某种需求背后的未被满足的某种需求称为潜在创业机会。比如 20 世纪 80 年代兴起的吸氧热就是一个明显的显现创业机会。很多创业者都发现并捕捉了这个创业机会，但这种创业机会容易寻找和识别，发现的人多，创业者也就多，创业者人数一旦超过一定限度，就会造成供过于求，最终给创业者带来亏损。在市场中，并非所有的创业机会都是一目了然、凸显于创业者面前的，更多的机会是"隐身"于市场之中，需要创业者运用敏锐的嗅觉去发掘。由于很难为多数创业者发掘，潜在的创业机会一般也意味着较高的市场回报。因此，深入挖掘市场中的潜在机会，对于创业者来说，具有较大的诱惑力和更为光明的前途。20 世纪 80 年代以来，我国化妆品市场日渐兴旺，这是显现的创业机会。而个别创业者对市场需求进行分析后，找到一个隐藏在化妆品市场背后的大市场——工业护肤品细分市场。他们认为，各种劳动过程和劳动岗位，由于劳动条件不同，如高温、有毒、野外等，对护肤品的要求也不同，生活护肤品满足不了这种要求。因此，他们把这一机会作为新企业的目标市场，结果获得很大的成功。

2. 根据创业机会来源分类

根据创业机会的来源，可以将创业机会划分为行业创业机会与边缘创业机会。

出现在新企业经营领域内的创业机会为行业创业机会；出现在不同行业的交叉点、结合部的创业机会为边缘创业机会。通常创业者对行业创业机会比较重视而忽视行业与行业之间的"夹缝"、"真空地带"产生的未被满足的需求。但行业创业机会由于行业内竞争比较激烈，机会利用的效益相对较差，而在"真空地带"产生的边缘创业机会，竞争不激烈，机会利用的效果也较好。所以边缘创业机会是创业者在行业外寻找创业机会比较理想的选择。比如，美国由于航天技术的发展就出现了许多边缘创业机会，有人把传统的殡葬业同新兴的航天工业结合起来，产生了"太空殡葬业"，取得了很好的回报；"中国铁画"就是把冶金和绘画结合起来产生的；"药膳食品"是把医疗同食品结合起来产生的。再如，芭比娃娃是将婴幼儿喜欢的娃娃与少男少女形象结合起来，形成了一个新的组合，满足了脱离儿童期但还未成年的人群的需求，最终获得了巨大成功。

3. 根据创业机会影响时间分类

根据创业机会的影响时间，可以将创业机会划分为现实创业机会与未来创业机会。

目前市场上存在的尚待满足的某种需求为现实创业机会；目前市场上还没有或仅表现为少数人的消费需求，但预期在未来某段时间内会出现的大量需求为未来创业机会。现实创业机会是已经出现的，所以创业者容易识别和把握，但对未来创业机会的识别和利用则要困难得多。这两种创业机会之间并没有严格的界线，任何一个未来创业机会经过一定的时间、在特定的条件下，最终都可能变成现实创业机会。从营销的角度来看，创业者要提前预测未来创业机会，并积极进行相应的准备，一旦未来创业机会变为现实创业机会，即将预备的产品抢先进入市场，以获得市场的主动权。比如，20 世纪 60 年代，西欧和美国都热衷于制造大型豪华汽车的时候，日本汽车业对未来汽车市场进行了预测，结论是：随着家庭人口的变少，以及就业机会、闲暇机会的增多，一户一车将会向一户多车转变；中东紧张局势有可能引发能源危机。鉴于上述分析结果，日本汽车业认为：小型、低耗、价格便宜、驾驶灵活的汽车将会有越来越大的市场需求。因此，日本汽车业着手研制小型汽车，并从 20 世纪 70 年代开始进军欧美市场，到 20 世纪 80 年代，日产小汽车已在美国市场上形成了强有力的竞争优势。

4. 根据创业机会主体分类

根据创业机会主体，可以将创业机会划分为社会机会和个别机会。

社会机会是指在一个特定的历史时期由于社会或经济形势的某种变化所形成的有利客观因素，是一个系统性、全面性的机会，不需要考虑某一社会活动主体的自身条件，而是以全体社会成员为对象的。同处一个特定时代的人，都能拥有或利用这种机会。个别机会是针对个别创业者在特定时间的良好机遇而言，是指从事某一社会或经济活动的个别创业者所需要的创业机会，所以也称个人发展机会。这种创业机会因人而异，非常具体。由于创业者自身的情况不尽相同，对有些创业者来说可能是机会，但对另一些创业者未必就是机会。需要指出的是，个别机会是从社会机会中派生出来的，要在社会机会的前提下，才能发挥作用。在目前市场经济的社会大机会里，许多创业者能各显神通，但在过去计划经济时代，创业者纵使身怀绝技，也会有无用武之地的感受。比如说，能源危机引起对新能源的需求；优生优育，独生子女越来越多，引发对儿童营养品的需求；生活水平提高，人们保健意识增强，引起对保健品的需求等。而在社会机会中，那些符合创业者目标能力、有利于形成新企业优势的社会机会才是个别机会。

5. 根据创业机会客体分类

根据创业机会客体，可以将创业机会划分为市场创业机会和技术创业机会。市场创业机会是指市场机会及环境中存在的未被充分满足的市场需求。这些未被充分满足的市场需求是客观存在的，而并不是创业者所创造的；技术创业机会是指技术商业化的机会。技术创业机会和市场创业机会有时候或许难以区分，但是，这两者存在着一个显著差异：市场创业机会是指创业者首先感知到未被满足的市场需求，然后整合资源（包括整合技术资源）去满足这些市场需求；技术创业机会是指创业者首先拥有技术资源，然后为这些技术资源寻找市场。

三、创业机会来源

（一）技术变革

技术变革带来的创业机会，主要源自新的科技突破和社会经济的科技进步。一般来说，技术上的任何变化，或多种技术的组合，都可能给创业者或创业团队带来某种创业机会，具体表现在以下四个方面。

(1) 新技术替代旧技术。在某一领域出现了新的科技和技术突破，并且它们足以替代某些旧技术时，通常随着旧技术的淘汰和新技术的未完全占领市场而暂时出现创业机会。例如，当人类基因图像获得完全解决，可以预期必然在生物科技与医疗服务等领域带来很多的创业机会；又如随着健康知识的普及和技术的进步，围绕"水"就带来了许多创业机会，上海就有不少创业者加盟"都市清泉"而走上了创业之路。

(2) 实现新功能。创造新产品的技术出现无疑会给创业者带来新的创业机会，比如互联网的迅速发展伴随着一系列与网络有关的创业机会的涌现。

(3) 创造发明。创造发明产生了新产品或服务，能更好地满足消费者的需求，同时也产生了新的创业机会。比如随着电脑产业规模的不断发展，电脑维修、电脑操作的培训、软件开发、信息服务、图文制作等创业机会也随之而来，即便创业者不发明任何新的事物，也可以销售和推广新产品，从而给其带来创业机会。

(4) 新技术带来的新问题。许多新技术的产生都有两面性，即在给大家带来某种新的利益的同时，也会带来某些新的问题，这就会迫使创业者为了消除新技术的某些不利影响而再开发新技术并使其商业化，比如汽车的消声器和楼房的避雷针，这也就会带来新的创业机会。技术变革使人们可以从事新的事业或者以更有效率的方式从事以前的事业，比如因特网技术的出现，改变了人们沟通的方式，使沟通更快捷、更有效。当然，不是所有的新技术都对新企业有利。研究发现，小规模、个性化生产的柔性制造技术和数字技术更适合于新企业的建立。

(二) 社会和人口因素的变化

社会和人口因素的变化同样会创造出创业机会。市场需求是不断变化的，不同阶段的社会和人口因素变化会产生相应不同的市场需求。随着当前社会和经济发展的加快，这种社会和人口因素变化带来的市场需求更加明显。比如，人的寿命延长导致的老龄化问题，产生了老年人用品市场方面的创业机会；相当数量的女性就业，产生了家政服务业和快餐饮食方面的创业机会。社会和人口因素是紧密相连在一起的，有时社会文化的变革也是创业机会生成的引擎，比如随着中国国家实力的不断增强，中国文化产业的相关市场也相应地蓬勃发展起来，越来越多的其他国家的人开始学习太极拳、中医等，唐装、中餐和中国结等中国文化产品在国外的市场规模也越来越大。

社会和人口因素的变化影响了消费者对产品和服务的需求，而这种需求的变化就生成了创业机会。如欧美人口逐渐减少的趋势就引发国外一些大学吸收来自发展中国家的留学生的需求，从而也就产生了一些针对国际学生的服务项目。

社会和人口因素的改变也生成了针对新的市场需求所要求的新问题解决方案，这些方案会比现有方案更加有效。如西方国家的母亲节、情人节、圣诞节等节日，也越来越多地渗透到中国人的生活中去，并逐渐成为年轻人追求的一种时尚，从而生成了或将要产生出许多新的创业机会。

(三) 市场需求条件

市场需求条件表现为某个产业里消费者对产品和服务的偏好特性。市场需求条件产生的创业机会，通常主要有以下三种。

(1) 新需求。市场上产生了与经济发展阶段相适应的新需求，相应地，就要有新企业去满足这种新的市场需求。如居民收入水平的提高，导致私人轿车的保有量将会不断增加，从而就会派生出汽车修理、销售、清洁、配件、二手车交易、装潢等诸多创业机会。

(2) 市场供给缺陷。非均衡经济学认为，市场供给是不可能真正的完全均衡的，总会有一些市场供给不能充分满足，因而，如果创业者能够发现这些市场供给的结构性缺陷，同样也能找到可资利用并成功创业的机会。比如，由于双职工的家庭没有时间照顾小孩，于是就有了托儿所；没有时间去买菜，就产生了送菜公司等。

(3) 发达国家(或地区)产业转移。从历史上看，世界各国、各地区的社会经济发展进程有快有慢，即便同一国家的不同区域的社会经济发展速度也不尽相同，因而，一个发展的级差在发达国家或地区与不发达国家或地区之间就产生了，当这个级差大到某种程度的时候，由于国家或地区相互之间存在一定的成本差异，再加上社会经济发展到一定程度时，诸如环境保护等问题往往会先被发达国家或地区提到议事日程上来，发达国家或地区就会向外转移某些产业，这就有可能为不发达国家或地区的创业者创造新的创业机会。

(四) 产业差异

研究发现，创业者生成新企业的能力在不同产业中是有较大差异的，形成这些差异的原因通常可能包含四个方面：产业生命周期、知识条件、产业结构和产业动态性。

(1) 产业生命周期。新企业在产业的成长期比其在产业的成熟期表现通常更好。依据产业的生命周期，一般能将其分为成长性产业、成熟性产业和衰退性产业。成长性产业一般是指社会对其产品或服务的市场需求比国民收入和／或人口的增速快的产业；衰退性(走下坡路)产业一般是指其产品或服务的市场需求比国民收入和／或人口的增速慢的产业；而成熟性产业一般是指其产品或服务的市场需求与国民收入和／或人口的增速相当的产业。彼得·德鲁克认为20世纪末的成长性产业主要包括政府、卫生保健、教育和休闲产业，21世纪的成长性产业主要是金融服务。

(2) 知识条件。知识条件表现为某个产业中支持产品和服务形成的知识类型。产业知识条件中有三种类型对新企业有利。第一，创新源促进新企业的创造。由公共机构(比如政府部门、大学、科研机构等)组织生成新技术的产业比由企业组织生成新技术的产业通常会形成更多的新企业，其中一个原因是大学、政府部门等公共机构对知识外溢并不敏感。第二，具有更高研发强度(单位销售额中企业投入的研究与开发费用，可用来表明企业在新知识创造方面的投入)的产业通常更有利于新企业的生成。一般来说，研发密集型产业生成的新企业会更多。第三，创新过程的性质影响新企业的形成。如果创新和新技术开发要求有较大的资金投入和业务规模，那么往往只有成熟的大型企业才能进行，汽车产业是其中的典型代表。相反，在一些诸如软件这样的产业，对初始规模要求很低，新创的中小企业在这些产业里则具有很好的生存能力，能比大企业提供更灵活的服务。

(3) 产业结构。不同的产业结构具有不同的发展空间，决定了进入某个产业的企业实施不同的经营决策和行为，并最终导致不同的经营绩效。由此可见，在选择创业机会的过程中，对于产业结构特征的准确判断显得尤为重要，如果对于产业结构进行了错误的判断，必将导致创业所进入的产业空间变得狭隘，成功概率下降。从某种程度上说，选择一个合适的市场或产业作为创业的方向，是创业成功的重要保障。

(4) 产业动态性。动态性的产业一般是指技术变革速度较快的产业，如IT产业等。通常，成长或动态的产业能创造出更多的创业机会，催生出大量新企业。

总的来说，新产品(或新服务)、新原料或新管理方法的发明、探索和创造催生出大量的创业机会。它需要创业者更多地注意、预测和分析动态的技术、人口、政策和需求等的变化规律，从这些复杂、不确定的社会经济变化中发掘创业的机会信息，从而确定与之相匹配的机会类型。

创业故事　　　　　　**凭直觉千金一掷——徐新的创业故事**

　　在中国风险投资行业，有这样一位女性，她掌控着庞大的风投基金，曾被《商业周刊》评为"亚洲25 位最具影响力的人"。她说："成功的企业都是相似的，失败的企业各有各的原因。面对形形色色的企业，选择是最关键的环节。投资家要有幼仔时能看出其会长成鲨鱼的潜质，沙里淘金，鱼龙明辨！选对人、给足钱、缓收益是我成功的最大秘诀！"她是一位个性鲜明的重量级人物，只要她投资的企业，必定财源滚滚。娃娃脸上，总是挂着灿烂的笑，她就是徐新。

　　正是这个女人，用独到的眼光和敏锐的判断，仿佛有点石成金的神功，导演了一幕幕令人惊叹的财富传奇：丁磊靠她投下的 500 万美元，将网易做成在纳斯达克上市的门户网站。她让 10 多家名不见经传的小企业搭上财富"过山车"，将包括丁磊在内的 3 位创业者推上了福布斯前 100 名的富豪榜。而她自己，更是颠覆了风险投资高回报一定高风险的传统，得风得雨，经手的项目个个大赚特赚，仅投资中华英才网的回报率就在 100 倍以上。从事风险投资工作十多年，曾主导和参与了对网易、中华英才网、京东商城、娃哈哈、长城汽车、相宜本草、真功夫快餐、德青源鸡蛋、诺亚舟、京信通讯等公司的投资。

一、职业生涯中的关键一跳

　　徐新是浙江人，她的父亲是一个非常成功的企业家，管理过几万人的国有企业。父亲的教诲从孩提时代就融进了她的血液里，潜移默化中影响了她一生的追求。她说，正是父亲的影响，使得她对企业，对经营有一种与生俱来的亲切感，对于财富和商机天生敏感。

　　1988 年当她从南京大学外语系毕业以后，便毫不犹豫地转向金融圈发展。

　　经过面试，她到中国银行总行的营业部上班了。由于是个新手，徐新在柜台每天重复着做三件事：复印、登记、盖章。尽管这样的工作并没有太多的挑战性，徐新还是做得很尽力。她的目标是当先进和提升当科长。不到一年，她就从 2000 多人中被选上当了三八红旗手，之后又被提升为副科长。中国银行对徐新进行了嘉奖。奖品不多，两个床单。不过徐新还是高兴得要命。她明白，只要肯努力，就会得到回报。现在，只差机会。

　　在中国银行重复了三年的简单工作之后，机会来了。中英两国政府在此时欲联合培养一批注册会计师。中国政府准备从金融圈中选一些年轻的候选人去参加英国注册会计师考试，而中国银行把参加考试的机会给了徐新。从接到通知到参加考试中间的短短两个星期里，徐新夜以继日背诵会计书上的内容。虽然她没学过会计，但是她在大学时学的专业外语帮了她的忙，她幸运地以第二名的身份拿到了等待已久的机会，进入第二轮的考试。

　　在南京黄埔饭店里，徐新和许多来自银行和大学的候选人一起等待着来自全球知名会计师行的测试。如果这一轮的测试通过，他们就将被送往香港，在当时的六大国际会计师行进行为期三年的工作实习，而又如果在三年的时间内他们通过 18 门专业课程的考试，就将成为正式的英国注册会计师。

　　等待的时间是漫长的，当徐新走到专为考生准备的自助餐前的时候，她甚至还不知道自己从没见过的自助餐到底应该怎么拿。可是，无论是不是该归功于运气，最后她还是再一次通过了测试。于是，徐新被送往香港，进入六大会计师行之一的普华工作。

　　初到香港，满耳是听不懂的广东话，这对于徐新要做的、靠整天混在本地人当中才能完成的审计工作来说，无疑是个障碍。以前在中国银行准点下班的日子一去不返，取而代之的是每天加班到晚上 10 点，回到家还要自学 18 门专业课程，周末又忙着考试的陌生生活。

　　世界变得小的只剩工作加考试。逼急了，徐新用三个月的时间迅速学会了广东话。在普华，徐新不停地看企业的财务状况，核对报表，寻找问题，并进行收购兼并的调研。这为她日后的职业增值过程打下了良好的基础。三年后，徐新通过所有 18 门专业课的考试，结束了实习工作。

普华的上司推荐徐新去百富勤公司的直接投资部面试。就在去面试的几个小时之后，百富勤打电话告诉徐新：录用通知已经发出，请不要再去其他公司面试!徐新进入百富勤做直接投资，一干三年。其后，由于百富勤出现了财政问题，徐新转入霸菱投资集团。

二、人生的增值与攀升

徐新的增值人生从她加入霸菱开始画出了一个坐标点，而促成这种攀升的催化剂来自一次危机。1998年初。香港的天空正有亚洲金融风暴的乌云滚滚而来。对于刚刚加入霸菱投资的徐新来说，危机四伏。尽管她手上拥有一只霸菱亚洲投资基金，但在这只基金上，霸菱投资集团仅出了2500万美元，剩下的钱需要徐新自己去筹集。周遭的投资者此时对亚洲躲闪尚嫌太慢，家家有本难念的经，又怎会轻易掏出钱来加入风险投资基金?

徐新于是采取了另类策略。她和另一个基金管理人先是花了些力气将2500万美元的基金扩充到5000万美元，然后就停止了筹款行动，开始用这笔不太多的基金进行投资。金融危机虽然在资金募集上给徐新带来了诸多门槛，可是也并非一无是处。危机使得大多数公司身价大跌。以往的经验告诉徐新，低买高卖正是投资行业的秘诀。以最少的钱投资有价值的公司此时正是时候。

于是，徐新开始着手进行投资项目的选择。霸菱投资在印度的一个基金管理人介绍给徐新一个叫做BFL的印度软件外包公司。现时在印度办得火热的软件外包，在1998年刚刚起步，尚属冷门。不过，徐新知道，要想低价投资就要趁一种生意还不太"热"的时候。在她看来，这是一家非常具有增值潜力的软件公司：一大批专写程序的软件工程师为美国的客户，诸如康柏这样的大公司开出的单子工作着。印度人在数学和机械上的天赋让这个国家每年产出大量的工程师。出于历史上的原因，他们大都会讲英语，与美国客户之间的交流也不成问题。此外，盗版问题在这个国家并不多见，美国人很愿意将自己的一部分工作交给他们来做。最重要的是，软件公司成本低，毛利率极高，收入为外汇，并且业务也很稳定。"当一个美国公司80%的业务都交给你的时候，我想它还是很依赖于你的。"徐新与霸菱在印度的投资人一起向BFL公司投入了资金，55%绝对控股。三年后，徐新从这一项目中得到了6倍于当初投资的回报。

除了BFL软件外包公司，徐新还在同一时期投资了永和大王、中联系统集成公司、康达公司等五个项目。面对危机，她的策略是低价投资，形成小规模的实体"展示区"。等到先期的投资项目产生了数倍的增值之后，再拿到投资人面前当做范例。在后续的投资人看来，这远比投影在屏幕上的幻灯片更具有说服力。徐新的基金募集由此顺畅。

三、投资网易

1999年，徐新相信丁磊能把公司做大，就向网易公司注入500万美元风险投资；2000年，网易在纳斯达克上市，18个月融得1.15亿美元巨资，徐新最初的投资是5美元一股，网易在纳市最高值达到每股30多美元，徐新却并没有套现。但随后全球互联网出现泡沫危机，股市狂跌，网易的股票最低时跌到每股不到1美元。那时徐新是原巴林银行旗下的霸菱投资集团中国区董事总经理，如此惨重的亏损让霸菱的股东们对这个女人很不满，但她顶住了压力，并耐心等待。随着市场的好转，网易在纳市逐渐有了优异的表现，2004年，徐新套现，为股东们带来了800%的收益。

业界注意到，不论是此前投资娃哈哈，还是后来投资中华英才网，徐新都表现出了女性领导者身上所特有的耐心，而上天似乎也更青睐这个有耐心的女人，当然，这也得益于她在风投行业磨砺多年所具备的"杀手"般的直觉和敏锐。

四、今日资本集团

2005年，徐新离开霸菱投资，创办今日资本集团，并于次年把新公司搬到上海。此后，徐新仍一直专注于自己擅长的互联网、零售和消费品等行业，即使在始于2008年的金融危机影响下，今日资本仍未盲目扩大投资范围，女性特有的谨慎和耐心仍然使徐新在2009年看好互联网行业。2009年初，今日资本牵头其他投资者向3C零售网站京东商城投资2100万美元，这已经是京东商城来自今日资本的第二笔融资。

五、创业智慧

1. 凭借直觉的"风投女杀手"

入行多年，徐新越发自信，放言要创中国第一VC品牌。身为今日资本集团的总裁，她掌控着几十亿元人民币的资金。这些资金大多来自欧美政府和企业，可老外们却全权交给她打理，这在风险投资界颇为罕见。一问原因：外国投资者相信，这个中国女人有一双慧眼。

和同行相比，徐新常常是"温柔一刀"，笑傲投资场。女人的直觉，就是她与生俱来的杀手铜。徐新自己说过"选人是门艺术，这么多创业者，这么多项目，动辄需要几百万上千万的资金，投给谁，除了做调研看数据，还离不开直觉。女性的直觉特准，所以我总能投对人"。

2. 选人的"独门秘籍"

第一，看创业者的头脑，有没有对生意的直觉。比如丁磊，他第一个进入短信业务，第一个开发网络游戏。别人看不到的商机他能看到，别人放弃了他能坚持，别人都跟进他能退出。第二，业绩，徐新一般只投行业前五名，中国竞争这么激烈，能做到前五名，肯定有独到之处。她会问他们：你做过什么重大决策？你怎么做决定？第三，带队伍的能力，创业者会不会管人。很多公司规模到了100人，就管理不下去，创业者反倒成了瓶颈。为了考察这一点，徐新喜欢观察他的副手，如果副手能力很强，而且跟随他很多年，说明这个人的领导力不错。第四，激情不能少，具有永不放弃的性格。第五，创业者的品格应该是公开、透明、诚实可靠，这一点不能忽略，毕竟这么多钱交给他呀，能不考虑吗？

3. 为赚钱而创业易败

徐新说过"创业非常艰辛，失败是必然的，成功是偶然的。"根据她的经验，不少人选择创业，可能是一时冲动，可能想赚钱改善生活。但成功的人，往往都非常热爱他的事业，一心想把事业做大。创业之路是五年、十年 漫长而艰苦，如果没有事业心，创业者很难坚持，也难以感染团队。她一针见血地说："你想想，如果老板只想着赚点钱，团队也是短期考虑，赚一票就走。他们的行为方式就变了，不会有长期发展的胸怀，可能连游戏规则也不遵守了。所以单纯为赚钱，趁早打消创业念头，还不如去炒房产、卖保险。"

4. 事业心决定创业成败

很多人都说徐新靠的是女人的直觉，但是我们都知道这种直觉是经验和智慧共同缔造的。然而创业的成功又不仅仅是这些，在徐新身上更大的闪光点就是她一步步的奋进与追求，是她的那份事业心决定了她创业的成功。

六、徐新的创业经

(1) 我不觉得你一定要是那个开创模式的人，也可能这个人有先行者的优势，但是有太多的因素要决定它能不能成功。

(2) 伟大是熬出来的，如果你做一个伟大的企业一定要熬得住，另外要学会放弃，不能什么都想做。

(3) 找一个给你钱的人，但另外还要找一个给你帮助的人。

(4) 一个企业家，特别是一个创始人，自己又是老板，在创业阶段是绝对不能给自己开高工资的，因为你一开高工资其他人就跟你对应。整个公司的营运成本就会很高。

(5) 凡是在2000年互联网冬天来临没有死掉的企业，今天日子都过得很滋润，是靠什么熬的？当然是团队、执行力，另外一个，钱也很重要，冬天我活下来，不死掉，春天来了就会有一片新的景象。

(6) 当一个新兴的行业起来的时候，你会发现一个现象，这个领先者如果他跑在前面，你一定要让他迅速占领市场，迅速跑起来，而且让他的市场占有率或者知名度要比第二名拉开两到三倍的距离，如果第一名到达这个境界，第二名超过他的概率是很低的。

(7) 创业是一个非常艰辛的路程，作为创业者，所有的问题到你这儿必须有答案，但并不是每一次你都有答案，有时候你非常需要人家跟你分享最困难的那种时候，或者很快乐的事是需要分享的，所以如果你做一个互联网或者一个新兴的行业，需要摸索的时候，有一两个合伙人会帮助你渡过难关。

(8) 三个大学同学一起创业，三个人各占三分之一，这个模式95%肯定要失败。

第二节　创业机会识别

创业机会识别是创业过程的起点，也是创业过程中的一个重要阶段。许多好的创业机会并不是突然出现的，而是对"一个有准备的头脑"的一种"回报"。成功的创业者能及时捕捉创业机会，并在众多的创业机会中选择适合自己的进行创业。而有的创业者在面对机会的时候却不知所措，无动于衷。这当中的一个关键差别是对机会的识别有所不同。

一、创业机会识别的内涵和目的

(一) 创业机会识别的内涵

创业机会识别是从创意中筛选出具有客户需求的创意。创意只是创业者认识创业机会的阶段成果或创业机会的雏形，创意是指好的想法，但好的想法并不一定都能形成创业机会，只有那些能满足客户需求的、能够提供或开发满足需求方式的创意才可能发展成为创业机会。从辩证唯物的思维来看，需求与满足需求的方式是一个事物的两个方面，是辩证统一的。需求决定了满足需求的方式，满足需求的方式又制约了需求的实现。没有需求，满足需求的方式就失去了存在的意义；反之，有需求，没有能满足需求的方式，需求也就没有可能实现。所以，创业机会究其本质是一种未满足的需求。

因此，创业机会识别本质上是对客户需求的识别，由于客户需求的复杂性、多元化和动态性，使得创业机会识别也成为一个复杂的过程。

(二) 创业机会识别的目的

创业机会识别是从若干的创意(商业想法或念头)中筛选出潜在(可能)的创业机会，或者就单一的创意从有无需求和"满足特定需求的方式"两方面来进行识别，其结果往往形成一个商业概念。这一概念包括市场需求如何满足或资源如何配置等问题。在识别过程中，主要是针对创意的市场需求进行分析，进而从创意中识别出具有市场需求且现实可行的创意。在综合考虑创业者和创业环境等方面因素的前提下，建立创业机会识别的标准，针对被识别创意，通过对市场环境的系统分析以及一般的行业分析来判断该创意是否属于有利的创业机会，从而筛选出具有市场需求的、有价值的创意。创意可能数量众多，其中很多在现实条件下根本无法实现，只有少量的创意经得起推敲或能够通过随后进行的技术性、经济性等方面的分析。创业机会识别的主要意义是剔除那些明显不具有合理性的创意，为创业机会的形成降低不确定性和减少工作量。

(三) 创业机会识别的过程

创业机会识别是创业者与外部环境(机会来源)互动的过程，在这个过程中，创业者利用各种渠道和各种方式掌握并获取有关环境变化的信息，从而发现在现实世界中产品、服务、原材料和组织方式等方面存在的差距或缺陷，找出改进或创造目的手段关系的可能性，最终识别出可能带来新产品、新服务、新原材料和新组织方式的创业机会。

二、影响创业机会识别的因素

虽然研究者对创业机会与机会识别的内涵与概念的表述不尽相同，但几乎绝大多数都认为，创业机会可能被创业者所发现甚至被创造。毋庸置疑的是，要成功地识别出创业机会，需要创业者在个性特征以及先验知识和工作经验等方面具有一定的基础。同时，创业者的社会关系网络、创业环境的特性以及不同类型创业机会的异质属性均对创业机会的识别具有不同程度的影响。

（一）创业者的个体特性

不少研究者已发现，创业者的创业警觉性、自身所拥有的性格特质、先前的知识和工作经验、个体认知风格及资源禀赋等都可能会导致创业机会被成功加以识别。

1. 创业警觉性

毫无疑问，现实中的每一个体都有自己独特的关注点。创业机会的识别过程受到各种不同因素的综合性影响，已有研究证明，创业警觉性是创业机会识别过程中的关键因素之一。较具代表性的观点如 Kirzner 认为绝大多数创业机会的识别是偶然发生的，创业机会识别的能力在很大程度上会依赖于创业者所拥有的与技术和市场等有关的独特知识和能力，但是，唯有那些具有创业警觉性的个体才能够发掘出创业机会并成功地加以利用。Hisrich 指出，个体所拥有的创业警觉性越高，则个体所具有的机会认知能力就越强；一些个体所拥有的独特的个性特征会帮助其提高自身的创业警觉性，个体跟环境之间的互动交流也有助于提高创业警觉性。只有那些具有创业警觉性的创业者才能成功识别出具有商业价值潜能的最初创意。Ardichvili 等人认为，具有较高创业警觉性的创业者更有可能成功地识别和开发出创业机会。当然，该模型还同时强调了社会网络、创业者的特殊爱好以及创业者所拥有某些特定市场的知识等因素，并强调了较高创业警觉性与个体所具有的较强创造力以及开朗、乐观的个性息息相关。

2. 创业者的性格特质

创业者的个人特质有很多方面的具体内容，比如创业者年龄、性别、教育背景、成长环境、创造性、风险认知能力等。运用实证方法研究可以发现创业者对创业机会的评价跟自身的风险感知能力呈显著相关，这种风险感知能力与创业者的自信、行事不依赖于计划的灵活性、较强的控制欲等方面特征密不可分。创业机会识别能力跟个体的创造力关联很大。同时，个体的创造性和创造力在创业机会识别过程中至关重要，但不同创业者的创造性在其创业机会识别中所起作用大小存在差异。有学者认为，个性更为乐观的个体更有可能会去付出相应的努力去实现创业目标。在多数人倾向于只是看到存在风险的环境中，成功创业者却会将该风险看成是创业的机会。有研究发现，在所调查的二百多名创业者及经理人员中，创业者一般具有更充分的自信，会促使其更快地做出有关决策，拥有更大成功的可能性。个体的自我效能感(人们对自己是否能够成功进行某一成就行为的主观判断)越强，越能引发乐观主义个性，由此，个体将会更多地看到机遇而不是仅仅意识到威胁的存在。因为创业者的自我效能跟一个人能否成功地完成各种创业任务的个人信念密切相关，也发现成功的机会识别跟个体长期保持的乐观心态、较强的自我效能感有关联。创业者具有较强的自我效能感将会影响其在机会识别过程中的决策和具体行动。可见，大量研究表明，如果潜在的创业者个性更乐观、更自信、更有控制欲、更具自我效能感、具有更强的信息敏感度、更强风险感知能力等，创业机会的识别与开发将会更有可能取得成功。

3. 先前的知识和工作经验

研究人员普遍认为，对于新技术企业的绩效与成败而言，在很大程度上取决于创业者在过去的学习和工作中所积累起来的知识、技能和各种经验。过去积累的知识和工作经验有助于创业者不断积累出更多有用的创业机会识别和开发所需的商业知识和信息。在 20 世纪 80 年代，不少学者在研究风险资本家凭以做出决策的依据时发现，创业者个人或创业团队的知识或经验构成起着十分重要的作用。经过近些年的研究，众多学者已经就创业者或团队所拥有先前知识和经验在创业活动中所起的正面促进作用达成了共识。比如，Shane 指出，个体所积累的知识和经验构成了创业者在面对相同的信息时做出决策或行动的重要参考变量或诱因，创业者最终所识别出的创业机会通常与先前知识和工作经验密切相关。

4. 创业者个体认知风格

近年来，行为科学学者倾向于从个体认知特征的角度去分析创业者的创业行为特点。创业机会识别实质上是一种较为特殊的信息认知和加工过程，认知过程的结果如何，与创业者个体的认知特征密切相关。不少研究认为，那些最终取得成功的创业者，其认知风格呈现出典型的创新型的特征。具备这种认知风格的创业者，其风险担当意识和勇于挑战意识等方面均超乎常人。在具体行动上，该类创业者往往不会拘泥于已有的条条框框，呈明显的发散性思维模式特征。如前所述，创业机会识别是一个动态的过程，创业者感知并发掘出创业机会实质上对创业机会的认知。创业者不断认知和学习，除了基于自身的知识和经验，也会不断地模仿他人的行为、经验或吸取教训。一些学者甚至认为通过他人创业行为去认知创业机会或许更有利于实施创业活动，从而不断地提升创业者的机会识别与开发的能力和实践。

可见，创业者的个体认知风格和认知能力对机会识别能力的培养和提高至关重要。

5. 创业者的资源禀赋

从经济学角度来看，资源禀赋在一定程度上影响着个体理性决策的方式与结果。创业者个体拥有的人力资本(包含了知识、能力、个人信念以及价值观等各个方面)、物质资本(有形资产)、技术资本(生产经验和各种工艺、操作方法与技能等)、金融资本(货币资产)及社会资本(创业者的社会网络联系及网络中的各种资源)，对于创业机会的识别无疑会起着非常重要的作用。基于创业者资源禀赋的不同，对创业机会的识别更有可能会呈现出不同的结果。如前所述，以往关于创业者的个体因素对创业机会识别的研究中，多数学者研究了创业机会识别因素中的单个或多个因素对创业机会识别的影响，还未能全面揭示出创业者自身各因素对创业机会识别的影响机制。为深入理解创业机会识别的内在规律，需要综合考虑个体的多种特质对于机会识别的影响机制及其程度。

(二) 社会网络对机会识别的影响

社会网络可以理解为社会活动参与者及其相互之间联系而形成的有机整体，即由特定的人群之间由于相互联系而构成的社会结构单元，它承载了相关的信息、知识、各种社会情感等多种错综复杂的社会资源。创业活动的参与者可以通过这种网状的社会结构单元来获取相应的资源，识别和利用客观存在着的创业机会。基于社会学研究范式社会网络理论，初始阶段的创业决策在很大程度上取决于创业者从其社会网络中所获取的知识和社会资源。个体可以通过社会网络以扩大自身创业所需的知识边界，促成创业行为的形成。通过实证研究发现，约有一半的创业者是通过自身社会关系网络中他人的支持与帮助而识别出创业机会的。创业者利用社会网络资源识别出创业机会的可能性将比单独行动的创业者更大，这是因为创业者在机会识别的过程中不可避免地会受到"不完全性信息"以及个人"有限理性"的影响。创业者所处的社会网络能够为其提供大量有价值的信息资源和有用的知识，从而有效地扩展自身的"有限理性"。

可见，社会网络有助于创业者获取更多有用的知识和社会资源，起到连接创业机会与创业者的桥梁作用，个人通过社会网络更易于识别出环境中的创业机会。个人所处社会网络的复杂程度、多样性、网络中各种社会关系的强度和密集程度均会对创业机会的识别产生深刻影响。

(三) 环境因素对机会识别的影响

创业环境可以看成是影响创业活动的所有外部因素的总称。影响创业的环境因素复杂多样，不同的研究通常立足于差异化视角而进行。创业活动的外部环境常常表现出明显的不确定性特征，这恰恰是创业机会识别的重要来源。有研究指出，在机会识别中所需各种信息需要从外界环境中获取。影响机会识别的环境因素包括市场因素、政府政策、法规因素、技术因素、社会文化价值观念等。Busenitz 曾提出"跨文化认知模型"，该模型认为，创业者的个人特点、个体的文化价值观以及创业者的独特社会背景都有可能会对创业机会识别的过程产生非常重要的影响。创业环境兼具有动态性、复杂性和宽松性三个方面的特点，创业机会识别是一个非常复杂的、动态的研究领域。与此同时，各种环境因素的变动可能酝酿着大量的创业机会，是各种创业机会产生的重要源泉。

三、创业机会识别的技巧

(一) 掌握信息

创业机会来源于某种信息，创业者或潜在创业者平时要养成不断地留意、收集各种有关机会信息的习惯，这对创业者事业发展会有帮助。信息渠道通常是很多的，如广播电视、报纸杂志、因特网等传播媒体，可以是专业书籍、资料，也可以是专家讲授、街谈巷议、朋友交流等所见所闻。那么，创业者究竟要掌握哪些重要的信息呢？创业者要想有计划地掌握创业机会信息，通常可以通过以下渠道。

1. 消费者

消费者是企业的产品需要面对的最终购买者，如何直接到消费者中间去，让消费者表达自身的观点，分析消费者的市场需求特征，是创业者要走的重要一步，同时也是创业机会的重要信息来源。很多创业者自认为很了解新企业面对的细分市场的消费者，而事实是，往往以自身的感觉替代了消费者的感觉，或者以点概面，不能客观地、系统地分析消费者的市场需求，导致自身的产品市场不对路。很多创业者都是通过和消费者的交流来获取意想不到的创业机会信息。

对于创业机会的好与坏，新产品的市场大与小，消费者具有最终的决定权。创业者需要保持足够的敏感性，对随着时间推移变化中的消费者的需求变化有清楚的认识，对于消费者不断涌现出来的新生需求能够快速地识别。创业者需要从消费者对新企业的产品评价甚至抱怨中获得创业机会的信息，很多创业机会如果不是消费者，很难有切身感受，即使相同地区、职业、社会地位的消费者，也有各种不同的市场需求。在日常生活中留意身边的消费者需求，深入到其中去，对身边任何消费者的市场需求保持敏感性，是成功的创业者获取创业机会的重要信息来源。

2. 现有企业

创业者在初步确定了自己的创业方向后，创办的企业所处产业内的现有企业是创业机会的另外一个重要信息来源。创业者对产业内现有企业的产品或服务进行追踪、分析和评估，能够找到现有企业的产品或服务存在的可能缺隙，从而有针对性地制定更加有效的改良手段，或者发掘产业内现有企业尚未涉足或者相对比较羸弱的领域。创业者不仅可以在现有企业的市场中发掘有关创业机会的信息，而且也可能发现其他领域的相关创业机会信息。例如，一家汽车整车厂商，往往能给某个区域提供零配件产业和物流业的创业机会；一家商场的开业，意味着周围地区的电影业、餐饮业、娱乐业等行业的创业机会。现有企业可能是新企业的竞争者，同样也可能是新企业的消费者或者合作者。对现有企业的分析，必须做到细致、系统、客观，才能发现其他人难以发现的创业机会。

3. 政府机构

在我国，政府部门是创业机会的重要信息来源，政府制定法律、法规和各种发展规划，对于新企业的生成有时起着决定性的作用，相关政策的变化，往往意味着创业机会的产生。

政府本身并不参与市场，但新企业的经营是处于政府的种种法律、法规管制之中的，政府的法律和政策是人们发生经济行为的指针，创业者更是要顺应法律和政策的动向，去寻找和把握创业的机会。特别是在社会处于转型或变革之际，政府在产业发展等方面的法律或政策出现调整变化，实际上就是对产品或服务的范围和结构进行新的调整，在这种情况下，新的创业机会必然出现。例如我国前两年实行的"家电下乡"政策，就是为了应对全球性的金融危机而采取的扩大内需举措的一部分，这为许多创业者提供了难得的机遇。政策所提供的创业机会要求创业者对政府政策变化要十分了解，把握住每次政策变动所带来的创业机会。

4. 研发机构

研发可以是在大学、科研机构、企业中进行，也可能仅仅是个人行为。很多科研机构或者大学都拥有很强的研发能力，但由于种种原因而没有实现产业化，或者没有发挥有关研究成果的最大效用，创业者将其重新包装和推出，往往可以取得出人意料的效果。

施乐公司是鼠标、复印机、图形用户界面和以太网等 IT 技术的发明者和标准的制定者，但它对这些领域没有予以足够的重视而导致错失良机。反倒是佳能、微软等后来的创业者更好地利用了这些研究成果并在相关领域获得了成功。很多创业者一开始就是研发者，他们可能一开始并没有创业的意识，只是因为自己的研究成果无法商业化而选择创业，这在 IT 行业中是比较普遍的。我国最早的一批软件公司就是一些程序员以出售自己的研发成果而开始创业的，美国的硅谷更是科技创业者的天堂，创业者不仅可以自己研发，也可以通过和其他研究者的合作获得创业的思路。

（二）善于观察

作为经常性的有关总体市场变化情况的分析，通常从下列几个方面来观察。

1. 他人的成功经验

许多创业者在有了自己的创业梦想后，常常会陷入不知道如何观察、分析创业机会或无从下手的境地。虽说成功创业者的经验不能放之四海而皆准，但学习成功创业者的优点与长处却可以使其他创业者的思维更开阔，遇到创业机会也能更容易把握。以下一位美国小企业家的经验也许会给创业者一些启迪。当麦凯布夫妇的"录像天地"开张时，除了在柜台内摆放了常见的好莱坞电影外，还储备了许多稀奇古怪的电影，并打出了"保证供应城内最糟的电影"的招牌。结果消费者蜂拥而至，来租一些电影院通常极为讨厌而不愿上演的电影。麦凯布夫妇还通过免费电话向全美出租电影录像带，一年的生意额达 50 万美元。有时候，一项新事业的开端可能来自一次偶然的观察发现。

2. 市场竞争情况

观察分析潜在竞争者、替代品竞争者、行业内原有竞争者的基本情况，确切实际地了解新企业是否能赢得赖以维持经营所需的足够数量客源、销售额乃至利润。现实中，一旦某个创业机会逐渐显露出来，就会有不少的创业者、竞争者蜂拥而来，这是经常会出现的现象。但是，倘若某个创业者想利用特定机会并获得创业的成功，他就必须具备与其他创业者、竞争者相互竞争的能力。如四川成都彩虹电器集团开发电热毯产品，即在公司二次创业之初，国内在同一时间段有上百家企业参与了电热毯产业的机会竞争，但由于"彩虹"有强于他人的创业精神和创新能力，几轮竞争下来，"彩虹"成了电热毯产业的龙头企业。

3. 创业机会的现实性

即使某个创业机会是一个很有前景的机会，但对于特定的创业者而言，他仍然还需要进一步分析机会的现实性，判断"这一机会是否是自己能够加以利用的创业机会，是否值得自己开发这一机会"。

对某个创业者而言，为了能做出理性的判断，其必须回答以下几个问题。

第一，观察自身是否拥有利用创业机会所需的关键资源？面对某个创业机会，企图利用这一机会的创业者不一定要拥有所需的全部资源，但其一定要拥有利用这一机会的关键资源，如新企业相应的运营能力、技术设计与制造能力、公共关系、营销渠道等。否则，要么创业无法起步，要么在创业过程中会受制于他人。如一家新企业的掌上电脑投入市场后十分畅销，但不难想象，如果该企业缺乏运营掌上电脑的多数关键资源，其也就无法生产并销售这一产品，更不要说借此创业。

第二，观察自身是否能够"构建网络"跨越"资源缺口"？在多数情况下，在特定的创业机会面前，新企业不可能拥有创业所需的一切资源，但它需要有能力在资源的拥有者与自身之间建立网络，以弥补相应的资源禀赋不足之处。前述的某掌上电脑公司，可能其本身并没有研制开发该类产品的能力，但它有能力组织相应的设计公司和制造商加盟自身的创业活动。如该公司将自己的设计思想按契约方式外包给某家专业设计公司，设计公司为其设计出符合消费者功能要求的产品方案，将订单委托给某些制造企业后，制造企业为其生产产品。可以说，这家公司以掌上电脑业务起步的创业活动，是创业者利用社会网络跨越资源禀赋不足、成功创业的一个典范。将此推而广之，可以看出，在市场经济中，创业者只要善于建立网络补足资源缺口，整合利用创业所需资源，就有可能取得创业的成功。

第三，观察是否存在可以开发的新增市场以及可以占有的远景市场？理性地判断，某个创业机会是否值得创业者利用，除了要有足够大的原始市场规模外，其市场也应是潜在可创造、可扩展的，拥有良好的成长性，存在远景市场。创业者真正可把握的是"可开发的市场部分"，而不是"顺其自然成长的市场部分"。例如，目前一些创业者热衷于"网络增值服务"的创业活动，其原因在于网络增值服务市场是可创造的。只要创业者适时地提供"鼠标加水泥"的增值服务产品，就可能培育起广泛的网络增值服务市场。

第四，观察利用特定机会存在的风险是否是可以承受的？显然，创业者要想利用某个创业机会，他就必须具备利用该机会的风险承受能力，主要包括财务风险、法律风险、技术风险、政策风险、市场风险和宏观环境风险等方面的承受能力。就特定的创业者而言，如果利用特定创业机会的风险是该创业者不可承受的，而创业者硬要知难而进，在创业之初就可能自取灭亡。

（三）冷静分析

想要及时了解市场变化情况，或者说对市场变化保持敏感的触觉，唯一办法就是做好经常性的市场调查分析工作。许多大公司通常设有专职部门负责进行此项工作。当然，创业者通常难以仿效他们的做法，不过也可以采用其他途径和方法进行此项工作，如果运用得当，同样会收到良好的效果。这些途径和方法有：经常订阅有关行业的各种报纸杂志，及时了解最新消息；参加行会及其他专业性的社团组织，争取机会多参加某些贸易展销会之类的公众集会；经常监测所组织的各类营销业务活动的效果，察悉变化情况，查明之所以会造成销售增长或销售衰退的原因；对于任何一种营销新观念、推广新方法、广告新技术或传媒新方法等，应先经实验，而后再选用，要断然采用减少损失的各种措施。

虽然创业机会有显性的和潜在的之分，但大多数情况下，创业机会又不是一成不变的，而是动态复杂的，好的创业机会和不好的创业机会往往只有一步之遥。那么，这就对创业者提出了更高的要求，他们必须对市场及未来的发展趋势做出准确的分析，并在此基础上进行充分的准备。"凡事预则立，不预则废"，创业者只有做好市场分析，准确把握市场未来发展的方向，才能赢得更多更好的创业和成功的机会。纵观国内外许多成功的创业者，大多数都是经过对市场趋势的准确、冷静分析而获得创业机会并走上成功之路的。

（四）及时捕捉

可从以下几方面来捕捉创业机会：

1. 从市场供求差异中捕捉创业机会

在市场经济条件下，宏观供求，总是有一定差异的，这些差异正是创业者的创业机会。创业机会存在于为顾客创造价值的产品或服务中，而顾客的需求是有差异的。创业者要善于寻找顾客的特殊需要，盯住顾客的个性需要并认真研究其需求特征，这样就可能发现和把握商机。时下，创业者热衷于开发所谓的高科技领域等热门机会，但创业机会并不只属于"高科技领域"，在保健、饮食、流通这些所谓的"低科技领域"也有机会。随着打火机的普及，火柴慢慢退出了人们的视线，而创业者沈子凯却在这个逐渐被人淡忘的老物件里找到了新商机，他创造的"纯真年代"艺术火柴红遍大江南北。还有为数不少的创业者追求向行业内的最佳企业看齐，试图通过模仿快速取得成功，结果使得产品和服务没有差异，众多企业为争夺现有的客户和资源展开激烈竞争，企业面临困境。所以，创业者要克服从众心理和传统习惯思维的束缚，寻找市场空白点或市场缝隙，从行业或市场在矛盾发展中形成的空白地带把握机会。如海尔人就善于巧妙地填补供需结构空间的"空隙"。几年前，海尔总裁张瑞敏出差四川，听说洗衣机在四川销售受阻，原因是农民常用洗衣机洗地瓜，排水口一堵，农民就不愿用了。于是，张瑞敏就要求根据农民的需求，开发出一种出水管子粗大，既可洗衣又可洗地瓜的洗衣机。这种洗衣机生产出来以后，在西南农村市场很受欢迎。

2. 从市场的"边边角角"捕捉创业机会

边角往往容易被人忽视，而这也正是新企业可以利用的空隙。创业机会无时不有，无处不在，许多机会甚至俯拾即是，但机会又转瞬即逝。因此，想要捕捉创业机会，必须不断强化机会意识，随时留意身边发生的各种事情，同时要具有敏锐的洞察力和超前意识，于一般人熟视无睹或见惯不惊的细微小事中，捕捉到有利可图的创业机会。

中小企业，尤其是小型企业，要充分发挥灵活多样、更新更快的特点，瞄准边角，科学地运用边角，另辟蹊径，通过合理的经营，增强自己的竞争实力，最终达到占领目标市场的目的。日本东京有家面积仅有 43 平方米的小型不动产公司。一次，有人向这家公司推销一块几百万平方米的山间土地。由于这块地人迹罕至，没有公共设施，不动产价值被认为是零，因此其他不动产商都不感兴趣。然而，这家公司的老板渡边却认为，城市现在已是人挤人了，回归大自然将是不可遏止的潮流。因此，他毫不犹豫拿出全部财产，又大量举债将地买了下来，并将其细分为种植园用地和别墅用地；而后大做广告，其广告醒目、动人，充分抓住其山青山秀、白云绿树的特色，适应了都市人向往大自然的心理，结果不到一年，就卖出 415 亩土地，净赚 50 亿日元。

3. 从竞争对手的缺陷中捕捉创业机会

很多创业机会是缘于竞争对手的失误而"意外"获得的，如果能及时抓住竞争对手策略中的漏洞而大做文章，或者能比竞争对手更快、更可靠、更便宜地提供产品或服务，也许就找到了机会。为此，创业者应追踪、分析和评价竞争对手的产品和服务，找出现有产品存在的缺陷，有针对性地提出改进产品的方法，形成创意，并开发具有潜力的新产品或新功能，就能够出其不意，成功创业。例如，美国的罗伯梅塑胶用品公司自 1980 年高特任总裁起，其业绩增长了 5 倍，净利增长了 6 倍。罗伯梅公司成功的秘诀之一就在于采取了积极参与市场竞争，"取竞争者之长，补竞争者之短"的方式，在竞争对手塔普公司开发出储存食物的塑胶容器后，罗伯梅公司对其进行了认真的分析研究，认为塔普公司的产品，品质虽然高，却都是碗状，放在冰箱里会造成许多小空间无法利用。于是，对其加以改进，开发出了性能更好、价格更低，又能节省存放空间的塑胶容器。就这样，在塔普公司及其他公司还未看清产品问题的时候，罗伯梅公司却已将之转化为极重要的竞争优势了。

4. 从市场变化的趋势中捕捉创业机会

产业的变更或产品的替代，既满足了顾客需求，同时也带来了前所未有的创业机会。

比如，电脑诞生后，软件开发、电脑维修、图文制作、信息服务和网上开店等创业机会随之而来。任何产品的市场都有其生命周期，产品会不断趋于饱和达到成熟直至走向衰退，最终被新产品所替代，创业者如果能够跟踪产业发展和产品替代的步伐，通过技术创新则能够不断寻求新的创业机会。

变化中常常蕴藏着无限商机，许多创业机会产生于不断变化的市场环境。环境变化将带来产业结构的调整、消费结构的升级、思想观念的转变、政府政策的变化、居民收入水平的提高等。创业者透过这些变化，就会发现新的机会。例如，随着目前私人轿车拥有量的不断增加，将产生汽车销售、修理、配件、清洁、装潢、二手车交易和陪驾等诸多创业机会。任何变化都能激发新的创业机会，需要创业者凭着自己敏锐的嗅觉去发现和创造。许多很好的创业机会并不是突然出现的，而是对"先知先觉者"的一种回报。聪明的创业者往往选择在最佳时机进入市场，当市场需求爆发时，他已经做好准备。

此外，追求"负面"也会找到机会。所谓追求"负面"，就是着眼于那些大家"苦恼的事"和"困扰的事"。因为是苦恼，人们总是迫切希望解决，如果能提供解决的办法，实际上就是找到了创业机会。例如双职工家庭，没有时间照顾小孩，于是有了家庭托儿所就是从"负面"寻找机会的例子。

5. 从行业交界处捕捉创业机会

每个企业都有其特定的经营领域。比如木材加工公司所面对的就是家具及其他木制品经营领域，广告策划公司所面对的是广告经营领域。一般来说，企业对行业创业机会比较重视，因为它能充分利用自身的优势和经验，发现、寻找和识别机会的难度系数小，但是它会因遭到同行业的激烈竞争而失去或降低成功的机会。由于各企业都比较重视行业的主要领域，因而在行业与行业之间有时会出现夹缝和真空地带，无人涉足。这种机会比较隐蔽，难于发现，需要有丰富的想象力和大胆的开拓精神才能发现和开拓。这种创业方式选择的空间很大。

 案例分析

【案例】 2007 年，在电子科技大学中山学院环境艺术设计专业读大三的何龙祥，偶然看到街上一个打扮新潮的女孩脚上穿着一双手绘鞋，顿时产生了浓厚的兴趣。"我是学艺术设计的，做手绘没有太大难度，既然有人喜欢，应该有市场。"凭着这种直觉判断，何龙祥成立了自己的手绘工作室，从最流行的手绘情侣 T 恤开始进行创作。

起初，他并不知道如何为自己的手绘 T 恤做推广，就把画好的 T 恤穿在自己身上，在学校里来回地走，以吸引周围同学的注意。慢慢打开校园市场后，他发现周围越来越多的同学喜欢在网上购物，又萌生了开网店把生意做到学校以外去的想法。

但此时的何龙祥毕竟还是个在校学生，他找来师弟师妹，无论是创作手绘产品，还是运营网店、包装发货，都从零开始。第一个月，"祥子手绘"网店的销售额就达到了 3000 元，第二个月增长至 5000 元。

2008 年，毕业在即的何龙祥申请了中山市青年创业基金，以"祥子手绘"项目加入中山市青年创业大军行列。在成功申请到第一批创业基金 5 万元后，他用这笔钱在中山市大信商业街租下一个 6 平方米大小的店铺，从而将网店上的生意延伸到了线下实体店内。

完成了从"大学生"到"创业者"身份转变的何龙祥，开始思考如何将"祥子手绘"永续经营下去。

他告诉记者，过去"祥子手绘"作为大学生社会实践项目，更多的是为了积累社会经验，所以并不会就产品的品种选择、如何突显创意手绘价值等考虑太多。但是，现在既然要将"祥子手绘"作为一个品牌来经营，就必须让它与市面上其他的手绘产品形成差异。

为了给"祥子手绘"重新进行品牌定位，何龙祥决定关闭网店，专注于线下实体店经营。乍听之下，这个决定似乎有些让人难以理解：为什么要放弃开得好好的网店？尤其是，作为一名"80后"创业者，为什么宁愿放弃飞速发展的电子商务，而押注在线下实体店上呢？

何龙祥的解释是，虽然在决定关闭网店之前，这块业务每月能为公司带来数万元的销售收入，但他也明显感觉到在那个鱼龙混杂的平台上，自己的产品很难与其他主打低价的手绘产品形成差异化竞争，并获得消费者的认可。与其同样走低价路线，不如先收缩回来，打造自己的产品竞争力。

为此，何龙祥一方面压缩了手绘T恤、手绘鞋等在市面上随处可见的产品的比例，转而结合中山的古镇文化和特色产业，如古镇灯具、家具等，研发新的手绘产品和手绘墙服务，首先在手绘图案的设计来源上，与其他以卡通漫画或个性人像为主题的手绘作品区分开来。

另一方面，他瞄准儿童市场，将DIY手绘与绘画培训结合起来，成立创意DIY主题乐园，继续培育手绘艺术的潜在市场。目前，何龙祥的手绘培训机构已有200余名学生，他们参与与绘画相关的各种动手动脑、开发创意思维的家庭娱乐项目。

何龙祥坦言，尽管从毕业成立公司算起，自己已创业四年，但有关如何开发出独具特色的手绘产品，他仍在不断摸索之中。同时，由于一毕业就加入创业大军，缺乏在大公司里的工作经历，"刚成立公司那会儿，我甚至连一个公司里到底该设置哪些部门都不是很清楚"，何龙祥半开玩笑地说道。现在，用他自己的话来说："我从不会看着别人的成长轨迹订立自己的目标，我对自己的要求很简单，就是每年都能看到自己与上一年相比的成长。"

【案例分析】　本案例带给我们启发主要有以下两点：

一是创业者应练就"捕捉商机"的火眼金睛。事实上，好的创意和商业想法并不等同于好的市场机会。商机就是市场释放和扩展的前奏，也代表着市场发展的水平、规模、质量和走向。商机最初的外在表现就是"未被满足的市场需求"，正如本案例中的何龙祥，一双手绘鞋让他"嗅"到了其中的市场，从最简单的手绘情侣T恤开始，渐渐扩展到其他领域。后来，他发现周围越来越多的同学喜欢在网上购物，又开了网上商店，生意越来越红火。

二是创业者不仅要善于发现商机，还要善于选择商机带来的项目。本案例的"祥子手绘"发现自己的产品很难与其他主打低价的手绘产品形成差异化竞争，便毅然关闭网店，专心打造自己的产品竞争力。他一方面压缩手绘T恤、手绘鞋等在市面上随处可见的产品比例，结合中山的古镇文化和特色产业，如古镇灯具、家具等，研发新的手绘产品和手绘墙服务，在手绘图案的设计来源上，与其他以卡通漫画或个性人像为主题的手绘作品区分开来。另一方面则瞄准儿童市场，将DIY手绘与绘画培训结合起来，成立创意DIY主题乐园，继续培育手绘艺术的潜在市场。"祥子手绘"的成功告诉我们，选择创业项目时不能什么都做，只有有所不为才能有所为。

第三节　创业机会评价

创业机会评价是评价主体从效益、市场、策略等方面对创业机会的价值进行综合评估，并决定下一步是否对创业机会开发和利用的过程。所有的创业行为和活动都来自于良好的创业机会，但创业者如何才能知道自身所拥有的创业机会是否具有发展前景呢？众所周知，80%以上的创业活动最后都以失败告终。成功与失败之间，除了存在不可控的运气因素外，显然还存在着一些必然因素，在创业者的创业之初就决定了未来的成败。因此，创业者如果能在创业之前，进行精心的准备与机会评价，无疑能提高创业的成功率。

一、创业机会评估准则

创业机会评估，其实就是要回答目标市场是否存在、有多大规模，以及作为主体的企业或创业者是否适合这个市场的问题。创业机会的评估一般有以下几条衡量标准，包括产业和市场、资本和获利能力、竞争优势、管理班子等方面。这些可以作为创业者从第三方角度看自己，进行自我剖析的重要参考。

（一）产业和市场

1. 市场定位

一个好的创业机会，或一个具有较大潜力的企业必然具有特定的市场定位，专注于满足特定顾客的需求，同时也可能为顾客带来增值额效果。因此评估创业机会的时候，可从以下几个方面着手：第一，市场定位是否明确，有没有做到：别人不做的，我做；别人没有的，我有；别人做不到的，我做得到；第二，顾客需求分析是否清晰，是否从顾客需求或需求变化趋势着手，发现市场产品问题、缺陷，寻找市场进入机会；第三，顾客接触通道是否流畅，是否有效地建立了与顾客沟通的途径和方法，能及时寻找和发现有价值的市场营销机会；第四，产品是否持续延伸，也就是说，产品能否从深度和广度上不断拓展。产品是否能有效地进行各类组合等等。从以上几个方面我们可以来判断创业机会可能创造的市场价值，创业带给顾客的价值越高，创业成功的机会也会越大。对用户来说，回报时间如果超过三年，而且又是低附加值和低增值的产品或服务是缺乏吸引的。一个企业如果无力在一单产品之外扩展业务也会导致机会的低潜力。

2. 市场结构

美国学者迈克尔·波特曾提出了一种结构化的行业环境分析方法，指出有五种基本力量决定了一个市场或细分市场长期的、内在的吸引力，较好地反映了新创企业的行业竞争因素，如图5-1所示。

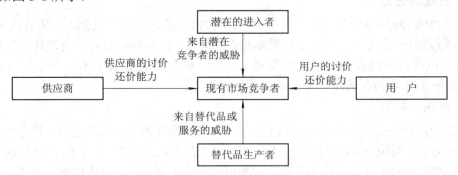

图 5-1　影响行业竞争的五种力量

针对创业机会的市场结构我们可以进行几项分析，包括：第一，进入障碍。潜在竞争者进入细分市场，就会给行业增加新的生产能力，并且从中争取一定的重要资源和市场份额。形成新的竞争力量，降低市场吸引力。如果潜在竞争者进入行业的障碍较大，比如规模经济的要求，或者购买者的转换成本太高，或者政府政策的限制等，潜在竞争者进入市场就比较困难。第二，供应商。如果企业的供应商能够提价或者降低产品和服务的质量，或减少供应数量,那么企业所在的细分市场就没有吸引力,因此,与供应商建立良好的关系和开拓多种供货渠道才是防御上策。第三,用户。如果某个细分市场中用户的讨价还价能力很强或正在加强,他们便会设法压低价格,对产品或服务提出更多要求,并且使竞争者相互斗争,导致销售商的利润受到损失,所以要提供用户无法拒绝的优质产品和服务。第四,替代性竞争产品的威胁。如果替代品数量多,质量好,或者用户的转换成本低,用户对价格的敏感性强,那么替代性产品生产者对本行业的压力就大,行业吸引力就会降低。第五,市场内部竞争的激烈程度。如果某个细分市场已经有众多强大的竞争者,行业增长缓慢,或该市场处于稳定或衰退期,撤出市场的壁垒过高,转换成本高,产品差异性不大,竞争者投资很大,则创业企业要参与竞争就必须付出高昂的代价。

由以上的市场结构分析可以得知新企业未来在市场中的地位,以及可能遭遇竞争对手反击的程度。对新创企业来说,将要进入的市场具有一个怎样的市场结构,市场竞争是否十分激烈,对于创业的成果具有重要意义。一个分裂的、不完善的市场或正在形成的企业常常会产生未满足的市场空缺,这对于市场机会的潜力大小也就具有重要影响。例如,在可以获得资源所有权、成本优势这些好处的市场上,即使存在竞争,其赢利的可能性也是相当大的。

3. 市场规模

市场规模大小与成长速度,也是影响新企业成败的重要因素。一般而言,市场规模大者,进入障碍相对较低,市场竞争激烈程度也会下降。如果要进入的是一个成熟的市场,那么纵然市场规模很大,由于已经不再成长,利润空间比必然很小,因此新企业就不值得再投入。反之,一个正在成长中的市场,通常也会是一个充满商机的市场,所谓水涨船高,只要进入时机正确,必然会有获利的空间。一般来说,一个总销售额超过 1 亿美元的市场是有吸引力的,在这样的一个市场上,占有大约 5% 的份额甚至更少的份额就可以获得很大的销售额,并且对竞争对手并不构成威胁,这样可以避免高度竞争下的低毛利和风险。

4. 市场渗透力

市场渗透力也就是增长率,对于一个具有大市场潜力的创业机会,市场渗透力(市场机会实现的过程)评估将会是一项非常重要的影响因素。聪明的创业者知道选择在最佳时机进入市场,也就是市场需求正要大幅度增长之际,做好准备等着接单。一个年增长率达到30%~50% 的市场为新的市场进入者创造新的位置。

5. 市场占有率

在创业机会中预期可获得的市场占有率,可以显示新创业公司未来的市场竞争力。一般而言,成为市场的领导者,最少需要拥有 20% 以上的市场占有率。如果低于 15% 的市场占有率,则这个新企业的市场竞争力不高,自然也会影响未来企业上市的价值,尤其处在具有赢家通吃特点的高科技产业,新企业必须拥有成为市场前几名的能力,才比较具有投资价值。

6. 产品的成本结构

对于风险投资者来说,如果创业计划显示市场中只有少量产品出售而产品单位成本都很高时,那么销售成本较低的公司就可能面临有吸引力的市场机会。产品的成本结构,也可以反映新创企业的前景是否靓丽。例如,从物料与人工成本所占比重之高低、变动成本与固定成本的比重,以及经济规模产量大小,可以判断新企业创造附加价值的幅度以及未来可能的获利空间。

(二)资本和获利能力

如果说市场机会评估只是创业机会评估工作的一个方面,并且很多因素难以量化,那么效益评估就是更为全面的价值评估,它需要对未来企业的收益情况有量化的评估,不论对创业者还是投资者都是非常有益的参考依据。

1. 毛利

单位产品的毛利是指单位销售价格减去所有直接、可变的单位成本。对于创业机会来说,高额和持久的获取毛利的潜力是十分重要的。

毛利率高的创业机会,相对风险较低,也比较容易取得损益平衡。反之,毛利率低的创业机会,相对风险则较高,遇到决策失误或市场产生较大变化的时候,企业很容易就遭受损失。一般而言,理想的毛利率是 40%。当毛利率低于 20% 的时候,这个创业就不值得考虑。例如软件业的毛利率通常都很高,所以只要能找到足够的业务量,从事软件创业在财务上遭受严重损失的风险相对比较低。

2. 税后利润

高而持久的毛利率通常转化为持久的税后利润。一般而言,具有吸引力的创业机会,至少需要能够创造 15% 以上税后利润。如果创业预期的税后利润是在 5% 以下,那么就不是一个好的投资机会。

3. 损益平衡所需的时间

损益平衡所需的时间也就是取得盈亏相抵和现金流量的时间,合理的损益平衡时间应该能在两年以内达到,但如果三年还达不到,恐怕就不是一个值得投入的创业机会,不过有的创业机会确实需要经过比较长的耕耘时间,通过这些前期投入,创造进入障碍,保证后期的持续获利。比如保险行业,前期仅注册资金就需要数亿元,而一般投资回报周期为 7 到 8 年,这样的行业一般来说不会适用于第一次创业者。在这种情况下,可以将前期投入视为一种投资,才能容忍较长的损益平衡时间。

4. 投资回报率

考虑到创业者可能面临的各项风险,合理的投资回报率应该在 25% 以上。一般而言,15% 以下的投资回报率,是不值得考虑的创业机会。

5. 资本需求量

资本需求量较低的创业机会,投资者一般会比较欢迎。事实上,许多个案显示,资本额过高其实并不利于创业成功,有时还会带来稀释投资回报率的负面效果。通常,知识越密集的创业机会,对资金的需求量越低,投资回报反而会越高。因此在创业开始的时候,不要募集太多资金,最好通过盈余积累的方式来创造资金。而比较低的资本额,将有利于提高每股盈余,并且还可以进一步提高未来上市的价格。

6. 策略性价值

是否创造新创企业在市场上的策略性价值,也是一项重要的评价指标。一般而言,策略性价值与产业网络规模、利益机制、竞争程度密切相关,而创业机会对于产业价值链所能创造的加值效果，也与它所采取的经营策略与经营模式密切相关。

7. 退出机制

所有投资的目的最终都是在于更大的回收。从某种意义上看，投入就是为了退出。因此退出机制与策略就成为一项评估创业机会的重要指标。企业的价值一般也要由具有客观鉴价能力的交易市场来决定，而这种交易机制的完善程度也会影响新企业退出机制的弹性。由于退出的难度普遍要高于进入，所以一个具有吸引力的创业机会，应该要为所有投资者考虑退出机制，以及退出的策略规划。

（三）竞争优势

1. 成本

成本优势是竞争优势的主要来源之一。成本可分为可变成本和固定成本，从另一个角度，又可分为生产成本、营销成本和销售成本等。较低的成本给企业带来较大的竞争优势，从而使得相应的投资机会较有吸引力。一个新企业如果不能取得和维持一个低成本生产者的地位，它的预期寿命就会大大缩短。

2. 控制程度

如果能对价格、成本和销售渠道等实施较强的或强有力的控制，这样的机会就比较有吸引力。这种控制的可能性与市场势力有关，例如，一个对其产品的原材料来源或者销售渠道拥有独占性控制的企业，即使在其他领域较为薄弱，它也仍能够取得较大的市场优势。占有市场份额 40%、50% 甚至 60% 的一个主要竞争者通常对供应商、客户和价格都拥有足够的控制力，从而能够对一个新企业形成重大的障碍，在这样一个市场上创办的一家企业将几乎没有自由。

3. 进入障碍

如果不能把其他竞争者阻挡在市场之外，新创企业的欢乐就可能迅速消逝。这样的例子可以在硬盘驱动器制造业中发现。在 20 世纪 80 年代早期到中期的美国，该行业未能建立起进入市场的障碍，到了 1983 年底，就有约 90 家硬盘驱动器公司成立，激烈的价格竞争导致该行业出现剧烈震荡。因此，如果一家企业不能阻止其他公司进入市场，或者它面临着现有的进入市场的障碍，它就没有吸引力。

（四）管理班子

企业管理队伍的强大对于机会的吸引力是非常重要的，这支队伍一般应该具有互补性的专业技能，以及在同样的技术、市场和服务领域有赚钱和赔钱的经验。如果没有一个称职的管理班子或者根本没管理班子，这种机会就没有吸引力。

二、创业机会评价步骤

创业机会的具体评价步骤如下：

（1）确定评价目标。确定评价目标是创业机会评价的第一步，评价目标直接影响到评价指标体系、评价方法等后续步骤的实现。在创业机会评价开始的时候，要对评价目标的特性进行充分分析，以更好地确定创业机会的影响因素，从而确定创业机会评价的基本框架。

（2）创业机会影响因素分析。影响创业机会的因素有很多，既有内部创业团队的因素，也有外部创业环境的因素；既有社会因素，也有经济因素；既有市场因素，也有社会网络因素等。从各种影响创业机会的因素中抽象出关键性的因素，便构成了创业机会评价指标体系。

（3）构建评价指标体系。创业机会评价指标体系是在对创业机会影响因素分析的基础上构建的。蒂蒙斯(Timmons)法的指标体系是最全面的创业机会评价指标体系，可以作为创业机会评价的属性库。在此基础上，可结合我国国情及创业机会实际情况，构建新的评价指标体系。

（4）评价方法的应用。评价方法是对评价指标的排序和量化。创业机会评价涉及很多指标，有些指标可以量化，如潜在的市场规模、市场增长率等；而有些指标不易量化，如产品的结构等。单纯的定性方法难以对创业机会的优劣进行排序；单纯的定量方法难以对决定创业机会的关键要素进行选择。因此，应在借鉴相关模型的基础上，选择定量与定性相结合的方法进行评价。

（5）评价实施。创业机会评价的实施是评价的实际操作阶段，对定量指标和定性指标进行处理，引入需要的数据和相关专家的评定，并结合相关模型，最终得到评价结果。评价实施也是对创业机会进行选择和淘汰的过程，关键是相关数据的获取和模型的选择。

（6）评价反馈。创业机会评价是一个动态的过程，其本质上是一个主观的、理论的分析过程。创业机会是否能真正成为一个成熟机会，是否可以在现实中开发，还需要进一步从实践中证明，依据创业活动实践，可以从风险规避和价值创造这两个方面对创业机会评价的结果做进一步修正。

三、创业机会评价方法

（一）定性评价

对创业机会的评价事实上是预期创业过程中将遇到的问题，因此是一种前瞻性的评价。而事情的发展往往是出人意料的，创业的过程中将会遇到许多的问题。许多问题无法精确，这就给机会的评价增加了很大的难度。因此定性的评价方法在创业机会评价方面是一种主要的方法。下面对两种主要的创业机会定性评价方法进行评述。

1. 史蒂文森法

史蒂文森(Stevenson)法提出从以下几方面定性评价创业机会：第一，机会的大小，存在的时间跨度和随时间成长的速度等问题；第二，潜在的利润是否足够弥补资本、时间和机会成本的投资，并带来令人满意的收益；第三，创业机会是否开辟了额外的扩张、多样化或综合的机会等；第四，在可能的障碍面前，收益是否会持久；第五，产品或服务是否真正满足了真实的需求。

2. 朗格内克法

朗格内克(Longenecker)法指出了定性评价创业机会的五项基本标准：第一，对产品有明确界定的市场需求，推出的时机也是恰当的；第二，创业机会所形成的投资项目必须能够维持持久的竞争优势；第三，创业机会必须具有一定程度的高回报，从而允许一些投资中的失误；第四，创业者和创业机会之间必须互相合适；第五，创业机会不存在致命的缺陷。

(二) 定量评价

1. 标准打分矩阵

选择对创业机会有重要影响的因素，并由相关专家对每一个因素进行打分，最后求出每个因素在各个创业机会下的加权平均分，从而对不同的创业机会进行比较，如表 5-1 所示。

表 5-1　创业机会打分评价表

标准	专 家 评 分			
	很好(3 分)	好(2 分)	一般(1 分)	加权平均分
操作性				
成长的潜力				
专利权状况				
质量和易维护性				
投资收益				
资本增加的能力				
市场接受性				
市场容量大小				
制造的简单性				
广告潜力				

2. 蒂蒙斯法

著名的创业学家蒂蒙斯(Timmons)概括了一个定性评价创业机会的框架体系，其中涉及八大类共 53 项指标，如表 5-2 所示。创业者可以利用这个体系模型对产业与市场、竞争优势、经济因素、收获条件、管理团队和致命缺陷等做出判断，来定量评价一个新企业的投资价值。

表 5-2　蒂蒙斯创业机会评价框架

类 别	评 价 指 标
产业与市场	1. 市场容易识别，可以带来持续收入
	2. 顾客可以接受产品或服务，愿意为此付费
	3. 产品的附加价值高
	4. 产品对市场的影响力高
	5. 将要开发的产品生命长久
	6. 项目所在的产业是新兴产业，竞争不完善
	7. 市场规模大，销售额潜力达到 1000 万～10 亿元
	8. 市场成长率在 30%～50% 甚至更高
	9. 现有厂商的生产能力几乎完全饱和
	10. 在五年内能占据市场的领导地位，占有率达到 20% 以上
	11. 拥有低成本的供货商，具有成本优势

续表

类 别	评 价 指 标
管理团队	1. 创业者团队是优秀管理者的组合
	2. 行业和技术经验达到了本行业内的最高水平
	3. 管理团队的正直廉洁程度能达到最高水准
	4. 管理团队知道自己缺乏哪方面的知识
竞争优势	1. 固定成本和可变成本低
	2. 对成本、价格和销售的控制较高
	3. 已经获得或可以获得对专利所有权的保护
	4. 竞争对手尚未觉醒,竞争较弱
	5. 拥有专利或具有某种独占性
	6. 拥有发展良好的网络关系,容易获得合同
	7. 拥有杰出的关键人员和管理团队
收获条件	1. 项目带来的附加价值具有较高的战略意义
	2. 存在现有的或可预料的退出方式
	3. 资本市场环境有利,可以实现资本的流动
经济因素	1. 达到盈亏平衡点所需要的时间在 1.5～2 年之间
	2. 盈亏平衡点不会逐渐提高
	3. 投资回报率在 25% 以上
	4. 项目对资金的要求不是很大,能够获得融资
	5. 销售额的年增长率高于 15%
	6. 有良好的现金流量,能占到销售额的 20%～30%
	7. 能获得持久的毛利,毛利率要达到 40% 以上
	8. 能获得持久的税后利润,税后利润率要超过 10%
	9. 资产集中程度低
	10. 运营资金不多,需求量是逐渐增加的
	11. 研究开发工作对资金的要求不高
理想与现实的战略差异	1. 理想与现实情况相吻合
	2. 管理团队已经是最好的
	3. 在客户服务管理方面有很好的服务理念
	4. 所创办的事业顺应时代潮流
	5. 所采取的技术具有突破性,不存在许多替代品或竞争对手
	6. 具备灵活的适应能力,能快速地进行取舍
	7. 始终在寻找新的机会
	8. 定价与市场领先者几乎持平
	9. 能够获得销售渠道,或已经拥有现成的网络
	10. 能够允许失败
致命缺陷	不存在任何致命缺陷
创业家的个人标准	1. 个人目标与创业活动相符合
	2. 创业家可以做到在有限的风险下实现成功
	3. 创业家能接受薪水减少等损失
	4. 创业家渴望进行创业这种生活方式,而不只是为了赚大钱
	5. 创业家可以承受适当的风险
	6. 创业家在压力下状态依然良好

对于上述每个因素，在具体定量评价时，都设有创业机会的吸引力潜力最高和创业机会的吸引力潜力最低两个极端情况，一般来说所有的创业机会都会处于这两个极端情况之间，创业者根据具体情况对其打分。最后根据打分结果的高低判断该创业机会的潜在价值。

3. 普坦辛米特法

普坦辛米特(Potentionmeter)法是一种让创业者填写针对不同因素的不同情况、预先设定好权值的选项式问卷的方法，详情如表 5-3 所示。对于各种因素，不同选项的得分为 –2～+2 分，对所有因素得分加总就是最后的总分，总分越高的特定创业机会成功的潜力就越大，只有那些最后得分高于 15 分的创业机会才值得创业者进行下一步的行动，低于 15 分的是应该舍弃的机会。

表 5-3　普坦辛米特法的评价指标

序号	指　　　　标
1	生命周期中预期的成长阶段
2	预期的年销售额
3	对于税前投资回报水平的贡献
4	销售人员的要求
5	投资回收期
6	进入市场的容易程度
7	商业周期的影响
8	为产品指定高价的潜力
9	占有领先者地位的潜力
10	从创业到销售额高速增长的预期时间
11	市场试验的时间范围

4. 巴蒂选择因素法

巴蒂(Baty)的选择因素法通过对 11 个选择因素的设定来对创业机会进行判断。如果某个创业机会只符合其中的 6 个或者更少的因素，那么这个创业机会就不可取；反之则说明该创业机会成功的希望很大，如表 5-4 所示。

表 5-4　巴蒂选择因素法

序号	因　　　　素
1	这个创业机会在现阶段是否只有创业者本人发现了
2	产品初始生产成本是否是创业者可以承受的
3	创业机会市场初始开发成本能否承受
4	新企业的产品是否具有高利润回报的潜力
5	是否可以预期产品投放市场和达到盈亏平衡点的时间
6	创业机会潜在的市场是否巨大
7	创业者的产品是否是一个快速成长的产品系列中的第一个产品
8	创业者是否拥有一些现成的初始客户
9	创业者是否可预期产品的开发成本和开发周期
10	新企业是否处于一个成长中的行业
11	金融界是否能理解新企业的产品和消费者对它的需求

总体而言，无论采用什么方法识别和评价创业机会的价值，得出的结论大体上是相似的。好的创业机会一般具有以下五个重要特征：市场前景可明确界定；未来市场中前5~7年销售额稳步且快速增长；创业者能够获得利用机会所需的关键资源；创业者不被锁定在刚性的技术路线上；创业者可以用不同的方式创造额外的机会和利润。

✦✦✦✦✦　**思　考　题**　✦✦✦✦✦

1. 创业机会有哪些特征和类型？
2. 在大学校园里存在哪些创业机会？
3. 影响创业者识别创业机会的因素有哪些？
4. 怎样理解创业评估的准则？通过哪些步骤来评价创业机会？
5. 结合自身的创业实际，用创业机会评估的方法来评价创业过程是否可行？

第六章　创业风险

知识目标

- 了解创业风险的特征、来源和分类。
- 理解创业风险的识别方法。
- 掌握创业风险的管理策略。

能力目标

通过本章的学习，增强大学生对创业风险的理性认识，提高防范风险的能力。

创业是不拘泥于当前资源条件的限制对机会的追寻，将不同资源组合以利用和开发机会并创造价值的过程。风险与机会同在，并伴随创业的全过程，是创业活动的固有属性。对创业者而言，除了风险外，没有什么是确定的。在创业过程中，创业者必须清晰地了解以下问题：创业需要面对哪些风险？如何有效地识别风险？如何有效地管理风险？

第一节　创业风险概述

一、创业风险的内涵与特征

（一）创业风险的内涵

风险是一种概率，在未演化成威胁之前，并不对创业活动造成直接的负面影响，所以说，风险是一种未来的影响趋势。风险与收益一般是成正比例关系，即风险越大，获利可能性越高。任何一家运营中的企业每天都会面临着一定的风险，新创业自然也不例外。风险是可以被感知和认识的客观存在，无论从微观角度还是宏观角度，都可以进行判断和估计，对创业风险进行有效的管理。因此，新创企业在开办之初就要查找并确认企业可能存在的各种风险，制定并执行各种有效的应付风险的对策，把风险损失限制在企业所承受的最小范围。

所谓创业风险，是指由于创业环境的不确定性，创业机会与新企业的复杂性，创业者、创业团队与创业投资者的能力与实力的有限性，而导致创业活动偏离预期目标的可能性及其后果。

（二）创业风险的特征

只要我们在创业过程中规避一定风险，就可能带来意想不到的机会和比例不等的收益。

那么，在考虑规避创业风险的时候，创业者首先要认识和了解创业风险的特征及其组成要素的，离开这些，规避风险就无从谈起。

1. 创业风险具有客观性

创业风险具有客观性，指的是在创业过程中，风险在很大程度上是不以创业者或创业主体的意志为转移的，是独立于创业者或创业主体意志之外的客观存在。例如，自然界洪涝灾害等气候影响，社会领域的战争或冲突，创业过程中发生的意外事故等，都是不以创业者的意志为转移的客观存在。创业者在创业过程中只能采取规避风险的办法，在一定的时间和空间内改变风险存在和发生的条件，来降低风险发生的频率和损失幅度，但是，却不可能彻底消除风险的存在。

2. 创业风险具有普遍性

人类历史就是与各种风险相伴的历史。自从人类出现后，就面临着各种各样的风险，如自然灾害、疾病伤残、死亡、战争等。随着科学技术的发展、生产力的提高、社会的进步、人类的进化，又产生了新的风险，且风险事故造成的损失也越来越大。

在当今社会，创业面临着自然风险、市场风险、技术风险、政治政策风险等。风险无处不在，无时不有。

3. 创业风险具有不确定性

创业风险具有不确定性，指的是在创业过程中由于信息的不对称，创业主体对未来风险事件发生与否难以预测，主要表现在以下几个方面：

(1) 风险是否发生，即风险发生的概率的不确定性；

(2) 风险发生时间和空间的不确定性；

(3) 风险产生的结果的不确定，即损失程度和范围的不确定性。

这就要求我们要尽可能在有限条件基础上进行全方位、全过程的防范。当然这也会给创业过程带来较高的防范成本。有时候，创业者面对不确定的创业风险显得无力和无奈。

4. 创业风险具有相关性

创业风险具有相关性是指创业者面临的风险与其创业行为及决策是紧密相连的。同一风险事件对不同的创业者会产生不同的风险，同一创业者由于其决策或采取的策略不同，会面临不同的风险结果。

5. 创业风险具有可变性

创业风险：具有可变性是指在一定条件下创业风险会因时空等各种因素变化而具有可转化的特性。世界上任何事物都是互相联系、互相依存、互相制约的，而任何事物都处于变动和变化之中，这些变动和变化必然会引起风险的变化。尤其是人类社会自身的进步和发展，也创造和推动了风险的发展和变化。例如，金融危机、国家政策、民俗风情、科技咨询的进步，都可能使创业风险因素发生变动，给创业过程带来影响。

6. 创业风险具有损益双重性

创业风险具有损益双重性是指创业风险对于创业收益不只有负面的影响。如果能正确认识并且充分利用创业风险，反而会使收益有很大程度的增加。风险发生后人们的感觉首先是损失，损失使得人们对风险印象深刻；只要风险存在，就一定有发生损失的可能，这种损失有时可以用货币计量，有时却无法用货币计量。风险的存在，不仅会造成人员伤亡，而且会造成生产力的破坏、社会财富的损失和经济价值的减少。因此，创业个体或企业才会寻求应对风险的方法。同时，我们必须认识到风险并不一定就代表损失，机会与损失并存，机遇与挑战同在。

7. 创业风险具有可测定性与测不准性

创业风险具有可测定性与测不准性，一方面是指创业风险是可以测量的，即可通过定性或定量的方法对其进行评估；另一方面是指创业风险的实际结果常常会出现偏离误差范围的状况，这是由于创业投资的测不准、创业产品周期的测不准与创业产品市场的测不准等造成的。

二、创业风险的来源

创业环境的不确定性，创业机会与创业企业的复杂性，创业者、创业团队与创业投资者的能力与实力的有限性，是创业风险的主要来源。研究表明，由于创业的过程往往是将某一构想或技术转化为具体的产品或服务，在这一过程，存在着几个基本的，相互联系的缺口，它们是形成上述不确定性、复杂性和有限性的直接影响因素。也就是说，创业风险在给定的宏观条件下，往往就直接来源于这些缺口。

1. 融资缺口

融资缺口存在于学术支持和商业支持之间，是研究基金和投资基金之间存在的断层。其中，研究基金通常来自个人、政府机构或公司研究机构，它即支持概念的创建，还支持概念可行性的最初证实，投资基金则将概念转化为有市场的产品原型(这种产品原型有令人满意的性能，对其生产成本有足够的了解并且能够识别其是否有足够的市场)。创业者可以证明其构想的可行性，但往往没有足够的资金将其实现商品化，从而给创业者带来一定的风险。通常，只有极少数基金愿意鼓励创业者跨越这个缺口，如富有的个人专门进行早期项目的风险投资，以及政府资助计划等。

2. 研究缺口

研究缺口主要存在于仅凭个人兴趣所做的研究判断和基于市场潜力的商业判断之间。当一个创业者最初证明一个特定的科学突破或技术突破可能成为商业产品基础时，他仅仅停留在自己满意的论证程度上。然而，这种程度的论证后来不可行了，在将预想的产品真正转化为商业化产品(大量生产的产品)的过程中，即具备有效的性能、低廉的成本和高质量的产品，在能从市场竞争中生存下来的过程中，需要大量复杂而且可能耗资巨大是研究工作(有时需要几年时间)，从而形成创业风险。

3. 信息和信任缺口

信息和信任缺口存在于技术专家和管理者(投资者)之间。也就是说，在创业中，存在两种不同类型的人：一是技术专家；二是管理者(投资者)。这两种人接受不同的教育，对创业有不同的预期、信息来源和表达方式。技术专家知道哪些内容在科学上是有趣的，哪些内容在技术层上是可行的，哪些内容根本就是无法实现的。在失败类案例中，技术专家要承担的风险一般表现在学术上、声誉上受到影响，以及没有金钱上的回报。管理者(投资者)通常比较了解将新产品引进市场的程序，但当涉及具体项目的技术部分时，他们不得不相信技术专家，可以说管理者(投资者)是在拿别人的钱冒险。如果技术专家和管理者(投资者)不能充分信任对方，或者不能够进行有效的交流，那么这一缺口将会变得更深，带来更大的冒险。

4. 资源缺口

资源与创业者之间的关系就如颜料和画笔与艺术家之间的关系。没有了颜料和画笔，艺术家即使有了构思也无从实现，创业也是如此。没有所需的资源，创业者将一筹莫展，创业也就无从谈起。在大多数情况下，创业者不一定也不可能拥有所需的全部资源，这就形成了资源缺口。如果创业者没有能力弥补相应的资源缺口，要么创业无法起步，要么在创业中受制于人。

5. 管理缺口

管理缺口是指创业者并不一定是出色的企业家，不一定具备出色的管理才能。进行创业活动主要有两种：一是创业者利用某一新技术进行创业，他可能是技术方面的专业人才但却不一定具备专业的管理才能，从而形成管理缺口；二是创业者往往有某种"奇思妙想"可能是新的商业点子，但在战略规划上不具备出色的才能，或不擅长管理具体的事物，从而形成管理缺口。

三、创业风险的分类

人类社会所面临的风险多种多样，不同的风险有着不同的性质和特点，它们形成的过程、发生的条件和对人类造成的损害也是不一样的。在企业中，不同性质和来源是风险相互作用，并由此决定了企业所面临的总体风险，识别企业所面临的总体风险对实现企业的战略目标具有重要的战略意义，因此，必须对种类繁多的风险按一定的方法进行科学分类，以便对各种风险进行识别、测定和管理。

1. 盲目选择项目

大学生创业时如果缺乏前期市场调研和论证，只是凭自己的兴趣和想象来决定投资方向，甚至仅凭一时心血来潮选定项目，做出决定，盲目上马，最终一定会碰得头破血流。

市场调研在创业初期对创业者是非常必要的一项工作，大学生创业者一定要在了解市场的基础上创业，减少盲目和冲动。一般来说，大学生创业者刚刚起步，资金实力大都较弱，所以选择启动资金不多、人手配备要求不高的项目，从小本经营做起比较适宜。

2. 创业技能缺乏

很多大学生创业者眼高手低，理想大于现实，而当创业计划真正转变为实际操作时，才发现自己根本不具备解决问题的能力，这样的创业往往很难成功。一方面，大学生需要积累相关的企业管理和营销经验，利用节假日去企业打工或实习是积累经验的很好途径；另一方面，积极参加必要的创业培训、积累创业知识、学习创业技能、接受专业指导和训练、提高创业成功率。

3. 资金风险

是否有足够的资金创办企业是创业者遇到的首要问题，资金风险在创业初期会一直伴随创业者。企业创办起来后，就必须考虑是否有足够的资金支持企业的日常运作。对于初创企业者来说，如果连续几个月入不敷出或者由于种种原因导致企业的现金流中断，都会给企业带来极大的威胁。相当多的企业会在创办初期因资金紧缺而严重影响业务的拓展，甚至错失商机而不得不关门停业。

创业者一定要学会广泛开辟和利用融资渠道，为创业计划的实施提供资金支撑，否则创业只能是一纸空谈。自筹资金、银行贷款、民间借贷等都是传统的融资方式，除此之外还可以充分利用风险投资、创业基金等一些新型的融资渠道。

4. 社会资源贫乏

企业创建、市场开拓、产品推介等工作都需要调动社会资源，大学生在这方面会感到非常吃力。这就要求创业者要有意识地培养和积聚社会资源，平时应尽可能多地参加各种社会实践活动，扩大自己人际交往的范围。创业前，可以先到相关行业领域工作一段时间，通过这个平台为自己日后的创业积累人脉。

5. 管理风险

一些大学生创业者虽然技术出类拔萃，但理财、营销、沟通、管理方面的能力普遍不足。一些创业失败者，往往是管理方面出了问题，比如决策随意、信息不通、理念不清、患得患失、用人不当、忽视创新、急功近利、盲目跟风、意志薄弱等。尤其是大学生比较单纯、知识单一、经验不足、对社会的复杂性了解不深、资金实力和心理素质明显不足，这都会增加在管理上的风险。

要想创业成功，大学生创业者必须技术、经营两手抓。创业者可从合伙创业、家庭创业或从虚拟店铺开始，锻炼管理能力，提升创业能力，也可以聘用职业经理人负责企业的日常运作。

6. 竞争风险

商场如战场，竞争是市场经济的核心要素，所以，如何面对竞争是每个企业都要随时考虑的事情，而对新创企业更是如此。如果创业者选择的行业是一个竞争非常激烈的领域，那么在创业之初极有可能受到同行的强烈排挤。一些大企业为了把小企业吞并或挤垮，常会采用低价销售的手段。

对于大企业来说，由于规模效益或实力雄厚，短时间的降价并不会对它造成致命的伤害，而对初创企业则可能意味着彻底毁灭的危险。因此，考虑好如何应对来自同行的残酷竞争是创业企业生存的必要准备。

7. 团队分歧的风险

现代企业越来越重视团队的力量。创业企业在诞生或成长过程中最主要的力量来源一般都是创业团队，一个优秀的创业团队能使创业企业迅速地发展起来。但与此同时，风险也就蕴涵在其中，团队的力量越大，产生的风险也就越大。一旦创业团队的核心成员在某些问题上产生分歧不能达到统一时，极有可能会对企业造成强烈的冲击。

事实上，做好团队的协作并非易事。特别是与股权、利益相关联时，很多初创时很好的伙伴都会闹得不欢而散。

8. 缺乏核心竞争力的风险

企业要想不断地发展壮大、持续健康地运行，是否具有自己的核心竞争力就是最主要的风险。一个依赖别人的产品或市场来打天下的企业是永远不会成长为优秀企业的。核心竞争力在创业之初可能不是最重要的问题，但要谋求长远的发展，这就是最不可忽视的问题。没有核心竞争力的企业终究会被淘汰出局。

9. 人力资源流失风险

一些研发、生产或经营性企业需要面向市场，大量的高素质专业人才或业务队伍是这类企业成长的重要基础。防止专业人才及业务骨干流失应当是创业者时刻注意的问题，在那些依靠某种技术或专利创业的企业中，拥有或掌握这一关键技术的业务骨干的流失是创业失败的最主要风险源。

10. 意识上的风险

意识上的风险是创业团队最内在的风险。这种风险来自于无形，却有强大的毁灭力。风险性较大的意识有投机的心态、侥幸心理、试试看的心态、过分依赖他人、回本的心理等。

大学生创业过程中所遇到阻碍和风险并不仅限于以上几点。机遇永远与风险并存，在企业发展过程中，随时都可能有灭顶之灾的风险。特别是对于初次涉入商海的创业者来说，许多都是从小打小闹开始的，一开始都面临着资金少、抗风险能力低、创业经验不足等问题，随便一点小的事故就可能会使处于婴儿期的事业毁于一旦，导致多年辛苦积攒的创业资金血本无归。

创业有风险，从商须谨慎。市场经济条件下，创业总是有风险的，不敢承担风险就难以求得发展。关键是创业者要树立风险意识，在经营活动中尽可能预防风险、降低风险、规避风险。因此，创业者要掌握一些风险规避的常识和技巧，从而有效规避和防范可能出现的创业风险，使创业之路走得更顺畅一些。

 创业故事   **沉着造就伟人——巴菲特的创业故事**

一位优秀的投资人不一定是赚钱赚得最多的人，而是那些能够赚相对确定和安全的钱的人。在商界中敢闯敢拼固然重要，然而在商界中选择一个适合自己的位置才是明智之举。巴菲特就是这样的一位成功者，在对于风险和收益的取舍中，巴菲特会有一个匹配的比例来从最小的风险中获取最大的利润。通常，只有平心静气，耐心等待，创业者才会越来越靠近胜利的彼岸。

一、从摆地摊到投身股市

沃伦·巴菲特，1930 年 8 月 30 日生于美国，被称为华尔街的"股神"，他是靠股市暴富的世界第二大富豪，在 2008 年的福布斯排行榜上，他的财富超过比尔·盖茨，成为世界首富。因为巴菲特的父亲霍华德曾从事证券经纪业务，所以巴菲特从小就受到熏陶，具有投资意识。巴菲特小时候很喜欢《赚到 100 美元的 1000 招》一书，他还参照书中的建议，和好友一起实践。五岁时巴菲特就知道在家门口摆地摊兜售口香糖，稍大后他又带领小伙伴到球场捡大款用过的高尔夫球，然后转手倒卖。

11 岁时，他鼓动姐姐与自己共同购买股票，他们合资买了 3 股每股 38 美元的"城市服务公司"股票，他自信心满满地等待赚钱。然而不遂人愿，该股不断下跌，姐姐很气愤，埋怨他选错了股。但该股价格很快就反弹了，上涨到每股 40 美元，小巴菲特没能沉住气，将股票全部出手，赚了 6 美元。正当他得意的时候，该股价格狂升，姐姐又埋怨他卖早了。这是他第一次涉足股市，虽然赚得不多，但他从中吸取了经验，那就是：在股市中一定要不为震荡所动，相信自己的判断。

巴菲特在成长过程中不断地学习投资技巧，泡在费城交易所里研究股票走势图和打听内幕。然而如果巴菲特只是一直研究走势图和打听内幕消息，也许现在已经破产，或仍是一名散户而已。可贵的是他没有因为具有投资意识而停下学习的脚步，他申请到去本杰明·格雷厄姆执教的哥伦比亚大学就读的资格。在哥伦比亚大学的学习过程中巴菲特获益良多。他开始逐步形成自己的投资体系。1962 年，他将几个合伙人企业合并成一个"巴菲特合伙人有限公司"，成立一家私人投资公司。

创业之初，纽约证券市场处于熊市，巴菲特将主要精力用来开了一家制衣公司，小有积累。一段时间后，他毅然地回到股市中，因为他的兴趣是金融投资。他密切关注股市的动态，精心剔除"垃圾股"，与此同时还进行实地考察与分析比较。巴菲特有敏锐的市场眼光，比其他人先看到炒作的题材。虽然巴菲特对于投资总是有很高的敏感度，但他仍总是不断地提醒自己要谨慎。20 世纪 60 年代后期，华尔街出现了前所未有的牛市。在一些大公司的推动下，出现了兼并浪潮。而一些公司处心积虑地利用兼并一些低市盈率的公司来制造每股盈利大幅增长的假象。大众被这些假象所蒙蔽，股价不断地被抬高。在这种情况下巴菲特在自己办公室的墙上贴满了有关 1929 年危机的剪报以时时提醒自己。巴菲特曾说过："我工作时不思考其他任何东西。我并不试图超过七英尺高的栏杆；我到处找的是我能跨过的一英尺高的栏杆。"从中可以看出巴菲特是个现实主义者，他不奢求最好的，只追求那些自己能力范围内的。

二、成为"股神"

1968 年巴菲特公司的股票取得了它历史上最好的成绩，其中巴菲特的个人资产已经达到 2500 万美元。可一路飙升的股价并没有使巴菲特冲昏头脑，巴菲特坚信别被收益蒙骗，1968 年 5 月巴菲特宣布清算巴菲特公司几乎所有的股票，1969 年美国的股市就直线下降，最终演变成股灾，美国的经济进入了滞胀时期，巴菲特在庆幸与失落双重矛盾心情的夹杂中又看到了新的商机——太多便宜的股票。巴菲特的投资哲学中首要的一点就是：记住股市大崩溃。就是要通过稳健的策略来进行投资，确保自己的资金不受损失，并且要永远记住这一点。

在这次股灾中，巴菲特虽然无法预测股市，但他知道要控制自己。20 世纪 60 年代，电子股风靡华尔街。时势造英雄，当时确实有些基金经理因投资电子股而使得成绩远胜于巴菲特。但巴菲特却置身于这种投机之外。他认为："如果对于投资决策来说，某种我不了解的技术是至关重要的话，我们就不进入这场交易之中。我对半导体和集成电路的了解并不多。"所以在当时巴菲特没有卷入电子股的投机浪潮；正像多年后的今天，巴菲特也没有卷入互联网的狂热之中一样。

在商界打拼的巴菲特总结了一套自己的投资经营理念，并始终坚持着自己的信念，创造出了许多投资神话。其中包括 1980 年巴菲特买进可口可乐股份，投资 13 亿美元，盈利 70 亿美元；政府雇员保险公司，投资 0.45 亿美元，盈利 70 亿美元；投资吉利 6 亿美元，盈利 37 亿美元。

1992 年巴菲特的投资目标进一步扩大，他以每股 74 美元购下了 435 万股美国高技术国防工业公司——通用动力公司的股票。半年后巴菲特在半年前拥有的 32200 万美元的股票已值 49100 万美元了。

1994 年底巴菲特的伯克希尔工业王国不再是一家纺纱厂，它已发展成拥有 230 亿美元的庞大的投资金融集团。1965—1998 年，巴菲特的股票平均每年增值 20.2%。也就是说，谁若选择了巴菲特，谁就坐上了发财的火箭。

2007 年 3 月 1 日，被称为"股神"的沃伦·巴菲特的投资公司——伯克希尔·哈撒韦公司公布了其 2006 财政年度的业绩。从数据中可以看出，伯克希尔公司利润增长了 29.2%，盈利达 110.2 亿美元(高于 2005 年同期的 85.3 亿美元)；每股盈利 7144 美元(2005 年为 5338 美元)。这组数据让人看后不禁咋舌，是什么样的投资头脑、投资理念使得巴菲特如此成功。2011 年，沃伦·巴菲特以净资产 500 亿美元列"福布斯全球富豪排行榜"第三位。

三、创业智慧

1. 选择适合自己的

巴菲特在投资理念中有个堪称精华的"三不要"：不要跟风，不要贪婪，不要投机。如果巴菲特一味跟风，那么他就无法逃避 2000 年出现的高科技网络股股灾，巴菲特在当时称自己不懂高科技，没法投资，坚持自己的信念才成功躲避股灾。不要贪婪在巴菲特的投资理念中也体现出来，1969 年整个华尔街进入了投机的疯狂阶段，面对连创新高的股市，巴菲特却非常冷静地悉数全抛。不要投机体现了巴菲特常说的一句口头禅："拥有一只股票，期待它下个早晨就上涨是十分愚蠢的。"

巴菲特的"三不要"理财法使他选择了适合自己的投资项目，在投资中不盲目，占据主导地位从而创造出投资神话。

2. 利益与诚信之间选择诚信

巴菲特主张要投资那些始终把股东放在首位的企业。巴菲特认为对那些经营稳健、讲究诚信、分红回报高的企业，能够确保投资的保值和增值。而对于那些总想利用卑鄙途径榨取投资者血汗的企业一概拒之门外。因为诚信不仅仅是一个人的做人原则，同时也是开办企业的基本准则。

3. 要耐心等待

巴菲特的投资原则是：不要频频换手，直到有好的投资对象才出手。

巴菲特常引用传奇棒球击球手特德威廉斯的话："要做一个好的击球手，你必须有球可打。"如果没有好的投资对象，那么他宁可等待。对于股票的投资，有人统计过巴菲特对每一只股票的投资没有少过 8 年的。巴菲特耐心的等待换来的是长远的利益。

4. 要看未来

人们把巴菲特称为"奥马哈的先知"，因为他总是能辨别出公司的发展前途是否光明，能不能在今后继续保持成功。巴菲特常说，要透过窗户向前看，不能看后视镜。巴菲特的这种长远的目光，使他在投资界中立于不败之地。

5. 把鸡蛋放在一个篮子里

传统的投资观念认为"不要把所有鸡蛋放在同一个篮子里"，这样即使金融界发生再大风险，也能留有缓和的余地。但巴菲特却认为，投资者应该像马克·吐温建议的那样，把所有鸡蛋放在同一个篮子里，然后小心地看好它。

这是巴菲特的集中投资原则，基于集中调研、集中决策而建立。他认为在时间和资源有限的情况下，决策次数多使成功率自然就降低了，就好像独生子女总比多子女所受的照顾多一些，长得也壮一些一样。

6. 热爱自己的事业

"股神"巴菲特曾说过："每天早上去办公室，我感觉我正要去教堂，去画壁画！"由此可见巴菲特对于自己事业的热爱，正因为热爱，所以才有不竭的动力，而不竭的动力又会反过来促进工作效率的提高，循环往复，形成良性循环。

7. 懂得节俭

巴菲特总是把钱捂得很紧，在增添房舍这样的事情上很少，在他的车库和大门入口处，他堆放了许多箱可口可乐，因为他喜欢喝可口可乐，但他却很少跑到商店去喝。他总是以满意的折扣价亲自购买，每次购买 50 箱，每箱 12 罐。这种习惯使他每喝一次可口可乐就对伯克希尔公司的利润作出大约 1/10 美分的贡献。

8. 简单和永恒

巴菲特说："我们喜欢简单的企业"。在伯克希尔公司下属那些获取巨额利润的企业中，没有哪个企业是从事研究和开发工作的。关于简单企业的解释就是"我们公司生产浓缩糖浆，在某些情况下直接制成饮料，我们把它卖给那些获得授权的批发商和少数零售商进行瓶装和罐装"。这就是可口可乐公司 1999 年年报中关于公司主营业务的解说词，一个多世纪以来，这句解说词一直出现在它的每份年报当中。简单和永恒正是巴菲特从一家企业里挖掘出来并珍藏的东西。作为一名矢志不渝的公司收购者，巴菲特喜欢收购企业，不喜欢出售企业，对那些拥有大型工厂、技术变化很快的企业通常退避三舍。

四、巴菲特的创业经

(1) 我是个现实主义者，我喜欢目前自己所从事的一切，并对此始终深信不疑。作为一个彻底的实用现实主义者，我只对现实感兴趣，从不抱任何幻想，尤其是对自己。

(2) 吸引我从事工作的原因之一是，它可以让你过你自己想过的生活。你没有必要为成功而打扮。

(3) 我工作时不思考其他任何东西。我并不试图超过七英尺高的栏杆，我到处找的是我能跨过的一英尺高的栏杆。

(4) 要赢得好的声誉需要20年，而要毁掉它，5分钟就够。如果明白了这一点，你做起事来就会不同了。

(5) 习惯的链条在重到断裂之前，总是轻到难以察觉。

(6) 如果你是池塘里的一只鸭子，由于暴雨的缘故水面上升，你开始在水的世界之中上浮，但此时你却以为上浮的是你自己，而不是池塘。

(7) 人不是天生就具有这种才能的，即始终能知道一切。但是那些努力工作的人有这样的才能。他们寻找和精选世界上被错误定价的赌注。当世界提供这种机会时，聪明人会敏锐地看到这种赌注。当他们有机会时，他们就投下大赌注，其余时间不下注。事情就这么简单。

(8) 要量力而行。你要发现你生活与投资的优势所在。每当偶然的机会降临，且你有充分的把握，你就全力以赴，孤注一掷。

(9) 别人赞成也罢，反对也罢，都不应该成为你做对事或做错事的理由。我们不因大人物，或大多数人的赞同而心安理得，也不因他们的反对而担心。如果你发现了一个你明了的局势，其中各种关系你都一清二楚，那你就行动，不管这种行动是符合常规，还是反常的，也不管别人赞成还是反对。

(10) 投资者应考虑企业的长期发展，而不是股票市场的短期前景。价格最终将取决于未来的收益。在投资过程中如同棒球运动中那样，要想让记分牌不断翻滚，你就必须盯着球场而不是记分牌。

第二节　创业风险识别

一、创业风险识别的含义

风险识别是风险管理的第一步，也是风险管理的基础。只有在正确识别出自身所面临的风险的基础上人们才能够主动选择适当有效的方法进行处理。

创业风险的识别是创业者依据创业活动的迹象，在各类风险事件发生之前运用各种方法对风险进行的辨认和鉴别，是系统地、连续地发现风险和不确定性的过程。由于创业的特殊性，创业者除了要识别如国家经济政策的调整、市场需求的变化等显性风险，还要识别当某一形势变化的连锁反应所可能带来的半显性风险，同时还要识别遭遇突发事件的隐性风险。其主要任务就是要从错综复杂的环境中找出经济主题所面临的主要风险。

风险识别过程包含感知风险和分析风险两个环节。

感知风险即了解客观存在的各种风险，是风险识别的基础，只有通过感知风险，才能进一步在此基础上进行分析，寻找导致风险事故发生的条件因素，为拟定风险处理方案、进行风险管理决策服务。

分析风险即分析引起风险事故的各种因素，是风险识别的关键。它是运用感知、判断或归类的方式对现实的和潜在的风险性质进行鉴别的过程。

记得有位名人曾经说过大意如下的话：世界第一的击剑手并不害怕世界第二的击剑手，害怕的是那些从未拿过剑的未知的对手。在风险识别中也一样，我们并不惧怕已经知道的风险，怕的是未被识别出来的风险。

二、创业风险识别的方法

创业风险不是一个一维的概念，没有哪一种方法能够同时达到所有的目的。在这种情况下，创业者应该充分考虑风险的两个方面，这两个方面是创业者最关心的。一是对风险的更深刻理解，创业者必须从全局监控的角度出发采取各种办法认识风险的存在，尽力避免遭受风险带来的任何损失。与此同时，创业者也应该清醒地认识到，没有风险就不会有超额利润或收益，因此，有得必有失，发生一定的损失是不可避免的，问题的关键在于密切监视这些风险并将损失控制在确定的可接受范围内。如果说风险识别存在一个核心的话，那就是使创业者能够清楚地认识到自身所承受风险的程度，并从容的继续其业务发展。现代创业者面对的运营环境急剧变化，创业主体若要生存，必须在回避风险、寻找商机之余，要有效确保经营利益。创业风险识别的目标，也就在于如何正确发现及识别创业风险，从而为有效地控制风险奠定基础。

（一）环境分析法

创业环境的构成极其复杂。自然、经济、政治、社会、技术等环境构成宏观环境，而微观环境主要包括投资者、消费者、供应商、政府部门和竞争者等。在不同的环境下创业者对创业风险识别的特点方法，是指通过对环境的分析，明确机会与威胁，发现企业的优势和劣势，找出这些环境可能引发的风险和损失。

运用环境分析法，重点是分析环境的不确定性及变动趋势。例如，市场是否有新的竞争对手介入，竞争对手变动趋势是什么，市场需求因素对产品销售将产生什么影响等。这些不确定因素往往使经营难以预料。同时，要分析环境中的变动因素及其相互作用的产生对企业的各种制约和影响。此外，应对整体角度，分析外部环境与内部环境的相互作用及其影响程度。

（二）财务报表分析法

财务报表分析法是以企业的资产负债表、利润表以及财务状况等资料为依据对企业的固定资产、流动资产等情况进行风险分析，以便从财务的角度发现企业面临的潜在风险。由于报表集中反映了企业财务状况和经营成果，因此通过报表分析，可以为发现风险因素提供线索。这种方法成为风险识别的有力手段。

（三）专家调查法

专家调查法是一种重要而又广为应用的风险识别方法，它是引用专家的经验、知识和能力，又发挥专家的特长，对风险的可能性及其后果做出估计。一般来说，运用专家调查法的基本步骤是：

(1) 选择主要的风险项目，选聘相关领域的专家；
(2) 专家对各类可能出现的风险进行评估、评分；
(3) 回收专家意见并整理分析，再将结果反馈给专家；
(4) 把专家的第二轮结果汇总，直到比较满意为止。

三、创业风险的控制

风险无处不在，一旦发生难免造成损失，因此，最有效的办法是能控制风险的发生或将损失降到最小。风险控制是指通过不同的方法和措施，使因风险发生的损失最小，常用的方法有：回避风险、转移风险、损失控制和自留风险。

（一）回避风险

回避风险是指对所有可能发生的风险尽可能地规避，以直接消除风险损失。它包括了避开风险的两种方式：先期回避和中途放弃。这两种方式都是基于承担或继续承担风险的成本将大大超过回避的可能费用这样的认识。

1. 先期回避

先期回避是最完全彻底的回避，也是较常见的一种回避方式。如：一家化工企业曾计划在某小镇的郊区进行新产品试验，但这一计划有可能导致该镇居民财产的巨大损失，因此企业必须购买保险以预防这种可能性，但联系后只有少数保险公司愿意承担，而且保费大大高于公司愿意支付的数额。结果该公司决定取消这项试验计划，回避了赔偿巨大财产损失的风险。

2. 中途放弃

中途放弃不如先期回避那样常见，但这种情形确实存在。如：某制药企业从报告中得知其所产生的某药品有新发现的严重毒副作用后，立即停止生产该药品。

回避风险具有简单、易行、全面、彻底的优点，能从根本上排除风险来源和风险因素，将风险的概率保持为零，从而保证企业的安全运行，是一种有效的、普遍应用的方法，但也有其局限性。该方法通常用于风险损失程度大、发生频率高的风险，或者应用其他风险控制技术的成本超过其产生的效益时，否则不宜采用。

（二）转移风险

转移风险是指一些单位和个人为避免承担风险损失，而有意识地将损失或与损失有关的财务后果转嫁给另外单位和个人去承担。转移风险有非保险转移和保险转移两种。

（1）保险转移是指向保险公司交纳保险费并同时将风险转移给保险人。

在这种转移中，保险人有条件地同意接受由损失引起的财务负担，因此投保人将损失的财务后果转嫁给了保险人。保险能提供有效的损失补偿，分散风险，进行风险控制，起到监督作用。但保险又并非万能的技术，一般仅适用于只有损失机会而无获利可能，并且有可能进行预测的纯粹风险。

（2）非保险转移的受让人不是保险人，而且大部分转移是通过针对其他事项的合同中的条款来实现的。

在有关非保险转移的合同中，多数是为了转移财产直接损失或收益损失的财务后果，有些则处理人身损失，大多数是转移对第三者所负的经济责任。一般通过以下两种途径转移风险：

① 转移风险源。转移风险源的所有权或管理权就可以部分或全部地将损失风险转移给他人承担。如出售承担风险的财产，同时将与财产有关的风险转移给购买该项财产的经济

单位或个人；财产租赁可以使财产所有人将自己所面临的风险部分地转移给租借人；建筑工程中，承包商可以利用分包合同转移风险。

② 通过契约责任转移。企业管理人员可以在签订合同中树立转嫁风险意识，将合同标的可能产生的风险，在签订合同中，尽可能转嫁给签订合同的对方。但鉴于风险的关联性，特别是大型企业涉及面广、协同配合、同步建设、综合平衡等问题很复杂，风险集中，关联性极强，不同风险之间呈现出一定的灾害链，构成相关分布，所以应在签订相关契约时明确提示合约伙伴应用保险这一转嫁工具。

非保险转移作为一种风险财务技术，自有它重要的作用，但也有局限性。不能完全依赖这类转移方式。

(三) 损失控制

损失控制是指在风险发生时或在损失发生后，为了缩小损失程度所采取的各种措施，其主要是减少损失发生的机会或降低损失的严重性，使损失最小化。损失控制主要包括预防损失和减少损失两方面的工作。

1. 损失预防

损失预防是一种事前的、积极的风险控制技术，即采用各种措施努力消除造成风险的一切原因，以达到减少损失发生次数或使损失不发生的目的。损失预防活动是将注意力放在：

(1) 消除或减轻风险因素；

(2) 改变或改善存在风险因素的环境；

(3) 抑制风险因素和环境的相互作用。

2. 损失减少

损失减少是一种事后的风险控制技术，它试图通过一系列措施来降低损失的严重程度，使发生损失的影响减到最小。它和损失预防对策不同，更关注的是风险的结果和后果。

一种广泛采用的减少损失方法是"挽救"，完全损失的情况是较少发生的，因此我们可以采取挽救措施尽可能减少损失。如：一座被水淹过的物资仓库，可能有某些储存品经干燥等有关技术处理后仍可投入使用；一片被冰雹损毁了作物的农田，经过抢种、补种仍有可能获得收成，这些都是挽救措施的例子。

(四) 自留风险

自留风险是指企业既不回避也不转移风险，而自行承担风险及损失发生后的直接财务后果。自留是处理风险最普遍的方法，以这种方式处理风险并不是因为没有其他的处置办法，而是出于经济性的考虑。该方法主要应用于风险发生概率低、风险损失程度小的风险的控制。

自留可能是有意识的，也可能是没有意识的；可能是有计划的，也可能是无计划的。当创业者未意识到风险的存在，或低估了潜在损失的严重性，因而未做风险处理准备时，自留是被动的，它必然会对企业产生不利的影响，因而我们必须避免被动自留风险，而采取主动自留风险。企业选择风险自留作为风险控制的措施通常有以下几种情况：

(1) 该风险是不可保的。比如说一些巨灾损失，如地震、洪水，等等，这种情况下，企业采取风险自留的管理措施往往是出于无奈。

(2) 与保险公司共同承担损失。比如保险人规定一定的免赔额，以第一损失赔偿方式进行赔偿，采用共同保险的方式作为一定的补偿、保险人会让渡一部分保险，也就是收取比较低的保险额。

(3) 企业自愿选择自留的方式承担风险。对于某种风险，该企业认为自留风险较之投保更为有利。企业通常考虑的因素有：企业自留风险管理费用小于保险公司的附加保险；企业预计的期望损失小于保险公司预计的期望损失；企业自留的机会成本比投保的机会成本大。

 案例分析

【案例】 2004 年 8 月，小李看准了彩色钥匙这个小本经营项目，经过认真的考察和细致的分析，他选择了一个叫千色的彩色钥匙品牌，成为千色彩色钥匙的加盟商。千色彩使用超强硬度的合金材质，采用韩国新型的高分子喷涂技术生产，与其他同类产品相比不易折断，喷涂层不易脱落，不易磨损，进出锁孔 200 次以上仅有轻微划痕。虽然千色彩成本较高，但它贵在质量值得信赖。小李认为，作为主要卖点的彩色涂层是每个消费者首先关心的问题，在图案花色相差不大的情况下，相对于选择那些甚至可以用指甲刮脱表层图案的产品，选择一个质量有保证的品牌，对于消费者在接受这个产品的过程中建立起他们的消费信心是至关重要的。

千色公司的加盟费是 3000 元，配送卧式和立式配匙机各 1 台，工作服 2 套，小饰品展架 4 个，以及名片和宣传画等物品，首次进货必须在 3000 条匙胚以上，而普通匙胚单价加上运费和损耗相当于 2.1 元。小李走访了一些配匙点，找好常用的匙型订了货，又向千色公司进了一些钥匙包、钥匙扣等小精品，付了加盟费和货款共计 12000 元，接下来又在市中心最旺的商业步行街租下了一间约 6 平方米的小店面，月租 2800 元，押金是 2 个月租金，租期为半年。小李预计每天的营业额在 400 元左右，产品成本和销售费用约 230 元，净利润可达每月 5000 元，5 个月即可收回全部投资。

在开业之前，小李请人到各大学校、商业旺区有目的地派发了宣传单，每张宣传单上都标明了店铺地址和开业日期，因此开业那一天，店里人气很旺，可是配了一些钥匙出去以后，出现了顾客回家开不了锁的情况，小李请人检查了 2 台配匙机才知道，其中那台卧式配匙机的精度不准，需要调校，而另一台立式配匙机更是需要修理后才能使用。原来千色公司为了压缩成本，采购的是价格低廉的劣质配匙机器，精度差到了无法使用的程度。而且为了保守所谓的商业机密，删除了生产配匙机厂家的地址和联系方式，想请求厂家维修或者是调换能够正常使用的机器根本就不可能。万般无奈之下，小李只得花了 800 多元重新购买了 2 台配匙机。

小李原来预计每天销售彩色钥匙 40 条左右，但实际上每天只能销出 10 余条。其实许多顾客进店后有消费的意向，但最终都放弃了购买。一方面彩色钥匙有数百种图案，50 余种匙型，上万种搭配，有喜欢的图案吧，匙型却对不上，有合适的匙型吧，却不喜欢那些现有的图案。另一方面，各地的钥匙型号千差万别，不同的型号之间往往有非常细微的差别就会对不上，于是有的顾客在一大串钥匙里只能配上一两条的情况下放弃了消费，也不再问津。在配制钥匙的过程中，开齿位表面必须磨去一层作修整，虽然这是正常现象，不影响匙柄的公仔图案，但是有很挑剔的顾客却以此为由拒绝付款，小李只能先收款再配钥匙。更多的顾客则是觉得价格偏高，配一条彩色钥匙需要 10 元，而配一条普通钥匙只要 1~2 元，两相比较，看一看也就走了。

经过一番思考，小李把单品价格从 10 元降到了 8 元，又请那些没有找到合适匙型的顾客留下联系方式，跟千色彩匙公司定制了以后再通知顾客购买，但效果还是不理想。

顾客对于单价从 10 元到 8 元的价格降幅并不敏感，当时没有找到合适匙型的顾客消费欲念只是一闪而过，事后很少愿意专程回去购买，只有极个别顾客抱着千金难买心头爱的心理接受了定制的货品，可是以每盒50条为单位的进货方式也使小李的积货越来越严重。

最令小李头疼的是他没有专业技术，没办法做到以相似的匙型改制成所需的匙型。而且彩色钥匙的材质是超强硬度的合金，不但对配匙机有相当严重的磨损，而且对于加工者的技术要求也更高，即使是请熟练的配匙师父也无法避免配出的钥匙开不了锁的情况。特别是使用立式配匙机配制的电脑匙、防盗电脑匙以及特种电脑匙等20余种匙型经常会出现这种情况，修整和重配都不能解决就只好退款给顾客，蒙受了不少损失。

小李想到一些精品店和配匙点做彩色钥匙的批发业务，但在推销过程中发现，精品店没有配匙服务根本无法销售，而配匙点又兼营修单车、补皮鞋等业务，彩色钥匙陈列在那样简陋的摊点上也无法以精品的价格销售。批发的利润每条只有约0.6元，每个月能批出去600条左右，这笔300多元的收入还不够支付交通和通信费，更不用说广告费用了。

虽然使出浑身解数，小李每天的营业额仍然只有100余元，可是营业开支却需要近200元。在苦苦支撑了3个月之后，小李最终放弃了彩色钥匙的经营。

【案例分析】从小李加盟千色彩色钥匙创业失败的案例，我们可以得到以下启示。

1. 创业前必须做好详尽的市场调查

从表面看，小李在创业前已经做了一些市场调查，而且对市场容量、开店成本等进行了核算，觉得有利可图，但实际上，小李的市场调查还远远不够。例如他对目标客户的消费心理不够了解，对产品销售方向和定价太过主观；又如他只是觉得项目有新意，但对产品真实的市场前景缺乏正确的评估。

2. 对于所采用的新技术要充分评估

从案例看，彩色钥匙的加工技术并不成熟，还有很多工艺问题没有解决，而且对加工者的技术要求很高，但创业者小李显然高估了技术的成熟度，也高估了自己的配匙技术。另外，由于原材料和现有技术的原因，产品成本还保持在一个较高的水平，与顾客的消费信心和经济承受能力存在一定的差距。

3. 创业者要准备相对充裕的创业启动资金

虽然这是一个小本创业的加盟项目，但这个本没有小到只需投入几千元就可以开展，算上加盟费和货款、店租、押金、装修费、人工费和广告费等，其实这是一个需要5万元左右的创业项目。显然，小李的创业资金不够充裕，直接导致他货品的花色品种无法满足大部分顾客的消费需求，也只能经得起3个月的亏损。

4. 加盟创业不是毫无风险

尽管相对于独立创业，加盟创业的风险要小不少，但仍然有很多创业风险需要防范。案例中，千色公司显然不是一个有商业诚信的特许人，更不是什么著名品牌，甚至还有欺诈的嫌疑，但创业者小李在加盟之前，缺乏对特许人的了解和评估，也为后来的创业失败埋下了伏笔。

第三节　创业风险评估

创业风险评估是通过对所有不确定性和风险要素的充分、系统而有条理的考虑，确定创业过程中各种风险发生的可能性以及发生之后的损失程度。风险估计主要是对风险事件发生的可能性大小、可能的结果范围和危害程度、预期发生的时间、风险因素所产生的风险事件的发生概率四个方面进行估计。创业者在进行风险估计时应充分考虑风险因素及其影响，对潜在损失和最大损失做出估计。

创业风险评估是针对风险估计的结果，应用各种风险评价技术来判定风险影响大小、危害程度高低的过程。风险评价可以采用定量的方法，如敏感性分析、决策树分析、影像图分析等，也可以采用定性分析的方法，如专家调查法、层次分析法等。创业者应针对不同的风险选用不同的方法进行评价，客观对待评价的结果，做好风险预警工作。

一、创业者承担风险能力的评估

创业者在进行风险识别的过程中，不但要确定其决定接受的风险程度，还要对其实际能承受风险的程度进行评估，以采取合理的风险管理方法，减少创业过程中的不确定性。

创业者风险承担能力是指创业者所能承受的最大风险。这个概念有两层意思：第一，创业者能够承受的风险的大小。在层出不穷的创业风险面前，创业者能否不违背创业的初衷。第二，一旦创业风险变成实际的亏损，是否会极大影响创业者的情绪和生活水平。

创业者风险承担能力与创业者的个人能力、家庭情况、工作情况、收入情况等息息相关。对风险承担能力的评估可以从以下四个方面进行：

(1) 计算特定时间段所要承担的风险。

从创业到商业构思，再到创业企业的建立，不同阶段的创业风险大小会有所不同。一般来说，随着时间的推移和企业活动的深入，创业者或创业团队(以下简称创业者)面临的风险会逐渐增大。创业者首先要能够根据风险的来源及其对创业活动的影响程度，采用前述的层次分析法等方法估计出不同时间段可能要承受的总的风险。

(2) 计算可能用于承受风险的资金。

一般来说创业者的年龄和家庭状况会对创业者用于承担风险的资金会有影响。刚毕业的大学生因为很少有创业资金的积累，其用于承担风险的资金较少；同样，家庭比较困难的创业者会更多考虑到家庭基本生活对资金的需求，以及较少的家庭支持等，其用于承担风险的资金一般也会较低。正常情况下，用于承担风险的资金数量和创业者的风险承担能力呈正相关关系。

(3) 从其他渠道取得收入的能力。

从其他渠道取得收入的能力越强，创业失败对创业者的情绪和生活水平的影响就越小，创业者能够用来偿还创业失败所引致的债务的能力也就越强(采用公司制作为企业法律形式的创业活动除外，因为公司制企业也是有限责任，只以创业者投入企业的资金为限对公司债务承担责任)，其风险承担能力也就越强。因此，从其他渠道取得收入的能力和创业者的风险承担能力也呈正相关关系。

(4) 危机管理的经验。

创业者的危机管理能力会影响到创业风险发生时采取的风险抑制措施的效果，从而影响到损失的大小。危机管理能力越强，风险因素导致风险事件发生并进而可能形成风险损失时，创业者越能及时采取有效的风险防范措施对损失状况进行抑制，避免损失的进一步扩大，减少损失所能产生的危害。所以，创业者的危机管理经验越丰富，其风险承担能力就越强，二者也呈正相关关系。

二、基于风险估计的创业收益预测

按照风险报酬均衡的原则，创业者所冒的风险越大，其所获得的收益应该越高。当创业者按照上述步骤对系统风险和非系统风险的规避和防范有所安排和考虑，对自己的风险承担能力有所了解之后，创业者还应该能够合理地对创业的收益进行预测，以便将其和所冒的风险相匹配，进行创业的风险收益决策。如果预计的创业收益能够弥补创业风险，并给创业者带来一定的报酬，则可以开始创业活动，通过建立适当的商业模式，将创业机会变成盈利的创业项目；否则，则放弃创业活动。

（一）等可能性准则

这种方法假定各种风险状态发生的可能性是相同的，通过比较每个创业方案的收益平均值来进行创业方案的选择。在利润最大化目标下选择平均利润最大的创业方案；在成本最小化目标下，选择平均成本最小的创业方案。

比如某新企业有三种产品待选，估计销路风险状况和收益情况如表 6-1 所示，用等可能性准则选择最优产品方案。

表 6-1　收　益　表　　　　　　　　　单位：万元

状　态	甲产品	乙产品	丙产品
销路好	40	90	30
销路一般	20	40	20
销路差	-10	-50	-4

计算各产品在三种风险状态下的平均收益值：甲产品为 16.67 万元，乙产品为 26.67 万元，丙产品为 15.33 万元。可见，乙产品的平均收益值最大，所以乙产品为最优方案。

（二）乐观准则

如果创业者比较乐观，认为未来会出现最低的风险状况，所以不论采用何种方案均可能取得该方案的最好效果，那么决策时就可以首先找出各方案在各种风险状态下的最大收益值，即在最低风险状态下的收益值，然后进行比较，找出在最低风险状态下能够带来最大收益的方案作为决策实施方案。仍以上个题目为例，由于甲产品最大收益为 40 万元，乙产品最大收益为 90 万元，丙产品最大收益为 30 万元，所以 90 万元对应的乙产品为最优方案。

（三）悲观准则

与乐观准则相反，创业者对未来比较悲观，认为未来会出现最高的风险状态，因此创业者不论采取何种方案，均只能取得该方案的最小收益值。所以在决策时首先计算和找出各方案在各风险状态下的最小收益值，即与最高风险状态相应的收益值，然后进行比较，选择在最高风险状态下仍能带来"最大收益"(或最小损失)的方案作为实施方案。仍以上个题目为例，由于甲产品最小收益为 -10 万元，乙产品最小收益为 -50 万元，丙产品最小收益为 -4 万元，所以 -4 万元对应的丙产品为最优方案。

（四）折中准则

这种方法认为应在两种极端中求得平衡。决策时，既不能把未来想象得如何光明，也不能描绘得如何黑暗。最低和最高的风险状态均有可能出现。因此，可以根据创业者的判断，给最低风险状态以一个乐观系数，给最高风险状态以一个悲观系数，两者之和为 1，然后用各方案在最低风险状态下的收益值与乐观系数相乘所得的积，加上各方案在最高风险状态下的收益值与悲观系数的乘积，得出各方案的期望收益值，然后据此比较各方案的经济效果，做出选择。仍以上个题目为例，设销路好的系数为 0.7，销路差的系数为 0.3，通过计算得到期望收益值，如表 6-2 所示，由于乙产品的期望收益值最大，所以乙产品为最优方案。

表 6-2　期望收益表　　　　　　　　单位：万元

状　态	甲产品	乙产品	丙产品
销路好(0.7)	40	90	30
销路差(0.3)	−10	−50	−4
期望收益值	25	48	19.8

（五）后悔值准则

创业者在选定方案并组织实施后，如果遇到的风险状态表明采用另外的方案会取得更好的收益，创业者在无形中遭受了机会损失，那么创业者将为此而感到后悔。后悔值准则就是一种力求使后悔值尽量小的准则。根据这个准则，决策时应先算出各方案在各风险状态下的后悔值(用方案在某风险状态下的收益值去与该风险状态下的最大收益值相比较的差)，然后找出每一种方案的最大后悔值，并据此对不同方案进行比较，选择最大后悔值中最小的方案作为实施方案。仍以上个题目为例，计算后悔值，得出表 6-3。由于甲产品最大后悔值为 50 万元，乙产品最大后悔值为 46 万元，丙产品最大后悔值为 60 万元，在其中再取最小的，所以 46 万元对应的乙产品为最优方案。

表 6-3　后悔值表　　　　　　　　单位：万元

状　态	甲产品	乙产品	丙产品
销路好	50	0	60
销路一般	20	0	20
销路差	6	46	0

三、创业风管理策略

创业企业是风险集中的组织，在创业过程中，创业者和新创企业主要面临着创业项目选择风险、人力资源风险、市场风险、财务风险和技术风险等，下面将对这些主要创业风险的管理策略逐一进行解读。

（一）创业项目选择风险的管理策略

项目选择是创业活动的开端，选择一个好的创业项目，是防范创业风险的第一步和关键所在，也就是说，风险回避是创业风险管理的第一策略。尽管在创业项目的选择上多数创业者都经过了一段相对较长时间的考虑，或者按照相应的标准进行了认真筛选，但由于各种主客观因素的影响，不少创业者选错了创业项目，使创业一开始就出现了方向性的错误。在我们分析很多创业失败的案例时就会发现，由于项目选择不当，失败的命运在创业之初就已经注定，让人扼腕叹息。该如何规避创业项目选择的风险？以下策略值得关注。

1. 掌握创业规律，强化商业认知

要选择好的创业项目，从源头上防范和规避创业风险，关键是要提高创业者发现、分

析、选择创业项目的能力。很多人创业失败，是因为其对商业的本质缺乏认知，不懂创业规律，也不具有创业的相关知识和技能。这样的创业者，实际上是缺乏历练的创业者，是没有创业基础的创业者，是盲目的创业者。在选择创业项目选择时，这样的创业者往往只有一腔热情，没有理性的思考能力，也没有成熟的商业眼光，无法选择好的创业项目是必然的，选择到了好的创业项目反而是偶然的。因此，要规避创业项目的选择风险，首先要提高创业者自身的素质，做一个合格的创业者。

2. 充分调查研究，深刻理解创业项目

当创业者初步选定某一创业项目后，要对该项目进行全面细致的调查研究。每一个行业都有不同于其他行业的内在规律，俗话说"隔行如隔山"，就是说一个行业独特的内在规律，行外人是很难了解的。创业者必须成为"内行人"，成功的概率才能变大，这也就是人们所说的"不熟不做"。当然，要做到充分的调查研究和深刻的审视所选的创业项目并不容易，因为这不仅要创业者花费大量的精力和付出艰苦的劳动，还要创业者抛掉类似"某某项目很有前景"的先入为主的看法，冷静客观地做出判断。例如，著名企业家、软银集团总裁孙正义当初从美国毕业后回到日本，选择了40个可能的创业目标，花了整整一年的时间逐个进行考察，写出了几尺厚的资料，经过反复论证，最后选择了做软件，成为他商业传奇的起点。

3. 知己知彼，实现与商机的相互匹配

商业机会是一种客观的存在，好的创业项目是创业者和商业机会良性互动的起点，而成功则是两者相互匹配的必然结果。创业者是一个充满个性的群体，创业者之间在性格、能力、经验、财富、社会资源等方面有着巨大的差异。而商业机会也各不相同，有的机会大，有的机会小，有的机会长久，有的机会短暂，有的机会需要的投入大，有的机会需要的投入小，有的机会回报快，有的机会回报慢，等等。但有一点很清楚，即创业者只有做到"知己知彼"，选择自身可以掌控和驾驭的商业机会，创业才能有迈向成功的基础。因此，创业选项目，其实选择的是自己，是让创业者自己的优势和资源与商机的特点和要求相互匹配，并形成良性互动，共同成长。

4. 遵守基本原则，谨慎进行项目选择

学者们根据众多的创业实践，总结了不少有关创业项目风险防范的基本原则和基本经验，值得创业者借鉴。

(1) 遵循优势利用原则，不盲目追求热门生意。要选择创业者自己熟悉并拥有资源优势的项目，充分利用当地的资源优势和创业者自身的优势来创业，做到"人无我有"、"人有我优"，而不盲目追求社会经济热点，看到别人做什么生意赚了钱，就盲目仿效跟风，以避免决策失误。

(2) 遵循市场导向原则，不盲目追求技术的先进性。要以满足市场需求为导向，来评估某项新技术是否真正具有市场前景，也即不仅要考虑技术的技术性，更要考虑技术的市场性，把重点放到需求可观、发展前景广阔的创业项目上。

(3) 遵循趋利避害原则，不违背政策潮流。创业者要有宽广的视野，对国家政策和社会经济的发展趋势，一定要有掌握，才能顺势而为，趋利避害。所选择的创业项目要符合技术创新、区域经济发展、产业结构升级、制度变革、社会发展的大趋势，要符合国家和地区的产业政策，坚决回避政府产业投资明确限制的项目。

(4) 遵循找准切入口原则，不贪大求全。创业和一般的项目投资不一样，面临很强的资源约束，在创业初期绝不能贪大求全，四处出击，总想一口吃成个大胖子，到头来反而要吃大亏，而是要聚焦，要资源集中，要找准一个市场切入口，平顺地切入市场。虽然这样看起来好像发展比较慢，但实际是稳打稳扎，可以完全掌控和驾驭，不用为亏本担惊受怕，还能积累商业经验，等到在市场站稳脚跟后，创业者再根据实际情况逐步拓展自己的创业版图。

(5) 遵循量力而行原则，不大量借贷投资。创业者往往资金并不多，需要白手起家。由于创业者经济相对比较拮据，又希望手中有限的资本能够增值，只能赢，不能亏，因此，开始创业时，要根据自身的情况量力而行，不能借贷太多。因为大量借贷风险大，心理压力很大，极不利于创业者经营能力的正常发挥。如果创业项目所需的投资远远超出创业者自有资本，如果不能找到适合的合伙人来分担投资，也不能获得天使投资的话，创业者应当等待或放弃。

(二) 人力资源风险的管理策略

创业人力资源风险是指在创业初期和成长期，由人力资源原因而导致的经营风险，主要包括创业团队风险和关键员工流失风险。创业团队风险主要是指团队成员的素质、团队的组织协作能力、团队的稳定性、团队的环境适应能力等方面的风险。关键员工流失风险是指那些具有特殊才能、负责核心业务、控制关键资源的员工离开创业企业而导致的风险。下面我们分别对这两类风险的管理策略进行阐述。

1. 创业团队风险的管理策略

(1) 谨慎选择创业团队成员。就像选择人生伴侣一样，选择创业团队成员，就是选择了一生事业的合作伙伴。选择正确，能够促使事业蒸蒸日上；选择错误，可能让事业毁于一旦。因此，谨慎选择创业团队成员，是创业团队风险管理的关键。现实世界不能保证所有人都是高素质、高品德的人，而且哪怕是德才兼备的人，也并不一定在价值观、性格、能力等方面适合开发这个商业机会的需要。因此，创业团队的主要成员，尤其是团队领导，应该以足够的理性来选择团队成员，而不能因为是兄弟姐妹、亲朋好友、同学同事、战友老乡等就草率决定。

(2) 形成团队的共同价值观和愿景。在谨慎选择团队成员的基础上，创业团队还需要形成团队的共同价值观和愿景。要让所有的团队成员对于"我们是谁"、"我们要做什么"、"我们为什么要创业"、"我们创业的使命是什么"、"我们的共同目标是什么"等这些关键命题达成一个清晰的共识，并用这些共识去指导整个团队和每个成员的行为。有了共同的价值观和愿景，团队成员才会形成长远的凝聚力和战斗力，为完成团队的共同目标而不懈努力，而不是在个人利益上斤斤计较或缺乏持续的工作热情。

(3) 明确团队成员的权利和责任。除了共同的价值观和愿景外，创业团队必须明确团队成员之间的角色分下，明确每个成员在团队中的权利、利益和责任，并建立良好的利益协调机制，以达成权责利的统一。创业团队的领导人要责无旁贷地对团队成员的角色分工、工作职责、持股比例、工资奖金等做出公平的决定。需要指出的是，这里所说的公平并不是指创业团队成员在权责利方面的分工和分配人人平等，而是有差异的公平，是根据各个成员的投入多少、能力强弱、责任轻重、贡献大小等来进行公平合理的分工和分配。这样既有利于团队的决策和管理，也有利于团队的长期稳定。

(4) 制定并遵守团队规范和团队纪律。创业团队必须是一个有战斗力的团队，要有良好的团队规范和严明的团队纪律，而不能松松垮垮，一团和气。不少创业团队在团队建设过程中，过于追求团队的亲和力和人情味，认为"团队之内皆兄弟"，因而导致管理制度不完善或有制度却形同虚设，带来无穷的后患。美国通用电气公司的前行政总监杰克·韦尔奇说："指出谁是团队里最差的成员并不残忍，真正的残忍是对成员存在的问题视而不见，文过饰非，一味充当好人。"对于这一点，每一个创业团队都要有清晰的认识。

(5) 建立创业团队的动态调整机制。因为企业的创建与发展是一个动态的过程，创业团队应该具有动态的发展观念。随着时间的推移，创业团队最初的很多安排会变得不合时宜，不再合理，不再适用，不能反映团队成员的实际贡献，创业团队的组成也往往会发生变化，有成员离开，有成员补充进来。具有发展观念的创业团队要建立一套相对完善的调整机制，进行团队内部调节，这样既有利于成员体面地离开，也有利于新成员的顺利加入。创业团队的动态调整机制包括公平的业绩衡量机制、合理的股份转让机制、良好的晋升机制、科学的股票期权机制等。

2. 关键员工流失风险的管理策略

(1) 识别关键岗位和关键员工。关键员工是指那些拥有专门技术、具有特殊经营才能、掌握核心业务、控制关键资源、其替代性较弱、会对企业的经营与发展产生重大影响的员工。关键员工可能是创业团队的核心成员，也可能不是创业团队的核心成员。每一个企业都有关键员工的存在，而且一定和关键岗位相匹配，但在不同的企业，关键岗位和关键员工的数量是不同的，需要根据企业自身的特点将这些关键岗位和关键员工识别出来，给予重点关注。

(2) 利用关键员工流失风险表识别风险。创业者可以根据关键员工流失风险表(见表6-4)，定期或不定期地认真了解关键员工的情况，并对情况进行分析，对其中可能存在的风险进行有效识别，进而采取应对措施。

表 6-4　关键员工流失风险表

风险类别	风险分析内容	拟采取措施	备注
待遇	是否对自己的待遇满意？		
成就感	是否有工作成就感？		
公平感	是否感到公司对他与别人是公平的？		
人际关系	在公司是否具有良好的人际关系？		
自我发展	是否在工作中提高了自己的能力？		
地位	是否认为自己在公司的地位和对公司的贡献成正比？		
信心	是否对公司的发展和个人在公司的发展充满信心？		
沟通	是否与领导和同事之间沟通顺畅？		
关心	是否能够得到公司领导和同事的关心？		
认同	是否认同公司的发展思路、发展战略、管理制度、管理方式？		
其他	是否会因为结婚、生子、出国留学、继续深造等原因离职？		

(3) 采取措施激励和留住关键员工。根据关键员工流失风险表的调查和评估，可以采取多种多样的措施来激励和留住关键员工。这些措施既有短期的，也有长期的，既有公司层面的，也有针对员工个人的。如提供有竞争力的薪酬待遇，提供良好的进修与培训机会，规划良好的职业上升通道，弘扬正确的企业价值观，制定并传递公司发展战略和发展愿景，改进公司的管理机制和管理制度，塑造良好的企业文化等。

(4) 用契约约束关键员工流失可能带来的损失。虽然创业企业可能在关键员工管理方面采取了多种多样的方法，但关键员工的流失现象依然存在。为了防止关键员工流失给企业带来更大的损失，企业可以采取防范措施，与关键员工在合同中明确阐明双方的权利、责任和义务，一旦出现问题可以诉诸法律。如双方事先签订"竞业避止"协定，要求员工在离开公司后的一段时间内不得从事与本企业有竞争关系的工作，并要为本企业保守商业秘密和技术秘密等。

(三) 市场风险的管理策略

市场风险是指由市场情况的不确定性导致的创业失败或创业企业收益不确定的风险。从广义上说，市场风险也涵盖创业项目的选择风险，但我们这里是从狭义的角度来看的，主要包括市场营销风险和市场竞争风险，是指由于新创企业制定、实施的营销策略与市场营销环境的发展变化不协调，从而导致目标市场难以开发，产品难以顺利销售，盈利目标无法实现，在竞争中无法取胜的风险。创业企业防范市场风险的主要策略如下。

(1) 充分的市场调研和严谨的市场分析。正如毛主席所言："没有调查就没有发言权。"充分的市场调研和严谨的市场分析是防范市场风险的基本策略。市场调研和市场分析包括市场营销环境分析、市场机会分析、行业结构分析、竞争对手分析、消费者需求分析和消费者行为分析等。在市场调研和市场分析的基础上，要对潜在市场风险进行全面客观的评价，以便在接下来的营销规划的制定过程中，明确要抓住的市场机会和要防范的市场风险，做到有的放矢。

(2) 市场细分和选择适合的目标市场。创业企业一般都比较弱小，暂时打不开大市场，也经不起大的挫折，因此创业营销尤其强调精细和准确。这就要求创业者在市场调研和市场分析的基础上，精确地做好市场细分，并考虑自身和竞争对手的规模实力、优势劣势、竞争策略等，合理地选择目标市场，并准确地进行市场定位。对目标市场的选择和定位是创业营销规划的关键，一旦选择错误，所有未来的营销努力都将付诸东流，也很可能意味着创业失败。一般来说，创业者多选择自己最熟悉的、有吸引力的那个细分市场作为创业初期的市场切入口，站稳脚跟后再采取措施逐步地、有计划地向其他市场扩展。

(3) 制定可行的市场营销方案和营销策略。在明确目标市场选择和市场定位的基础上，创业企业必须科学地制定可行的营销方案，也就是说要解决进入新市场的产品(Product)、价格(Price)、渠道(Place)、促销(Promotion)四大基本问题，即 4P 营销策略组合。创业者需要不断地思考要以什么样的产品、什么样的价格、什么样的分销渠道、什么样的促销方式来进入目标市场，从而引发目标客户的购买行为。营销策略组合中的四个要素相互依存，相互影响。在开展营销活动时，不能孤立地考虑某一要素，因为任何一个要素的特殊优越性，并不能保证营销目标的实现，只有四个要素优化组合，才能创造最佳的市场营销效果。与此同时，创业企业所制定的营销方案一定要切合实际，注重细节，注重方案的可行性、可操作性和经济性，切不可好高骛远，脱离实际。

(4) 建立市场监控和营销策略调整机制。市场环境具有动态性，随着时间的推移，市场环境会连续不断地发生或快或慢的变化，如果企业的市场营销策略没有适应市场环境的变化就会带来风险。建立市场监控及营销策略调整机制是指在企业运营过程中，定期重复市场分析过程，保持对关键市场信号的敏感度，结合产品的试销推广和大规模投放，不断调整先前制定的市场营销策略，以保证营销策略对市场环境的适应性(见图 6-1)。

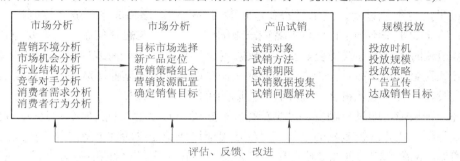

图 6-1　市场监控和营销策略调整机制

(5) 加强营销合作，分担市场风险。在创业初期，消费者对新创企业所提供的产品或服务不够了解，缺乏品牌信任，而创业企业往往受制于资源条件，无法做大规模的营销推广，哪怕新创企业的产品或服务有独特的卖点，也很难快速地唤起消费者的需求，迅速占领市场。因此，创业者要以开放、合作、共赢的心态，不断链接和整合各种营销资源，加强与经销商、零售商、广告商等的合作，尤其是要借助目标市场区域内优势企业的渠道优势和营销能力，借船出海，在快速启动市场的同时，也将相应的市场风险在合作伙伴之间进行合理转移和分担。

(四) 财务风险的管理策略

财务风险是指由于企业财务结构不合理、融资不当，使企业丧失偿债能力而导致收益下降或破产的风险。对创业企业而言，除了创业项目本身的投资风险外，其财务风险主要表现为融资风险和现金流风险。下面我们分别就这两种风险的管理策略进行论述。

1. 融资风险的管理策略

(1) 要高度重视融资工作，但绝不可忽视经营工作。创业需要资金，企业的创立、生存和发展，必须有一定数量的资金来支撑。对于创业者而言，融资问题的解决，特别是创业启动资金的落实，是关系到创业能否成功的关键因素之一，必须高度重视。但融资只不过是创业的众多关键工作之一，并不是创业的全部工作，为了寻找资金而投入大量精力，忽视甚至放弃了手头的经营工作，是危险的，也是得不偿失的。经营工作是根本，是源头，如果忽视或放弃了经营工作，融资将是无本之木，无源之水，对融资对象不可能具有吸引力。因此，对于创业者而言，经营工作和融资工作必须两手抓，两手都要硬，不可偏废。

(2) 确定合理的融资规模，防止过大或过小融资。在制定融资战略时，应紧密结合创业企业的实际情况确定合理的融资规模，既不能太少，也不能太多，否则都会给企业的发展带来不确定性，甚至会使企业濒临破产。尤其是在创业初期，企业往往没有稳定的客户基础和现金流量，但创业企业又要追求成长，对资金的需求比较大，所以需要相对充足的资金保证，而且通常不能采用大量负债的融资方式。在进行股权融资时，融资规模过小，可能导致创业失败或需要频繁地再融资；融资规模过大，则可能导致股权让渡过大，导致创业团队丧失对创业企业的控制权。因此，要根据创业企业的实际情况，确定合理的融资规模，既要保证创业资金的持续供给，又要保证控制权牢牢掌握在创业团队手中。

（3）把握合理的融资时机，防止过晚或过早融资。创业者要把握好合理的融资时机，既不能过早，也不能过晚，过早融资和过晚融资都会通过增加成本、放弃控制权、丧失机会等形式给企业带来不确定性。创业者应未雨绸缪，及早考虑融资问题，而不要等到出现严重的资金短缺时才开始寻找资金。创业股权融资通常要花费 8 个月或更长的时间，过晚融资不仅会导致现金短缺，而且会带来一系列的负面影响，如削弱创业团队与投资对象的谈判能力，贱卖股权，丧失成长机会，破坏管理团队的可信度，导致员工队伍的不稳定等。但也要避免另外一种极端，即过早融资。过早获得股权融资，创业团队的股权不可避免地要被大幅度稀释，甚至可能导致控制权的丧失，另外还可能造成企业灵活性下降，与投资人的协调成本大幅增加，偏离原定的创业战略，盲目扩大投资，抛弃保持节俭的财务纪律等一系列问题。

（4）既要融资也要融智，选择最佳的融资对象。创业企业在发展的过程中，除了创业资金外，还有一系列的创业管理服务需求，如战略规划、管理制度、人力资源、市场营销、品牌提升、公共关系等。因此，在面对以天使投资、创业投资、战略投资为核心的潜在投资人时，除了要考虑潜在投资人能够提供的资本支持外，还需要考察它能否为本企业提供更多的创业管理服务，既要"融资"也要"融智"，要综合考虑这两方面的因素来选择最佳的融资对象。例如，对于在 IT 领域的创业企业而言，当它面对英特尔这样的创业投资机构时就面临一个选择，在转让的股份数量一定的情况下，该机构可能不是出价最高的投资机构，是该接受英特尔的投资，还是接受其他机构的投资？实际情况是，该企业往往可能接受英特尔的投资，因为它在 IT 技术领域有其他很多投资机构无可比拟的优势，创业企业如果能够站在英特尔这样的巨人的肩膀上，创业成功并快速成长的可能性会大大增加。

（5）因时因地制宜，选择最有利的融资方式及其组合。尽管创业融资的核心往往是股权融资，但银行贷款、民间借贷、政府创业基金、供应商的信贷支持等也都是创业融资的重要形式，但各种融资方式的适用条件不同，成本各异，难易有别。创业企业要因时制宜，因地制宜，选择最有利的融资方式，并将各种融资方式结合，形成最有利的融资组合。例如，在创业初期要多采用自有资金、部分民间借贷等来启动创业，之后向天使投资人寻求股权投资或向政府部门申请创业支持基金，进入快速成长期后则可向创业投资机构寻求股权投资，并开始申请银行贷款。另外，各种融资方式之间也能够相互支持，有利于创业企业形成良好的融资组合。例如，成立于 1994 年的深圳同洲电子，于 2001 年接受了深圳达晨、深圳创新投等 4 家创业投资机构的联合投资 2000 万元，这一行为让同洲电子的身份大变，不再受银行冷落，信贷额度骤然从 2000 年年末的 300 万元提升到 2004 年的 6000 万元，并于 2003 年获得了 2000 万元的贷款。

（6）创业投融资市场不完善，要谨防融资陷阱。创业投融资市场是一个信息高度不对称的市场，由于我国总体市场经济环境不完善，信用体系不健全，创业投融资市场在呈现蓬勃发展态势的同时，也存在鱼龙混杂的情况。一些不法分子和非法投资机构正是看准了许多创业者年轻、商业经验不足、渴求创业资金而疏于防范的心理，针对创业者进行融资欺诈。这些不法分子利用网络、小报、传单、手机短信等媒体开展宣传，等到与创业者接触后，夸口自己公司实力强大、资金充裕以博取信任，然后假借投资、合作及考察项目的名义骗取考察费、公关费，或者以协助融资的名义收取包装费、保证金、佣金等，进行融资诈骗，骗取钱款后销声匿迹。因此，创业者一定要端正心态，小心谨慎，充分核实潜在投资方的信息和信用水平，谨防融资陷阱。

2. 现金流风险的管理策略

(1) 确立现金流在企业财务管理中的核心地位。现金流是维系企业正常生产运作所需的基本资金循环，是企业价值评估和财务风险判断的重要指标和依据。现金流如果出现了问题，容易导致企业资金链条的断裂，中断正常的生产经营活动，因此，要确立现金流在企业财务管理中的核心地位，构建起利润和现金流双核心的财务管理体系，以避免将利润作为唯一的核心指标所带来的种种经营风险，切实提高现金流的周转速度，实施现金流预算管理，掌握现金流风险的预警方法，建立完善的现金流控制系统。

(2) 利用现金流量表分析现金流短缺的原因。现金流量表(见表 6-5)是现金流管理的核心工具，也是分析和防范现金流风险的有效手段。企业的现金流包括经营活动产生的现金流、投资活动产生的现金流和融资活动产生的现金流。通过对现金流量表的分析，可以清晰地知道企业现金流的短缺到底出在什么地方，并分析其产生的原因。

表 6-5 现金流量表

项　　目	行次	金额	备注
一、经营活动产生的现金流	1		
销售商品、提供劳务收到的现金	2		
收到的税费返还	3		
收到的其他与经营活动有关的现金	4		
现金流入小计	5		
购买商品、接受劳务支付的现金	6		
支付给职工以及为职工支付的现金	7		
支付的各项税费	8		
支付的其他与经营活动有关的现金	9		
现金流出小计	10		
经营活动产生的现金流净额	11		
二、投资活动产生的现金流	12		
收回投资所收到的现金	13		
取得投资收益所收到的现金	14		
处置固定资产、无形资产和其他长期资产收回的现金净额	15		
收到的其他与投资活动有关的现金	16		
现金流入小计	17		
购建固定资产、无形资产和其他长期资产所支付的现金	18		
投资所支付的现金	19		
支付的其他与投资活动有关的现金	20		
现金流出小计	21		
投资活动产生的现金流净额	22		

续表

项　目	行次	金额	备注
三、筹资活动产生的现金流	23		
吸收权益投资所收到的现金	24		
借款所收到的现金	25		
收到的其他与筹资活动有关的现金	26		
现金流入小计	27		
偿还债务所支付的现金	28		
分配股利、利润或偿付利息所支付现金	29		
支付的其他与筹资活动有关的现金	30		
现金流出小计	31		
筹资活动产生的现金流净额	32		
四、汇率变动对现金的影响	33		
五、现金及现金等价物净增加额	34		

(3) 强化经营活动的现金流管理。在经营活动产生的现金流中，销售产品或服务获得的现金是最主要的现金流入来源。新创企业在市场开拓上遇到的困难，包括需求不稳定、销售低迷等都会直接影响现金流入。这就要求企业采取加强研究与开发、提升产品市场竞争力、增强盈利能力等措施。另外，应收账款居高不下、人员开支过大、外包服务过多、采购付款期限提前等，都可能导致经营现金流的不稳定和不平衡。这就要通过调整营销政策、加强应收账款管理、强化员工的长期激励、节约运营开支、向供应商争取更宽松的付款条件等方式来强化经营现金流的管理。

(4) 合理规划投资，防止盲目投资占用过多资金。新创企业在创业构想短期实现的激励下，往往有扩大投资的冲动。如曾经轰动一时的三株、巨人等企业都因为过度关注规模扩张，忽视现金流入与投资支出的匹配，导致资金链断裂而走向失败。因此，创业者在经历创业初步成功的喜悦后，一定要保持清醒的头脑，确定适合的发展战略，战略目标要远大，要有前瞻性，但更要有可行性和现实性，不要因头脑发热而盲目扩大投资，最终不是被"饿死"而是被"胀死"。

(5) 科学规划融资，确保合理的财务结构。要根据创业企业经营活动的实际需要，合理规划债务融资和股权融资，确保整体财务结构的科学合理，以及融资结构和投资结构的相互匹配。要确定适度的负债额度，保持合理的负债比率，既要发挥财务杠杆的作用，又要防止出现财务风险。要合理安排债务的期限结构，既要确保企业的短期偿债能力，又要兼顾企业长期资金的运营健康。

（五）技术风险的管理策略

技术风险是指由技术的不确定性以及技术与经济互动过程的不确定性所带来的风险。技术成功的不确定性、技术前景的不确定性、技术寿命的不确定性、技术保护的不确定性等都可能带来巨大的风险，需要加以防范。我们主要通过以下四种策略来管理技术风险。

1. 强化论证以减少技术开发的盲目性

要根据企业技术能力的强弱和综合实力的高低来开发新技术，总体而言，由于创业企业的资金实力较弱，研发能力不强，在技术研发上要以应用型开发和模仿性创新为主。同时，要以满足市场需求为导向，紧紧围绕消费者的需求来选择合适的技术，并将新技术转化为消费者喜欢的新产品，减少技术开发和技术选择的盲目性。这就要高度重视技术创新的前期市场调研，从目标顾客认为重要性程度较高的产品特性入手进行研发，使研发瞄准、响应和满足顾客的需求。

2. 建立技术发展趋势的监测系统

要建立技术发展趋势的监测系统，加强情报信息的搜集，实时追踪国内外相关技术的发展状况和发展前沿，并判断其未来的发展趋势。要客观评估自己企业在技术创新体系中的坐标，分析本企业面临的机会和威胁，并明确下一步的创新方向和可能采取的创新策略。要监测竞争对手的研发投入、研发方向、研发进展及其产业化进展，并关注市场对不同技术产品的种种反应。

3. 高度重视本企业的专利技术保护

创业企业要树立专利、技术、生产工艺等知识产权的保护意识，适时向政府部门申请专利保护，防止技术外流和技术侵权，最大限度地将技术创新的优势转化为市场竞争优势，以保障企业自身利益。

4. 建立技术创新联盟

增强企业自身研发能力的建设可降低技术风险，而建立或加入技术创新联盟，则可以降低研发投入，分散技术投资风险，形成协同创新效应等，是新创企业以开放的心态进行联合技术创新的有效途径。

✦✦✦✦✦ **思 考 题** ✦✦✦✦✦

1. 什么是创业风险？它具有哪些特征？
2. 怎样理解创业风险的来源和分类？
3. 如何及时有效地识别和控制创业风险？
4. 从哪些方面对风险承担能力进行评估？
5. 大学生创业存在哪些风险？通过什么策略来规避和控制这些风险？

第七章　创 业 资 源

知识目标

- 了解创业资源的内涵、种类和作用。
- 理解创业融资的渠道及策略。
- 掌握创业资源获取的途径，合理地开发和利用创业资源。

能力目标

通过本章的学习，大学生应结合自身实际，掌握获取创业资源的途径和创业融资的策略。

一些成功的企业家常说，资源在于整合而不在于拥有。创业者不是在拥有资源的时候才去创业，而是在没有资源的情况下去寻找资源来创业。企业家的资源整合力决定了他的竞争力。所以，我们应该了解创业资源的类型，知道不同类型创业活动的资源需求差异，掌握创业资源获取的一般途径和方法，明确创业资源获取的技巧和策略。

第一节　创业资源概述

一、创业资源的内涵与种类

(一) 创业资源的内涵

常言道："巧妇难为无米之炊。"同样，没有资源，创业者也只能望(商)机兴叹。《辞海》中关于"资源"一词的定义是生产资料和生活资料的天然来源，也就是供人们从事生产和经济活动的有用之物。资源就是企业作为一个经济主体，在向社会提供产品或服务的过程中，所拥有或者所能够支配的能够实现企业战略目标的各种要素以及要素组合。巴尼(Barney)认为，创业资源是指企业在创业的整个过程中先后投入和使用的企业内外各种有形的和无形的资源总和。林强认为创业资源是企业创立以及成长过程中所需要的各种生产要素和支撑条件。阿尔瓦兹(Alvarez)和布森尼兹(Busenitz)认为，创业本身也是一种资源的重新整合。简单地说，"创业资源"就是创业者所需具备的一些创业条件。布里(Birley)认为，企业创业过程中筹集的财务、人力等物质资源和搜集的信息、观点、建议等非物质资源都是创业资源。综合上述观点，创业资源是创业者在创业过程中运用的所有资源的总称。其中，政策资源、信息资源、资金资源、人才资源、管理资源、科技资源等是创业资源的重要方面。

总之，创业资源是新企业在创业的过程中所投入和利用的各种资源的总和，包括人力资源、物质资源、信息资料、社会化服务体系等有形和无形的资源。

（二）创业资源的作用

创业资源对创业成长具有重要的支持作用。在创业过程中，创业者的工作重点应当放在如何有效地吸收更多的创业资源并且进一步整合到企业的竞争优势上。

（1）技术和人力资源是决定资源。

技术资源是决定新企业产品的市场竞争力和获利能力的决定性因素。人力资源包括创业者及其团队的特长、知识和激情，以及创业者及其团队拥有的能力、经验、意识、社会关系、市场信息等。创业团队自身的人力资源为创业时期中最为关键的因素。创业者及其团队的洞察力、知识、能力、经验及社会关系影响到整个创业过程的开始与成功。

同时，在创业时期，专门的知识技能往往掌握在创业者等少数人手中，因而此时的技术资源在事实上和人力资源紧密结合，并且上述两种资源可能成为新企业竞争优势的重要来源。

（2）财务资源是根本资源。

新企业要想正常运行，最根本的保证是财务资源。新企业的经营活动，从原材料采购、运输、组织生产加工到产成品销售等各项活动能否顺利进行，取决于各个环节的资金保证。在创业初期，创业者一般没有太多的资金，而且新企业在初创期需要购置相对较多的资产，所以一些新企业常常会出现资金短缺现象进而制约企业成长，而合理的财务资源管理为新企业解决了资金后顾之忧。

（3）信息资源是重要资源。

新企业要想在复杂多变的社会经济环境中生存和发展，就必须有准确、真实、便利的信息做保障。尤其在创业的早期阶段，信息对创业者来说更为重要。特别是对于计算机、通信和网络等高科技企业来说，良好的信息资源能为新企业提供快捷、便利、全面的技术信息、创新信息、市场信息等，使新企业在激烈的市场竞争中得到快速的发展。

当然，新企业要想茁壮成长，除了运用好以上几种资源外，也必须对政策资源、市场资源、经营管理资源等其他创业资源统筹运用。

（三）创业资源的种类

1. 直接资源和间接资源

按照资源要素对企业战略规划过程的参与程度，创业资源分为间接资源和直接资源。财务资源、经营管理资源、人才资源、市场资源是直接参与新企业战略规划的资源要素，可以把它们定义为直接资源；政策资源、信息资源、科技资源这三类资源要素对于新企业的影响更多的是提供便利和支持，而非直接参与新企业战略的制定和执行，因此，对于新企业战略的规划是一种间接作用，可以把它们定义为间接资源。

其中，财务资源主要是考虑是否有足够的启动资金，是否有资金支持新企业最初几个月的亏损；经营管理资源主要考虑凭什么找到客户，凭什么应对变化，凭什么确保企业运营所需能够及时足量地得到，凭什么让新企业内部能有效地按照最初设想运转起来；人才资源条件考虑是否有合适的专业人才来完成所有的任务；市场资源包括营销网络与客户资源、行业经验资源、人脉关系，即考虑凭什么进入这个行业，这个行业的特点是什么，赢利模式是什么，是否有起码的商业人脉，市场和客户在哪里，销售的途径有哪些；政策资源主要考虑可不可以有一个"助推器"或"孵化器"推进新企业，比如某些准入政策、鼓励政策、扶持政策或者优惠等；信息资源包括依靠什么来进行决策，从哪里获得决策所需的信息，从哪里获得有关创业资源的信息；科技资源主要考虑新企业凭什么在市场上去竞争，为社会提供什么样的产品和服务。

2. 人力和技术资源、财务资源、生产经营性资源

从巴尼(Barney)的分类出发，创业时期的资源就其重要性来说，分别有以下细分：组织资源、人力资源、物质资源。由于企业新创，组织资源无疑是三类中较为薄弱的部分；而人力资源为创业时期中最为关键的因素，创业者及其团队的洞察力、知识、能力、经验及社会关系影响到整个创业过程的开始与成功；同时，在企业新创时期，专门的知识技能往往掌握在创业者等少数人手中，因而此时的技术资源在事实上和人力资源紧密结合，并且两种资源可能成为企业竞争优势的重要来源。在物质资源中，创业时期的资源最初主要为财务资源和少量的厂房、设备等。从而，细分后的创业资源经过重新归纳，主要为以下几种：

(1) 人力和技术资源，包括创业者及其团队的能力、经验、社会关系及其掌握的关键技术等；

(2) 财务资源，即以货币形式存在的资源；

(3) 生产经营性资源，即在企业新创过程中所需的厂房、设施、原材料等。

3. 核心资源与非核心资源

根据资源基础论，创业资源可分为核心资源与非核心资源。

核心资源主要包括技术、管理和人力资源。这几类资源涉及新企业有别于其他企业的核心竞争力，是创业机会识别、筛选和运用几大阶段的主线。创业者必须以这几类要素资源为基点，扩展新企业发展外延。人力资源对于企业来说，主要是一种知识财富，是企业创新的源泉。高素质人才的获取和开发是现代企业可持续发展的关键。管理资源又可理解为创业者资源。创业者自身素质对新企业的成长有至关重要的作用。创业者的个性，对机遇的识别和把握，对其他资源的整合能力都直接影响创业成败。技术资源是一种积极的机会资源。对于新企业来说，主动引进和寻找有商业价值的科技成果，是企业的立身之本和市场竞争之源。

非核心资源主要包括资金、场地和环境资源。如何有效地吸收资金资源，并保持稳定的资金周转率，实现预期赢利目标，是创业成功与否的瓶颈课题。场地资源指的是高科技企业用于研发、生产、经营的场所。良好的场地资源能够为企业大幅度降低运营成本，提供便利的生产经营环境，使其短期内累积更多的顾客或质优价廉的供应商。而环境资源作为一种外围资源影响着新企业的发展。

识别核心资源，立足核心资源，发挥非核心资源的辐射作用，实现创业资源的最优组合，这就是创业资源运行机制的基本思路。

4. 自有资源和外部资源

自有资源来自内部机会积累，是创业者自身所拥有的可用于创业的资源，如创业者拥有的可用于创业的自有资金，自己拥有的技术，自己所获得的创业机会信息，自建的营销网络，控制的物质资源或管理才能等。甚至在有的时候，创业者所发现的创业机会就是其

所拥有的唯一创业资源。

外部资源可以包括例如朋友、亲戚、商务伙伴或其他投资者、投资人资金，或者包括借来的人、空间、设备或其他原材料(有时是由客户或供应商免费或廉价提供的)，或通过提供未来服务、机会等换取的，有些还可能是社会团体或政府资助的管理帮助计划。外部资源更多地来自于外部机会发现，而外部机会发现在创业初期起着决定性作用。创业者在开始创业的时期面临的一个重要问题即资源不足和资源供给。一方面，企业的创新和成长必须消耗大量资源；另一方面，企业自身还很弱小，无法实现资源自我积累和增值。所以，企业只有识别机会，从外部获取到充足的创业资源，才能实现快速成长，这也是创业资源有别于一般企业资源的独特之处。对创业者来说，运用外部资源是一种非常重要的方法，在企业的创立和早期成长阶段尤其如此。其中关键是创业者具有资源的使用权并能控制或影响资源部署。

自有资源的拥有状况将在很大程度上影响甚至决定人们获取外部资源的结果。"打铁还要墩墩硬"，立志创业者首先应致力于扩大、提升自有资源。自有资源的拥有状况(特别是技术和人力资源)可以帮助创业者获得和运用外部资源。

二、创业资源与一般商业资源的异同

(一)创业资源与一般商业资源的相同点

创业资源作为商业资源的一种，具有商业资源的普遍特征。

(1) 两者都具有稀缺性。资源相对于创业需求是稀缺的，这里所说的创业资源的稀缺性，既不是说这种资源不可再生或可以耗尽，也与这种资源的绝对量大小无关，而是指这样一个事实，与成熟企业相比，新企业缺少时空上的资源积累，即在给定的时间内，与创业资源的需求相比，其供给量相对不足。

(2) 两者包含内容相同。创业资源和商业资源从包含内容上来讲都涵盖了厂房、场地、设备等有形资源，以及企业名称、商标、专利、营销能力、管理制度、信息资料、企业文化等无形资源。

(二)创业资源与一般商业资源的不同点

创业资源作为一种特殊的资源有其典型的特点。

(1) 创业资源多为外部资源。新企业创业资源短缺，意味着企业直接控制的内部资源不足。创业者选择的途径是使外部资源内化(股权安排、战略联盟、专业化协作、信用贸易等)。利用外部资源既能解决创业资源的短缺问题，又能大大减少公司的风险与固定成本，加上创业公司本身的市场地位和市场空间都并不稳固，所以利用外部资源可以避免将来废弃这些资源的风险。

(2) 创业者在创业资源中的作用举足轻重。Bird 指出，创业家开创事业的意图与开创事业前的决定都是之后新企业目标、策略与结构的成型因素，并且对日后新公司的存活、成长与获利都有所影响，所以创业者是创业过程中最重要的创业资源。当然，雇员的素质也是一种特别重要的人力资源，创业者可以应用市场力量(金钱、竞争等)和个人人格力量(如承诺、经验、品格等)影响雇员的投入。

(3) 专有化高的知识在创业资源中至关重要。创业所需要的资源中，知识是非常重要的一项，它为公司实施差异化战略提供了基础，一般是公司核心竞争力的根源所在，可为新企业在某些方面建立一定的竞争优势。这种竞争优势，一方面取决于这种资源本身的价值，也和企业对于这项资源的运用方式和其他相关资源的配合密切相关；另一方面，专有知识不容易交易，比显性知识更容易建立起竞争优势。

三、创业资源获取的途径和技能

创业资源的获取是指在确认并识别资源的基础上，利用其他创业资源或途径得到所需资源并使之为新企业服务的过程。创业资源的获取是创业资源整合不可或缺的重要环节，获取创业资源是任何新企业在发展过程中都不可忽视的一个关键环节。创业资源获取主要是根据创业资源识别的结果，来获取新企业所需的资源。不同的创业资源可能需要不同的获取途径，同一资源获取方式可能获得多种资源。新企业在此阶段要根据实际情况将需要获取的创业资源与获取途径进行合适的匹配。

(一) 创业资源获取影响因素

1. 创业者才能

如何获取资源、获取何种资源以及能否获取资源，在企业初创期有着关键的作用。创业者的管理才能在此过程中扮演着重要的角色。如果创业者能够有效协调好创业团队内部人际关系，就会提高创业团队凝聚力，促进共同行动，获取必要的外部资源；如果创业者能够有效激励团队成员、有效和创业团队合作，将提升新企业综合能力，产生团队外溢效果，获取必要的外部资源；如果创业者有较强的行政管理能力，便能将各种资源进行较完美的匹配与组合，新企业的运作将会很有效率，能吸引更多的人力资源和其他无形资产；创业者的学习能力越强，新企业的创新行为就越频繁，这便加大了新企业对无形资源的需求，因而客观上促使新企业获得诸多有价值的资源；创业者的外部协调能力越强，与合作者(如供应商、销售商等)达成一致的可能性就越大，创业者就可以利用外部资源为新企业服务。

2. 创业者的先前工作经验

先前工作经验分为创业经验和行业经验两大类。创业经验是指创业者在先前创建过的组织(包括商业企业、非营利性组织或社会企业等)中，所获得的感性和理性的观念、知识和技能等。它提供了诸如机会识别与评估、资源获取和公司组织化等方面的信息。行业经验是指创业者在某行业中的先前工作经历，它提供了有关行业规范和规则、供应商和客户网络以及雇用惯例等信息。创业者的创业经验和行业经验将有利于新企业人力资源、资金资源、技术资源等创业资源的获取。

3. 集聚经济效应

集聚经济对新企业的作用在于其能够使创业者更容易获取资源。在现有企业集聚区域创业，是因为已经集聚的领先企业对新企业具有孵化作用。一方面，从要素市场看，集聚经济能够提供更丰富的创业资源；另一方面，许多创业者曾经是集群中企业的员工，这些员工的行业经验及与集群中的企业和机构之间的网络关系，使其更容易接近资源所有者并说服其提供创业资源。

4. 社会网络

社会网络对于创业资源获取具有重要意义。这是因为社会网络是隐性知识传播的重要渠道，它能通过促进信息(包括技能、特定的方法或生产工艺等)的快速传递而协助组织学习，同时还可以大大降低新企业的交易成本，帮助获取与新企业需求相匹配的资源。由于新企业的实力和声望等方面都显得较为薄弱，很难通过传统的市场关系获取自身所需要的资源，因此，新企业通常会利用创业者自身的社会关系网络获取所需的相关资源，用以弥补通过市场关系获取资源的不足。

5. 信息

信息是指新企业所获取的有关资源所有者的显性和隐性信息。显性信息包括资源所有者的基本信息和资源的基本信息；隐性信息通常以经验和技能的形式存在，对新企业的资源积累和资源整合具有重要作用。信息资源作为一种特殊的战略性资源在新企业资源获取过程中发挥着杠杆作用。而新企业在获取创业资源过程中常常会遇到信息不对称的困境。首先，创业者掌握较多的企业层面、产品技术层面和团队能力层面的信息，出于防止他们利用同样机会的考虑，往往不愿向资源所有者公开全部信息，因此用以评估的信息很可能是不完备的，这种信息不对称导致资源所有者都不愿投资新企业。其次，创业者可能采取机会主义行为，因为他们掌握了资源所有者所不具备的信息。

(二) 创业资源获取的途径

创业资源获取的途径，从获取来源分可分为外部获取和内部开发两种方式。

外部获取，按获取方式可分为交易换取与合作换取。交易换取是指通过交易形式，以企业自身所拥有的资金或实物的代价来换取企业所需资源的方式。合作换取是指通过合作方式，以双方或多方的共同投入来换取分享未来利益的权利的方式。

交易换取按交易占用资金或实物的形式，又可分为购买、租借和交换等方式，具体到某资源，方式还可更具体、更灵活。例如：就资金资源的获取而言，还可具体到包括有无抵押贷款、质押贷款、债券等形式；就实物资源如设备的获取而言，还可更具体到无偿试用、短期租用、长期融资租赁、有偿使用等。

合作换取相对交易换取更少占用新创企业宝贵的资金资源，有利于降低企业经营风险，是企业整合外部资源能力的表现，应当优先使用。合作换取按合作紧密程度，又可分为股份合作、联盟合作、松散合作等，具体形式可更多样。例如：股份合作是指双方通过合股或换股等形式进行合作，新创企业可因此获得资金资源、社会资源等；联盟合作是指双方通过较紧密和稳固的联盟开展代理、加盟、共同开发等合作，新创企业因此可获得社会资源、技术资源、信息资源等；松散合作则是指双方通过短期协议或口头协议就信息共享、人员支持等进行合作，新创企业可获得信息资源、人力资源等。

新创企业资源匮乏，大部分的非核心资源，如资金资源，都应当从外部获取，而少部分核心资源，则需掌握在企业自己手里，而且这部分资源也极不易在企业外部获得，应当优先在企业内部开发获取。

创业企业可以通过深入挖掘内部资源潜力，不断地沉淀、积累，通过滚动式发展来开发资源。例如新创企业对于核心的人力资源与技术资源，就应当通过企业的内部培养来开发获得。

内部开发存在开发难度大、步子慢的缺点，创业企业可通过外部引入在内部消化然后开发的方法来弥补此缺陷，加快进程。虽然有此缺点，但内部资源一旦开发获得，就不易发生转移，不易被模仿抄袭，容易形成企业核心竞争力的基础。

（三）创业资源获取的技能

创业资源获取过程中，采用适当的技能可使得资源获取事半功倍。获取创业资源最主要的原则是盘活、用好、用足企业的现有资源，四两拨千斤，以有限的内部资源，撬动尽可能多的外部资源。具体技能包括以下两个方面：

（1）多用无形资源。企业初创期间，有形资源比较匮乏，企业应该充分挖掘自身的无形资源，以此为杠杆，来撬动外界的有形资源。例如，创业可通过个人的专业洞察力和以往积累的社会资源，以及对未来的美好设想与承诺，来打动外部投资者，邀其入股，来换取上游供应商的代理权和信用融资，来换取员工对工作的投入等。

（2）多用合作换取资源。新创企业资源紧缺，但可通过广泛的合作，通过对未来计划美好的利益预期来换取合作，获取实实在在的资源。例如：通过连锁加盟，降低经营风险，直接获得品牌与客户资源；通过共同开发，分摊开发成本，降低开发风险，获得技术资源，更快、更稳妥地实现企业的发展。

创业故事　　　　**"玩"也带来财富——马化腾的创业哲学**

你也许没听说过马化腾，但一定听说过 QQ；你也许没听说过 QQ，但一定见过那只胖乎乎、傻乎乎的小企鹅。马化腾，"腾讯 QQ"的掌门人，他被美国《时代周刊》和有线新闻网评为 2004 年全球最具影响力的 25 名商界领袖之一，荣膺香港理工大学第四届紫荆花杯杰出企业家奖，捧走了"2004 年 CCTV 中国经济年度人物新锐奖"奖杯。在短短几年内，他创建的企业和产品彻底改变了亿万中国人的沟通习惯。他不到 34 岁时，便坐拥近 20 亿元资产，在中国 IT 界创造了一个不朽的神话。

一、眼光独到

1993 年，22 岁的马化腾于深圳大学计算机系毕业。在校时，马化腾的计算机天赋已小有崭露，令老师和同学们刮目相看。

1997 年，马化腾第一次认识了 ICQ，一见面，便被其无穷的魅力所吸引，就立即注册了一个号。可是使用了一段时间后，他觉得英文界面的 ICQ 在中文用户中想推广开来可不是一件容易的事儿，他想，能不能做一个中文版的 ICQ 呢？

1998 年，马化腾立志创业。同年 11 月，他与大学同学张志东创办"腾讯"，推出中文网络寻呼机。作为中国第一代网民，马化腾清楚地知道，这不过是 ICQ 的模仿之作，还不能成气候，他决定要做属于自己的 OICQ。当时许多人对网络还不熟悉。就算是 IT 界内的同行也纷纷对 OICQ 这个"小孩玩意儿"嗤之以鼻。他们认为成天摆弄这个，没多大出息，因为靠 OICQ 捞点"外快"都十分渺茫，更遑论借其发家致富了。马化腾却不这么看，"弱水三千只取一瓢饮"，他认准了 OICQ 这个"旁门左道"。稍懂一点营销常识的人都知道，任何产品的成功都离不开"人口+需求+购买力"的因素，在此基础之上，马化腾又将"满足特定情感"的营销概念移植过来。马化腾发现，几千年的传统文化与风风雨雨将中国人打造得深沉内向。相比之下，中国人比外国人更缺乏安全感，所以，可能更容易接受文字之间的"神交"。

商道即人道，马化腾看准了 OICQ 在中国的大好前景，终有一日它会带来继电话、传真之后的另一种通信革命!此时的马化腾，八匹马也拉不回头了。马化腾的企鹅宝贝生逢其时。1999年，互联网在中国全面铺开，OICQ独特的离线消息功能和服务器端信息保存功能，在实用性上击败了只有本地保存功能的ICQ。1999年底，OICQ的注册用户达到了130万人。

二、成功源于专注

"他是一个专注的人"，几乎所有业内伙伴提到这位年轻的老板都会用"专注"这个词。六年来，马化腾只专注于QQ，不做其他的项目，就是在创业最困难的时候，也没有放弃。跟其他刚开始创业的互联网公司一样，资金和技术是腾讯最大的障碍。最初公司运作的全部资本就是几个小伙子的所有积蓄，而整个公司仅三个全职员工。为了能赚钱，马化腾他们什么业务都接，做网页、做系统集成、做程序设计……简直就像个杂货铺。据说，当时在深圳，像腾讯这样的公司有上百家，马化腾和张志东最大的期望就是能挺住。

预见到QQ的大好形势，马化腾想把剩下的路走完。事实再一次验证了马化腾的眼光。1999年下半年，互联网在全球范围"发烧"。受昔日老友网易总裁丁磊海外融资的启发，马化腾拿着改了6个版本、20多页的商业计划书开始寻找国外风险投资，最后碰到了IDG和盈科数码，他们给了马化腾220万美元的投资。

三、金钟罩、铁布衫

来自潮州的马化腾继承了潮州人一向低调务实的传统。见过马化腾的人都觉着他年轻得让人吃惊，给人的第一感觉是一位白面书生，而非呼风唤雨的企业家。马化腾天生就是个实用主义者，理智冷静是他的特质。例如，许多业内的同龄人把开发软件当成了智力"角斗场"，搞软件只是智力竞赛的一种方式，而马化腾则希望自己搞出的东西被更多的人应用，也愿意扮演一个将技术推向市场的小角色。这种理智冷静的天性也为他本人带来了不菲的收益。其实，早在1994年，马化腾就已经是一个小小的富翁了。他真正意义上的第一桶金来自股市。1994年入市的马化腾在股市上如鱼得水，手头很快就有了百万资金。这也为他独立创业打下了基础。

四、创业智慧

1. 了解自己

马化腾在创办和经营腾讯的时候，总是小心翼翼地追问自己三个问题：第一，这个领域你是否擅长？第二，如果你不做，你会损失什么？第三，如果做了，在这个新的项目中，自己能保持多大的竞争优势？而这"三问"准确地揭示了马化腾的经营哲学理念。

2. 做擅长的领域

马化腾凭着对网络市场一种朦胧却又相当有预见性的理解，用近乎偏执的兴趣和近乎狂热的工作热情搭起腾讯的架子，牢固坚持以技术为核心的公司理念，极端专注于技术开发和提升质量，当然能高出对手一筹。

3. 考虑用户会损失什么

做软件工程师的经历使马化腾明白，开发软件的意义就在于实用，而不是写作者的自娱自乐："其实我只是个很爱网络生活的人，知道网迷最需要什么，所以为自己和他们开发最有用的东西，如此而已。"

4. 明确自己的竞争优势

QQ最早只是作为公司一个副产品存在的，马化腾对QQ所蕴含的巨大市场价值并没有足够的认识。而且无论从技术上还是资金上，他对自己究竟能保持多大的竞争优势并没有把握。当时腾讯所采取的策略是"三管齐下"：一方面继续巩固传统网络寻呼系统带来的大量利润；一方面将精力更多集中在改进QQ功能和开发新版本上；一方面寻找风险投资的支持。事实证明，这样的策略是正确的。

5. 注重创新

在关于营造良好自主创新环境的提案中，马化腾认为实现目标一方面要提升企业创新能力，壮大创新主体，另一方面要发挥政府制度保障作用，营造创新环境。

五、马化腾的创业经

(1) 让用户上网第一件事就是打开 QQ，这是我的目标。

(2) 请大家一定要把"用户第一"铭记心中。

(3) 坚持有价值的服务必有回报，杜绝任何投机行为。

(4) 同质化的竞争环境下，决定竞争差距的关键因素就是执行力和创新的强弱。

(5) 腾讯的成功是一连串偶然机会的集合，靠的是在探索路上善于接招。

(6) 我庆幸自己来到了深圳，并在此创业获得了成功，是深圳这个年轻而富于激情和梦想的城市成就了腾讯，成就了我。

(7) 专注做自己擅长的事情。

(8) 在前进的过程中，发现机会就要立刻去把握它，要有敏锐的市场感觉，这给过我们压力，却也是我们成功的契机。

(9) 作为领导者，需要胆魄、胸怀、眼光，其中眼光最重要。

第二节　创业资源管理

创业者识别和获取创业资源之后，并不能保证新企业一定会存活，创业者必须对创业资源进行开发，挖掘其潜在价值，这样才能发挥资源的最大效用。对于新企业来说，创业资源在未开发之前，大多是零碎的，未经系统化的。要发挥资源的最大使用价值，为企业带来利润，创业者需要运用科学的方法对各类资源进行整合并合理利用。

一、创业资源识别

创业资源的识别是指创业者根据自身资源禀赋，对企业创业所需资源进行分析、确认，并最终确定企业所需资源的过程。

新企业创业资源识别主要是围绕两个方面来进行的：一个是企业内部资源的识别；一个是企业外部资源的识别。资源识别需要清楚地了解企业执行战略所需的资源，并且需要列出一个详细目录，以确定资源获得的数量、质量、时间。创业者通过评估企业的初始资源库，决定采用何种资源和能力，并确定哪些资源需要内部开发和外部获取，决策下一阶段的资源获取战略。资源识别的目的不仅是识别出当前拥有的资源和所需资源，还要识别出潜在的资源供应商，为资源的获取奠定基础。

由于新企业天然的资源稀缺秉性，如何从企业内外部识别对企业有价值的资源，是企业利用资源产生竞争优势的前提条件。新企业创业资源识别也是企业成长发展的重要前提，是新企业资源整合过程的第一个阶段。

(一) 创业资源识别的影响因素

1. 初始资源

初始资源对资源识别过程有重要影响。新企业根据当前拥有的初始资源识别所需资源，不仅包括识别所需资源类型、数量、质量、时间，也包括识别所需资源的来源。初始人力资源对资源的识别有重要的影响作用，因为创业者或创业团队的教育背景、经验和行业知识有利于准确识别出企业发展所需的重要资源；初始财务资源影响新企业识别所需资源的数量、质量、获得的先后顺序以及资源的提供者；而初始网络资源则有利于新企业识别所需资源的来源。

2. 创业者素质

成功的创业者一般具有风险承担力、创新性、市场应对知识和能力、新企业管理技能和合作精神、责任、决心、对不确定性的容忍、胜出动机等素质，这些创业者素质对于新企业资源识别至关重要，是新企业成功的最重要因素。一方面，面对不断变化的创业环境，创业者必须加强自身对市场变化的敏感度；另一方面，在企业创建初期，创业网络还不稳定，资源识别很大程度上要依赖于创业者的某些素质。创业者根据创业环境的变化、自身的异质性素质不断地调整理念、思想、行为，不断地获取稀缺的、有价值的以及不可替代的资源，以保持企业的竞争优势。

3. 创业环境动态性

企业所处环境变化是不确定的，这种不确定性在创业者进行决策时会产生影响。创业环境动态性表现为创业环境随时间不断变动的程度，以及在创业环境中创业者可用和需要资源的稀缺或充裕程度，具体包括顾客、增长机会、竞争者、创新的不可预测性。创业者要想获得独特竞争优势，必须及时有效地了解动态环境的变化，在动态环境下提高关键资源的识别。

4. 创业网络

创业网络是新企业获取信息、资源、社会支持以便识别和利用机会或资源的一种特殊途径，包括正式网络和非正式网络。通过创业网络，创业者可以直接将亲友等的资金、创业者相互关系人的个人能力或人力资源、初创时的组成人员带进企业。很多成功的创业者，特别愿意花费更多的精力在关系的维护上，比如亲戚、朋友、供应商、经销商、顾客、合作伙伴、中介结构、大学机构、政府等。

(二) 创业资源识别的方法

根据创业者的不同驱动因素，可将新企业的资源识别方法分为决策驱动型创业资源识别方法和机会驱动型创业资源识别方法。

1. 决策驱动型创业资源识别方法

决策驱动型创业资源识别方法是指创业者首先决定创业，然后发掘创业机会、组织资源、创建企业的过程。这是一个自上而下的过程，具有计划性，以创建企业为实现目的的手段。创业者首先将建立企业作为其创业目标，因此创业者的初始资源将决定其能够识别创业机会。在这一过程中通过创业者对自身禀赋资源的反复评价，也将会对创业愿景进行不断的修改，这是一个反复的过程，直到找到适合自己的创业机会为止，因此通过这一过程确定的创业机会是以创业初始资源为基础的。

新企业在创业过程中需要考量自身资源禀赋和需求两方面内容，建立资源禀赋和需求的优势、劣势矩阵(参见图7-1)，根据资源和机会的匹配程度来决定创业的具体方向。其中，自身资源禀赋包括两个方面：一是新企业现有资源；二是需要通过一定途径获取的资源。创业者可以通过自身资源禀赋与市场需求的反复比较和对照，来发现创业机会。

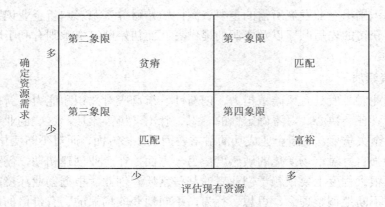

图 7-1 　资源禀赋和需求的优势、劣势矩阵

从图 7-1 可以看出，如果创业者通过资源评估发现现有资源禀赋和资源需求都比较少，就需要匹配现有资源，确定资源差异，填补资源缺口，如第三象限所示；如果创业者现有资源比较丰富，确定创业所需资源比较少，那就说明资源基础比较雄厚，能够满足创业需求，如第四象限所示；如果创业者现有资源丰富，创业需求也较多，同样也需要资源匹配，确定差异，满足需求，如第一象限所示；如果创业者现有资源较少，创业需求较多，这说明资源贫瘠，需要寻找相应的资源，如第二象限所示。

2. 机会驱动型创业资源识别方法

机会驱动型创业资源识别方法是创业者首先发现创业机会，然后评估创业资源，创建企业的过程。与决策驱动型创业资源识别方法不同的是，这种创业资源识别方法是将创办企业作为机会实现的手段，目的在于提供一种产品或服务。这是一个自下而上的过程，具有"偶然性"，以创建企业为目的。在这种资源识别方法中，创业者对创业资源的识别和评价都是围绕创业机会来进行的。相对于决策驱动型创业资源识别方法来说，机会驱动型创业资源识别方法更注重机会开发所依赖的核心资源和独特能力，其他创业资源都是围绕这些基础资源来识别和利用的。

(三) 创业资源识别的过程

在这里要分两种情况来看，一种情况是企业还没有形成前，需要识别、获得资源，从而构成企业发展的基础；另一种情况是，企业已经建立了，创业者要识别哪种资源对新企业的发展能起到重要的作用，能形成新企业的核心竞争优势。

新企业的创业资源识别过程一般包含三步。第一步是资源的分类，资源通常可分为六类：人力资源、社会资源、金融资源、物质资源、技术资源和组织资源。第二步是对每项资源进行交叉维度的划分，分为简单资源和复杂资源，实用型资源和工具型资源。简单资源是那些有形的、离散的、以所有权为基础的资源；复杂的资源是那些无形的、系统的、以知识为基础的资源。实用型资源是那些直接用于生产过程的或用于整合其他创业资源的资源；工具型资源是提供获取其他创业资源路径的资源。例如，金融资源既是一种简单资源，也是一种工具型资源，可以用来获取其他创业资源。当然，这种划分对于不同的新企业是不同的，在实际操作过程中需要视具体情况具体分析。第三步就是考虑有没有这种创业资源，如果有的话，这种创业资源的数量、质量、结构等基本情况如何；如果没有这种创业资源，通过哪些方式可以获得，需要付出怎样的代价，并通过创业内、外环境的考量，评估这种创业资源的占用程度、获取方式。

二、创业资源的开发

在创业者识别和获取创业资源之后，并不能保证新企业的存活，创业者必须对创业资源进行开发，挖掘潜在价值。对于资源开发的研究通常从过程和方式两个视角来研究。从过程的视角研究资源开发需要从企业的生命周期角度出发考虑问题；从方式的视角研究创业资源开发需要从战略选择的视角来研究问题。

对于新企业来说，创业资源在未开发之前大多是零碎的、未经系统化的。要发挥这些资源的最大使用价值、产生最佳商业效益、为新企业带来利润，就必须运用科学方法对各类创业资源进行综合、集成和激活，并将有价值的资源有机地融合起来，使之具有较强的柔性、条理性、系统性和价值性。

新企业在成立之初，具有较强的创业精神和凝聚力，但是新企业的生存能力相对较弱，所需要的基本创业资源匮乏，即便获得所需创业资源也很难根据市场需求进行有针对性的创业资源开发和利用。新企业在创业资源开发过程中面临着诸多问题，会受到很多因素的影响，还要考虑资源开发的途径和过程。

(一) 创业资源开发的影响因素

创业资源开发是指企业在获取了必要的创业资源之后，对创业资源进行调整，使它们互相匹配、相互补充并获得独特竞争力的过程，为新企业制定战略决策提供依据。这是创业资源整合的中心环节，获取的创业资源是否有价值，关键在于如何开发使用，如何增值并为新企业带来价值。

新企业的拥有者或创业者在企业运行过程中起到关键性作用。创业者的经验、行业知识、社会关系网络和受教育程度对于资源的整合过程有重要意义。创业者自身的素质反映出其看问题的视角、深度和广度，分析问题的综合程度，这对创业资源的开发起着指挥和调配作用。创业者要通过个人的能力来建立新企业学习系统，从而开发、管理和维持创业资源开发基础。创业者引导着新企业发展的方向，在资源开发过程中扮演关键角色。创业者要根据不同的创业理念将资源的价值和潜能加以开发，从而转化为新企业所特有的资源。

利益相关者面临的风险也是对新企业资源开发的一个重要的影响因素。创建一个新企业，众多参与者都要冒一定风险，原因在于他们投入或投资是不可逆的。也就是说，如果创业失败，那么利益相关者都要不同程度地遭受损失，在对新企业有形和无形资产的清算过程中，利益相关者一般都要受损失。如果将其机会成本考虑在内，这一问题更加突出。利益关系网络的复杂性使得新企业在开发创业资源的时候，不得不考虑其他主体的利益。新企业的发展过程充满不确定性和风险，可通过利益关系网络的资源开发建立战略联盟，进而降低创业的不确定性和风险利益战略联盟中的知识溢出。

社会网络是新企业资源开发的另一个重要的影响因素。新企业的发展处在复杂的社会网络中，网络规模反映了新企业与其他网络成员联系的范围。网络强度反映的是新企业与其他网络成员来往的频度。网络强度越大，表明企业与其他网络成员之间来往越密切，企业越容易获取和整合创业资源，开发创业资源在不同领域的价值。网络成员间的关系越紧密，行动就越默契，越有利于网络成员之间的学习和模仿，提高相互间的信任程度，提高资源开发深度和广度，促进资源的流动性。

员工的非正式交流和频繁流动使新企业可以从企业联盟中获得新的管理技能和新的产品研发、生产运作、营销传播技能，新企业可利用这些技能对创业资源进行有效的开发和利用。

（二）创业资源开发的途径

创业者识别、获得有价值的创业资源之后，如何开发这些创业资源，使资源发挥更大的作用和价值，这是创业者在创业过程中重点要考虑的问题。创业资源的开发途径主要可以分为三大种："步步为营"、"杠杆效应"和"资源拼凑"。

1. 步步为营

新企业成立初期拥有和掌握的创业资源匮乏，在此情况下，创业者要充分开发自身创业资源。创业者可分多个阶段投入创业资源并在每个阶段或决策点投入最少的创业资源，如果成功则扩大投入；如果不成功则马上悬崖勒马，这样就能稳扎、稳打，保证最后的成功。

2. 杠杆效应

新企业要想走向成功，光靠自身的资源是远远不够的，必须利用自身资源"吸引"和"撬动"更多的资源，就是物理学上的杠杆效应。杠杆效应就是"四两拨千斤"。杠杆效应的发挥是一个创造性的过程。美国著名的投资银行家罗伯特·库恩说过："一个企业家要具有发现价值和创造价值的能力，就要具有在沙子里找到钻石的功夫。"识别一种没有被完全利用的资源，能看到一种资源怎样被运用于特殊的方面，说服那些拥有资源的人让渡使用权，这意味着创业者并不被他们当前控制的或支配的资源所限制，他们用大量的创造性的方式，利用杠杆"撬动"资源，利用自身获取的资源开发。杠杆资源效应体现在以下几方面：利用他人或者别的企业的资源来完成自己创业的目的；将一种资源补足另一种资源，产生更高的复合价值；利用自身已有的资源获得更多的资源。

3. 资源拼凑

新企业获取的创业资源往往是不充分的，在资源约束条件下，创业者往往忽视在正常情况下被普遍接受的惯例、定义和标准的限制。创业者可以开发已经获得到的创业资源或者在他人看来无用的、废弃的创业资源，通过巧妙的整合，实现自己的目的。

（三）创业资源开发的过程

在创业者识别和获取资源之后，并不能保证新企业的存活。创业者还应根据不同的创业理念将资源的价值和潜能加以整合转化，使其成为新企业所特有的资源基础。资源的开发也就是配置和整合这些资源，获得特有的能力和功能，而非简单的资源组合，经整合后的资源应该具有新颖性和柔性。资源开发过程不单单要将获得的资源加以整合，还要将创业者的初始资源和其他资源一起转化为组织资源。因此，资源开发阶段包括资源合并和转化两个环节。

1. 资源合并

对大多数新企业来说，创业资源不是立即形成的，而是通过逐渐的演进，经过一定时间周期后形成的。创业者将各种离散的产权型资源和知识型资源进行整合，形成系统的创业资源，这一开发过程依赖于对创业资源的整合过程。这一过程可以建立在现有的资源和能力基础之上，对现有能力进行提升，也可以通过吸收新的创业资源，开发新的能力，但无论哪种方式，其最终结果都实现了创业资源的整合。

2. 资源转化

在对离散创业资源组织和整合的同时，创业者或创业团队还必须将个人的优势资源投入到新企业之中，或者将个人的能力与新企业优势相结合，产生独特的竞争优势。创业者的知识和能力是实现新企业的创业资源规模不断扩大、价值逐渐提高的必要基础。这种转化大多是通过创业资源开发过程完成的，这就要求创业者在进行创业资源开发的过程中将个人的初始创业资源用于建立企业的竞争优势。创业者要通过个人的能力来建立新企业这个学习系统，从而开发、管理和维持整个资源基础。

三、创业资源的利用

新企业有了资源还远远不够，资源不会自动转化为竞争优势，还需要新企业运用自身的资源整合能力，将不同来源、不同类型、不同效用的创业资源科学合理地利用，才能形成新企业的核心竞争力。

新企业的创业资源利用指新企业配置创业资源形成企业特有能力，以提升竞争优势为目的，最终创造价值和财富的过程。创业资源利用就是创业者使用所获取并经过匹配协调各种创业资源，在市场上形成一定的能力，通过这种能力的发挥，生产出产品或服务为客户创造价值，并继续开发创业资源价值的过程。资源利用是资源整合过程的最后环节，是新企业的创业资源价值实现的过程。在通常情况下，资源利用是一个动态循环过程。

（一）创业资源利用的影响因素

新企业如果不能有效配置所拥有的创业资源，价值创造就不可能实现，资源转化后形成的能力只有满足市场需求，才能实现利润回报。对新企业来说，资源是稀缺的，而新企业若要生存、发展下去，只有拥有匹配当前竞争优势的能力，才能利用创业机会创造价值。新企业在匹配内、外部能力的过程中，通过创业资源利用来形成竞争者难于观察和模仿的能力配置结构。

风险偏好是影响新企业资源利用的关键影响因素。资源和能力的转换过程受外部环境的强烈影响。创业者对风险的态度会影响其行为，风险承担性会影响企业实现资源向能力转化的方式选择。在不确定的情况下，具有较强风险偏好的创业者可能会选择具有较高产出潜力的产品或服务，但需承担较高风险；而具有较低风险承担性的创业者则可能会选择承担较低风险。在能力匹配过程中，风险承担会影响匹配机制的选择。在能力配置结构实施的过程中，风险承担性强的新企业有制定风险较大、但可能带来较高绩效战略的趋向；而风险承担性弱的新企业则与之相反。

超前行动是影响新企业资源利用的另一个因素。超前行动主要指新企业通过先动行为对外部环境产生积极的影响，从而引导市场变化，创造市场需求。在资源向能力转化过程中，超前行动会影响新企业进行资源利用的相对时间，有许多新企业是由于发现一个新的市场机会而创立的，其利用创业资源的行动一般在行业中是超前的，会对环境和市场产生一定影响。

另外，创业者自身的素质也是影响资源利用的重要因素，包括创业者的受教育程度、行业认知度、社会声誉、社会关系网络和社会阅历等。创业者自身的经历和历史经验都会影响创业者利用资源的选择。从先前创业经验中转移来的知识能够提高创业者有效识别和处理创业机会的能力，有助于发现、汲取、利用创业资源。创业者对拥有和掌握的资源越是了解，他就会掌握更多的资源利用方式，从而可选择最优的使用方式。同样，创业者的社会关系网络越丰富，他就会拥有更多的资源利用渠道，从而可选择最优的使用对象。

(二) 创业资源利用的途径和过程

创业资源识别和利用是创业资源有效整合的开始和结束，识别有价值的创业资源有助于创业者在创业过程中利用资源，正确选择资源利用途径，使资源使用达到最优化。在创业过程中，创业者不但要能识别所需的各种不同效用的创业资源，还需知道如何对资源进行整合，整合过程包括绑聚、匹配以及合理利用等。资源整合是一个复杂的动态过程，是指企业对不同来源、不同层次、不同结构、不同内容的资源进行选择、汲取、配置、激活及有机融合，使之更具柔性、条理性、系统性和价值性，并对其原有的资源体系进行重构，摒弃无价值的资源，以形成新的核心资源体系。新企业识别、获取、开发资源最终的目的是更好地利用资源，发挥资源"1+1>2"的增值效应。充分合理地利用资源，能够帮助新企业快速地建立竞争优势，制定切实可行的战略规划，为新企业的成长打下良好的基础。

创业者通过前期的准备工作，识别、获取、开发资源，可以利用这些资源进行价值创造。创业者根据企业经营的范围和承受风险的能力，可以将资源投入企业自身的生产活动中，为企业生产产品提供充足的资源支持。同时，企业可以根据自身的能力，将资源进行投资、出售以及借贷等，为新企业带来其他风险投资收益。

　　案例分析

【案例】　丁世燕，出生在河南省官阳县农村。1998 年丁世燕初中毕业，单调的农村生活令她感到非常失望，想到北京去打工。她怀揣着父母给她凑的 800 元钱，兴冲冲地先来到古城安阳。谁知来到安阳的第二天，她的钱包就被偷了。她把心一横，索性就先在安阳落脚打工。

第二天她出去找工。当她找到一家名叫"溢香"的鲜花店时，花店正需要人手，于是女老板收留了她，丁世燕十分激动。从此她不仅虚心向姐妹们学习鲜花护理技术，而且特别留心女老板的经营之道。

到了 2000 年 8 月，由于竞争激烈，鲜花店举步维艰，面临倒闭，员工要被遣散。当天晚上，丁世燕躺在床上左思右想：花店怎么会经营不下去呢？她想首先是市场饱和，竞争激烈。其次是摊子铺得过大，造成入不敷出。如果能把花卉苗圃卖掉，直接去批发出售，不至于亏损。如果再把员工换成钟点工，生意忙时按点付酬，又能节约开支。如此一来，花店起死回生是不成问题的。第二天，她当即找到女老板，希望接手这个花店。女老板看丁世燕是个干事业的人，同意无偿转给她，抵拖欠她 6 个月的工资。

一、鲜花铺路

丁世燕接手鲜花店后，只留下了一个要好的姐妹给自己打工。她顶着烈日骑着自行车跑去与郊区的一些鲜花种植基地谈合作事项。转眼到了国庆节，安阳市各大单位庆贺节日都要摆放鲜花装饰，以前与"溢香"建立合作关系的老客户纷纷前来订货，丁世燕紧急招聘了 10 名钟点工，雇了 6 辆货车到市郊拉送鲜花，一个国庆节下来轻松赚了 1 万多元。

2002 年 3 月的一天，她无意中听到一位老顾客抱怨说花不好养，放家里没几天就蔫了。说者无意，听者有心。丁世燕灵机一动，想出提供"免费花木护理服务"的主意。这一措施推出后，受到了客户的普遍欢迎，来她这买花的人一下子就多了起来，当月的营业额就翻了两番。

二、雨中商机

2002 年 5 月的一天，丁世燕办事途经安阳市制伞厂，看见厂门口许多职工在摆摊卖伞，上前一打听才知道，伞厂倒闭了，发给每个工人 1000 把雨伞，以每把 2 元的价格抵工资。她又发现了商机。这么漂亮的雨伞，才 2 元钱一把，在商场每把伞少说也得六七元，如果自己把这些雨伞倒卖出去，肯定能大赚一笔。

她首先想到把雨伞批发给商场，可大家都想得到的路看来走不通。她灵感所至，想到了"雨中送伞"，专在下雨的时候，把伞卖给那些没带雨具的人。想到这，她立即找到卖伞的大嫂，先要了 100 把雨伞。随后的日子，丁世燕特别留心天气预报。

机会终于来了，2002 年 6 月 1 日下午两点多钟，安阳天气突变。丁世燕赶紧开着摩托车，带着一大捆雨伞，风驰电掣地向安阳市少儿游乐中心驶去。她心想：今天是六一儿童节，许多家长带孩子出来游玩，出来时天气晴朗肯定想不起带雨伞。10 分钟后，丁世燕来到儿童游乐园时，天空也噼里啪啦地下起了雨点，毫无准备的父母们带着孩子四处躲雨。正当他们惊慌失措时，丁世燕从容地打开雨伞叫卖起来，人们蜂拥而至，只是一眨眼的工夫，100 把雨伞便被抢购一空。每把雨伞她卖 7 元钱，前后不到一个小时，轻松赚了 500 元钱。

初试成功，她又进了 1000 把雨伞。雨伞进回来后，丁世燕一下子变成了气象迷，时刻关注着广播电台的《天气预报》节目。半个月后的一天，丁世燕终于恰到好处地又逮住了一次下雨的机会，在安阳市纺织厂门口，她用了短短半个多小时的时间，就将 1000 把雨伞卖了个干干净净，除去雇人雇车的成本，丁世燕赚了 4200 元钱。

从 2002 年 6 月到 10 月，短短 4 个月的时间，丁世燕如法炮制，先后在安阳市机床厂、亚细亚商场、安阳市技工学校、新华书店门口卖出 10 000 多把雨伞，净赚 4 万多元。

三、"非典"做卡套一举赚到 30 万

2003 年年初，受"非典"影响，丁世燕的鲜花店门庭冷落，面临关门歇业的困境。心急如焚的丁世燕寻找着商机，这天她发现，经过的人很多都戴着出入证。那时为了严格控制人员出入，几乎所有单位都要求佩戴出入证，一时间制作胸卡的打印店门庭若市。丁世燕正在痛惜未能抓住商机时，一位行人佩戴的胸卡掉了，她拾起来还给了那位行人，行人说："唉，这胸卡总夹不紧，如果能挂在脖子上该多方便啊。"丁世燕当时眼前一亮，这么多人戴胸卡，如果制作胸卡套出售，一定是个不小的市场。

她立即联系制作胸卡套，以一个 5 角钱的价格定做了 1 万个。第二天下午，她带着花店里的所有员工来到安阳市最大的一家国有企业门口出售胸卡套，她的胸卡套正好解决了职工容易丢失胸卡的烦恼，职工们争相购买。一个胸卡套她只卖 4 元钱，前后一个小时，丁世燕带去的 1 万个胸卡套所剩无几，从制卡到销售仅一天时间，一个小小的胸卡套让丁世燕赚了 3 万多元。

丁世燕并没有被转眼到手的巨大财富冲昏头脑，事不宜迟，她又火速赶去预定了 10 万个胸卡套。随后几天，她紧急雇用了 100 名钟点工在安阳市各大矿厂、学校、小区门口摆摊销售卡套。一星期后，她的10 万个胸卡套销售一空。安阳市许多个体户见卖胸卡套市场火爆，纷纷定做销售，可惜偌大的市场几近饱和，他们定做的胸卡套大部分积压在了手中。短短半个月下来，小小的胸卡套让丁世燕赚了 30 多万元。

几年摸爬滚打下来，丁世燕从一个打工妹，成了一个百万富翁。她说物质丰富了，头脑也不能贫瘠呀。她打算今后一边学习，一边捕捉商机做生意，将来条件成熟还要进大学深造。

【案例分析】　丁世燕的创业故事，对我们在创业资源开发与整合上至少有以下启发：

(1) 商机就是信息资源，它是隐性资源的一种，对隐性资源的开发要争分夺秒。

丁世燕对每一个商机的把握都体现了"化分为秒"的策略。她卖伞的时候，天气预报带来的瞬间商机要时时关注，商机转瞬即逝。而"非典"时抓住胸卡套的机会也是，当其他商户发觉跟进时，市场已近乎饱和。

(2) 创业资源的开发推进中有很多时候需要"急"，"该急则急"。

细心的丁世燕听到客户的抱怨则"急"，因而每一次都把客户的抱怨转化成了赚钱的商机。她听到花店客户抱怨将花买回家后不会养的时候，想出了提供免费养护服务的主意，并立即实施，一下抓住了客户的心，生意倍增。当她听到路人对出入证卡套发出不好夹的抱怨时，她想出了做挂脖子的卡套的主意，并立即订货推销，一下子占据了整个具有时效性的市场。

第三节 创 业 融 资

人们常说，如果企业家是驱动一个公司的引擎，资金就是推动它的燃料。创业离不开资金，创业者要使企业成立并能够运营，融资是不可回避的问题。企业需要多少资金？何时需要？这些资金能撑多久？从何处、向谁筹集资金？这个过程应该怎样编排，怎样管理？这些问题对于企业的任一发展阶段，对于任何一个创业者来说，都是至关重要的。

在美国华尔街有一句流传甚广的名言："失败起因于资本不足和智慧不足。"研究者询问创业者创办新企业最关注什么，普遍的回答就是"筹资"。资金对于创业者的重要性不言而喻，但很少有创业者一开始就有充足的资金，特别是在校或刚毕业的大学生，因为大学生创业本身就是充满风险的活动。《2012 年中国大学生就业报告》显示，2011 届大学毕业生自主创业比例为 1.6%；同时，有数据调查显示，68.12% 的创业大学生因"缺乏资金"而宣告失败。

一、创业融资分析

所谓创业融资，是指创业者根据其创业计划，通过不同的融资渠道，并运用一定的融资方式，经济有效地筹集所需资金的财务活动。创业离不开资金，创业者要使企业成立并能够走向正常经营，最重要的一步就是筹集到所需资金。

（一）创业融资的必要性

企业最初创建需要获得初始资本，随后开展的经营活动需要运营资本，资本是企业创建和生存发展的一个必要条件，从最初建立到生存发展的整个过程都需要融资。创业融资是创业企业在新创、运营过程中，适时、有效地获取所需资金的过程。

多数企业在创业初期需要筹集资本，主要是基于资本投入、启动资金、现金流和漫长的产品研发期的考虑。企业在早期需要购买资产、建造建筑物、购置机器设备等固定资产或者投资于其他资本项目，这需要大笔资本的投入。在接下来的运营过程中，企业研发、新产品或新服务的开发、日常经营以及扩大市场规模等也需要巨大的前期投资。

（二）创业融资难的影响因素

新企业融资困难的原因是多方面的，主要有企业自身原因以及外部融资环境因素。

1. 新企业自身的原因

(1) 新企业缺乏足够的有形资产作担保。新企业的资产构成以无形资产为主，它包括企业独家拥有的专利(或专有)技术和以此为基础开发出来的技术产品、流程和服务以及创业人员的智力资本。相比之下，新企业的有形资产则较少，一般不能达到银行提供贷款的要求。

(2) 新企业发展前景具有不确定性。新企业创建时间短、规模小、底子薄，不具备足够的资本强度，抗风险能力差而创业成功率低又是我国新企业的显著特征，这使得银行及创业投资机构对新企业的融资不得不采取更为谨慎的态度。

(3) 新企业在起步阶段往往管理机制不够完善，创业者与投资者、债权人之间往往存在信息不对称的情况，投资者、债权人难以了解企业的真实情况，因而不会轻易投资。

(4) 部分新企业对信用的培育不够重视。由于许多新企业为了自身的生存发展，对所借款项采取能拖就拖，甚至贷款不还的方式来维持企业的正常运营，而这种行为降低了企业在银行的信用度，给企业日后的融资造成了障碍。

2. 融资市场不规范、政策法规不健全

我国金融市场的发育还不够完善，虽然早在 2002 年就已经出台了《中华人民共和国中小企业促进法》，但在促进新企业融资的同时却存在着信用定价机制缺乏，对债权人权利的保护不尽如人意，融资担保行业法律法规不健全，以及创业投资的退出机制缺乏等问题。这就急需政府加快相关法律的出台，完善我国新企业融资的相关法律、法规体系。

3. 融资渠道不畅、融资结构不够合理

虽然我国有政府的政策支持、银行贷款、创业基金、创业投资、创业板市场等融资渠道，但有些融资渠道在我国的发展并不成熟。

(1) 创业投资作用有限。我国创业投资起步晚，发展时间较短，数量较少，发挥的功能还很有限，再者创业投资注重的是短期行为，追求的是高利润，而新企业难以满足其要求，所以很多创业投资商并不热衷于投资新企业。

(2) 民间资本的利用率低。我国民间财富巨大，但多数都作为存款存在银行，只有较少的一部分作为个人投资流入资本市场。

(3) 由于新企业一般不能提供银行贷款所需的抵押担保物，因此难以获得银行贷款。

(4) 创业板市场推出时间较短，入市的门槛高也使得新企业难以通过在创业板发行股票融资。

(三) 创业融资的原则

(1) 效益性原则。新企业进行融资的目的是为了进行投资从而获得更大的经济效益，而通过融资吸纳进来的资金是要支付一定成本的。不同融资方式筹集的资金，其支付的成本也是不尽相同的。企业在进行融资活动时，应当考虑融资产生的财务费用和管理费用，综合平衡资金的效益性。

(2) 合理性原则。考虑到资金的使用成本和企业的风险承受能力，新企业在融资时要合理地确定融资的金额和期限，并确定合理的融资结构。融资规模过大，不仅会导致资金闲置浪费，而且会导致融资成本增加，加大企业财务风险；融资规模过小，则导致企业资

金供应紧张，影响企业正常运营和业务发展。

（3）及时性原则。在市场经济条件下，创业机会往往稍纵即逝，如果企业不能及时获得所需要的资金进行投资而致使新产品不能及时开发，不仅有可能导致新产品过时而丧失市场机会，还有可能使竞争对手提前进入而使竞争对手获得时间优势和"先入者优势"，导致自身产品丧失竞争力。

（4）合法性原则。合法性原则要求新企业在融资时，融资目的和采用的融资方式要符合国家法律法规的规定，通过合法的渠道来筹集企业所需的资金，不能非法集资。

二、创业所需资金的测算

创业者必须先要有一定的资金，才可以开展自己的经营活动。创业者需要筹集哪些种类的资金？需要的资金规模有多大？企业正常运转后，又需要准备多少资金？这些都是创业前必须考虑的问题。

（一）启动资金的预算

在创业者对市场有了一定的分析和了解并确定产品的市场状况良好后，创业者下一步要做的一项非常重要的工作就是：确定开办企业必须购买的物资和必要的开支，并测算总费用，这些费用称为启动资金。

1. 启动资金的类型

启动资金分为固定资产投资和流动资金两部分，主要用来支付场地(土地和建筑)、办公家具和设备、机器、原材料和商品库存、营业执照和许可证、开业前广告和促销、工资以及水电费和电话费等费用。

固定资产是指企业购买的价值较高、使用寿命长的资产，如使用期限超过一年的房屋、建筑物、机器、机械、运输工具以及其他与生产经营有关的设备、器具和工具等。不同的企业所需的固定资产不同，有的企业用很少投资就能开办，而有的却需要大量的投资才能启动。在创办企业时应尽可能把必要的投资降到最低限度，让企业少承担些风险。

流动资金是指项目投产后，为进行正常生产运营，用于购买原材料、燃料、支付工资及其他经营费用等必不可少的周转资金。

2. 启动资金的预测

创业者要认真而详细地对固定资产投资和流动资金进行预测，不同类型企业所需资金有所不同。

（1）固定资产投资预测。对于企业而言，最主要的固定资产投资就是企业用地和建筑投资及设备投资。

一是企业用地和建筑投资。办企业或开公司，都需要有适用的场地和建筑。也许是用来开工厂的整个建筑，也许只是一个小工作间，也许只需要租一个店面。如果创业者能在家开始工作，就能降低投资，节省费用。对于营业地点的选择，创业者可以根据自己的条件及工作性质，确定企业具体需要什么样的场地和建筑等。当创业者清楚了需要什么样的场地建筑时，就要做出以下选择：建造新的厂房建筑；买现成的建筑；租房；在家开业。

二是设备投资。设备是指创办的企业所需要的所有的机器、工具、工作设施、车辆、办公家具等。对于制造商和一些服务行业，最大的需求往往是设备。一些企业需要在设备上大量投资，因此了解清楚需要什么设备，以及选择正确的设备类型就显得非常重要。即便是只需少量设备的企业，也要慎重考虑是否确实需要那些设备。

（2）流动资金预测。企业开张后要运转一段时间才能有销售收入。制造性企业在销售之前必须先把产品生产出来；服务性企业在开始提供服务之前要买材料和办公用品；零售商和批发商在卖货之前必须先买货。所有企业在揽来顾客之前都必须先花时间和费用进行营销。总之，你需要流动资金支付以下开销：购买并储存原材料和成品；营销费用；工资；租金；保险和其他费用。

一般而言，创业者必须准备足够的流动资金来维持企业的正常运转。不同类型的企业对流动资金规模要求不同，一些企业需要足够的流动资金来支付 6 个月的全部费用，还有一些企业只需要支付 3 个月的费用。创业者必须预测，在获得销售收入之前，新企业正常运营能够维持多久。

一是购买原材料和成品费用。制造性企业生产产品需要原材料；服务性企业的经营者也需要一些材料；零售商和批发商需要储存商品来出售。创业者预计的库存越多，需要用于采购的流动资金就越多。既然购买存货需要资金，创业者应该将库存降到最低限度。如果创办的是一个制造性企业，创业者必须预测生产需要多少原材料库存，这样可以计算出在获得销售收入之前需要多少流动资金。如果是一个服务性企业，创业者必须预测在顾客付款之前，提供服务需要多少材料库存。零售商和批发商必须在开始营业之前，预测需要多少商品存货。

二是促销费用。新企业开张后，由于消费者对自己生产的产品或提供的服务还不了解，为了让消费者购买自己的产品或服务，就需要对自己的产品或服务进行促销活动，而促销活动需要一些费用开支。

三是工资。如果新企业雇用员工，在起步阶段就得给员工付工资。创业者还要以工资方式支付自己家庭的生活费用。计算流动资金时，要计算用于发工资的资金，只要通过用每月工资总额乘以还没达到收支平衡的月数就可以计算出来。

四是租金。正常情况下，新企业一开始运转就要支付企业用地用房的租金。计算流动资金中用于房租的金额，用月租金额乘以还没达到收支平衡的月数就可以得出来。而且，创业者还要考虑到租金可能一付就是 3 个月或 6 个月，如此会占用更多流动资金。

五是保险。同样，企业一开始运转，就必须投保并支付员工医疗保险、养老保险、工伤保险等相关保险费，这也需要流动资金。

六是其他费用。在企业起步阶段，还要支付一些其他费用，例如电费、办公用品费、交通费等。

（二）运转过程所需资金的预测

为了使企业能正常地运转，企业必须有足够的资金予以保证，这就需要制订现金流量计划。现金就像是使企业这台发动机运转的燃料。有些企业由于缺乏管理现金流量的能力，可能会影响企业的正常经营。在大多数企业中，每天都要收取和支付现金，成功的创业者都要制订现金流量计划。现金流量计划显示每个月预计会有多少现金流入和流出企业。预测现金流量将帮助新创企业保持充足的动力，使企业不会出现现金短缺的威胁。当然，制订现金流量计划绝非易事，常常有下列因素影响其准确性：

(1) 有些销售需要赊账，赊销通常在几个月后才能收回现金。创业者在制订市场营销计划时，已经决定了赊销政策，因此需要考虑到这个因素。

(2) 有时企业采购会赊账，以后再付现金，这也会使现金流量计划的制订变得更加复杂。但赊购对于一个新企业而言不太可能，因而也就不太常见。

(3) 新企业的某些费用是"非现金"的，如设备折旧等项目将不包括在现金流量计划里。但是，当设备折旧期一过，就可能丧失功能，必须购买新设备。若没有考虑到这个因素，现金准备不足，不能按时购进新设备，将会影响企业的正常运转。

通过制订现金流量计划，会使创业者明确流动资金需求量。现金流量计划有助于保证企业在任何时候都不会出现无现金经营的情况。为了保证新企业的正常运转，一旦发现现金短缺，企业应尽快考虑筹措资金的渠道和方式。

三、创业融资渠道及策略

(一) 初创期融资渠道及融资策略

在创业者开始创业之初，一般需要购买固定资产和持有一定数量的流动资金。所需的资金首先是通过自有资金解决，不足部分必须通过其他渠道获得，如向家庭成员和亲朋好友融资、民间借贷、寻找合伙人投资及吸纳风险投资等。

1. 自筹资金及策略

(1) 自有资金。创业者的自有资金是成功创业的基础，创业者应将自有资金的大部分投入到新创的企业中。一方面，创办新企业是捕捉商业机会、实现价值的过程，将尽可能多的自有资金投入其中，可以在新企业中持有较多的股份，创业成功后，将获得较大的创业回报。另一方面，自我融资是一种有效的承诺。如果在投身创业的过程中投入自己的资金，这本身就是一种信号，它告诉其他投资者等外部资金提供者，创业者对自己认定的商业机会十分有信心，对自己的新企业充满信心。这种信号会给其他资金所有者投资新企业一种积极的暗示，增加其对新企业投资的可能性。

另外，创业者自己投入资金的数量还取决于自己与外部资金供给者谈判时所处的地位。如果创业者在某项技术(产品)方面具有公认的较大市场价值，创业者就有权自行决定自有资金投入的数量。一个成功的例子是百度公司的创始人李彦宏，在对外融资的初期，由于他掌握的搜索引擎技术在世界上比较领先，风险投资者就没有考虑李彦宏的自有资金数量。

当然，对很多创业者来说，自有资金虽然是新企业的一个重要资金来源，但它不是根本性的解决方案。一般来说，创业者个人的资金对于新企业而言，总是十分有限的。

(2) 向家庭成员和亲朋好友融资。家庭成员和亲朋好友的资金是创业融资的重要来源。家庭是市场经济的主体之一，在创业中起到重要的支持作用。特别是在我国，以家庭为中心形成的社会网络关系，对包括创业融资在内的许多创业活动产生了重要影响。家庭成员和亲朋好友由于与创业者的个人关系而愿意给予投资，这有助于克服非个人投资者面临的一种不确定性：缺乏对创业者的了解。在创业初期，创业者往往缺乏正规融资的抵押资产，缺乏社会筹资的信誉和业绩。因此，非正规的金融借贷——从创业者的家人、亲戚、朋友处获得创业所需的资金是非常有效且常见的融资方法。

虽然从家庭成员和亲朋好友处获得资金相对要容易一些，但与所有融资渠道一样，向家庭成员和亲朋好友融资也有不利的方面，有时容易引起纠纷。为此，创业者必须明确所获得资金的性质是债权性资金还是股权性资金。在借助传统的社会网络关系时，必须用现代市场经济的游戏规则、契约原则和法律形式来规范融资行为，以保障各方利益，减少不必要的纠纷。为了避免日后出现问题，一方面，创业者必须将有利方面和不利方面都告诉家庭成员和朋友，还要告诉他们存在的风险，以便于将日后出现问题时对家庭成员和朋友关系的不利影响降到最低。另一方面，用非个人投资者融资的商务方式来对待向家庭成员和朋友融资，对每一笔债权性资金都要讲明其利息率和还本付息计划，对股权性资金承诺未来支付的红利率及支付时间。如果能用对待其他投资者的方式对待家庭成员和朋友，就能避免将来可能产生的矛盾。在运用这些资金之前，创业者还可以事先用书面方式将相关事项确定下来，规定融资的所有细节，包括资金的数量、有关条件、投资者的权利和责任以及对业务失败的处理等。一般而言，制定一份涉及所有上述条款的正式协议可以帮助避免未来可能出现的纠纷。

（3）民间借贷及策略。民间借贷是指公民之间、公民与法人之间、公民与其他组织之间的借贷。除了从家庭成员及亲朋好友处融资外，还存在大量的其他资金供给主体。民间借贷作为正规金融的一种补充，顺应市场融资的需求，长期以来一直存在，并不断发展壮大。我国《商业银行法》规定，只要民间借贷的利率不超过银行同期利率的 4 倍，即属合法。有些地区民间借贷以其优厚的吸存条件、简便的放贷手续以及良好的信誉而大受欢迎，其规模及市场需求急剧增大。对于民间金融的存在，管理部门应采取积极疏导，而非简单抑堵的态度，使巨额的民间资金能在解决新企业资金的难题上发挥大作用。

作为民间金融最为活跃的温州市，为规范发展民间融资行为，国家于 2011 年 11 月出台了《关于进一步加快温州地方金融业创新发展的意见》，决定开展"民间借贷登记服务中心试点"。2012 年 3 月，温州民间借贷登记服务有限公司(温州民间借贷登记服务中心)正式成立，这是温州市乃至浙江省的首家民间借贷登记服务中心。该中心将以公司化形式运营，注册资金 600 万元，由 14 家法人、8 个自然人投资设立，经营范围涉及信息登记、信息咨询、信息发布、融资对接服务等。该中心于 2012 年 4 月开业试运行。下面以温州民间借贷登记服务中心为例说明借贷流程。

第一，资金借出程序。如市民甲需要借出 100 万元，首先需要在登记中心柜台填写一张个人信息情况表，这张表包括身份信息、学历、联系方式、借贷要求等。甲填好后，登记服务中心的工作人员会将甲的个人信息录入系统，贷款人到时候也可以在网上登记。登记结束后，甲可以根据自己的投资需求，在另外一个窗口寻找并选择自己满意的中介机构，中介机构就可以通过登记中心系统直接看到市民的个人信息和投资需求。

第二，资金借入程序。若市民乙需要借入 100 万元，按照相关规定登记后，就可以在登记服务中心系统查询到供应方的信息，登记服务中心再安排借贷双方一对一面谈，确定借贷利率，达成借贷交易。

2. 寻找合伙人投资

除了以上自筹资金方式外，创业者还可以寻找志同道合的投资者与自己一起创业，也就是寻找合伙人投资。这是一种建立在利益共享、风险共担基础上的合作创业。合伙人可以是亲朋好友，也可以是素昧平生者。与向家庭成员及亲朋好友借款、民间借贷不同的是，合伙人的出资是投资，而非借款，是无须偿还的。

要寻找到志同道合的合伙人，使新企业能顺利开业，走上正轨，创业者需要做好以下工作：

一是对合伙人的资格进行审查。由于全体合伙人即合伙企业要对合伙人的经营行为承担责任，一定要审查好合伙人的资格，包括合伙人的人品、能力、家庭情况、资产情况、有无对外大额债务等，这是签订合伙协议的最重要的方面。合伙人的身份证明一定要备份。

二是合伙企业的账目要清晰。应聘请专业人员按规定建立、健全新企业的财务制度，注意单据入账的审批制度要经全体合伙人通过，合伙人有查阅账目的权利。

三是合伙人的出资一定要明确。合伙人出资的方式、金额、期限要明确，创业者要注意落实，动产要转移持有人，不动产要办理变更登记，建立合伙企业账目。

四是合伙合同的其他条款要尽量具体。凡涉及合伙事务的管理制度，应尽量落实到书面上，以防将来发生纠纷时无据可查。

3. 创业投资及策略

除了以上融资方式之外，新企业还可以通过吸引创业投资获得资金支持。一般而言，创业投资主要对新企业初创期进行投资。

(1) 创业投资概述。创业投资是指向新企业进行股权投资，以期在企业发育成熟或相对成熟后通过股权转让获得资本增值收益的一种投资方式，也称为风险投资、风险资本。其特点如下：

第一，具有高风险、高收益性。创业投资的对象是刚刚起步或还没有起步的新创高新技术中小企业，具有很大的不确定性及风险性。与高风险相联系的是高收益。一般来说，投资于"种子"式创立期的公司，所要求的年投资回报率在40%左右；对于成长中的公司，年回报率要求在30%左右；对于即将上市的公司，要求有20%以上的回报率。

第二，具有长期性。创业投资从投资到回收通常在3～7年之间，投资项目一般经历创立、开拓、成长、成熟四个阶段。在投资期间，创业投资者还需根据企业发展的不同阶段给以不同性质的资金融通，分阶段地持续注入创业资本。

第三，具有周期流动性。投资者的着眼点是权益的增长而不是短期的利润，创业投资的目的是尽量以高价将风险企业卖掉，以便收回投资，实现风险资本与产业资本的置换。新企业用收回的投资再次投向符合条件的项目，以实现资本的周期性流动。

第四，具有较强的参与性。为了保证项目的顺利实施和有效控制风险，创业投资家会进入企业决策层。因此，创业投资家不仅要精通专业科技知识，熟谙最新技术发展动态和发展趋势，也需要具备较高的管理技能和精通金融等方面的知识。

第五，投资领域具有高技术性。创业投资是以冒高风险为代价来追求高收益的。而高技术产业正迎合了这个特点，成为创业投资的热点，如计算机、通信、医疗技术、电子等领域。

(2) 创业投资的运作过程。创业投资运作既是一门艺术，也是一门科学。就其艺术的一面来说，需要创业投资者在运作过程中充分发挥自己的直觉和创造性思维；而其科学的一面是指在评估过程中需要运用科学的方法、遵循规范的步骤对数据进行处理。

创业投资活动一般分为下列几个步骤：第一步是交易发起，即创业投资者获知潜在的投资机会；第二步是投资机会筛选和评价，即创业投资者在众多的潜在投资机会中初选出小部分进行进一步分析，对选定项目的潜在风险与收益进行评估。如果评价的结果是可以接受的，则进入第三步，创业投资者与创业者进行谈判和签署投资协议。一旦谈判成功，创业投资者就要与创业者签订合同，并进入最后一步——投资后管理。最后一步的内容包括设立控制机制以保护投资、为企业提供管理咨询、募集追加资本、将企业带入资本市场运作以顺利实现必要的兼并收购和发行上市。

(3) 吸引创业投资的条件及策略。新企业在弄清了创业投资的特点和运作过程后，要想获得创业投资公司的青睐，一般还要具备以下条件：第一，有较高素质的创业者。新企业的创业者必须有献身精神、有决策能力、有信心、有勇气、有思路、有出色的领导水平，并能激励下属为同一目标而努力工作。第二，有既有远见又符合实际的创业计划。这个计划要阐明新企业的价值，明确企业目标和发展趋势、企业产品服务的市场和顾客、企业的优势和劣势，同时指明新企业所需的资金总量及筹资方式。第三，企业生产的产品有较大的市场需求或潜在市场需求。有需求，就会有顾客；有顾客，就会有市场；有市场，就有了企业生存发展的空间。第四，拥有技术人员、生产人员、营销人员等配备均衡的管理队伍，有能高效运转的组织团队。第五，有一定数量的自有资金。

新企业获得创业投资的基本策略如下：

第一，明确创业投资机构的范围。寻找创业投资的新企业，必须明确自身的初步意向目标，即通过了解创业投资市场的行情，了解不同的创业投资机构的偏好及能力，然后根据本企业的特点和资金需要来筛选出若干个可能会对该公司的创新项目感兴趣及有此能力的投资机构。在筛选时，新企业所要考虑的因素包括：企业所需投资的规模、企业的地理位置、所处的发展阶段和发展状况、销售额及赢利状况、经营范围等。先选定 8～10 位可能的创业投资者作为目标，然后再开始和他们接触，在接触之前，要认真了解一下那些有可能对项目感兴趣的创业投资者的情况，并准备一份候选表。

第二，充分准备谈判文件。在访问创业投资者之前，新企业应准备好所有的必要文件。投资者会通过这些文件的准备情况以及创业者的应对情况来评估这一投资项目。相关文件主要有以下几种：

① 业务简介：关于新企业的管理者、利润情况、战略定位及退出程序的简要文件。

② 创业计划书：关于新企业情况的详细文件，包括经营战略、营销计划、竞争对手分析、财务文件等。

③ 综合调查与分析或审慎的调查分析：关于新企业、管理队伍以及行业背景分析或财务性分析。

④ 营销资料：一切直接或间接与新企业的产品或服务有关的部门的文件。

在所有这些文件中，最重要的是新企业的创业计划书。创业计划书的编制是由企业或申请人自己独立完成的，企业或申请人可以求助顾问机构协助编写创业计划书，但主题思想和具体要求必须由企业和申请人反复核实才行。

第三，与创业投资者会谈。在接到新企业所提供的文件之后，创业投资者会初步审查这些文件，如果认为有谈判的价值，他们就会决定与资金申请者进行会谈。在多数会议过程中，新企业和创业投资者之间将会一直围绕着创业计划书进行。对创业投资者来说，了解新企业的产品或服务是非常必要的，因此，在举行会议时带上一件产品会对投资者了解产品或服务大有帮助。

第四，与创业投资者进行价格谈判。双方在初次会谈成功之后，就要对投资项目的价格进行谈判。创业投资者在考虑每个投资项目的交易价格时，需要考虑补偿其他交易的损失。一般而言，由于新企业的失败率较高，创业投资者对新企业所期望的回报率常常达到10∶1，而对非新企业所期望的回报率则为 5∶1。随着企业的成长和企业风险的降低，新企业在新资金投入者面前的价值也在不断上升，显然，新企业所处的阶段越早，其投资前的价值也越低，当然创业投资的赢利潜力也越大。在对投资项目的价格进行评估时，创业资本会着重考虑四个因素：资本增值的潜力、资本流动的潜力、未来的资本需求、企业家的能力。

第五，双方签署文件。文件的签署标志着新企业争取投资过程的结束，同时也标志着双方建立长期合作关系的开始。在投资合同书中，新企业的管理者和投资者双方必须明确下面两个基本问题：一是双方的出资数额与股份分配，其中包括对新企业的技术开发设想和最初研究成果的股份评定；二是新企业的人员组织和双方各自担任的职务及双方基于平等互利合作关系的权利和义务。

（二）成长期融资渠道及融资策略

当新企业生产的产品或提供的服务逐步被市场接受，获得的收益能维持企业的正常运转甚至有一定数量的结余时，企业就进入了成长期。在这个阶段，以上谈及的向家庭成员及亲朋好友融资、寻找合伙人等融资渠道仍然可以供创业者使用。此外，由于企业的不断发展壮大，有一些其他融资渠道可供选择。

1. 信贷资金及获取策略

在我国，新企业信贷资金来源主要有商业银行贷款、信用担保贷款和小额贷款公司贷款等形式。

(1) 商业银行贷款及获取策略。一般而言，由于新企业风险较大、缺乏抵押品等原因，商业银行很少对这类企业贷款；但是，对其中有产品、有市场、成长性好的新企业可以发放一定额度的贷款。但总体而言，新企业从商业银行获得的贷款偏少，不能满足企业发展的需要。为解决新企业的融资难问题，中央采取积极措施，切实帮助新企业改善融资环境。由于新企业绝大多数是中小企业，构成了中小企业的一部分，而且国家鼓励银行发放贷款的政策主要是针对中小企业的，因此，这里主要介绍国家对中小企业的银行信贷扶持政策和措施。

首先，国家颁布了多项扩大中小企业融资渠道的优惠政策。2008 年 3 月，中国银行业监督管理委员会下达了《关于在从紧货币政策形势下进一步做好小企业金融服务工作的通知》；2008 年 5 月，央行和银监会又联合颁布了《关于小额贷款公司试点的指导意见》；2009年 9 月，国务院下发了《关于进一步促进中小企业发展的若干意见》，明确提出要切实缓解中小企业融资困难。2011 年 10 月，针对一些小型和微型企业经营困难、融资难和税费负担偏重等问题，国务院总理主持召开了国务院常务会议，研究确定了《支持小型和微型企业发展的金融财税措施》。

其次，金融机构对中小企业信贷支持力度逐步加大。为有效开展中小企业信贷业务，各金融机构积极筹建小企业金融服务专营机构。目前，四大国有商业银行、12家全国性股份制商业银行、邮政储蓄银行等主要金融机构均已设立小企业金融服务专营机构。促进村镇银行、贷款公司、农村资金社等新型中小金融机构发展是缓解中小企业贷款难的又一举措。

再次，新型金融产品和融资方式不断出现。目前，各商业银行专门为创业而设计的贷款有多种，如为有一定生产能力的个人而发放的创业贷款、无形资产抵押贷款、个人消费贷款、特许免担保贷款等。此外，各商业银行不断创新金融产品和融资模式，如建设银行的"速贷通"、交通银行的"展业通"、招商银行的"专业市场贷"等产品，建行、中行的"信贷工厂"，工行的"网贷通"，交行、招行的"打分卡"，浙江泰隆银行、包商银行"地缘信贷"等业务模式。新融资模式的推出，一定程度上缓解了中小企业融资难的困扰。

创业者获取银行信贷的基本策略如下。

第一，在贷款品种方面，宜从小到大逐步升级，可先通过有效的质押、抵押或第三方保证担保等手续向银行申请流动资金贷款，等有了一定实力再申请项目贷款。

第二，在贷款金额方面，由于创业者一般资金不太富余，贷款时应量力而行，尽量避免搞大投入。

第三，在贷款利率方面，根据人民银行有关规定，各商业银行对个体经营者的贷款利率可实行上浮，上浮幅度为30%以内。但各家银行、信用社的上浮幅度并不一致，所以在申请贷款时，可"货比三家"，尽量选择利率上浮幅度小的金融机构去贷款。

第四，在贷款期限方面，现行短期贷款分为6个月以内(含6个月)、6~12个月(含1年)两个利率挡次，对1年期以下的短期贷款，执行合同利率，不分段计息；中长期贷款分为1~3年、3~5年及5年以上3个挡次，对中长期贷款实行分段计息，遇到贷款利率调整时，于下一年度1月1日开始执行同期同挡贷款新利率。总之，期限越长，利率越高，因此应把握贷款利率在两个时间段的"利差"，在确定贷款期限时尽量不要跨过一个时间段。

(2) 信用担保贷款及获取策略。新企业获得信用担保贷款有两种形式：小额担保贷款和一般担保贷款。

第一，小额担保贷款。针对创业者开始创业时小额资金的需求，在财政部等部门的支持下，鼓励商业银行开展小额担保贷款业务。小额担保贷款是指通过政府出资设立担保基金，委托担保机构提供贷款担保，由经办商业银行发放，以解决符合一定条件的待业人员从事创业经营自筹资金不足的一项贷款业务，包括自谋职业、自主创业或合伙经营和组织创业的开办经费和流动资金。

① 贷款适用范围。该项贷款业务主要支持创业者的微利项目。2006年，中国人民银行、财政部、原劳动和社会保障部等联合下发了《关于改进和完善小额担保贷款政策的通知》(银发[2006]5号)，明确由各省、自治区、直辖市、计划单列市人民政府结合实际确定微利项目的范围，主要包括家庭手工业、修理修配、图书借阅、旅店服务、餐饮服务、洗染缝补、复印打字、理发、小饭桌、小卖部、搬家、钟点服务、家庭清洁卫生服务、初级卫生保健服务等。对于从事微利项目的，贷款利息由财政承担50%(中央财政和地方财政各承担25%，展期不贴息)。

② 申请额度、期限和程序。国家规定个人申请额度最高不超过5万元，各地区对申请该贷款额度有不同规定，一些地区额度还高于5万元。合伙经营贷款额度更大；小额担保贷款的期限一般不超过2年，可展期1年。小额担保贷款按照自愿申请、社区推荐、人力

资源社会保障部门审查、贷款担保机构审核并承诺担保、商业银行核贷的程序，办理贷款手续。各国有商业银行、股份制商业银行、城市商业银行和城乡信用社都可以开办小额担保贷款业务，各地区根据实际情况确定具体经办银行。在指定的具体经办银行可以办理小额担保贷款。小额担保贷款利率按照中国人民银行公布的贷款利率水平确定，不得向上浮动。从事微利项目的小额担保贷款由中央财政据实全额贴息，展期不贴息。

③ 申请小额贷款所需材料。所需材料包括小额贷款申请书、户口本、身份证、租房协议或自有房产证明、工商执照副本、卫生许可证和生产许可证、税务登记副本、再就业优惠证、贷款银行要求提供的其他材料。

第二，一般担保贷款。若创业者需要较大数额资金，由于缺乏抵押品，很难直接从商业银行获得。若能由第三方(如融资性担保机构)提供商业银行认可的有效担保，新企业则可以获得信贷资金。

中小企业信用担保体系依托政府信用，以财政资金作引导，社会资本作支撑，解决达不到银行信贷条件的中小企业资金需求，其中存在一定比例的新企业。经过十几年试点探索和规范发展，以政策性、商业性和互助性担保机构为主体，以中小企业为主要服务对象的信用担保业发展迅速，为缓解中小企业融资难发挥了重要作用。2010 年银监会等 7 部门联合发布了《融资性担保公司管理暂行办法》，决定对全国信用担保机构进行规范整顿。截至 2010 年年底，经整顿符合条件的担保机构共有 4817 家，当年新增贷款担保额达 9794 亿元人民币，新增担保企业 22 万户。

新企业申请担保贷款应具备的条件及贷款的程序如下：

申请信用担保贷款企业应具备的条件如下：

① 关于支持对象。符合国家现行企业划分标准、能按照规定提供有效反担保措施的中小企业(不分所有制和企业类型)。

② 关于对企业性质及经营状况的要求。经工商行政管理部门批准登记注册，独立核算、自负盈亏，具有法人资格，在国家有关商业银行或其他依法设立的金融机构开立账户的中小企业；具有符合法定要求的注册资本金和必需的经营资金，合法经营、资信程度良好、经营管理水平和经济效益较高；资产负债比例合理，有连续的赢利能力和偿债能力。

③ 关于担保额度及期限。为单个企业提供担保的金额原则上不超过企业资产额的 50%。按行业划分，原则上工业(城建)企业单个项目担保最高限额为 1000 万元人民币，商业、农业企业单个项目的担保最高限额为 500 万元人民币，200 万元人民币以下、9 个月以内的短期流动资金担保项目可优先支持；为单个企业或项目提供担保的期限，原则上不超过 2 年。

新企业获得担保贷款的策略如下：

① 新企业应提出书面担保申请，提交相关文件资料，并保证其真实性。相关文件资料有：企业《章程》及经过年检的营业执照复印件并加盖企业公章；当期(季、月)和经会计(审计)师事务所验证的上年度财务报表；申请企业的总体概况；申请企业法定代表人及主要管理者身份证明及简历；项目可行性研究报告及主管部门的批件；拟提供的反担保措施；贷款证；必要的其他文件。

② 新企业在提交书面担保申请后，还需经过预审、详细评审、担保阶段。担保合同生效后，担保公司会及时开出《担保通知书》，企业连同有关合同及合同复印件送担保公司，

并由担保公司转交推荐人备案。

③ 商业银行在收到新企业贷款申请及担保公司出具的《担保通知书》后,应及时与担保公司进行确认。确认无误后,新企业可办理有关贷款手续。

(3) 小额贷款公司贷款及获取策略。小额贷款公司是由自然人、企业法人与其他社会组织投资设立,不吸收公众存款,经营小额贷款业务的有限责任公司或股份公司。其主要资金来源为股东缴纳的资本金、捐赠资金,以及来自不超过两个银行业金融机构的融入资金。小额贷款公司与商业银行在两个方面有较大差别:一是只贷不存。即小额贷款公司只能利用自有资金对外发放贷款,不能对公众吸收存款。二是贷款利率浮动区间较大。小额贷款公司按照市场化原则,根据借款人的资产和信用状况确定贷款利率,最低为人民银行公布的贷款基准利率的 0.9,最高为基准利率的 4 倍。

据统计,截至 2009 年 12 月底,我国的小额贷款公司达 1334 家,从业人数 500 多人,资金运用 940.86 亿元,各项贷款余额超过 700 亿元,占银行贷款总数比例为 0.19%。2010年 4 月 11 日西藏裕融小额贷款公司的开业,标志着我国内地 31 个省、市、自治区均建立了小额贷款公司。实践证明,小额贷款公司的业务有效地满足了中小企业及农村的融资需求,从总体上来看,对中小企业和县域经济的发展作用明显。

根据银监会 2008 年颁布的《关于小额贷款公司试点的指导意见》的要求,小额贷款公司发放贷款,应坚持"小额、分散"的原则,鼓励小额贷款公司面向农户和微型企业提供信贷服务,着力扩大客户数量和服务覆盖面。同一借款人的贷款余额不得超过小额贷款公司资本净额的 5%。有关贷款期限和贷款偿还条款等合同内容,均由借贷双方在公平自愿的原则下依法协商确定。新企业可以利用小额贷款公司借款条件相对灵活的特点,积极向小额贷款公司申请贷款,并争取较为有利的信贷条件。

2. 各类创业扶持资金及获取策略

新企业在各国国民经济发展中都占有重要地位,但与一般企业相比,由于其先天性的资金短缺和竞争力不足,因此在竞争中处于不利地位。作为公共管理者的政府,基于扩大就业、增加税收的目的,通常采用多种方法支持新企业发展,如资金扶持和税收优惠。其中为了支持中小企业发展,我国财政部等相关部门、企业、高校等设立了多种创业扶持基金,从而丰富了我国新企业金融产品的供给,对资助新企业起到了一定的作用。根据设立基金的主体不同,创业扶持资金主要有地方层面设立的创业扶持资金和国家层面设立的创业扶持资金两大类。需要说明的是,部分创业扶持资金也可在新企业初创期申请。

(1) 地方层面设立的创业扶持资金。2008 年,国家人力资源和社会保障部等 11 部门起草了《关于促进创业带动就业的若干意见》,通过为新企业提供良好的政策环境来鼓励公民创业,并以此带动社会就业。在此背景下,各地政府、企业等积极配合,出台配套创业扶持措施,设立创业扶持资金。

第一,扶持对象较广的创业资金。江苏省镇江市 2009 年设立了 1000 万元的创业扶持资金,用于扶持创业孵化基地开办、创建新企业等方面,2010 年 4 月出台了《镇江市市区创业扶持专项资金使用管理办法》,以规范创业扶持资金的使用;湖北省武汉市从 2010 年起,每年安排 2000 万元创业扶持资金,引导、支持科技创业和高校毕业生创业;湖南省常德市自设立创业扶持资金以来,2010 年以贷款贴息和定额补贴两种方式发放了第一批扶持资金，有 87 个创业项目获得扶持；安徽省合肥市 2010 年出台了 13 项创业扶持活动，计划 3 年内建立 1 亿元创业扶持专项资金等。各地创业扶持资金的设立，为新企业提供了另一个政府扶持资金来源。

第二，扶持大学生的创业资金。为解决大学生就业问题和激发创业意识，从 2002 年起，教育部、原劳动和社会保障部、人事部等部委以及许多地方政府就相继出台了有关扶持政策，政府有关部门及社会各界有识之士纷纷出资，帮助大学生创业并提供启动资金。根据出资主体，大学生创业基金有以下几种类型：一是以政府名义设立的大学生创业基金，主要有中国大学生创业基金、上海市大学生科技创业基金、陕西省西安市大学生创业贷款基金等。二是以高校名义设立的大学生创业基金，如北京吉利大学出资 3000 万元设立大学生创业基金，是国内首家高校设立的创业基金。此外，北京航空航天大学、上海复旦大学等高校也设立了为学生量身定做的创业基金。三是以企业或个人名义设立的大学生创业基金，主要有诺基亚青年创业教育基金，远悉(中国)集团联合全国高校管理机构设立的大学生创业基金，武汉新技术创业中心设立的大学生创业基金，金鹰国际集团总裁郑泽出资设立的中国大学生西部创业基金等。四是以联合形式设立的大学生创业基金，主要有由政府牵头，与高校、企业联合设立的大学生创业基金，由社会组织和企业共同设立的创业基金。

(2) 国家层面设立的创业扶持资金。目前，我国国家层面设立的中小企业扶持资金主要有科技型中小企业技术创新基金、中小企业发展专项资金和中小企业国际市场开拓资金。

第一，科技型中小企业技术创新基金。科技型中小企业技术创新基金(以下简称"创新基金")是由国务院批准建立、用于支持科技型中小企业技术创新的政府专项基金。作为政策性专项基金，创新基金不同于一般的民间基金，也不同于商业性风险投资。创新基金不以营利为目的。而是通过支持高技术成果的转化，鼓励和引导中小企业参与技术创新活动。创新基金支持的企业或项目必须具备的条件详见科学技术部财政部 2005 年颁布的《科技型中小企业技术创新基金项目管理暂行办法》(国科发计字[2005]60 号)。

第二，中小企业发展专项资金。中小企业发展专项资金(以下简称"专项资金")是根据《中华人民共和国中小企业促进法》，由中央财政预算安排，主要用于支持中小企业专业化发展、与大企业协作配套、技术创新、新产品开发、新技术推广等方面的专项资金(不含科技型中小企业技术创新基金)。该专项资金的支持方式及额度、项目资金的申请、审核及审批详见财政部工业和信息化部 2008 年颁布的《中小企业发展专项资金管理办法》(财企[2008]179 号)。

第三，中小企业国际市场开拓资金。中小企业国际市场开拓资金(以下简称"市场开拓资金")是指中央财政用于支持中小企业开拓国际市场各项业务和活动的政府性预算基金和地方财政自行安排的专项资金。其宗旨是支持中小企业发展，鼓励中小企业参与国际市场竞争，降低企业经营风险，促进国民经济发展。市场开拓资金支持的对象、支持的内容、资金管理等内容详见财政部、商务部 2010 年联合颁布的《中小企业国际市场开拓资金管理办法》(财企[2010]87 号)。

(3) 获取创业扶持资金的策略。以上各类创业扶持资金的设立，为创业者提供了一条获取资金的新渠道。那么，创业者如何能够成功申请相关创业扶持资金呢？这就涉及创业者对创业基金的申请。要成功申请相关创业扶持资金，创业者可以采取以下策略：

第一，认真学习并充分理解各项创业扶持资金申请相关的政策。认真学习有关扶持资金的文件(管理办法、实施细则等)，充分理解资金类别、设立宗旨、设立目的、实施步骤、申请条件、管理办法、申请程序、政策取向、申报时间、关键步骤等规定。要对资金支持专项计划，政策与配套资金申请办法、时间有一个较全面的了解，可以通过基金设立部门的网站或直接到基金主管部门与有关人员交谈，或通过行业协会以及协会举办的一些活动和讲座，或通过专家、专业人士以及中介机构去了解和把握。

第二，充分挖掘新企业价值。要充分挖掘企业价值。在这方面，一是要根据企业实际情况，选择一个或多个项目立项；二是要分析条件，补充不足；三是要准备硬件材料，展示企业价值。

要借助外部资源，对企业进行适度包装。在包装中，要详细分析、评估本企业拥有的核心技术，生产市场方面的优势、劣势，发展潜力，财务状况，把本企业的内在价值充分挖掘出来，这就是人们通常所说的价值发现。

此外，申请人应根据项目所处的阶段和个人的具体情况，明确选择一种相应的基金支持方式。针对大学生创业，由于创业基金对同一个大学生只支持一个项目，申请人应按照自己的创业项目选择适合自己的基金来获得支持。

第三，加强信用管理。解决新企业融资困难的根本途径是企业必须提高自己的经营素质和信誉，特别是财务信用，一定要聘任专门的财务会计人员，提高企业财务信息的可信度。应主动与基金主管部门的人员接触、沟通，使他们对企业的基本情况，特别是管理团队有一个比较深刻的了解。必要的公共关系和信用关系必须建立起来，要使政府了解到新企业在行业中的技术水平是领先的，财务状况是良好的，企业运作是正常的，市场前景是广阔的，管理团队是过硬的。

第四，高度重视申请材料编写。申请材料一般包括项目可行性报告、申报单位情况和附件准备整理，每一部分都要求精心准备。

3. 私募股权基金及获取策略

从 20 世纪 90 年代开始，我国出现了主要对新企业成长期进行投资的私募股权基金。它与创业投资既有联系，又有差别。这里主要介绍私募股权基金的含义和特点，它与创业投资的差别及获取策略。

(1) 私募股权基金的含义和特点。私募股权基金有广义和狭义两个方面的含义。广义的私募股权基金是指涵盖中小企业首次公开发行前各阶段的权益投资资金，包括种子资本、创业投资、并购资金等。狭义的私募股权基金是指对已经形成一定规模并产生稳定现金流的、处于成长期的新企业的股权投资。本书采用狭义的概念。私募股权基金的特点如下：

第一，资金的筹集和投资采取私募形式。在资金募集方面，主要通过非公开方式面向少数机构投资者或个人募集，如风险基金、杠杆并购基金、战略投资者、养老基金、保险公司、富有的个人等。它的销售和赎回都是基金管理人私下与投资者协商进行的。

第二，一般采取权益型投资方式。私募股权基金一般采取权益型投资方式，很少涉及债权投资。私募股权投资机构也因此对被投资企业的决策管理享有一定的表决权。私募股权基金主要投资于私有非上市企业，很少投资已公开发行公司，不会涉及要约收购义务。

第三，投资时间较长，退出渠道较多。私募股权基金的投资期限较长，一般可达 3～5 年或更长，属于中长期投资。同时，私募股权基金退出渠道较多，有上市、售出、兼并收购、标的公司管理层回购等。

(2) 私募股权投资与创业投资的区别。私募股权投资与创业投资虽然都是对上市前企业的投资，但两者在组织结构、投资阶段和投资规模、投资理念、投资后管理内容等方面有很大的不同。二者的主要区别如下：

第一，组织结构不同。创业投资机构通常采用公司制组织结构，在公司制结构中投资者是公司股东，依法享有股东权利，并以其出资为限对公司承担有限责任。而在私募股权投资的组织结构中，目前我国大多采用有限合伙制，投资者作为合伙人参与投资，依法享有合伙企业财产权。基金管理人作为普通合伙人代表对外行使民事权利，并对基金债务承担无限连带责任。其他投资者作为有限合伙人以其认缴的出资额为限对私募股权投资债务承担连带责任。

第二，投资阶段和投资规模不同。创业投资的投资阶段相对较早，但是并不排除对企业发展中后期的投资。而私募股权投资的投资对象比较偏向于已形成一定规模和产生稳定现金流的处于成长期的新企业，主要为拟上市公司。

第三，投资理念不同。在投资理念上，创业投资强调高风险、高收益，既可长期进行股权投资并协助管理，也可短期投资寻找机会将股权进行出售。而私募股权投资一般是协助投资对象完成上市然后套现退出。

第四，投资后管理内容不同。创业投资一般偏重于企业的早期和初创期投资，这对团队能力提出了很高的要求，因为很多初创期企业技术、产品等都不成熟、不规范，非常薄弱。要成为一个比较成功的创业投资机构要对整个企业的未来发展做出很好的规范和辅导，提供"保姆式"的服务，资金不是最重要的，投资后的增值管理才是关键性因素。而私募股权投资机构更多是帮助企业扩大市场规模，提升企业的经营业绩以及进一步完善经营目标，让企业更快、更好地发展。

然而在目前的股权投资市场上，很多传统上的创业投资机构现在也介入私募股权投资业务，而许多传统上被认为专做私募股权投资业务的机构也参与创业投资项目，也就是说私募股权投资与创业投资只是概念上的一个区分，在实际业务中两者的界限越来越模糊。

(3) 私募股权基金的获取策略。

第一，熟悉私募股权融资过程。在融资之前，首先要了解私募股权投资家对产业的偏好，特别是要了解他们对一个投资项目的详细评审过程。很多创业者出身于技术人员，很看重自己的技术，对自己一手创立的企业有很深的感情。其实投资者看重的不是技术，而是由技术、市场、管理团队等资源配置起来而产生的赢利模式。

第二，充分挖掘企业的价值。通过对新企业技术资料的搜集、详细的市场调查和管理团队的组合，认真分析从产品到市场、从人员到管理、从现金流到财务状况、从无形资产到有形资产等方面的优势、劣势。把优势的部分充分地体现出来，对劣势的部分通过一定的方式加以弥补，实事求是地把企业的价值挖掘出来。

第三，写好创业计划书。创业计划书是获得私募股权基金的敲门砖，这是因为：首先，它使投资者快速了解项目的概要，评估项目的投资价值，并作为尽职调查与谈判的基础性文件；其次，它作为创业蓝图和行动指南，是企业发展的里程碑。从投资者的角度看，一份好的创业计划书应该包括详细的市场规模和市场份额分析，清晰明了的商业模式介绍，集技术、管理、市场等方面人才的团队构建，良好的现金流预测和实事求是的财务计划。

第四，积极配合价值评估与尽职调查。随着深入接触，如果投资者对该项目产生了兴趣，准备做进一步的考察，为此，他将与新企业签署一份投资意向书；紧接着就是对新企业的价值评估与尽职调查。通常创业者与投资者对新企业进行价值评估时着眼点是不一样的。创业者总是希望能尽可能提高企业的评估价值；而只有当期望收益能够补偿预期的风险时，投资者才会接受这一定价。所以，创业者要实事求是看待自己的企业，配合投资者做好尽职调查，努力消除信息不对称的问题。

第五，进行交易谈判与签订协议。最后，双方还将就投资金额、投资方式、投资回报如何实现、投资后的管理和权益保证、企业的股权结构和管理结构等问题进行细致而又艰苦的谈判。如达成一致，将签订正式的投资协议。在这过程中创业者要摆正自己的位置，要充分考虑投资者的利益，并在具体的实施中给予足够的保证。

4. 其他资金来源

除了以上资金来源外，新企业还可以通过其他融资方式获得资金，如供应商的融资或客户提前付款、融资租赁、通过证券市场获得资金等，下面分别简要介绍。

(1) 供应商的融资或客户提前付款。在与供应商接洽的过程中，创业者应该考虑对方能否提供商业信用，如延期付款、分期付款等。如果供应商愿意为货物提供这类信用，愿意提供灵活的付款期限，那么可以减少创业者的资金支出。对于资金紧缺的创业者来说，这有时比供货价格更加重要。若在支付供应商货款之前能售出货物且能够回收资金，那么创业者只需较少资金就可以维持其经营。

全球最大的网络书店之一的亚马逊公司创始人杰夫·贝索斯曾经运用过这种方法，发现比较有效。通过向顾客出售书籍，顾客用信用卡付款或支付现金，他能够在向出版商付款之前获得资金，这就减少了他所需的运营资金。国内企业运用这种方式融资的也较多，其中包括曾经作为我国最大的家电连锁企业国美电器，该公司运用这种融资方式，成功实现了企业的跨越式发展。

如果创业者生产的产品在市场上的需求量较大，而自身的生产能力有限，客户为了确保能获得货物，往往愿意提前付款。这对于创业者来说，无异于雪中送炭，将大大缓解自身资金不足的压力。此外，创业者也可以通过适当的激励手段(如对提前付款的企业给予一定比例的价格折扣)，来促使客户提前支付一定比例或全部的货款。

(2) 融资租赁。融资租赁是一种集信贷、贸易、租赁于一体，以租赁物件的所有权与使用权相分离为特征的新型融资方式。例如，设备使用厂家看中某种设备后，即可委托金融租赁公司出资购得，然后再以租赁的形式将设备交付企业使用，当企业在合同期内把租金还清后.最终还将拥有该设备的所有权。金融租赁自从 1952 年在美国诞生以来，作为一种融资创新，其融资规模增速较快，在许多国家已经排在了仅次于银行信贷之后第二位的融资方式，特别是已成为新企业最重要的融资方式。

在我国，融资租赁业逐渐被人们所认识、所利用，其作用也日益显现。一些新企业，当年通过融资租赁方式，在创办初期使业务得到快速发展，已成长为今天的"巨人"企业。但总体来看，我国融资租赁业才刚刚开始，新企业通过金融租赁方式融入的资金占新企业融资总额的比例极低。许多发展中国家和地区租赁交易额占到了 GDP 的 20%左右，而目前我国的融资租赁额占 GDP 的比重远低于这个比例。因此，利用融资租赁解决新企业发展中的融资问题潜力极大。

(3) 通过证券市场获得资金。进入成熟期的新企业可以通过国内外资本市场融资，如国内外创业板、深圳中小企业板；此外，新企业还可以组团进行集合融资。

◆◆◆◆◆ **思 考 题** ◆◆◆◆◆

1. 什么是创业资源？创业资源有哪些特征和种类？
2. 创业资源与一般的商业资源有何异同？
3. 如何预测创业所需资金？创业融资的渠道有哪些？
4. 影响创业资源获取的因素有哪些？
5. 如何获取、开发、利用创业资源？

第八章 创业计划

知识目标

- 了解创业计划的作用和内容。
- 理解创业项目选择的原则和步骤。
- 掌握创业计划撰写与展示应注意的问题。

能力目标

通过本章的学习，使大学生能选择适合自己的创业项目，撰写创业计划书。

"凡事预则立，不预则废"。大学生创业不能仅凭一股热情，在创业之前需要拟订一份详细的创业计划，通过撰写创业计划可以理清思路、规划未来。做好创业计划需要大量的准备工作，创业者需要了解创业计划制定目标，理解市场调查的方法，同时掌握创业计划的基本结构和撰写规范，更重要的是能够完美地展示创业计划。

第一节 创业计划概述

俗话说"做事不计划，盲人骑瞎马"，创业之前，做个创业计划，写一份创业计划书是很有必要的。创业计划是创业者叩响投资者大门的"敲门砖"，是创业者计划创立的业务的书面摘要，一份优秀的创业计划书往往会使创业者达到事半功倍的效果。

创业计划书是将有关创业的想法，借由白纸黑字最后落实的载体。创业计划书的质量，往往会直接影响创业发起人能否找到合作伙伴、获得资金及其他政策的支持。可见要写一份好的创业计划书是十分有必要的。

一、创业计划的作用

创业计划书是一份全方位的商业计划，其主要用途是递交给投资商，便于他们能对企业或项目做出评判，从而使企业获得融资。它是用以描述与拟创办企业相关的内外部环境条件和要素特点，为业务的发展提供指示图和衡量业务进展情况的标准。通常创业计划是结合了市场营销、财务、生产、人力资源等职能计划的综合。

（一）创业计划内涵

计划是在做某件事情之前考虑和谋划如何去做这件事情，要做计划，必须先做预测。预测是通过分析确定未来可能会发生什么事情。制订创业计划，要先对市场状况、经营环境、消费者需求进行预测，然后考虑企业未来的销售、成本、利润和现金流量是什么状况。

创业计划，亦称商业计划，是全方位描述与创建新企业有关的条件和要素的书面文件，是创业的行动导向和路线图。它既为创业者的行动提供指导和规划，也为创业者与外界沟通提供基本依据。创业计划需要阐明新企业在未来要达成的目标，以及如何达成这些目标。但是，创业计划不是一成不变的，它需要随着计划的执行情况而进行调整。

(二) 创业计划的作用

创业者需准备一份以市场营销和财务报表为重点的短期创业计划作为内部管理资料，以防范初创阶段管理中常出现的"走到哪算哪"的现象。如果创业者要寻求融资资金或扩张资本，那么撰写一份完整的创业计划就十分必要了。因此，在具体的创业实践中，创业者不能轻视创业计划的价值和作用。

1. 检验创业构思是否可行

在制订创业计划的过程中，创业者必须自己考虑企业的各个方面，如设想谁会购买企业的产品或服务，竞争对手最可能是谁，要使企业运转起来需要花费多少时间和金钱，企业未来可以预计到的成本和销售是否会使企业赢利等。

2. 全面规划企业发展路径

在制订创业计划的过程中，创业者可以对企业的各个方面有一个全面规划，比如确定目标客户、辨明竞争态势、规划市场范围、形成营销策略。创业计划的制订可以保证这些方面的考虑能够协调一致。

创业计划可以帮助创业者列出一个明细清单，确定企业需要的各种资源及数量，如厂房、设备、人员、资金等。

创业计划可以为创业经营目标和相关活动提供一个时间表，根据计划规定什么时候必须完成哪些工作。

3. 帮助企业进行融资

因为没有很好的抵押品，也缺少良好的业绩证明，创业者融资面临诸多困难，若想获得风险投资家、银行、担保公司的青睐，创业计划是最重要的工具之一。

好的创业计划能让投资商更快地了解企业，对创业项目充满信心，继而产生投资该项目的兴趣，最终为企业筹集所需的资金。

4. 吸引合作伙伴加盟

创业者需要各种各样的合作伙伴，使企业充满活力，更好发展。创业计划向合作伙伴提供企业有关信息，以增强他们对企业的信心。

创业者可以通过创业计划向合作伙伴介绍创业者团队及创业目标。创业计划也是直接和有关人士交流的基础工具，包括投资者、股东、法律人士等。

对于企业的员工，创业计划中使命陈述、愿景规划和价值观可以帮助员工建立起强烈的团队协作感和团队精神。

5. 争取政府部门扶持

各级政府相关部门为鼓励创业，都在以各种形式扶持创业者，除了出台多项政策，给创业者提供政策性支持外，还采取了各种措施给予扶持创业。有些扶持是长久性的、日常性的、职能性的，有些则是临时性的。有的直接提供经济上的帮助，如资金扶持、场地扶持、税收扶持、社保扶持等，有的则在其他方面提供便利，社会各界也采取了各种举措来帮助创业者。

要争取到这些扶持，必须借助完整的创业计划来展现企业及其创业项目所具有的积极的社会意义，以及企业需要政府部门提供的具体支持。根据政府有关部门的要求，创业计划可能会以可行性论证的形式出现。

6. 衡量企业发展进程

创业计划中包括对企业即时状态的描述，包括描述半年、一年甚至更长时间以后企业可能处于什么状态。当这些时刻来临时，创业者可以对照创业计划，衡量一下企业在各方面表现如何。

7. 应对各种经营危机

创业计划对企业可能面临的风险做出分析并设计出规避措施，对突发事件的应对方式也进行相应的设计，这些都有助于新企业在面临困境时很快找到解决方案。

二、创业计划内容

制定完善的创业计划，要求创业者明确创业的关键问题所在。撰写商业计划书的方法众多，有诸多的结构和模板可以参考。在创意真正转变为创业的过程中，通过提出必须面对和解决的问题，通过关注创业的关键成功要素，保证后期的成功创业。虽然，创业计划没有严格一致的格式与体例，但通常情况下它应该包含以下内容。

(一) 执行摘要

执行摘要是整个创业计划的浓缩版本，也是整个创业计划一个精要速写，其主要作用是让阅读者能在较短时间内评审计划并做出判断。通常情形下，阅读者快速浏览执行摘要，了解新创企业概貌后，觉得计划很有说服力和吸引力，才会继续看下去，否则计划的其他部分就不会进入其"法眼"。

执行摘要需有自己的立足点，要让读者确信新企业会成功。它不仅简要介绍计划的其他部分，更重要的是要论述清楚谁将购买企业的产品，怎样使新企业显得更为独特，怎样规划企业将来的成长问题。该部分内容应该囊括其他部分阐述的关键信息和推理，它应陈述一些话题或问题，这些内容是任何人在第一次拿到这个计划时都想了解的。例如：新企业的经营理念和经营模式是什么？企业的经营理念和经营模式的独特之处在哪里？如何创立这个企业？怎样赚钱和能赚多少等等。

执行摘要的具体内容包括以下几个方面：

(1) 商机。主要概述存在什么样的商机，为什么对此商机有兴趣，以及计划开发此商机的相关战略。要重点阐述主要观点或利益，简单描述关键事件、条件、竞争者的弱点、产业趋势及其他可以定义商机的证据和推断。

(2) 企业描述。主要介绍企业所在的背景资料、企业历史、产品的一般描述、企业将努力实现的特殊任务和目标利润。同时，要将企业类型是什么、出售何种产品、成功的秘诀及发展潜力是什么、有何特别之处等问题陈述清楚。

(3) 竞争优势。指明企业的创新产品所带来的竞争优势、供货周期的优势或市场入侵者会遇到的壁垒、竞争者的缺陷、产业发展的有关条件。

(4) 目标市场和预测。解释产业市场、主要客户群体、产品定位以及如何接触这些目标群体的计划。主要包括市场结构、细分市场的大小和增长率、预测销售的数量和总额、预测的市场份额、客户付款期以及定价策略(包括产品的性价比等因素)。

(5) 创业者团队。概述创业者团队及每个成员的相关知识、经验、专长和技能,注明先前获得的经验、成绩。特别要说明先前创业者或团队成员曾经负责过的部门、项目或企业的规模。

(6) 盈利能力和收益潜力。概述企业的毛利和经营利润、期望盈利率和盈利的持续时间,实现盈亏平衡点和正现金流产生的大致时间表,关键财务开支预测、预期投资回报等。

(7) 企业需求描述。简要说明企业所需的债务融资额。如果新创企业有强大的发展战略,并希望在 5 年之内进行首次公开上市,那么执行摘要应包括一个退出战略。如果新企业最初没有这种想法,则创业者应在执行摘要中避免讨论类似关于退出战略的问题。

执行摘要的目的是强化关键因素,并且激发拿到计划的人阅读整个计划。如果创业团队中的一位成员曾经成功创建过其他企业,那么要对这位成员及其背景进行重点描述。如果新企业已经与一个大客户签订合同,那么应在摘要中予以强调。

执行摘要是整个创业计划的总括,一般在整个创业计划撰写完后再编写。请记住:执行摘要是创业计划的重中之重,值得付出精力去认真“修饰”一番,尽量简明生动,不超过三个页面。只有让阅读创业计划的人对你的执行摘要产生兴趣,他才会继续读你的整个创业计划,你才有希望获得其投资。

(二) 企业描述

创业计划的主体部分是从企业描述开始的。企业描述主要介绍企业的历史、企业的使命、企业宣传语、企业的产品或服务、企业的经营现状、企业的法律地位和所有权等内容。撰写创业计划时,应注意以下三方面内容:

(1) 重点强调产品的所有特征以及这些特征将如何创造或增加价值;

(2) 要有市场调查数据支持计划中的论断,这样的创业计划才有可信度;

(3) 新企业的描述应该被细化,这样才能使投资者了解企业的规模和范围,从而激发投资兴趣。

企业描述应该从新企业的任务说明开始,这个说明主要描述企业的性质以及创业者对企业寄予的希望。这个任务说明和业务定义将对企业制定长期市场营销计划起到指导作用。任务说明之后,要为新企业提供一个清晰的描述,其中包括产品、服务、企业定位与规模、所需要的人员与办公设备、创业者背景以及新企业历史等。

(三) 产品或服务

此时,读者应该坚信创业者已经找到了可喜的市场机会并知道如何产生收益。这一部分专注于产品开发及产品如何投入市场。产品开发所使用的任何关键技术都应该被清晰地讲解(例如,以图表表示是很有帮助的)。要注意通过长期产品目标的明确提出,来证明对后续收入增长的规划。这一部分在很大程度上决定了创业所需的现金数量和注入时间，使其成为财务模式的重要组成部分。

在这部分通常要解答以下问题：什么是产品的当前开发阶段？完成和推出产品都需要哪些资源？需要哪些种类的资源(如工程设计、工具、供应商、材料、合作者及客户参与)？什么是计划的开发时限及预设的关键里程碑目标？在每个阶段将会减轻的关键风险都有哪些？生产和产品运送的价值链会是怎么样的？存在专利、商业机密及其他独占性优势吗？存在必须被清出的规则障碍吗？

产品介绍通常应包括以下内容：产品的基本情况、产品的市场竞争力、产品的研究和开发过程、发展新产品的计划和成本分析、产品的市场前景预测、产品的品牌和专利。

进行投资项目评估时，投资人最关心的问题之一就是风险企业的产品、技术或服务能否以及在多大程度上解决现实生活中的问题，或者风险企业的产品(服务)能否帮助顾客节约开支、增加收入。因此，产品(服务)介绍是创业计划书必不可少的一项内容。在产品(服务)介绍部分，创业者要对产品(服务)做出详细的说明，说明要准确，也要通俗易懂，让非专业的投资者也能明白。通常，产品介绍都要附上产品原型、照片及其他介绍。

(四) 市场与竞争

在商业计划书中，本部分应该明确地表达对如何成功地向特定的客户群体销售商品的理解。理解和表达客户发展计划，与产品开发计划同样重要，它应该与产品开发计划保持同步。以提高创业成功的概率。这部分应重点解答以下问题：什么是接近客户群体最合适的市场媒体？什么是产品最合适的销售渠道类型(如直销或间接销售)？谁是拥有购买力的客户决策者；谁会影响他们购买？合理的销售周期是多少？可以利用哪些客户合作关系推广和销售产品？

投资者喜欢投资重大的难题，这也代表着重大的机遇。在初始时表现出对客户的理解以及为什么这个问题很重要或为什么创业艰苦，这对投资者而言是很重要的。对客户进行划分能够使读者相信这次创业能够发展到可控制的规模。市场这一部分的计划应包括以下内容：创业应该解决哪些难题和需求？客户在哪里及如何划分客户？潜在市场的总体规模有多大以及将会如何增长？现在的市场环境如何，是有利还是不利？还包括：市场状况、变化趋势及潜力，竞争厂商概览，本企业产品(服务)的市场地位，市场细分和特征，目标顾客和目标市场等。

当企业要开发一种新产品(服务)或向新的市场扩展时，首先就要进行市场预测。如果预测的结果并不乐观，或者预测的可信度让人怀疑，那么投资者就要承担更大的风险，这对多数风险投资家来说都是不可接受的。

市场预测首先要对需求进行预测：市场是否存在对这种产品(服务)的需求？需求程度是否可以给企业带来所期望的利益？新的市场规模有多大？需求发展的未来趋向及其状态如何？影响需求的因素有哪些？其次，市场预测还要包括对市场竞争的情况、企业所面对的竞争格局进行分析：市场中主要的竞争者有哪些？是否存在有利于本企业产品(服务)的市场空当？本企业预计的市场占有率是多少？本企业进入市场会引起竞争者怎样的反应，这些反应对企业会有什么影响等等。

在创业计划书中，风险企业家应细致分析竞争对手的情况。竞争对手都是谁？他们的产品(服务)是如何运作的？竞争对手的产品(服务)与本企业的产品(服务)相比，有哪些相同点和不同点？竞争对手所采用的营销策略是什么？要明确每个竞争者的销售额、毛利润、收入以及市场份额，然后再讨论本企业相对于每个竞争者所具有的竞争优势，要向投资者展示顾客偏爱本企业的原因。创业计划书要使它的读者相信，本企业不仅是行业中的有力竞争者，而且将来还会是确定行业标准的领先者。在创业计划书中，企业家还应阐明竞争者给本企业带来的风险以及本企业所采取的对策。

（五）营销

营销是企业经营十最富挑战性的环节，影响营销策略的主要因素有：消费者的特点、产品(服务)的特性、企业自身的状况、市场环境方面的因素、营销成本和效益因素。营销策略应包括以下内容：

(1) 市场机构和营销渠道的选择。

(2) 营销队伍和管理。

(3) 促销计划和广告策略。

(4) 价格决策。

对创业企业来说，由于产品(服务)和企业的知名度低，很难进入其他企业已经稳定的销售市场中去。因此，企业不得不暂时采取高成本低效益的营销战略，如上门推销、大打商品广告、向批发商和零售商让利，或交给任何愿意经销的企业销售。

（六）运营

在寻求资金的过程中，为了增大企业在投资前的评估价值，风险企业家应尽量使运营计划更加详细、可靠。一般地，生产制造计划应回答以下问题：企业生产制造所需的厂房、设备情况如何？怎样保证新产品在进入规模生产时的稳定性和可靠性？设备的引进和安装情况如何？谁是供应商？生产线的设计与产品组装是怎样的？供货者前置期的资源需求量有多少？如何制定生产周期的标准以及如何编制生产作业计划？物料需求计划及其保证措施是什么？质量控制的方法是怎样的？

通常情况下，运营计划应包括以下内容：

(1) 产品制造和技术设备现状。

(2) 原材料、工艺、人力等安排。

(3) 新产品投产计划。

(4) 技术提升和设备更新的要求。

(5) 质量控制和质量改进计划。

（七）团队及组织结构

组建创业团队是开始创业和与其他团体进行可信赖交流的重要组成部分。对如何把现有团队融入更广阔的创业前景的理解，将有助于投资人和合作者理解缺乏什么类型的人才以及他们如何提供潜在帮助。

此部分要重点解答：创办者和早期关键雇员的背景和角色是什么？创业团队的热情和技能及该创业团队为何致力于创业机遇？组建创业团队必须雇用哪些关键人员？每个职能

部门预期会需要多少人员？这家公司是否具有顾问人员或董事会成员以促进创业过程？

这部分的内容还应包括：对主要管理人员加以阐明，介绍他们所具有的能力、他们在企业中的职务和责任，以及他们过去的详细经历和背景。

此外，还应对公司结构作简要介绍，具体包括以下方面：公司的组织机构图、各部门的功能与责任、各部门的负责人及主要成员、公司的报酬体系、公司的股东名单(包括认股权、比例和特权)、公司的董事会成员、各位董事的背景资料。

企业管理的好坏，直接决定了企业经营风险的大小。而高素质的管理人员和良好的组织结构则是管理好企业的重要保证。因此，风险投资家会特别注重对管理队伍的评估。企业的管理人员应该是互补型的，要有团队精神。一个企业必须要具备负责产品设计与开发、市场营销、生产作业管理、企业理财等方面的专门人才。

(八) 财务预测

虽然最后讨论的是创业的财务计划，然而财务决策却暗暗贯穿于整个商业计划书中。如果创业公司能够成功地执行产品开发、投入市场、销售及其他公司职能要求，那么将会得到很丰厚的经济收益，值得为此做出投资。可以通过引证与创业类似公司的例子，证明所做出的财务设想和结果都是可行的。投资者想要知道需要投入多少资金及创业公司将会取得多大规模的成功。提出分阶段的融资计划可以允许投资者和创业者更好地管理创业风险。这部分也应该包括整合公司销售和产品开发阶段的计划、计划融资活动及现金流状况的时间期限。

此部分重点要解答以下问题：满足市场和产品开发计划需要多少资金？预期创业在什么时候会具备重组的现金流？如果创业成功了，将会具有什么样成长机遇？预期的初始状态和稳定状态将会有多少财务利润？其他公司在利润和发展上的表现与本次创业有什么相似之处？哪些是关键的财务设想？

财务预测部分一般要包括以下内容：

(1) 经营计划的条件假设。
(2) 预计的资产负债表。
(3) 预计的损益表。
(4) 现金收支分析。
(5) 资金的来源和使用。

一份好的财务规划对评估风险企业所需的资金数量和提高风险企业取得资金的可能性是十分关键的。如果财务规划准备得不好，会给投资者留下企业管理人员缺乏经验的印象，降低企业的评估价值，同时也会增加企业的经营风险。那么如何制定好的财务规划呢？这首先要取决于风险企业的远景规划：是为一个新市场创造一个新产品，还是进入一个财务信息较多的已有市场？

(九) 附录

附录中常常会包括一系列更加详细的财务预测和设想分析。预期的财务计划和设想将会作为评判创业价值的起点。确保达到财务目标所使用的方法对计划书的读者是透明的。

附录中主要应包括的和考虑的内容有：五年内详细的现金流量表、收益表及资产平衡表(第一年按月算，此后可以按季度或年算)。在进行财务评估时对财务设想进行分析(如客户渗透率、价格及对流动资本的设想等)。在该行业中购买决策是否存在周期性循环？什么构成了创业的最大成本(如工程技术方面：发、监管审查、生产或销售等)？随着批量生产开始，产品和销售成本将会发生什么变化？客户支持和维护是否考虑在内？

此外，附录亦应罗列出前述内容的相关支撑文件、附图、附表、调查问卷等书面资料，如有以下材料，也可列出。

(1) 业主或总经理简历。

(2) 市场调研数据。

(3) 有关的公开信息。

(4) 有关专利、商标、版权的复印件。

(5) 影响本业务的有关法律、法规文件复印件。

(6) 有关客户、供应商、参考资料的清单。

一份标准的创业计划书，除上述基本内容外，还应有一个精心设计的封面和规范、清晰的目录。封面应包括公司名称、地址，创业者姓名、电话、传真和网站地址(如果有)，对公司和企业性质的简单描述，资金需求量，关于报告的保密声明等。这些信息应集中置于封面的上半部分。若企业已有徽标或商标，应把它置于封面正中间。

目录紧随封面，列出创业计划书的主要章节、附录和对应页码，目的是便于读者查找计划中的相应内容。在递交创业计划书之前，最好反复核对目录页码是否与正文页码相吻合。因为增减内容会打乱原来的页码，如果你是用 Word 文档写作，请记住使用 Word 文档中"只更新页码"的功能。

在创业计划书的封面，最抢眼的无疑是企业名称。尽管挑选企业名称，通常不是制定创业计划阶段的工作，但它对创业计划书的命运，却很可能产生非常重要的影响。因为你一定不希望阅读者还没有看计划，就质疑企业的名称。请记住，给企业起名也大有学问，好的企业名称在营销中有事半功倍的奇效。

三、创业计划中的信息搜集

(一) 制定创业计划所需要的信息种类

计划书中若有完整的行业信息数据，显然能增加说服力，但计划书中所有的数据、信息都必须有来源。创业计划的制订，需要以充分、有效的信息为依据，所需要的信息主要有以下三种类型。

1. 市场信息

主要是为了细分市场和确定目标市场，以及确定目标市场的规模、增长速度、竞争状况、发展潜力等，从而为制订营销计划提供依据。

2. 生产信息

主要是有关生产经营场所、供应商、劳动力市场，以及有关技术和发展趋势方面的信息，这些信息决定着生产能力、生产成本、产品质量、生产经营环境等。

3. 财务信息

包括融资的渠道和条件、销售前景和费用支出预算等，这些信息是为了确定新创企业的资金需求和投资回报的方式和潜力。

以上信息的搜集，可以通过各种方式获得，如媒体、研讨会、展销会、研究报告等。其中，互联网是一种有效、便利和节约的信息搜集方式，它可以为行业分析、竞争者分析和市场分析提供大量必要的信息。但是，通过互联网找到的资料，往往是不完整的、十分零碎的，需要审查和重新组织内容。

为了完成制定商业计划的任务，在这些有关的信息搜集之后，要以一种可被管理和有用的方式进行整理。一种有效的整理信息的方式就是将信息分类，如划分为关于目标市场、行业、竞争、财务等方面的信息，然后将这些信息进行整合，形成一个商业计划。

在制定创业计划的过程中，要分析这些信息是否存在内在联系，并认真消化各部分的信息。制定不同部分的计划的顺序可以不同，而不同部分的计划也可以同时制定。那么，最关键的市场信息可通过哪些方法去搜集获得？如何开展市场调查？如何在市场调查基础上进行市场分析？以下将分别进行阐述。

(二) 信息搜集中的市场调查方法

最常见的市场调查方法，是通过以下间接方式来获取所需要的数据：

(1) 抽样调查(包括访谈、填问卷等方法)；

(2) 通过相关行业协会或部门来查询数据；

(3) 通过行业人员和自身经验来推测；

(4) 通过互联网来搜集查询信息。

但是，通过这些间接的方式，有时可能找不到所需要的数据，即便找到也可能不准确、不真实。所以，通常情况下创业者还应该考虑采用直接的市场调查方法，亲自或聘请专业公司做市场调查。其具体方法主要有以下几种。

1. 观察法

观察法分为直接观察和实际痕迹测量两种。所谓直接观察法，指调查者在调查现场有目的、有计划、有系统地对调查对象的行为、言辞、表情进行观察记录，以获得第一手资料，它最大的特点是总在自然条件下进行，所得材料真实生动，但也会因为所观察的对象的特殊性而使观察结果流于片面。实际痕迹测量是通过某一事件留下的实际痕迹来观察调查，一般用于对用户的流量、广告的效果等的调查。例如，企业在几种报纸、杂志上做广告时，在广告下面附有一张表格，请读者阅后剪下，分别寄回企业有关部门，企业从回收的表格中可以了解在哪种报纸杂志上刊登广告最为有效，为今后选择广告媒介和测定广告效果提供可靠资料。

2. 询问法

询问法是将所要调查的事项以当面、书面或电话的方式向被调查者提出询问，以获得所需要的资料。它是市场调查中最常见的一种方法，可分为问卷调查、面谈调查、电话调查、邮寄调查、留置询问表调查五种。问卷调查是最常见的方法，它具有全面、准确和易于统计分析等特点。面谈调查能直接听取对方意见，富有灵活性，但成本较高，结果容易受调查人员技术水平的影响。邮寄调查速度快，成本低，但回收率也低。电话调查速度快，成本最低，但只限于在有电话的用户中调查，整体性不高。留置询问表调查可以弥补以上缺点，由调查人员当面把问卷交给被调查人员，说明方法，让其自行填写，再由调查人员定期收回。

3. 实验法

这种方法通常用来调查某种因素对市场营销量的影响，它是在一定条件下进行小规模试验，然后对实际结果做出分析，研究是否值得推广。它的应用范围很广，凡是某一种商品在改变品种、品质、包装、设计、价格、广告、陈列方法等因素时都可以应用这种方法，调查用户的反应。

(三) 信息搜集中的市场调查过程

市场调查工作必须有计划、有步骤地进行，以防止调查的盲目性。一般来说，市场调查可分为四个阶段：调查前的准备阶段、正式调查阶段、综合整理分析资料阶段和提交调查报告阶段。

1. 调查前的准备阶段

对企业提供的资料进行初步的分析，找出问题存在的征兆，明确调查课题的关键和范围，以选择最主要也是最需要的调查目标，制定出市场调查的方案。主要包括：市场调查的内容、方法和步骤，调查计划的可行性、经费预算、调查时间等。

2. 正式调查阶段

正式调查阶段要完成以下四类调查：① 市场需求调查，即调查市场的需求量及其影响因素，特别要重点进行购买力调查、购买动机调查和潜在需求调查；② 竞争者情况调查，包括竞争对手的基本情况，竞争对手的竞争能力、经营战略、新产品及新技术开发情况和售后服务情况等；③ 本企业经营战略决策执行情况调查，如产品的价格、销售渠道、广告及推销方面的情况等；④ 政策法规情况调查，如政府政策的变化，法律、法规的实施等。

3. 综合整理分析资料阶段

当统计分析研究和现场直接调查完成后，市场调查人员拥有大量的一手资料。对这些资料首先要编辑，选取有关的、重要的资料，剔除没有参考价值的资料。然后对这些资料进行编组和分类，使之成为某种可供备用的形式。最后把有关资料用适当的表格形式展示出来，以便说明问题或从中发现某种典型的模式。

4. 提交调查报告阶段

经过对调查材料的综合整理和分析，便可根据调查结果，形成调查结论，撰写并提交调查报告。值得注意的是，调查人员不应当把调查报告看做市场调查的结束，而应继续注意市场情况变化，以检验调查结果的准确程度，并发现市场新的趋势，为改进以后的调查打好基础。

 创业故事   **敢想有创新，敢干有行动——朱新礼的创业故事**

很多人都能代表鲁商，但在我们看来，朱新礼代表了鲁商群体中最具活力的那一部分。山东人血脉里始终有着忠厚仁义、谦和忍让、吃苦耐劳的优秀品质，奠定了"比实干、比实力"的现代经商意识。与此同时，他又是一个具有足够商业智慧的人，当他受制于资本，可以为了发展不惜出让企业控制权。而为了摆脱危机，他可以不惜对赌，表现出了山东人身上足够的刚毅和决绝。在汇源董事长朱新礼看来钱一直都是不重要的。在长期的资本运营的实践中，吃亏有之，赚钱也有之。汇源集团董事长朱新礼的经历告诉我们赚钱不是最终目的，实现人生的价值才是目的。

一、从种葡萄开始的农民带头人

朱新礼出生于1952年5月，1992年之前，朱新礼的舞台只有一个村那么大。在他出生的那个沂蒙山区四县交界处的普通农村，全村800户人家、3000口人，人均土地只有半亩，几十年靠着政府救济。

20世纪80年代初，改革大潮席卷中国农村 三十出头的朱新礼被村民们推选为致富带头人。他没有像别的村干部那样带领着大伙种玉米、种小麦，而是带领乡亲们把全部的土地种上了葡萄。几辈人都是种庄稼的村民们不理解他的做法，担心、害怕、埋怨。

顶着巨大压力，朱新礼借钱买回了葡萄苗，请了技术员，还曾经一个月内八次亲自驾驶大客车带着乡亲们去平度大泽山参观学习种植葡萄的经验和技术。一亩地种玉米收入一二百元，一亩地的葡萄却能赚回5000元，朱新礼看准的就是这一点。就这样，一个承包三四亩地的农民轻易成为了万元户——这可是当地第一个万元户，让其他村子羡慕不已。

初战告捷的朱村长还在村里先后办起了27个村办企业，将大部分剩余劳力转移过去。6年后，这个沂蒙山区贫穷的村庄，出现了400多个万元户。朱新礼也荣获了省级劳模、优秀共产党员等各项殊荣。

而朱村长也因为提倡种葡萄得到了全国劳模荣誉。这一个在今天看来无可厚非的荣誉在当时的环境却给朱新礼带来了麻烦。有人一口气把他告到了山东省政府，理由是：农民以粮为天，朱新礼不务正业，让农民把地都种成葡萄了！

种葡萄带来的荣誉又是因为种葡萄被弄丢了，朱新礼为此还付出了更大代价，他的名字从人大代表的名单中划掉。朱新礼对此却不以为然，"那是虚的，农民的收入才是实的。"

而更为有意思的是，朱新礼15年后回家乡时看到了一份县里的红头文件，号召要大力发展葡萄。1998年的葡萄价格是1斤4毛多，比起1983年来已经不是"值钱"的水果。

二、因"发展是硬道理"走上创业之路

汇源老总朱新礼担任过农村党支部书记、县外经委副主任等职，作为一名常年工作在基层的党员干部，对农村、对果农有着浓浓的眷恋之情，更为"三农"问题长期得不到解决而深感忧虑。1992年，邓小平发表南方谈话。那时候朱新礼40岁。小平这次讲话最重要的是"发展才是硬道理"，提出首先要发展经济。这句话深深地鼓励了朱新礼走上创业之路。他认为这是非常重要的机会，在发展经济的时候，我不应该再挤在从政当官这条路上。如果我错过这个机会，可能我一生就这样默默地失去了我的价值了，所以我就毅然地辞去了这不大不小的一个官，走上了创业之路。他认为当时中国最缺的是企业家，最不缺的是官员，1992年6月朱新礼辞去公职创业。

三、阴差阳错，结缘罐头厂

作出创业的决定之后，朱新礼怀着勇气和冒险精神，做的第一件事就是找到县委书记辞职，并请求他给一个企业，全县最差的企业、倒闭的企业、关门的企业。结果朱新礼接手了一个负债千万元、停产三年、已经倒闭的县办罐头厂。面对这样一个场子，朱新礼没有泄气，开始发挥他的聪明智慧。朱新礼首先了解为什么罐头卖不出去，他跑到烟台去，烟台总工程师告诉他，当年朝鲜志愿军就吃这个罐头，之所以现在的罐头厂没有出路是因为现在欧洲有一种浓缩果汁特别畅销。欧美国家的果汁饮料市场非常发达，他们喝健康饮料，喝很多果汁。超市货架上全是卖果汁的，老百姓家里打开冰箱，很大一片全是果汁和果汁饮料。听到工程师的话后朱新礼就想，为何不把罐头厂改造成果汁厂？于是从那时候开始，朱新礼就把罐头改造成浓缩果汁进行出口。然后1996年、1997年做果汁饮料做到现在，阴错阳差地就走进了这个行业。

四、汇源果汁叫响全世界

刚接手企业的时候，工人吃饭的钱都没有，去银行贷款更是困难，因为人家看不起你，不信任你。朱新礼就用补偿贸易的方法，用外国人的设备挣外国人的钱。1993年，第一批浓缩苹果汁生产出来了，朱

新礼只身一人带着样品，背着煎饼去德国参加食品展。请不起翻译，就请朋友在国外读书的孩子客串帮忙；没钱吃饭，每天在宾馆用煎饼充饥。优质的产品连同朱新礼的真诚，终于打动了外国公司。第一批价值500万美元的订单拿回来时，许多人仍不敢相信这是事实。初尝胜果，朱新礼并没有就此而止。1994年，朱新礼带领不到30人的队伍来到北京顺义安营扎寨。亲人和员工十分理解，刚过了几天安稳舒服的日子，又到人生地不熟的北京创业，岂不是冒险！但朱新礼有他的想法，要想为广大果农带来更多实惠，就要把事业做大；要想把事业做大，就要走出大山。北京独特的地理、交通、信息、人才、市场优势，是一展身手的最好选择。朱新礼讲述了他当年的想法："风险肯定有，但怕风险，一辈子也成不了大事。"在北京创业的日子里，30多个人，夜间是车间工人，白天是营销人员。几辆老掉牙的破旧面包车，跑遍了北京的大街小巷。虽然困难重重，朱新礼却信心百倍。因为他坚信自己的选择，坚信自己的产品。经过坚持不懈的努力汇源果汁终于叩开了北京市场的大门。从此，汇源的名字叫响了京城，叫响了全国，叫响了世界。

五、为果农做贡献，冒险也值

随着企业名声变大，汇源面临着进一步的合作。1998年以来，各地政府、企业，甚至国外企业来找汇源投资、合作的络绎不绝。对此，集团内部曾有两种截然不同的意见，一种是审慎行事，稳扎稳打；一种是快速出击，加快发展。正在艰难抉择的时候，朱新礼看到了长白山区那漫山的苹果梨，看到了山西右玉那般红的沙棘果，看到了河北保定那一望无际的草莓，看到了重庆那几十万亩柑橘林。朱新礼产生了一种难以名状的冲动和激情。朱新礼了解果农，知道那种丰产不丰收的滋味，了解他们渴望脱贫致富的心情。朱新礼觉得自己作为一名共产党员，有责任、有义务尽自己所能，去解除果农们的忧愁。这些年来，朱新礼带领着汇源集团，先后在经济欠发达的河北保定、山西右玉、吉林延边、湖北黄冈、陕西咸阳、重庆万州等地投资建厂。尽管有风险，尽管有的厂确实见效比较慢，但真正能为"三农"做点贡献，朱新礼认为"冒风险也值"。

重庆万州是三峡库区移民最多、淹没土地最多的地方。汇源是北京市第一个在库区投资建厂的企业。一方面是因为国务院三建委和地方政府的邀请，更重要的是，看到库区移民期待的目光，朱新礼认为任何一个有责任心的人都会按捺不住。目前，投资1.9亿元的首期30万吨柑橘加工项目已竣工。计划20万亩的柑橘种植基地已实施5万亩。这个项目投资大、见效慢，但它真正利国利民。全部项目建成后，可以解决20万库区农民的出路问题。同时，实行柑橘加工国产化，还可以结束橙浓缩汁长期依赖进口的局面。这个项目深得党和国家重视，吴邦国、温家宝、曾培炎等党和国家领导人都先后亲临视察，给予了很高的评价和具体指导。

六、多年奋斗，成功创建中国最大的果汁生产企业

经过十一年的努力奋斗，朱新礼同志创建了中国最大的果汁生产企业——汇源集团，在北京、上海、重庆、四川、山东、河南、湖北、江西、山西、河北、吉林、黑龙江、内蒙古、广西等15个省、自治区、直辖市建立了21座现代化工厂，在全国各地拥有160余家销售公司。十一年累计销售收入70多亿元，上缴国家各种税金超过7亿元，累计加工消化掉各种水果蔬菜380万吨，近百万果农从中获利20亿元，7万多吨浓缩果汁和果汁饮料出口到10多个国家，创汇7500万美元。实现了企业"生产规模化、营销网络化、管理现代化、产品多元化"的发展战略目标，为发展我国绿色高效环保型生态农业和农产品深加工业作出了突出贡献。

七、创业智慧

1. 从不可能开始

朱新礼的创业故事，是从向政府要求得到一家最差的企业开始的。他如愿了，得到了一个背了一身债的罐头厂。从这个看来，朱新礼进入饮料行业，起点实在是不高。但一个不怎样的罐头厂，都能做成一个行业老大的果汁企业，不能不说他身上有着企业家的非凡禀赋。从山东到北京，从北京到世界，朱新礼不断地把目标往高了挑，也一步一步实现了自己的目标，靠的是要做一番事业的雄心和克服千难万险的意志，

这也应该是一个企业家成功的必备基因。

2. 顶峰之舞重在专注

许许多多的创业者都是在取得成功的时候把企业经营转向多元化，而朱新礼却始终专注于果汁的事业，从最初"想致富，种果树"的改革大潮理念到今天，他依然专注于农业，专注于农民的致富事业，这是作为农民出身的企业家独特的精神和智慧。

3. 先是统一，后有达能

朱新礼是一个有智慧的人。他受制于资本，可以为了发展不惜出让控股权；为了摆脱危机，也可以不惜对赌，敢冒输了就有可能完全失去汇源的风险。朱新礼向全球产业巨头开放股权，对任何一个中国企业尤其是民营企业来说，这个过程都是充满凶险意味的。但朱新礼为什么这样做呢？他其实有着强烈的希望借助这些巨头来做强汇源的决心。所以他的资本故事，也一次比一次来得凶险。

八、朱新礼的创业经

(1) 先做人，后做事；会做人，才能做好事。

(2) 人活着就要奋斗，不奋斗就失去了人生价值。

(3) 要想采金取宝，就必须弯下腰、躬下身，这就叫行动。

(4) 一定要符合国家的利益、人民的利益，这个企业才能长久。

(5) 作为一个管理人员，一定要善于把游戏中的一些规则和乐趣引入到管理工作中去，让团队中每一个人都对工作产生兴趣、对事业充满激情。

(6) 职业和创业不是一件事。如果只是从事一份职业，你只需做好本职工作，还是有很多时间自由支配。但是创业不一样，创业需要承担很多责任，也意味着要牺牲。

(7) 民营企业过冬，我想作为一个企业家要学会几个方面，一个要学会看天气，天气是晴天还是雨天，雨天要打伞，晴天要戴草帽。要学会听天气预报，但是预报要辩证地看，不能一味地听。

(8) 因为专注，才能做大做强一个产业，掌握方方面面的资源，巩固核心竞争力；因为专注，才能全力以赴往一个目标前进，长期保持领导者的地位和超前的意识；因为专注，才能打造一个鲜明的、专业的、可信赖的品牌形象；因为专注，才能花大力气培育还不成熟的市场，引导和服务好我们的消费者。因为专注，才能更好地适应市场的变化、规避外部环境变化带来的产业风险。

(9) 我用人的原则就是给员工提供一个公平竞争、展示才能的舞台，让大家"八仙过海，各显神通"，不唯学历，不唯资历，注重业绩，能者上、平者让、庸者下。

(10) 一项正确的决策，不仅仅需要知识和信息资源作支撑，我认为还需要人们对企业资产以及企业的整个发展发自内心的关心。

第二节　撰写与展示创业计划

"写作使人精确。"撰写一份创业计划能迫使创业者进行冷静、系统、缜密的思考。有些创意可能听起来很棒、很诱人，但是，当你把所有的细节和数据写下来的时候，自己就崩溃了，发觉创业活动与创业者个人目标和期望并不一致。那么，此时做出放弃创办新企业的决定，应被看做一种明智的选择。正如瑞士军事理论家菲米尼所说："一次良好的撤退，应和一次伟大的胜利一样受到奖赏。"

创业计划书的起草与创业本身一样是一个复杂的系统工程，不但要对行业、市场进行充分的研究，而且还要有很好的文字功底。对于一个初创企业，专业的创业计划书既是寻找投资的必备材料，也是企业对自身的现状及未来发展战略全面思索和重新定位的过程。

一、创业构想的研讨与可行性分析

（一）研讨创业构想

创业计划其实就是将创业构思转化为完善的企业运营方案的过程。从有创业冲动、创业热情到形成创业决策，并决定创业方向、创业行业、创业产品或服务以及创业方式，对每个创业者来说都是一个巨大的挑战。技术人员一般选择利用自己的技术优势进行创业；非技术人员一般会选择技术含量相对较低的服务行业进行创业，或者利用构思、资金形成创业组合，选择技术含量高的行业和产品进行创业。

创业构思细化关系到企业能否成功，因此创业者应冷静分析、谨慎决策。创业者想要想得完整、想得细致，那就需要按部就班，一步一步地进行思考。

1. 寻找创业模式

对于创业如何进行，创办一个公司前，创业者首先要有一个构想和一定的理想，然后再从构想开始，考虑怎样组成一个团队，怎样把这个公司发展成为一个完整的公司，怎样预见公司的发展前景，确定公司的发展方向。

2. 确立创业目标

赚钱是重要的目标，但并不是唯一的目标，因为创业本身应该有理念，理念会带动很多新的产品创意和实践冲动。

3. 制订创业原则

在创立公司的时候，不应该一直想着什么时候能收到成果；今天还没有赚钱，明天会不会赚钱。第一次创业时，创业者赚钱的期望会比较高，第二次创业时就不会这样了。但每一次创业都需要用热情去支撑。

4. 怎样规划创业步骤

这是一个循环的过程。首先要看创意从哪里来；怎么会有这个创意；资金怎么找；怎么组织一个团队；产品的市场行销怎么做；这个产品做完了，会不会还想做。如此周而复始。

5. 创造创业条件

创业时，不一定要有一个很重大的发明，重要的是所做的东西在市场上会不会成功，然后要考虑市场上需求怎么样，自己的能力是什么，最后再把这些内容都结合起来。

6. 确定创业期限

一个很大的公司，至少要花三年至五年才能做出来，时间太长，风险也大，因为市场是不断变化和发展的。因此创业最好以两年为期限，要想办法在两年内把产品做到最好。

7. 处理与投资商的关系

很多创业者觉得，自己占这个公司的股份应该是 99%，投资人应该是 1%。这种想法对风险投资来讲是不对的。如果需要更多投资的话，创业者在公司持有的股份会越来越少，但这并不表示你拥有的钱越来越少，因为公司的价值会越来越高。

8. 产生好创意

一个很好的创意，在市场上并不一定有价值。任何好创意都已经有很多人想过了，重要的是，在好创意里面是否包含着市场需求。

9. 组织好的团队

在组建团队时，很多人认为要把最好的人才都网罗起来。事实上创业团队简单一点，朴素一点，每个人不一定都很强，只要能凝聚起来，就是一个非常好的团队。

10. 选择风险投资商

第一，要确定好各自的股份占多少；

第二，要选择能够跟你一起同甘共苦的风险投资商；

第三，要找有很大影响力的风险投资商，借助他们的经验和力量。

在开始行动之前把各种问题都想清楚，创业者就能在心中明确一些创业的问题和困难，而到开始行动之后，在处理问题时也就有了更多的准备。

（二）分析创业可能遇到的问题和困难

有的创业者激情高、行动快，但成功率并不高。究其原因，主要是对创业过程中面临的问题和困难估计不足，没有想好应对措施，以致一旦实施创业就困难重重。

1. 制订创业计划书时常见的问题

第一是对创业项目的相关调查研究不够，对市场态势想当然，在没有做好充分准备的情况下就匆匆上马，致使骑虎难下。

创业者不做科学的市场调研，不了解潜在市场的需求量，错误预估占有率，对销售渠道和竞争对手的情况了解不清，一味凭自己的感觉行事，到头来往往吃尽苦头。在国外做生意通常要委托专门的市场调查公司做专项调查，而国内许多创业者往往头脑一热拍脑袋凭直觉来决策。当然，这里还有一个原因，那就是为了节省市场调查这笔看似可以忽略的费用。

例如，2005 年 12 月 27 日，南京召开了一场特别的新闻发布会。说其特殊，是因为新闻发布会的主角是一位在校的大学生——南京某大学 21 岁的大二学生陈某。在新闻发布会上，他大声向众多媒体宣布，由他自筹资金 300 万元并担任董事会主席的电器有限公司正式成立。在陈某的创业计划中，对公司的市场规模做了这样的测算："根据南京仙林地区有 12 万名大学生，手机、笔记本电脑和数码产品的年市场份额达 3.6 亿元，如果有 18% 的学生选择到本公司购买，公司就会占有 6400 万元的销售额。"凭着这个理想化的数字，他要打造一个庞大的商业帝国：年销售额达到 4000 万元，3 年超过南京本地电器销售龙头"苏宁"；5 年上市，年销售额达到 8 亿元；占有南京仙林大学城 80% 的市场份额，并将业务拓展到餐饮、娱乐、电子商务等领域。不切实际的构想导致经营失败，而且陈某于 2006 年 7 月因涉嫌诈骗和非法集资，被南京市警方拘捕。

第二是构思与实际脱节，过多认可自己的设想，对创业的理解容易停留在一个美妙想法和概念上，没有和现实紧密结合，与社会需求不符。

例如，武汉非职务发明界内有位"发明大王"，在 2004 年时他就申请并拥有 121 项专利。多年来痴心专注于搞发明而耗尽财力，每月还要坐上两个多小时的长途车，到原单位领取 300 元失业救济金。媒体称其为"专利流浪汉"。

许多创业者在撰写创业计划时往往对流动资金的重要性考虑不足，并不一定是计算方法上有什么错误，主要问题是创业者按理想状态来制订创业计划，对创业初的破冰期估计不足。创业后经营不是很顺利，需要坚守一段时日时，如果没有充足的流动资金就不得不提前关门。再者，即使经营按正常状态进行，大多数情况下资金回笼都需要一定时间，这期间的各种开销都需要流动资金支撑。因此创业者在创业计划中应保证能够维持企业运作半年以上的充足的流动资金。构思与实际脱节还表现在对风险的认知上。好的创业计划会对创业过程中可能出现的风险加以预测并设计相应的应对策略。许多创业计划的模板上对如何写风险分析也有一定的建议，即可以从哪几个方面着手分析。

许多创业者在撰写创业计划时不知变通，不清楚每个项目面临的具体风险是不同的，是要具体分析的，只会照搬模板框架，认为该项目实施过程中可能在所有方面都会遇到风险，包括政策风险、技术开发风险、经营管理风险、市场开拓风险、生产风险、财务风险、汇率风险、投资风险、股票风险、对公司关键人员依赖的风险等。但多是泛泛而谈，又提不出针对性的控制、防范手段和措施。

第三是对创业者个人条件不足缺乏认识，碰到困难无法克服，使难点久攻不下。

这也是最常见的问题，是创业者本身不具备企业管理的基本条件，如知识储备、商业意识、时间精力等。

创业者管理经验不足，没有从自己最熟悉、最特长的业务起步，往往听说什么赚钱，就开什么店，做什么业务，在业务深入到一定程度后，方才发现自己的经验、知识、能力和人际关系都与业务不吻合甚至相差太远。虽说可以在错误中学习，但却要耗费公司许多资源，这对于资源匮乏的初创企业往往是致命的。

例如，2004 年 11 月 19 日，某高校食品科学系 6 名 2003 级上海籍研究生自筹资金 20 万元，在成都著名景观——琴台故径边上开起了"六味面馆"。在创业计划中，6 位股东目光还挺长远，"2 年内在成都开 20 家连锁店，跟肯德基、麦当劳较量。"4 个月后，面馆倒闭。有媒体分析认为 6 位研究生因功课繁忙，无暇顾及店堂，导致管理混乱。另外高学历者开面馆只有新闻轰动效应，并不能保证他们的食物会受顾客欢迎。

第四是应变能力差，由于社会经验、个人素质、社会关系等不足，不能及时解决碰到的问题，导致长期处于被动局面。在缺少资金、竞争激烈的环境中创业，青年人的确面临着巨大压力和风险。

2. 创业过程中常见的困难

创意和构思是影响创业的不容忽视的重要因素之一。好的、新的创意则是决定创业能否成功的重要因素。创业者一般富有热情和创意，他们求新求变，如何将这些新颖的创意转化为创业的基石是需要重点考虑的问题。

初创企业由于缺乏经营业绩，主要靠自有资金开展自主创业，资金不充裕，普遍面临融资难、融资贵和担保难的境况。

在企业初始运营过程中，受资源要素价格持续上涨影响，企业应收账款、存货占用资金上升加剧，初创企业资金需求量大幅增加，企业财务成本大大增加。企业贷款需求与金融机构信贷的结构性矛盾突出，针对小型微型企业的贷款比重和支持中小企业技改中长期贷款比重很低。虽然小额创业贷款政策已经实施了几年，但由于担保门槛较高，融资来源不足，使政策的受益面十分有限。

在企业的经营模式上，为渡过创业初期的难关，多采取家族式的经营管理模式，妨碍了企业的科学决策和规范管理；创业者经营管理等相关知识欠缺，创新意识和能力不足；企业产权结构单一，限制了企业的融资渠道，成为了企业发展的制约因素。

二、创业计划书的撰写与展示

（一）创业计划书的撰写

1. 创业计划书的撰写重点

创业计划书是对整个创业团队构思的总结和提炼，对于没有写作经验的创业团队而言，虽然直接套用现成的创业计划书模板是一种比较快捷的方式，但是通常此类做法的结果，都是有其形而无其质，很多的内容容易陷入空泛。究其因，在于负责撰写的创业成员，并未深刻理解创业实质和读者所需，只是把它作为一般意义上的文字材料来组织，运用惯有的写作手法行文。这种为写作而写作的创业计划书，既不能给投资者以充分的信息，又不能让投资者产生兴趣，其最终结果只能是被扔进垃圾箱里。为了确保创业计划书更加具备说服力，应该紧密围绕以下几个重点来撰写：① 关注产品；② 敢于竞争；③ 了解市场；④ 表明行动的方针；⑤ 展示管理队伍；⑥ 出色的计划摘要。

2. 创业计划书的撰写步骤

(1) 明确创业计划书的形式。不同的阅读者对创业计划书有不同的兴趣和侧重，因此，创业者撰写创业计划书的第一步就是确定读者是谁，他们想要的是什么，哪些问题必须有针对性地呈现给他们，进而明确创业计划书的形式。

(2) 确定创业计划书的大纲。创业计划书的形式明确之后，接下来创业者就需要制定创业计划书的大纲。大纲应该确定创业计划的目标和战略，制定创业计划书的编写计划，确定创业计划书的总体框架和主要内容。

(3) 搜集创业计划书所需要的信息。根据创业计划书的大纲，创业者需要搜集撰写计划书要用而目前尚不清楚的信息。创业计划书的内容涉及面很广，因此需要搜集的信息也非常多。具体来说，创业者需要搜集行业信息、生产与技术信息、市场信息、财务信息等。信息的搜集是一个十分重要的过程，信息的质量直接关系到创业计划书的质量。创业者可以通过现有资料的检索、实地调查、互联网查找等方式来搜集信息。

(4) 起草创业计划书。搜集到足够的信息后，创业者就应该开始草拟创业计划书了。这一部分的主要工作是全面地撰写创业计划书的各个部分：摘要、企业描述、战略、生产计划、市场营销计划、人力资源计划、财务计划等。通过这一步骤，可以形成比较完整的创业计划书初稿。

(5) 修改并完善创业计划书。创业计划书的初稿完成以后，创业者必须从目标读者的角度来检查创业计划书的客观性、条理性、实践性和创新性，看其是否能够打动目标读者。这一阶段，创业者应该根据客观实际情况，充分征求各方意见，对创业计划书进行补充、修改和完善，力求最终定稿的创业计划书能够打动读者，让他们支持创业项目。

3. 创业计划书的撰写原则

一份好的创业计划书往往能够吸引潜在投资者的特别关注。如果计划不完善或漏洞百出，就好比发现饭里有只虫子，很容易使人倒胃口。如果创业计划书语言流畅、充满激情和睿智，有严密的调查数据支撑，少见外行话，那么阅读者很容易把这些优点和创业者本人的能力联系起来。因此，创业者在撰写创业计划书时，一定要遵循以下原则：

(1) 开门见山，突出主题。创业计划书的目的是为了获取资源，创业者应该避免与主题无关的内容，要开门见山直入主题，不要浪费时间和精力来写一些与主题无关、对读者来说毫无意义的内容。此外，编制创业计划书还要考虑阅读对象的因素。目标读者不同，他们对创业计划书的要求和兴趣不一样，创业计划书的内容和侧重点也应该不同。

(2) 简明扼要，通俗易懂。创业者必须认识到，创业计划书不是文学作品，也不是学术论文，飞扬的文才、深奥的专业术语不仅不能打动目标读者，反而不利于他们阅读和理解计划书。因此，创业计划书的语言应该简单明了，尽量避免专业术语，只要能够表达清楚自己的观点，就不要过分渲染。

(3) 结构完整，内容规范。创业计划书是一种很正式的规范性文件，在结构和内容上都有要求。创业者在撰写创业计划书时，最好有一份优秀的创业计划书作为模板进行参考。一方面，在结构上必须完整，创业计划书的各个部分都应该论述到；另一方面，在内容的表述上要做到规范化、科学化，财务分析最好采用图表描述，形象直观。

(4) 观点客观，预测合理。创业计划书中的所有内容都应该实事求是，力求通过科学的分析和实地调查来表达观点和看法，尤其是市场分析、财务分析等部分不应夸大吹嘘。对于市场占有率、销售收入、利润率等指标的预测要做到科学合理，数字尽量准确，最好不要做粗略估计。

(5) 展现优势，注意保密。为了获得读者的支持，创业计划书还应该尽量展现自身的优势，如先进的技术、良好的商业模式、高素质的创业团队等。但是，创业者还要注意保护自己，对于一些技术和商业机密进行保护是合理必要的。在实际操作中，通常会在创业计划书中加一条保密条款来保护自己的利润。

(6) 目标明确，风险可控。初创企业不能涉及过多的业务领域，创业计划不但要目标明确，而且要把如何区分目标市场的情况描述清楚。创业不可能没有风险，创业计划中涉及的关键风险是投资者、银行家以及其他投资者最敏感、最关注的部分。在创业计划中，一定要对可能出现的风险有充分的估计，同时要把如何应对和管理这些风险阐述清楚，让投资者感受到这些风险是可控的。

总的来讲，有经验的投资者、潜在的商业伙伴和关键职位应聘者，不是靠臆测或憧憬来做判断，而是用事实数据评价企业的前途。最吸引他们注意力的是可行性评估结论，以及对独特商业模式所产生的竞争优势的描述。如果商业模式仅仅建立在预测未来前景的基础上，显然，这样的计划很难让他们心潮澎湃，进而心甘情愿地进行投资或加盟。此外，创业计划书的排版和装订也要尽量专业，切忌粗制滥造，更不能出现低级错误。

(二) 创业计划书的展示

创业计划书的展示虽然是短暂的，但却是决定性的。如果你的创业计划书非常好，即便你的展示平淡无奇，甚至有些差错，也足以吸引风险资本家拿出大把的钞票。但是，绝大多数创业计划书并不能达到这样的高度。更何况风险资本家投资的时候，除了考虑创业项目本身的优劣外，更重要的是基于创业者的能力和个人魅力，而展示创业计划书正是创业者展示自己能力的难得机会。很难想象，风险资本家会把巨额的资金投给一个说话结巴、连自己的创意都讲不清楚的人。

1. 创业计划书展示的要点

进行创业计划书展示的一个重要指导思想，就是不仅要向你的观众传达信息，而且要感染和鼓舞他们。但是，在通常情况下，创业计划展示的时间都比较短暂，一般不超过15分钟。很显然，在如此短暂的时间内，不可能把创业计划书的全部内容都展示给观众。所以，你必须把重点放在观众认为最重要的部分。有专家在对创业计划展示正反两方面经验进行深入分析的基础上，给出了创业计划展示的如下要点：

(1) 标题。公司名称和标志、创始人姓名、创始人联系方式、致谢人、日期。

(2) 概述。产品或服务的简要介绍、演讲要点的简单介绍、这项商业活动带来的潜在收益(商业的、社会的及财务的)的简要介绍。

(3) 问题说明亟待解决的问题和问题的严重性；通过调查研究证实问题；分析问题在哪里，为什么顾客对现有结果不满意，未来的出路是什么，潜在顾客的需求是什么，以及专家的观点是什么。

(4) 解决办法。说明你对问题的解决办法；展示你的解决办法与其他解决方法相比的独特之处；展示你的解决方法能在多大程度上改变顾客的生活，是更富足、更高效还是更实用；说明为了防止他人短期内抄袭你的方案设置了什么障碍。

(5) 机会和目标市场。清楚地定位具体目标市场；描述保持目标市场广阔前景的商业和环境趋势；用图表展示目标市场的规模、预期销售额(最少三年)和预期市场份额；说明达到你的销售额的方法；准备好解答对于数据的疑问。

(6) 竞争。详述你的直接的、间接的未来竞争者；展示你的竞争者分析方格；通过竞争者分析方格说明与竞争对手相比的竞争优势；说明为什么你的竞争优势是持久的；如果你的推出策略被某个实力更强的竞争对手收购，不妨在这里提出这种可能性。

(7) 市场和销售。描述你的总体市场计划；描述你的定价策略；说明你的销售过程；说明行业内消费者(厂商)的购买动机；说明怎样唤起消费者对你的产品或服务的注意；说明产品怎样抵达最终消费者；说明是自己培育销售力量还是与中间商合作。

(8) 管理团队。介绍你现有的管理团队；介绍他们的个人背景与专长；介绍他们的背景、专长以及对这份事业的成功发挥了怎样的作用；介绍团队如何展开合作；说明管理团队现存的缺陷以及你打算如何弥补；简要地介绍你的董事会或顾问委员会成员。

(9) 财务规划。介绍未来3～5年内总体的收入规划及现金流规划，介绍你想要融资的渠道及资金使用方式。

(10) 总结。总结介绍企业最大的优势，总结介绍创业团队最大的优势，介绍企业的退出战略。

2. 创业计划展示应注意的问题

(1) 做好充分准备。展示者一定要有备而战，备战中不但要对展示的内容、方式和应该注意的问题有所准备，而且要事先推测对方可能会提出一些什么问题，以及如何回答这些问题。展示的准备要由集体完成。每次展示后也要进行集体讨论，以便及时总结经验教训。

(2) 展示时不要只顾自说自话。要创造机会让到场的投资者也参与发言或演示，实现相互之间的交流和互动。展示应保持条理清晰的风格，突出市场前景，刺激投资者的兴奋点。为此,在展示开始时就应声明在展示过程中允许提问。

(3) 不要过分强调技术因素或故意使技术环节复杂化。关于技术问题,可以准备一份专门介绍的活页,在需要的时候可以适时插入。技术类图表的出发点应该是为支持市场与产品定位预测服务,如果没有特殊要求,不必画蛇添足地多做解释。

(4) 分别做两份完整的计算表。其中,一份面向技术背景有限的私人投资部门,另一份则面向熟知专业技术的精明投资者。演示应针对投资者的技术基础和专业背景。比如说,如果投资者的背景是财会专业,则有侧重地应用账务举例。

(5) 如有必要,在演示前应先签一份保密协议。通常,第一次演示不要披露太多的专业信息。所以,非不得已不要强求对方签订这种协议。不要在与项目无关紧要的地方滋生不必要的矛盾。

(6) 实际执行演示的人员应具备突出的沟通表达能力。演示者不一定是经理,这样安排的效果可能更好。因为此时经理可以观察听众们的反应,并在适当的时机,给一些强调或补充性说明,增加内容的可信性。

3. 基于创业计划的会谈技巧

投资者在决定是否投资之前,通常会采用会谈的方式,对创业项目和创业者作进一步的了解。一般情况下,接到创业者提供的创业计划书之后,投资者需要有几周的时间做出反应。如果投资者经初步审查创业计划书等文件后认为其有一定的投资价值,就会决定与资金申请者进行会谈。会谈通常会围绕创业计划进行,通过会谈投资者不但要获取更多的关于投资项目的信息,同时还要对创业团队进行面对面的考核。因为投资者根据创业计划书所形成的初始投资意向,是会随着会谈过程的发展而变化的,所以创业者一定要对会谈给予高度的重视,争取通过会谈最终实现融资的目的。

(1) 形成良好的第一印象。与投资者首次会谈通常需要1~5个小时,具体时间长短依讨论问题的深度、广度而异。平均看来,会谈的时间大约两小时。在会谈过程中,对方将以企业家的标准分析你的个性,考核你的能力。大多数投资者都认为,创业者给他们的第一印象具有决定性意义,如果第一印象不好,双方的接触很可能就此终止。那么,怎样才能让对方形成良好的第一印象呢?得体的穿着、礼貌的行为、诚恳的态度是最基本的要求。

(2) 会谈要围绕创业计划书进行。会谈要始终围绕创业计划书进行,不要漫无目的地夸夸其谈。某些创业者认为自己应向对方出示大量资料和图表,而不认真考虑这些资料的必要性,甚至对所带的资料缺乏深入的了解,以致当投资者问起时不能给予满意的回答。所以,一些资深投资人建议,会谈前一定要围绕创业计划书涉及的内容进行认真准备,会谈要始终围绕创业计划书进行,如果你有产品模型或样品,一般可以随身带去,多余的东西最好不带,否则很可能会给自己带来意想不到的麻烦。

(3) 不要过分自夸。许多创业者认为,会谈的机会非常难得,应该在有限的时间内,尽可能通过自己的表达打动投资者。基于这种考虑,创业者为了赢得投资者们的兴趣,往往会特别健谈,甚至会不由自主地夸大自己的项目优势。在这种时候,创业者一定要注意"言多必失",一定要尽量避免提及自己在将来的宏大计划,更不要提及在创业计划书中并没有说明的那些新产品。应该知道:"过分地自夸只会让人感觉你是一个梦想家或是一个眼高手低的人。"这是一位风险投资家对创业者的忠告。

（4）展示你的热忱和激情。创业是一件非常艰苦的事情，只有充满热忱和激情的人，才能取得创业成功。事实上，投资者在考察创业者时，除了希望对方专业、智慧，具有完成创业项目的知识和能力外，还希望对方具有坚定的信念和乐观的精神，并且对自己的事业具有火一样的热情。所以，提醒创业者不要过分自夸，并不是要其沉默、低调，而是要其实事求是地展现自己和自己的创业项目。同时还要注意，在会谈过程中，创业者就像是一个推销员，在向投资者推销创业项目时，也在推销自己。而一个对自己的创业项目都没有热忱和激情的人，投资者怎么可能为你投资呢？

（5）表现出真实的自己。在双方会谈过程中，还要注意你表现的是你自己，不要企图把自己伪装成另外一个成就很大的企业家。会谈之间要谈吐自如，要把注意力放在准确理解和回答对方提出的问题上。作为一个寻求帮助的人，不要试图把自己表现得很强大。真正的自信者，应该能够客观地看待自己的优势和坦然地面对自己的不足。要尽可能真诚地表达自己的想法，要实事求是地评价自己的项目和能力。要知道，你不可能吸引所有投资者，你要寻找的是真正懂你、信任你，真正看好你的创业项目，并确实有能力帮助你的人。如果你遇到的不是这种人，千万不要为了迎合他的要求而改变自己。

三、创业计划自我评估与修订

（一）创业计划自我评估

创业者精心构思的创业计划书，很可能将面临投资专家的所谓的"5分钟阅读法"。首先，投资专家通过阅读计划摘要判断企业性质和行业；然后通过对负债额、投资需求、资产净值等信息的阅读判断资本机构；第三步，通过阅读资产负债表判断企业的资本流动性，净值以及负债与权益比例；第四步，通过对创业团队成员的背景资料的阅读判断创业团队的才能，这往往是最重要的部分；第五步，确定创业企业的独特特色，找出项目与众不同之处；最后，从头到尾快速阅读一遍，翻阅整个计划的图、表、例证以及计划的其他部分。

"知己知彼，百战不殆"，在了解投资者的评价、行为模式的基础上，大学生创业者应采取积极的应对措施。因此，在创业计划书写完之后，创业者对计划书自我评估、检查一遍，评估计划书是否能准确回答投资者的疑问，争取投资者对创业项目的信心。对计划书的评估、检查可以从以下几个方面展开：

（1）创业计划书是否能显示出你具有管理公司的经验。如果你缺乏能力去管理公司，那么一定要明确的说明，你已经雇佣一位合适的经营人才来管理企业。

（2）创业计划书是否显示了你有能力偿还借款。要保证给预期的投资者提供一份完整的比率分析。

（3）创业计划书是否显示出你已进行过完整的市场分析。要让投资者坚信你的计划书中阐明的产品需求量是确实的。

（4）创业计划书是否容易被投资者所领会。创业计划书应该具备索引和目录，以便投资者可以比较容易地查阅各个章节。此外，还应保证目录中的信息是有逻辑的和现实的。

（5）创业计划书中是否有计划摘要并放在了最前面，计划摘要相当于公司创业计划书的封面，投资者会先看它。为了保持投资者的兴趣，计划摘要应写的引人入胜。

（6）创业计划书是否能在文法上全部正确。如果你不能保证，那么最好请人帮你检查一下。计划书的拼写错误和排印错误能很快就使企业的机会丧失。

(7) 创业计划书能否打消投资者对产品或服务的疑虑。如果需要，你可以准备一件产品模型。

创业计划书中的各个方面都会对筹资的成功与否有重大的影响。因此，如果你对你的创业计划书缺乏成功的信心，那么最好去查阅一下计划书编写指南或向专门的顾问请教。

(二) 创业计划的修订

创业计划在企业创办过程中能起到指路、引航的作用，因为它指明了企业想完成的目标及达到目标的路径。但创业计划毕竟是在对企业发展环境事前预测的基础上制定的，很可能实际面临的情形与设想的有较大出入，这就必须对创业计划进行修订。

大多数企业对长期计划每年都要修订一次，至少要进行一次检查。当企业外部或内部环境发生巨变时，就必须随时检讨计划内容的适应性。

一般在处于以下情形时，企业就要考虑创业计划的修订了。

1. 费用上升，收入下滑

企业各项费用比预计的高且还在缓慢上升，而经营收入比预计的低且还在下滑，利润状况不理想且日益紧缩，创业者必须马上回头审视创业计划的内容，尤其是财务预测部分。

2. 销售量下跌

新产品或服务的销售情况不如预期的那么好，或者发现当前的销售额迅速下跌，可能是因为提供的产品的特性和顾客需求不相符合，可能是质量问题，也可能是因为顾客服务水平下降，还可能是因为竞争比创业者预期的更加残酷。这时要迅速找出原因所在，然后修订创业计划中的相关部分，如产品与服务、营销策略等。

3. 重要项目过于落后或超前

创业计划中的里程碑计划对什么时候应该达到哪一步目标都列出具体的时间期限。如果企业发现重要项目没能按时完成，就要找出原因在哪里，认清问题的来源，包括目前计划中没有按预期进展的各个部分。在团队协作下，努力回到正常的轨道。如果不行的话，就调整创业计划。

企业如果发展得太快，快得以至于其他方面难以充分准备，也需调整计划。如业务发展太快导致供货不及时或者顾客服务水平下降，甚至组织结构也不能适应，这时也需要对创业计划进行调整。

4. 财务状况紧张

虽然创业计划中有较长时段的资金需要计划，但毕竟是建立在对企业财务未来状况预测的基础上。尤其是对于运营过程中需要追加投资的项目，如果融资出现状况或者计划资金不能适应环境变化，就需要审核所有假设条件，列出可能改变预先计划的所有因素，根据新情况修订财务陈述和相应的行动计划。

5. 新技术出现

新技术是一种致命的力量，它可以彻底摧毁制订创业计划的基础：让原先的产品或服务毫无用处，改变顾客需求，缔造更强劲的新竞争对手。因此当一项新技术可能会影响创业所在的行业时，必须立即重新评估创业计划，制订将新技术转化成自身优势的新计划。

案例分析

【案例】 张华毕业于某名牌大学，经过多年的业余研究，他在室内环境污染治理方面取得了一项重要突破，这项技术如果在实际中得到应用，前景非常广阔。于是张华便辞去原来工作，准备自己创业。但是，由于多年的积蓄都用在了室内环境污染治理的研究上，在七拼八凑注册了一家公司后，他便没钱购买原材料了。无奈之下，张华想到了风险投资，他希望通过引入风险投资走出困境。

为了引入风险投资，张华经过多方联系，与一些风险投资机构和个人投资者进行了会谈。在这些会谈中，虽然张华反复强调他的技术多么先进，应用前景多么好，并拍着胸脯保证投资他的公司回报绝对低不了，但却总是难以令对方相信。而投资人见到的许多数据，如市场需求量具体有多少，一年可以有多大的销售量，投资后年回报率有多高，他也没有办法提供。此外，张华的公司在招聘技术骨干时，也遇到了同样的难题，因为应聘者也无法了解公司，所以对公司的前景也同样缺乏信心。

这时，曾经在张华注册公司时帮助过他的一位做管理咨询的朋友的一句话点醒了他："你的那些技术有几个人投资者搞得懂？你连一份像样的创业计划书都没有，怎么让别人相信你？投资者凭什么相信你？"于是，在向相关专家请教咨询后，张华又查阅了大量的资料，然后静下心来，从公司的经营宗旨、战略目标出发，对公司的技术、产品、市场销售、资金需求、财务指标、投资收益、投资者的退出等方面进行了分析和论证。当然，在这个过程中，他还得不时搞一些市场调查。一个月后，他带着创业计划书初稿，向几位专家请教，在相关专家的指点下，他又对创业计划书进行了修改和完善。凭着这份修改后的创业计划书，张华不久就与一家风险投资公司达成了投资协议，有了风险投资的支持，员工招聘问题也迎刃而解。

后来，张华的公司经营得红红火火，年销售利润已达到 500 万元。回想往事，张华感慨地说："创业计划书的编制与我搞的环境污染治理材料要求差不多，绝不是随便写一篇文章的事。编制计划书的过程，就是我不断理清自己思路的过程。只有企业家自己思路清楚了，才有可能让投资人、员工相信你。"

【案例分析】 在本案例中，张华作为一个具有非常好的市场前景的实用技术的开发者，其创业优势是十分明显的。但是，在他前期融资过程中，由于缺少可靠的证明材料，甚至没有一份像样的创业计划书，投资者根本无法判断他的项目是否可行，因此，也不可能为其投资。

在现实生活中，像张华这样的"工科男"其实很多。他们有过硬的专业本领，有自己的专利技术，有火一样的创业热情。但对如何创办企业，如何吸引风险投资，却缺乏起码的了解，对创业计划书也缺乏应有的重视。

张华后期的创业成功证明，他的创业项目是可行的。他初期融资屡受挫折的原因，就是因为他缺少一份像样的创业计划书。对大多数创业者来说，一份具有可行性的创业计划书，是融资最起码的条件。而创业计划书的撰写过程，也是创业者了解市场和对创业项目进行更深入的思考的过程。

第三节 创业项目选择

一般人总是等机会从天而降，而不是通过努力工作来创造机会。殊不知，人们遇到的问题和未满足的需要总是不断提供新的商机。优秀创业者的一个基本素质就是善于从他人的问题中发现机会，主动把握机会。据中国创业招商网统计，90% 的人曾经有过创业冲动，其中 60% 的会付诸实施，但是其中仅有 10% 的人会成功。那么，为什么会有这么多人失败呢？中国创业招商网的调查发现：98% 的失败者是因为没有选准合适的项目。俗话说得

好，"万事开头难"，选择了一个好的项目，就成功了一半。

一、创业项目类型

(1) 从观念上来看，创业项目分为传统创业、新兴创业以及最新兴起的微创业。

传统创业是指那些传统的行业，如餐饮、房地产、服装等筹集资金投资，建立工厂，生产产品，为顾客提供产品或服务的创业项目。

新兴创业是相对传统行业而言的，传统行业是某个时期处于成熟期的行业，而新兴产业是在任何一个时期处于发展初期的产业。21世纪的新兴产业有新能源、绿色房地产、生物医药、绿色保健品、新兴产业证券市场、新型建材、环保装修、高端交通、教育、现代信息通信等。

微创业是指用微小的成本进行创业，或者在细微的领域进行创业。它的特点是投资微小、见效快、可批量复制或拓展，主要以网络为平台、为载体，与实际实体结合展开。

用微小成本创业的方式很早就已经出现在各个行业中，但是受限于传统的创业观念，一直没有明确的提出微创业这一概念。直到近年来微博的火爆，才出现微创业这一词汇，但是早期局限于借助微博创业的狭窄领域。微创业模式比较完整的提出最早出现于2011年1月发起的一项"中国互联网微创业计划"，该计划首次提出了比较完整的关于微创业的运营模式，并推出了所有项目与互联网、移动互联网等先进技术和营销手段相结合以实现成效最大化的"微创业"原则。微创业被认为是改变当前大学生就业难状况的一个有益的探索和尝试，同时对低收入者和有创业想法的工薪阶层的创业思路也具有指导意义。

2011年8月，圣才教育在其官方总站圣才学习网上公布出一项圣才创业网站项目，其运作模式和经营理念完全融合了微创业的概念，为广大个人微创业者提供了一个低成本、高回报的微创业平台，从实际操作层面上实现了微创业。2011年11月，问学堂、酷客等众多企业也纷纷利用自身平台和产品体系，设计并推出各自的微创业平台。目前来说，真正意义上的微创业平台还为数不多，但在不远的将来，各大企业各大公司会相继推出更多的微创业平台，这是一个趋势，一个新的浪潮。

(2) 从方法上来看，创业项目分为实业创业和网络创业。

(3) 从投资上来看，创业项目分为无本创业、小本创业、微创业等。

(4) 从方式上来看，创业项目分为自主创业、加盟创业、体验式培训创业和创业方案指导。

目前来说，自主创业需要资金链、人员、场地、产品等多项内容的系统化规划，创业起步较高，风险较大；加盟方式的比较普遍，而且比较正统、专业、规模化，但同时创业者也需要从资金和经验问题，客观的考虑选择加盟项目；体验式培训创业类似于一个创业模拟，从中可以领略创业经验。

二、创业项目选择的原则

1. 选择有发展前景、国家政策鼓励和支持的行业

根据社会学家和经济学家的预测，随着中国市场经济的发展和经济结构的调整，各行业在社会发展中的地位和发展潜力也在发生变化。某些行业社会需求的加大促进了这些行

业的蓬勃发展，并使它们成为未来社会发展的主导产业。选择创业项目，就要知道哪些行业是国家政策鼓励和支持的，哪些是允许的，哪些是限制的等。

我们要选择国家政策鼓励和支持，并有发展前景的行业。有关专家指出，21世纪巨大发展潜力的行业主要有：

(1) 网络信息咨询与服务业；

(2) 房地产开发业；

(3) 社会保险业；

(4) 家用汽车制造业；

(5) 邮政与电信业；

(6) 老年医疗保健品业；

(7) 妇女儿童用品业；

(8) 旅游休闲及相关产业；

(9) 建筑与装潢业；

(10) 餐饮、娱乐与服务业。

2. 寻找市场空白处

从市场空白处寻找创业项目比较难，因为创业者并不总是能够发现空白，还有就是我们也常常自我否定：自己发现的，别人或许早就发现了或已经在做了。具体一点说，我们可以将顾客需要分成几个大类：衣、食、住、行、玩、交际等，同时我们再来考察本地区还缺少哪些项目，或者哪些项目别人目前做得很失败。

比如衣着，在国内许多城市或乡村，许多服装生产企业或是零售店，往往都是面向年轻人，生产或销售的往往也都是一些较现代的衣着，而较少有面向中老年人以及带有传统色彩的衣着。那么你可以开设一家专门针对中老年人的内衣、服饰专卖店或生产企业；可以销售或生产带有浓厚民族特色的布鞋、草鞋、室内拖鞋和一次性拖鞋等。

再如饮食，你可能看到现在饮食店多如牛毛、竞争激烈，但事实上你仍然可以从中细分出自感兴趣的市场空白，细分标准可以有不同菜系，以及不同顾客年龄层、社会身份、职业，甚至每个顾客光临饮食店的不同目的等，都可以成为你寻找创业项目的思维切入点，比如一家专门制作秘方菜肴的饮食店、一项专门针对儿童的营养配餐服务、一种专门为办公室人员配餐和送餐的服务等。市场空白可以说无处不在，关键是你要做一个有心人。

3. 要适应社会需求，做好前期市场调研

创业者必须树立这样一个观点，即"企业是为解决顾客的问题而存在的"。没有满意的顾客就没有公司的存在。项目的选择必须以市场为导向。就是说搞什么项目不能凭自己的想象和愿望，而要从社会需要出发。有的创业者认为，办企业是为了赚钱，什么行当赚钱、热门，就搞什么行当，这种想法是不正确的。要深入研究社会需求，认真做好前期市场调查工作，尤其是第一次创业，创业者更是要做详细的了解，要了解市场需要什么？需要多少？你的顾客是谁？谁会来购买你的产品或服务？竞争对手有哪些等。

市场调研是正确决策的重要前提。有一位想创业的大学生，觉得现在餐饮业需求旺盛，民以食为天，人人都需要吃饭，而且一般的餐饮小店进入门槛相对较低，资金和技术要求不高。于是他决定在校园周边租赁一个店面，开一家餐饮店。当他到校园周边深入考察后

发现，校园周边已经已有 4 家餐饮店，经营状况比较稳定。

按照学校规模和现有周边人口，两家餐饮店已经足够。但是这里的小商店却不足，仅有一间小商店，学生和居民常常抱怨购物难。于是，这位同学改变了主意，决定改为开小百货店，结果开业后生意红火，很受同学和居民欢迎。因此，"制造满足顾客需要的产品和服务，永远是成功的秘诀"。

顾客的需求有现实需求和潜在需求之分。作为一个成功创业者，不仅要了解、满足顾客的现实需求，适应市场，我们更要创造需求，创造市场。

为了创办能盈利的新企业，识别机会的最好办法就是倾听你周围人们的不满、抱怨和困难。人们所抱怨的每一个问题都可能意味着一个潜在的生意机会，越是难以解决的问题，它可能带来的机会就越有魅力。我们创办的企业如果能解决一般人抱怨的问题、关注社会特殊群体的困难或者着力为其他企业解决问题，那么成功的可能性就越大。

4. 要从自己感兴趣的、熟悉的事做起，充分发挥自己的优势和长处

市场纷繁复杂，可谓浩瀚无边，我们每个人是其中独具自身特点的一个小分子。每一个人都有自己的长处，优势。有的对某一行业、某一领域、某种产品比较熟悉；有的在技术上有专长；有的有某种兴趣爱好；有的善于公关和沟通等。这就是自己的长处，能充分自己的长处和优势，选择自己有兴趣，熟悉的事，创业就成功了一半。

有一位下岗工人，下岗后四处找工作，当过超市推销员、空调安装工，也做过服装生意，但都失败了。为此他开始冷静思考，应当选择一条更适合自己今后长期发展的道路。鉴于他从小对儿童玩具有着相当浓厚的兴趣，上小学时自己设计制作的玩具还曾经参加小能手比赛获奖。

于是，经过一番市场调研，他和同厂下岗职工自筹资金，办起了一家玩具商店。到目前为止，他们已经开了多家分店，经营的玩具品种达百余种，拥有上千个忠实客户，资产数十万元。下岗失业人员创业最好是"不熟不做"，充分利用自身的资源优势，从事自己熟悉的行业。这是不少创业成功的下岗、失业人员的共同体会。

有个这样的故事，很让人感动。美国有一个服务员，这个人是一个天生的服务员，他的服务质量很好，很受顾客赞赏。后来，他开了一家自己的餐饮公司，由于有很好的服务，他的公司很受欢迎，美国所有的政治家和富翁家里只要有餐饮活动，不管多远都要用飞机接他和他的班子来做饭，美国的政治家和富翁都喜欢开私人 party，开 party 一定会请餐饮公司，这样的公司在美国有很多，但是他的公司最为有名，美国的富翁们都以请到他为骄傲。而这个人也很有商业头脑，他又开了一家餐饮学校，然后带着自己的弟子，到全世界各个地方去，去承包那些最昂贵的最有品位的宴会的餐饮服务。最后他买了一架波音 737 飞机，飞到各地去帮人做饭。很多人都认为，一个服务员变成了一个买波音飞机的亿万富翁，这是一个奇迹，其实，他就是热爱这一行，把它做到了极致而已。

5. 要从做小事获小利做起，不要盲目贪大

俗话说"不以善小而不为"，创业也要从干小事、求小利做起。创业是一种有风险的投资，必须遵循量力而行的原则，对于大学生来说，刚刚步入社会，自身的资金积累有限，是拿自己的血汗钱去创业，应该尽量避免风险大的事情，而应该将为数不多的资金投到风险较小、规模也较小的事业中去，先赚小钱，再赚大钱，聚沙成塔，滚动发展。

古今中外，许许多多企业家开始搞的都是不起眼的小本买卖，然后不断扩大发展。微软的比尔·盖茨起步时只有 3 个人，一种产品，年收入 16 000 美元。在我们身边，改革开放这 30 多年来，从不起眼的小事做起、逐渐滚动、逐步积累而富甲一方的人也有很多。新东方总裁俞敏洪曾经说过："当你发现一件事情，你能把它从小事做大，并且能够逐渐地做成你自己的事业的时候，你坚持做下去，你就会由只是一个动作，变成一尊雕塑，最后人们就会欣赏你，就会赞扬你，就会肯定你，就会承认你。

三、选择投资创业项目的步骤

选择投资创业项目的具体步骤如下：

(1) 用排除法否定大部分。

有所为有所不为，一定要理性选择，不要被各种诱惑迷乱思维，知道什么事情是不可以做的。有个地方有 100 户人家，每家有 1 元钱；你有很大本事，把所有人家的所有的钱都赚来了，也就 100 元。还有个地方有 100 户人家，每家有 10 000 元；你本事不大，只能把 1/10 人家的 1/10 的钱赚来，那就是 10 000 元。

(2) 划出一个范围。

知道哪些事情是能长期做的。把社会恒久需要的、已初露端倪的大趋势划进来，圈子里的事才具有发展的空间与时间。空间意味着有发展的广阔天地，时间意味着可以长期地做下去。以趋势为例，任何一种趋势都是一个长长的链条，环环相扣。只要能够抓住其中的一个环节，项目的前景便大体确定了。例如，由环境保护引发治理江河，导致关闭中小造纸厂，产生纸制品的供求不平衡，腾出了一块市场。如果用再生纸做资源去添补，会怎么样呢？

(3) 把能做的事情排列顺序。

把可能做的事情排列起来。回头看看过去的 20 年中，做强、做长的企业是生存在哪些行业，很大程度上能够证实行业与发展的联系，比如房地产、医药、保健品、证券市场、建材、装修、交通、教育、通信等。那么，就把大的范围圈定在这里，选出若干项。

(4) 集中一点切入。

成就事业的公认法则是集中和持续。让生命之火在一点上持续地燃烧，不发光才是奇怪的事。在已经缩小的范围内，可做的事仍然很多，该是把眼睛转向自己的时候了，这时，比较优势的道理是有用的：认真地审视自己的强项、优势、兴趣何在，可能同时有几个，与他人比较哪个优势是最有利的。这时，机会成本的概念也是有用的：同样多的时间，同样的付出，哪个能力所对应的事业会有更大的前景收益，比较中优势会凸显出来，与自己比较选出最强的。

项目选择固然重要，创业还需要记住再好的项目也要靠创造性的艰苦努力。结果由过程决定，过程由细节决定。人生的成败主要源于选择。展示自我、张扬个性、发扬特色是选择的出发点。学会放弃是一种明智的选择。放弃该放弃的是明智，不放弃该放弃的是无知，放弃不该放弃的是愚蠢，不放弃不该放弃的是执着。如果你选择财富，你就去做商人；如果你选择科学研究，你就去做科学家；如果你选择打工一族，你就永远不会当上老板。这就是选择。人生的命运都是自己选择的结果。自己给别人打工挣钱叫愚蠢，自己给自己挣钱叫聪明，让别人给自己挣钱叫智慧。运用选择的力量，做自己命运的船长、灵魂的舵手。

四、避免创业项目选择的误区

选择一个好的创业项目是一个创业者成败的关键，但往往因为创业者初入市场总会被这样或那样的创业项目迷住，那么哪几种创业项目的选择易出问题呢？

1. 高价回收

许多人打 XX 药材研究所、XX 药材市场的招牌，销售种子种苗及一些价格下滑的品种，在广告中肆意吹嘘，声称是国家规定发展的紧缺药材，并且广告故意给人一个模糊不清的概念，说每亩产值多少万。那些不懂药材行情又致富心切的人为之怦然心动。还有将一些对环境及栽培技术有较严格要求的品种，一律说成南北皆宜，易管理。他们打着"高价回收"等幌子，骗人上当。

2. 来料加工

一些人以支付高回报的加工费及回收产品为诱饵，达到收取加工管理费、骗取押金的目的。广告称只要交保证金，就可免费领料组装、回收产品，让你获取丰厚的组装费。当你交付保证金领料组装完产品送交时，广告主常以组装不合格为由拒收，目的是骗你几千元的保证金。

3. 联营办厂

有些"厂家"在报刊刊登所谓免费供料。寻求联营加工手套或服装的广告称只要购买他们的加工机械，交押金免费领料加工，厂方负责回收，你就可获得高额的加工费。结果并非如此。当你购买他们的机械，交押金领料加工完产品送交时，厂方也会以不合格拒收，或厂家搬到异地他乡、不知去向。这些寻求联营加工的广告目的是出售他们的劣质机械和骗取押金，使你血本无归。

4. 藏品回收

有些广告主大吹收集古钱币等物可致富，照他们的资料收集古钱币，可收到许多枚价值几百元至几万元的古钱币，再送到古钱币交易市场出售，就能成为富翁。这是一个铺满鲜花的陷阱。广告主打着"长期收购古钱、像章纸币、硬币等"的幌子，只不过是吸引你花高价去购买他的有关资料。

＊＊＊＊＊ **思 考 题** ＊＊＊＊＊

1. 创业计划具有哪些作用？如何收集创业计划信息？
2. 撰写创业计划应遵循哪些原则？如何评估和修订创业计划？
3. 创业计划的内容包含哪些方面？
4. 怎样在市场中寻求创业项目？选择创业项目应避免哪些误区？
5. 撰写和展示创业计划书应掌握哪些技巧？注意哪些问题？

第九章 创办新企业

知识目标

- 了解创办新企业的程序。
- 理解大学生创业相关的法律和扶持政策。
- 掌握大学生创新创业实习平台。

能力目标

通过本章的学习，使大学生能够掌握创办新企业基本流程，通过创业实习平台提高创新创业基本能力。

创业者组建了创业团队，通过市场调研和分析找到了创业机会，制订了创业计划，获得了创业启动资金，协调好了内外部关系之后，就可以开始成立新企业了。从某种意义上说，成立新企业是创业过程最关键的环节，因为与创业过程的其他环节相比，成功创建新企业更能突出体现创业的成果，通过参加创业竞赛等创新创业实践活动，提高大学生创新创业能力。

第一节 创办新企业程序

企业的组织形式也叫企业的法律形态，成立新企业只能选择法律规定的企业组织形式，不能随心所欲塑造企业形态。选择一种合理合法的企业组织形式是一个复杂的问题，如果创业者最初选择的企业组织形式不再适合企业的发展，也可以在企业经营过程中择时变更企业的组织形式。

一、新办企业选址

企业选址是指企业在开业之前对经营地址进行论证和决策的过程。创业者要充分认识企业地址选址对企业经营发展的重要性，对影响新企业选址的诸多因素进行科学分析，掌握新企业选址的策略与技巧。

（一）新办企业地址选择的重要性

新企业在创建、生存与发展过程中，除了企业的目标定位、团队管理和市场运营等因素外，选址是关系到新企业成败的重要环节，直接关联新企业发展目标与方向的实现。

(1) 选址是企业一项长期的发展投资。

对于新企业来讲，生产经营活动需要地址、人、财、物、信息、技术等元素，其中地址作为重要元素具有长期性与稳定性的特点。选址对新企业设施配备，生产经营产品或服务的成本及管理费用等都产生长期影响。新企业地址一旦确定，便不易变动。当企业外部环境发生变化时，如企业产品或服务的消费群体、生产经营的商业环境等发生变化，创业者为适应变化的市场环境，迅速作出反应，可及时调整产品或服务的种类与价格等众多经营因素，而企业生产经营场所变动很难。变动企业地址涉及企业租赁协议，已建与再建工程等问题，也涉及企业的人、财、物等资源配置的问题。新企业科学合理选择地址，使新企业可长期获得收益。

(2) 选址决定企业的成败。

新企业选择的地址科学合理，在与其他企业竞争时就占据"地利"的优势。在同行业企业之间，企业即使经营水平一般，但选择正确的经营地点也容易使其取得成功。在企业生产经营中常会出现两个同一行业、同一规模、同一消费群体的企业，虽然企业的商品构成、管理水平、服务水平和营销手段等方面基本相同，但由于各自所处的地址不同，各自的经营效益就会有很大差异。选址正确，企业将享有较好的经济效益，也将极大地影响企业生产经营的成本、效益和未来企业发展与规模扩充。尤其是与消费者直接接触的服务型企业，其位置选择科学合理在很大程度上直接决定企业的经营收入，甚至企业的存亡，因为选址就是选择消费者，如果能够选择某一企业的产品或服务、价格与环境的潜在消费者数量不多，营业额不能实现企业盈亏平衡，企业退出就在所难免。在对连锁运营分店的分析中可以看出，由于各分店的地址不同，各自的经营状况也有很大差异。

(3) 选址对实现企业经营目标和经营战略影响重大。

好的经营地点是稀缺资源，意味着企业将拥有较好的营业额与利润。如果选址不当，企业的经营目标与战略无法完成。那些劳动力或原材料成本较低的地方，一般被采取低成本经营战略的企业所选择；那些交通便利、地区或社区发展状况及未来发展规划较好的地方，一般被为消费者提供快捷服务的企业所选择。新企业在制定经营目标与经营战略时，需要考虑的因素很多，其中包括对所选地址的研究分析与评估，从而为企业制定经营目标提供依据，并在此基础上按照消费者的构成及需求特点确定促销战略。

(4) 选址对提升企业竞争力意义深远。

新企业的竞争力具有复杂性与多层次性，企业地址所在地区与社区的商业环境质量深刻地影响着新企业的持续竞争力，即企业所在地区的交通运输基础设施能否满足当下先进的物流技术需要，司法机关公平、公正、公开解决纠纷能力能否满足企业正常有效的经营，社区文化与社会治安等商务环境能否助推企业竞争力的增强，等等。如果新企业所选地址的所在地区已形成具有竞争力的企业集群，其区域竞争优势的独特性和集聚效应对新企业商务环境的影响力自然会比企业的地理位置显得更为重要，因为该地区具有其他地域竞争对手难以模仿的特性。

(二) 新企业选址的参考因素

创业选址是创业者需要面对的一个难题，对于一些缺乏经验的创业者，对选址工作几乎不知从何入手。其实，创业者不妨将选址的各个方面划分成不同的因素，然后一一加以评定，这样选址工作自然会变得有条不紊了。选址时应该注意的因素可划分为如下三种：

1. 交通因素

无论是服务型企业还是生产型企业，都需要充分考虑便利的交通。例如，在人流、车流量较大的位置开一间快餐店，成功的概率比开在普通地段大得多。当然，并不是所有企业都应该将经营场所选在繁华闹市区。在充分考虑房租成本的前提下，应当尽量选择更接近市场需求，并能有效降低成本的地方。例如，物流公司的选址倾向于公路主干道附近，或者交通枢纽地带。

2. 商圈因素

指要对特定商圈进行特定分析。如车站附近是往来旅客集中的地区，适合发展餐饮、食品、生活用品等行业；商业区是居民购物、聊天、休闲的理想场所，除了适宜开设大型综合商场外，特色鲜明的专卖店也很有市场；影剧院、公园名胜附近，适合经营餐饮、食品、娱乐、生活用品等；在居民区，凡能给家庭生活提供独特服务的生意，都能获得较好发展；在市郊地段，不妨考虑向驾车者提供生活、休息、娱乐和维修车辆等服务。

3. 物业因素

在置地建房或租用店铺前，创业者应首先了解地段或房屋的规划用途与自己的经营项是否相符，该物业是否有合法权证。该物业的历史、空置待租的原因、坐落地段的声誉与形象、是不是环境污染区、有没有治安问题等都是创业者选择时需要考虑和关注的。创业者在购买商铺或租赁商铺时，还要充分考虑价格因素，包括资金、业务性质、创业成功或失败后的安排、物业市场的供求情况、利率趋势等，以免作错误决定，对企业的业务经营造成不良影响。

（三）新企业选址的步骤

1. 挑地方：确定人潮及流量

首先，必须清楚了解人们要往哪里去，如像早餐店要在上班族走过的地方。可以花一些时间，在感兴趣的目标地区计算上午、下午、晚上各时段的人潮，统计进入附近店铺的人数，看看经过的人当中，上班族、学生、家庭主妇的比例，而且至少要在平日和周末各算一次，才能知道人潮确切的分布状况。除了人们往哪里去，还要考虑人们得花多久才会到达你的店面。越便宜的产品，顾客越不愿花时间在交通上。例如，便利商店是以3分钟来定义主要商圈的，咖啡店大约是5分钟，除非你打算卖汽车这种高单价商品，否则一般而言，顾客最远只能忍受7分钟交通时间。

2. 找地点：访查周围环境

有了预选的地点，第二步是先视察其周围环境，这时要用两种角度来观察，一是商人的角度：什么迹象显示该地点可以创造业绩？二是顾客的角度：你会不会到这个地点逛街？黄金地段有冷门的角落，次级商圈也有热门据点，找地点最忌讳只看到别人成功，就想在隔壁复制一家店，除非你有把握做出自己的差异化。此外，留意坐落在对角或不远处的竞争对手是否会抢走你的生意。是否能在顾客行动路线上，抢先别人一步拦截顾客。随时注意对手的位置，寻找足以抗衡的地点，一定要保持领先地位，不然，位于同性质商店的下风处，生意也可能会一直处于下风。

3. 看店面：建筑等于活广告

要抱着初次约会的心情看店面，要关心，也要抱着怀疑。先远看，再近看，想象店面在这个空间里的感觉：一旦店名放在招牌上，会很显眼吗？开车经过的人看得到吗？行人能从人行道上就注意到吗？好的店面就像活广告，不只是让人方便找到，也能向潜在客户进行展示。此外，建筑设计也是一个重点：这个地点适合零售业吗？吸引人吗？即使在外观设计上相似的购物街，质量方面也可能相当悬殊：该楼宇的质量是否跟你的产品一样好？记住，一定要从品牌打造的角度来思考建筑物。

（四）新企业选址的策略

1. "金角，银边，草肚皮"

在一条商街上要选择"角"与"边"上的铺位。"金角，银边，草肚皮"是商业内流行的择址、选铺要诀。一条商街制造的效益并不是均等的，街角上的铺位是择铺首选。因为街角汇聚四方人流，人们要立足的时间长，因而街角商铺因人流多必带来"财气"。"边"是指一条街两端的铺位处于人流进入的端口，也是刚进入商街的客流有兴趣、有时间高密集度停留的地方，商铺生意由此兴旺。"草肚皮"则指街的中间部分，因客流分散、购物兴趣下降、行走体力不支而使店铺经营困难重重。

2. 选低不选高

顾客在店铺内行走购物为省时、省力，往往不愿向楼上走，因而店铺低层往往比其他楼层能创造更高的效益。为此，在择铺时，选择一、二层比选择三、四层店铺更具有经营上的安全性。换言之，一个商业楼的层高与其经济效益成反比关系，即楼层越高，销售额越低，从而利润就会越少。这是由顾客的购物习惯与消费心理决定的。当然，这里的选低不选高只是选址的一般策略，在一些大商场，每一楼层只销售特定的商品，电梯会让顾客很容易到达各个楼层。另外，各个楼层的租金和对不同产品的销售优势也不同，所以这个策略不宜泛化。

3. 店铺与商圈要求相吻合

一定的市场空间对业种、业态的组合有客观要求，只有适应才能使经营顺畅。一般而言，现有商圈内对零售、餐饮、娱乐、修理等业种要齐全。对业态的需要则视消费人群的多元化差异而定。因此，投资商铺之前，投资者需了解这些具体情况，进而确定自身店铺未来要做的行业以及不同的业态，才能使经营具有针对性。

4. 关注社区内商铺的投资价值

社区是居住人群常年生活的空间，因而接近消费地的社区商业能够提供充分的便利性，使商铺投资的安全性和盈利性大为提升。当前可能面临的问题是：新兴社区入住率偏低，使消费规模难以支撑商铺经营；社区商业规模往往大于社区需要。但是，从长远看，社区商业的远景向好，因而，把握有利时机进入可以保证商铺投资坐收长期稳定回报。投资社区内商铺，还要考虑城市的整体规划。因为未来城市的空间格局，会随城市未来的发展而变化，从而改变城市的商业格局。

二、新办企业流程

为规范企业行为，保护企业及股东合法权益，维护社会经济秩序，促使社会主义市场经济发展，新企业必须经国家登记机关依法登记，领取《营业执照》。未经国家登记相关登记的，不得以公司或企业的名义从事经营活动。新企业注册流程包括名称核准、工商注册、办理印章、代码登记、银行开户、税务登记、社会保险登记。

（一）新办企业名称核准

新企业名称通常是生产某类产品或提供某类服务企业的专业名称，是用文字形式表示的一个企业区别于其他企业或组织的特定标志。新企业名称应按照《企业名称登记管理规定》和《企业名称登记管理实施办法》的相关规定，只准使用一个名称，登记主管相关辖区内不得与已登记注册的同行企业名称相同或近似。

申请企业名称预先核准时，应由创建企业的代表或其委托的代表人向登记主管部门提出名称预先核准的申请，并提交如下文件：

（1）有限责任公司的全体股东或者股份有限公司的全体发起人签署的公司名称预先核准申请书；

（2）全体股东或发起人指定代表者或者共同委托代理人的证明；

（3）国家工商行政管理总局规定要求提交的其他文件。

（二）新办企业工商注册

工商注册登记是新企业开办的法定程序。创业者应主动到当地工商行政管理部门向有关人员咨询，了解申请工商注册登记的程序与要求，及时办理新企业的工商注册登记手续，使新企业的经营活动合法化，并受到法律保护。

1. 名称查重

按照国家有关法律规定，企业名称具有唯一性和排他性，一旦经核准登记，在规定范围内享有专用权，受法律保护，其他企业或个人不得与之混用或假冒。创业者在设计新企业名称后，在注册登记前要到当地工商行政管理部门进行电脑查询，以确定自己设计的新企业名称与已经工商注册登记的企业名称不相重。为了取得工商行政管理部门企业名称不相重的证明，创业者最好事先设计3～4个新企业名称以备用，做到有备无患。

2. 填写登记申请书并提交有关材料

申请人应当按照国家工商行政管理总局制定的申请书格式文本提交申请，并按照企业登记法律、行政法规和国家工商行政管理总局规章的规定提交有关材料。涉及法律、行政法规和国务院发布的决定确定企业登记前置许可项目的，申请人应当提交法定形式的许可证或者批准文件。新办企业登记需要提交的文件如下：

（1）个人独资企业登记需要提交的文件。投资人申请设立登记，应当向登记机关提交下列文件：投资人签署的个人独资企业设立申请书；投资人身份证明；企业住所证明；国家工商行政管理总局规定提交的其他文件；从事法律、行政法规规定须报经有关部门审批业务的，应当提交有关部门的批准文件；委托代理人申请设立登记的，应提交投资人的委托书和代理人的身份证明或者资格证明。

（2）合伙企业登记需要提交的文件。设立合伙企业，应当由全体合伙人指定的代表或者共同委托的代理人向企业登记机关申请设立登记。申请设立合伙企业，应当向企业登机关提交下列文件：全体合伙人签署的设立登记申请书；全体合伙人的身份证明；全体合伙人指定代表或者共同委托代理人的委托书；合伙协议；全体合伙人对各合伙人认缴者实际缴付出资的确认书；主要经营场所证明；国务院工商行政管理部门规定提交的其他文件；法律、行政法规或者国务院规定设立合伙企业须经批准的，还应当提交有关批准文件。

(3) 有限责任公司登记需要提交的文件(包括一人有限责任公司)。设立有限责任公司，应当由全体股东指定的代表或者共同委托的代理人向公司登记机关申请设立登记。申请设立有限责任公司，应当向公司登记机关提交下列文件：公司法定代理人签署的设立登记申请书；全体股东指定代表或者共同委托代理人的证明；公司章程；依法设立的验资机构出具的验资证明，法律、行政法规另有规定的除外；股东首次出资是非货币财产的，应当在公司设立登记时提交已办理其财产权转移手续的证明文件；股东的主体资格证明或者自然人身份证明；载明公司董事、监事、经理的姓名、住所的文件以及有关委派、选举或者聘用的证明；公司法定代表人任职文件和身份证明；企业名称预先核准通知书；公司住所证明；国家工商行政管理总局规定要求提交的其他文件；外商投资的有限责任公司的股东首次出资额应当符合法律、行政法规的规定，其余部门应当自公司成立之日起两年内缴足，其中，投资公司可以在五年内缴足；法律、行政法规或者国务院决定规定设立有限在责任公司必须报经批准的，还应当提交有关批准文件。

(4) 股份有限公司登记需要提交的文件。设立股份有限公司，应当由董事会向公司登记机关申请设立登记。以募集方式设立股东有限公司的，应当于创立大会结束后 30 日内向公司登记机关申请设立登记。申请设立股份有限公司，应当向公司登记机关提交下列文件：公司法定代表人签署的设立登记申请书；董事会指定代表或者共同委托代理人的证明；公司章程；依法设立的验资机构出具的验资证明；发起人首次出资是非货币财产的，应当在公司设立登记时提交已办理其财产权转移手续的证明文件；发起人的主体资格证明或者自然人身份证明；载明公司董事、监事、经理的姓名、住所的文件以及有关委派、选举或者聘用的证明；公司法定代表人任职文件和身份证明；企业名称预先核准通知书；公司住所证明；国家工商行政管理总局规定要求提交的其他文件；以募集方式设立股份有限公司，还应当提交创立大会的会议记录；以募集方式设立股份有限公司公开发行股票的，还应当提交国务院证券监督管理机构的核准文件；法律、行政法规或者国务院决定规定设立股份有限公司必须报经批准的，还应当提交有关批准文件。

3. 缴纳出资

创业者登记有限公司，股东应当按期足额缴纳公司章程规定的各自认缴的出资额。股东以货币出资的，应当将货币出资足额存入有限公司在银行开设的账户；以非货币财产出资的，应当依法办理其财产权的转移手续。

创业者登记股份有限公司，发起人应当书面认足公司章程规定其认购的股份；一次缴纳的，应即缴纳全部出资；分期缴纳的，应即缴纳首期出资。以非货币财产出资的，应当依法办理财产权的转移手续。

4. 验资

在股东缴纳出资后，必须经依法设立的验资机构验资并出具证明。设立公司的验资证明应当载明以下内容：

(1) 公司名称。

(2) 公司类型。

(3) 股东或者发起人的名称或者姓名。

(4) 公司注册资本额、股东或者发起人的认缴或者认购额、出资时间、出资方式；以募集方式设立的股份有限公司应当载明发起人认购的股份和该股份占公司股份总额比例。

(5) 公司实收资本额、公司的开户银行、户名及账号；以非货币出资的须说明其评估情况和评估结果，以及非货币出资权属转移情况。

(6) 全部货币出资所占注册资本的比例。

(7) 其他事项。

5. 审核与核准

股东首次出资经依法设立的验资机构验资后，由全体股东指定的代表或者共同委托的代理人向公司登记机关报送公司登记申请书、公司章程、验资证明等文件，申请设立登记。

在审核过程中，工商管理部门可以提醒和帮助申请者补齐各种要求的文件。对于文件不具备者，应说明理由，驳回申请。公司登记机关对决定予以受理的登记申请，应当分情况在规定的期限内做出是否准予登记的决定。

6. 颁发营业执照

营业执照是国家工商行政管理总局，省、自治区、直辖市和市、县工商行政管理局核准登记的向工商企业颁发的合法凭证，具有法律效力。营业执照应当载明公司的名称、住所、注册资本、实收资本、经营范围、法定代表人姓名等事项。营业执照签发日期为公司成立日期。营业执照分为正本和副本两种。正本为悬挂式，用于企业亮证经营；副本为折叠式，用于携带外出进行经营活动。创业者可以根据需要，申请领取所需本数。

（三）新办企业办理印章与代码登记

新企业领取工商营业执照后，还需办理其他相关手续，通常要办理印章、组织机构代码登记和银行开户。

1. 新企业办理印章

新企业领取营业执照后，创业者需到所在地公安局特行科办理新企业印章，并向特行科提供相关文件，包括营业执照、法定代表人身份证明等。公安局审批后到指定的印章刻制单位刻制新企业印章。需要说明的是，企业的印章、企业牌匾、企业银行账户、企业信笺所使用的名称应与新企业在工商行政管理机关登记注册的名称相一致。

2. 新企业代码登记

我国实行组织机构代码管理制度，根据《全国组织机构代码编制规则》强制性国家标准，对境内每一个机关、团体和企业事业单位颁发一个唯一的、始终不变的法定代码标识。

创业者应到当地质量技术监督局申请办理组织机构代码证书，申请办理时需提供以下文件：

(1) 企业单位提交企业法人营业执照或者营业执照及复印件；

(2) 法定代表人、负责人身份证及复印件；

(3) 经办人身份证件及复印件，组织机构授权经办人办理登记的证明。

(四) 新办企业银行开户

银行作为最基本的金融中介，在企业的投资和融资以及结算过程中发挥着不可替代的作用。企业作为一个经济实体，作为资金的需求者或者是盈余单位，也不可避免地要和银行打交道。如果企业有着良好的声誉并且和银行有着良好的信用关系，就能够以较低的成本筹集大量资金。所以，创业者应该清楚与银行开户的相关手续。

1. 银行开户和开户银行

银行账户是指各单位办理存款、贷款、结算以及现金支付而在银行开立的户头。根据国务院规定，各单位之间的经济往来，除按照现金管理办法规定可用现金交易外，其他较大的交易往来，都必须通过银行办理转账结算。银行办理转账结算最为方便、安全。开立存款账户是与银行建立往来关系的基础。只有在银行开有账户，才能委托银行办理各种资金往来业务。我国的金融机构主要有中国工商银行、中国农业银行、中国银行、中国建设银行、中国交通银行和中外合资银行等，以及各种非银行金融机构，如信用社、信托投资公司等。

2. 银行账户的基本种类

银行账户分为三大类：基本账户、专业账户和辅助账户。

(1) 基本账户。基本账户是各企业日常办理转账资金收付和办理现金收付的账户。基本账户可以方便加强资金管理，全面、准确地反映企业的经营活动，一个企业在银行只开设一个基本账户。符合开户条件的单位，可按照单位的性质，以及对不同资金管理的要求分别开设不同种类的基本账户。

(2) 专用账户。专用账户是指为加强资金管理，对各单位的专用资金所开设的账户。包括专用基金存款户、贷款户及其他种类的专用资金账户等。专用基金，主要指更新改造基金、大修理基金、职工福利基金等。各单位的各种专用基金，一般应合并开立一个专用基金账户。贷款户，是各借款单位向银行借款时必须开立的账户，用于记载、反映和监督使用银行贷款的情况。其他种类的专用资金账户，是为了满足各单位资金管理的需要而设置的账户。

(3) 辅助账户。辅助账户是指开设基本账户的单位所需的非独立核算单位，因距离主管单位较远，向其基本账户的开户的银行办理资金收付有困难时，经银行同意开立的账户。辅助账户是基本账户的延伸和补充。辅助账户应与主管单位的基本账户发生资金收付外，一般只收不付或只付不收。只收不付辅助账户的存款余额，由所属单位定期自行划转基本账户；只付不收辅助账户所需资金，由主管单位定期自行从基本账户拨入。

3. 单位银行结算账户的基本用途

单位银行结算账户按用途不同，分为基本存款账户、一般存款账户、专用存款账户、临时存款账户。

基本存款账户是企业办理日常结算和现金收付的账户，企业的工资和资金等现金的支取，只能通过基本存款账户办理。基本存款账户只能选择一家银行的一个营业机构开立，不得在多家银行机构开立。

一般存款账户是存款人因借款或其他结算需要，在基本存取款账户开户银行以外的银行营业机构开立的银行结算账户。一般存款账户用于办理存款人借款转存、借款归还和其他结算的资金收付。该账户可以办理现金缴存，但不得办理现金支取。该账户开立数量没有限制。一般存款账户自正式开户之日起 3 个工作日后，方可办理付款业务，但因借款转存开立的一般存款账户除外。

专用存款账户是企业按照法律、行政法规和规章，对其特定用途资金进行专项管理和使用而开立的银行结算账户。

临时存款账户是企业因临时经营活动需要开立的账户，企业可以通过本账户输入或转出资金。

4. 开立银行账户的程序

开立银行账户的程序包括以下几个步骤：

(1) 提交有关开户证明。各类工商企业必须向银行提交其主管单位出具的证明和工商行政管理部门发给的营业执照、企业法人代码证件正本、会计正本及开户申请书等，上述证明文件经银行审查同意后，由银行发开户申请书。

(2) 填写开户申请书。按照要求，开户申请书要填写申请开户单位名称、单位性质及级别、上级主管机关、工商行政管理部门批文号、单位地址、电话、资金来源和运用情况、生产经营范围等。申请书由单位盖章后交由银行审查。

(3) 填写印鉴卡片。印鉴是开户单位委托银行从自己的账户中支付款项时，留给银行对鉴定支付款项凭证印章的底样。银行在为单位办理结算业务时，应核对印鉴卡片上预留的印鉴，以保障开户单位的存款安全。印鉴卡片应该有开户单位公章和财务主管及会计经办人员名单。开户单位由于人事变动或其他原因，要求更换印鉴时，应重新填写印鉴卡片，并由开户银行注销原卡片上预留的印鉴。单位预留印鉴中的财务公章，必须与账户全称一致，印章的字体用隶书和楷书为好，以便银行鉴别真伪。

(4) 获得银行编发账户。开户单位的账户，即为账户代号。它是由银行根据单位的行政隶属关系、资金性质，指定使用相应的科目，并加上开户单位的顺序号组成。

(5) 确立账户的使用方法。银行设立的账户，从使用方法上分为支票户和存折户。

支票户是指使用银行支票办理支取现金转账付款业务的账户。开立此种账户要求首付款业务频繁且数额较大，财务制度和财会人员健全等。同时还要经银行的严格审核，银行同意后，由银行授给他开户单位指标及其他结算凭证后才能使用这种账户。

存折户是指在开立账户后，由银行发给开户单位一个存折，业务发生时，不论储存取现金还是转账收付都是要凭存折办理。此账户是用于账面余额小，业务发生少，缺少专职财会人员的单位和个体经营户。

(6) 缴存开户款项。开户申请获准后开户单位应到银行缴存一定数额的资金。通常第一笔存款以转账的形式，开户单位应持上级主管部门或集资单位的转账支票等。个体经营户可持现金开户。

(7) 领购业务凭证。单位开户后为了能使用银行账户办理业务开户单位要向银行购买各种业务所需的凭证，如现金存款证、进账单、信汇凭证、电汇凭证、转账支票等。

（五）新办企业税务管理

税务管理从狭义上讲，是税务机关依据国家税收政策法规所进行的税款征收活动。从广义的角度来说，是国家及其税务机关，依据客观经济规律和税收分配特点，对税收分配的全过程进行决策、计划、组织、监督和协调，以保证税收职能得以实现的一种管理活动。

企业税务管理是企业在遵守国家税法，不损害国家利益前提下，充分利用税收法规所提供的包括减免税在内的一切优惠政策，达到少缴税或递延缴纳税款，从而降低税收成本，实现税收成本最小化的经营管理活动，它是一种合理、合法的避税行为，不是违法偷税，是国家税收政策所允许的。

随着我国市场经济体制的建立，企业之间竞争日益激烈，了解税务管理的相关知识，从而加强企业税务管理，对于创业者而言是非常必要的。

1. 税收与税法概述

税收，是指以国家为主体，为实现国家职能，凭借政治权力，按照法律规定的标准，无偿取得财政收入的一种固定分配方式，具有强制性、无偿性、固定性的特点。税收具有资源配置、收入再分配、稳定经济秩序和维护国家政权等作用。

税法，是国家权力机关和行政机关设定的，用以调整国家与纳税人之间在征纳税方面的权利与义务关系的法律规范的总称。

税收作为一种经济活动属于经济基础范畴；而税法则是一种法律制度，属于上层建筑范畴。税收活动必须严格依照税法的规定进行，税法是税收的法律依据和法律保障。税收以税法为其依据和保障，而税法又必须以保障税收活动的有序进行而为其存在的理由和依据。

税法分为税收实体法和税收程序法。

税收实体法具体规定了税种的征收对象、征收范围、税目、税率、纳税地点等内容，如《中华人民共和国个人所得税法》。税收程序法具体规定了税务管理、税款征收、税务检查等内容，如《中华人民共和国税收征收管理法》。

税收实体法的构成要素一般包括：征税人、纳税义务人、征税对象、税目、税率、计税依据、纳税环节、纳税期限、纳税地点、减免税、法律责任等。其中，最基本的要素是纳税义务人、征税对象和税率。

2. 税收制度

我国的税收按征税对象的性质不同，可分为流转税类、所得税类、资源税类、财产税类、行为税类。

(1) 按管理和使用权限的不同，可分为中央税、地方税和中央地方共享税。

(2) 按计税依据的不同，可分为从价税和从量税，从价税是以征税对象价格为计税依据，其应纳税额随货物价格的变化而变化的一种税。从量税是以征税对象的数量、重量、体积等作为计税依据，其征税数额只与征税对象数量等相关而与货物价格无关的一种税。

(3) 按税负能否转嫁，可分为直接税和间接税。直接税是指由纳税义务人直接负担，不易转嫁的一种税。间接税是指纳税义务人能将税负转嫁给他人负担的一种税。

我国现行税种主要有：增值税、消费税、营业税、资源税、企业所得税、外商投资企业和外国企业所得税、个人所得税、印花税、土地增值税、城镇土地使用税、房产税、车船税、固定资产投资方向调节税(已停征)、城市维护建设税、城市房地产税、车辆购置税、屠宰税、筵席税、耕地占用税、契税、关税、船舶吨税，烟叶税等。

3. 纳税申报和依法纳税

纳税申报是纳税人和扣缴义务人履行纳税义务和扣缴义务，就有关事项向税务机关进行书面申报的一项制度。

根据规定，纳税人和扣缴义务人在发生纳税义务和代扣代缴、代收代缴义务后，必须在规定的申报期限内，依照法律、行政法规，到指定的税务机关，或通过有关形式，办理纳税申报。纳税人应报纳税报表，财务报表以及税务机关要求报送的其他纳税资料；扣缴义务人应报送代扣代缴，代收代缴税款报告表以及税务机关要求报送的其他相关资料；纳税人和扣缴义务人不能按期办理申报的，经税务机关核准，可以延期申报。

依法纳税是纳税人和扣缴义务人的法定义务。如果纳税人和扣缴义务人无法说明理由而拒绝履行义务，税务机关可以采取以下几种措施对企业进行处罚和惩罚：

(1) 责令其先缴纳，并从滞纳税款之日起，按日加收滞纳税款2%的滞纳金。

(2) 对有避税行为的纳税人，税务机关可在规定的纳税期内，责令其限期缴纳。如果在限期内发现纳税人有转移、隐匿其应税财产或收入迹象的，税务机关可责令纳税人提供纳税担保。如不能提供，经县以上税务局(分局)局长批准，可以采取税收保全措施。

(3) 强制执行措施。纳税人和扣缴义务人未按规定期限履行义务，纳税担保人未按规定期限缴纳担保税款，经县以上税务局(分局)局长批准，可以书面通知开户银行或者其他金融机构从其存款中扣交税款；扣押、查封、拍卖其价值相当于应纳税款的商品、货物或者其他财产，以拍卖所得抵缴税款。

(4) 阻止出境。对未结清税款，又不能提供担保的纳税人，税务机关可以通知出境管理机关阻止其出境。

4. 办理税务登记

从事生产、经营的纳税人应当自领取营业执照之日起30日内，向生产、经营地或者纳税义务发生地的主管税务机关申报办理税务登记，如实填写税务登记表，并按照税务机关的要求提供有关证件、资料。

税务登记又称纳税登记，它是税务机关对纳税人实施税收管理的首要环节和基础工作，是征纳双方法律关系成立的依据和证明，也是纳税人必须依法履行的义务。

(1) 税务登记的用途。

① 对税务机关的用途。税务登记有利于税务机关了解纳税人的基本情况，加强征收与管理，防止漏管漏征，建立税务机关与纳税人之间正常的工作联系。增加对纳税政策和法规的宣传，增强纳税人的纳税意识等。

② 对纳税人的用途。除按照规定不需要提供税务登记证件的外，纳税人办理下列事项时，必须持税务登记证件。

a. 开设银行基本账户。

b. 申请减税、免税、退税。

c. 申请办理延期申报、延期缴纳税款。

d. 领购发票。

e. 申请开具外出经营活动税收管理证明。

f. 办理停业、歇业。

g. 其他有关税务事项。

(2) 办理税务登记。办理税务登记的操作步骤如下：

① 申请人直接向主管税务机关领取税务登记表并按要求填写。

② 申请人提交相关材料。

③ 主管税务机关在收齐申请人应当提交的资料后，做出核准登记或不予登记的决定。

④ 申请人到指定窗口领取税务登记证的正、副本或领回所有提交的资料。

5. 合理避税

创业阶段一般来讲资金都比较紧张，税收作为纳税人的一项付现成本，如果处理得不好会导致企业的现金流量不足，进而影响企业的经营。如何做到在依法纳税的前提下进行合理的税收筹划，减少企业当前当期的现金流出是每个创业者都应该注意的问题。这里我们介绍一些简单的合理避税的方法。

(1) 筹资避税。筹资避税法是指利用一定的筹资技术使企业达到最大获利水平和税负减少的方法。创业者筹集到的资金，可以以两种方式进入企业，一种是以投资的形式，一种是以借款的形式。站在避税的角度，在企业的注册资本满足国家规定的最低要求时，其余的资金最好以借款的形式进入企业。

在企业经营中，当支付利息和税收之前的利润相等时，利息可以在支付所得税之前扣除，偿还借款的本金也不需要纳税。投资者大部分的投资可以回收企业偿还借贷和利息的方式收回。投资者收到同样金额的投资，企业的税负却大不一样。

(2) 进入特殊行业。对于服务业的免税规定：托儿所、幼儿园、养老院、残疾人服务机构提供的养育服务，免交营业税；医院、诊所、其他医疗机构提供的医疗服务，免交营业税；婚姻介绍所，殡葬服务，免交营业税；安置"四残人员"占企业生产人员 35%以上的民政福利企业，其经营属于营业税"服务业"税目范围内(广告业除外)的业务，免交营业税；残疾人员提供的劳务，免交营业税。

(3) 合理提高职工福利。创业者还可以考虑在不超过计税工资的范围内适当提高员工的工资，为员工办理医疗保险，建立职工养老保险基金、失业保险基金和职工教育基金等统筹基金，缴纳住房公积金等，这些费用可以在成本中支出，同时也能够帮助创业者调动员工积极性，减少税负，降低经营风险和福利负担，而且能使企业以较低的成本支出赢得良好的综合效益。

新办企业的用人方面，有税法的相关条款规定：新办的服务型企业，安排失业，下岗人员达到30%的，可以免去 3 年的营业税和所得税。新办的私营企业安排退役士官达到30%的，可以免去 3 年的营业税和所得税。另外，雇工 8 个以上的下岗失业人员个体工商户，当年新招用下岗失业人员达到职工总数的 30%以上，并与其签订 1 年以上期限劳动合同的，可以享受新办服务型企业免征营业税的优惠政策，但行业仅限于代理业、旅游业、餐饮业、仓储业、租赁业和其他服务业(不包括广告业、桑拿、按摩、网吧、氧吧)。

(4) 利用销售结算和采购结算的计税时间。在税法规定的范围内，可以适当推迟收入确定的时间，或者加快进项抵扣的时间也可以达到合理避税的目的。

例如：企业在一些商场销售商品，采用代销的形式，在收到商场提供的销售清单，收款时开出发票确认收入，而不是在将货品运送到商场时，就确认收入纳税。

在付款取得进项发票时，尽量在月末以前取得进项发票，并在当月认证抵扣。这样可以延迟增值税的纳税时间，给企业带来一定的节税效果。

(5) 分摊费用。企业在生产经营过程中常常会发生一些费用，延续到以后各期的开支，这些开支不能一次进入企业的会计费用，需要按照一定的期限摊销进入费用，只有在摊销进入费用以后才可以递减企业的所得税。企业在不违反相关法规的情况下，尽量选取在最短的时间内摊销，尽量早期多摊销，后期少摊销，这样就可以达到节税的目的。

例如，提取固定资产的折旧，企业在计算固定资产折旧时，应该考虑固定资产原值、固定资产预计净残值、固定资产预计使用年限。折旧的方法有：使用年限法、工作量法和一些加速折旧法。企业可以根据实际情况和税法的相关规定来选用折旧的方法，在遵守法规的情况下选择折旧方法，如果预计使用年限可以选择，尽量选择较短的折旧年限；如果预计的使用年限确定，尽量选择前期多提而后期少提的加速折旧法。

(6) 用足税收优惠政策。我国的税法以法律的形式规定了各种税收优惠政策，国家对重点扶持和鼓励发展的产业和项目，给予企业所得税优惠。

例如：符合条件的小型微利企业，减按 20%的税率征收企业所得税；国家需要重点扶持的高新技术企业，减按 15%的税率征收企业所得税。当企业发生开发新技术、新产品、新工艺的研发费用，安置残疾人员及国家鼓励安置的其他就业人员所支付的工资等支出时，可以在计算应纳税所得额时加计扣除。企业购置用于环境保护、节能节水、安全生产等专用设备的投资额可以按一定比例实行税额抵免。

当然，我国的税收法规正处于一个不断完善的过程中，创业者在实际工作中可以向专业的税务咨询机构进行有关咨询，按照税法的规定准备相关的材料申请税收的优惠。

三、新办企业风险来源与化解

新企业在生存与成长过程中，将面临因企业外部环境突变和内部决策不当等而导致的各种风险，将直接影响新企业的成功与失败。创业者要在创业初期就意识到创业风险贯穿于创建企业的全过程，尤其在创业初期，了解新企业成长发展可能遇到的创业风险，提高自身风险控制与化解的能力，为成长中的新企业保驾护航。

(一) 新办企业生存阶段的风险来源

新企业生存阶段的风险是指从新企业正式运营到新企业实现收支平衡期间产生的风险。

1. 新办企业生存阶段的风险来源

新企业生存阶段的风险主要来自以下方面：

(1) 缺乏流动资金。创业者的创业资金不充分，或将过多的资金投在企业固定资产等方面，致使处于起步阶段的新企业缺乏流动资金，必然会影响新企业的生存与发展。

(2) 缺乏日常管理。新企业在起步阶段，各项生产经营活动千头万绪、齐头并进，团队成员均忙于各项事务，创业者疏于日常管理，如果创业者自身管理能力不强，新企业管理难以摆脱混乱、无序的局面，给新企业生存带来困难。

(3) 缺乏支持系统。为了新企业经营活动的顺利起步，创业者需要与政府管理部门、投资商、供应商、股东和消费者等主动接触与沟通，并形成有利于新企业生存的社会网络系统。如创业者得不到各方面的支持，创业者就会失去竞争优势。

(4) 缺乏消费市场。新企业处于起步阶段，生产经营活动的成功与失败取决于市场对其产品或服务的检验结果。若创业者判断不正确，过高地估计企业产品或服务的市场前景，造成产品或服务的销售收入与企业市场预期目标相差甚远，进而使新企业收支持续不平衡。

2. 新办企业生存阶段的风险控制与化解

新企业生存阶段的风险控制与化解可使用以下几种方法：

(1) 建立人事管理制度。人事管理制度的完善是新企业生存与发展的重要因素之一。创业者要遵循国家有关对员工管理各方面法律法规，建立人事管理基本制度，如员工考勤制度、业绩考核制度、薪酬分配制度、奖励惩罚制度、保密协议制度等，调动员工参与新企业生产经营的创造性与积极性，凝聚员工为实现新企业发展目标的力量，避免因不同层面员工的变动对新企业造成不必要的损失。

(2) 建立财务管理制度。财务管理制度的完善是新企业生存与发展的又一个重要因素。创业者要编制财务计划，制定并实施报销制度，现金流量、预算、核算和成本控制制度，资金使用效益监督制度；建立财务管理激励机制与评估体系，加强对流动资金的管理，不断提高新企业流动资金的周转率、变现能力与短期内偿还债务能力，有效化解财务风险。

(3) 防范市场风险。市场风险在新企业生存尖端体现得愈加明显，影响新企业生存与发展。创业者要对新企业产品或服务的功能性指标与非功能性指标进行调研，收集目标消费者试用产品或服务的意见；通过召开咨询会或研讨会等形式，听取相关人士对新企业产品或服务在市场内推入、市场定位和市场竞争等方面的建议，进而完善新企业产品或服务的技术环节或工艺流程，建立应对市场风险的行为策略。

(4) 保持新企业持续盈利。新企业要度过其生存最危险的起步阶段，重要的是使其拥有持续的盈利。创业者要通过各种合法的生产经营活动积累资金，确立一个简单实用的商业模式，设计一个适合新企业内部条件与外部环境的盈利模式，形成企业经营的盈亏平衡与持续盈利的好势头，实现真的现金流，确保企业生存与发展。

(5) 适当调整经营内容。在市场经济条件下，新企业经营目标与企业内部条件、外部环境之间的动态平衡是其开展生产经营活动的关键。创业者要根据新企业生产经营活动取得预期效果的可能性或产品服务的市场需求、市场竞争变化趋势，适当调整经营业务，重点发展体现核心竞争力的经营活动，重点开展盈利多的经营项目，使生存阶段的企业稳步成长。

（二）新办企业成长阶段的风险控制与化解

新企业成长阶段的风险是指从新企业实现收支平衡到新企业产生巨额利润期间产生的风险。

1. 新办企业成长阶段的风险来源

新企业成长阶段的风险主要来自以下方面：

(1) 团队管理机制不完善。新企业发展到成长阶段，随着经营业务和经营规模的不断扩大，员工队伍不断扩大。由于企业缺乏有效的管理团队，难以及时解决员工在企业生产经营、企业发展战略、产品开发、产品技术升级问题上的矛盾与分歧，不利于聚员工之智慧、汇员工之力量推动新企业成长。管理团队的缺位，使新企业缺乏生产经营技术研发、财务管理、人力资源管理等方面的专业人才，新企业的市场运作就会失去核心竞争力与市场拓展力。

（2）财务监控机制不完善。新企业经过起步阶段各种资源与资金的积累，商业模式与盈利模式的调整，经营范围和地域不断拓展，管理层次增加，管理幅度扩大，各种费用支出明显增加，对新企业生产经营成本的控制等财务管理问题增多，财务监控难度加大。此时，创业者忙于新企业成长的相关事务，无法对财务执行情况进行评估决策和有效监督。

（3）经营决策与管理机制不完善。进入成长阶段的新企业发展初具规模后，创业者易被暂时性的或区域性的企业知名度和产品知名度所迷惑，经营理念不能与时俱进，目光短浅，看不到产品或服务经营的广阔市场；对市场反应迟钝，不能根据市场的变化及时调整企业产品或服务，缺乏对新产品或服务的创新动力。经营决策思路超越新企业经营能力和现有实力，盲目追求多元化发展和扩大企业经营规模，不经充分论证改变经营方向与业务，尤其是盲目投资自己不熟悉的行业，采用高额广告费快速提升企业知名度等，都将给新企业长远发展埋下隐患。

2. 新企业成长阶段的风险控制与化解

新企业成长阶段的风险控制与化解可使用以下几种方法：

（1）完善组织架构，学会授权。根据新企业既定的发展目标与发展阶段，更新与变革组织管理机构，有利于新企业更好地发展。完善组织架构工作，可委托企业外部咨询公司或职业经理人帮助完成，也可由创业者自己完成。以简化管理层级为原则，设计与调整组织管理部门，在此基础上，进一步完善企业员工管理与财务管理等规章制度，如完善激励机制，既要鼓励老员工与合伙人的积极性，保障其既得利益，通过培训提高其能力，又要凝聚优秀人才，特别是企业发展急需的紧缺人才，采用感情、事业和重金多管齐下的方式，给员工以强大的奋斗动力。组织机制调整后，创业者要学会授权，将财务预算、生产计划、营销计划、财务报表签字和人事安排以外的其他工作，如营销人员管理等，授权给中层管理人员，便于创业者把更多的时间和精力用于新企业战略发展等问题上。

（2）建立风险责任机制，监督决策。风险责任机制的建立，对于有效监督新企业各项决策的制定与执行有重要意义。新企业进入成长阶段，要建立与完善风险控制目标体系和风险报告制度，企业内部各风险管理运作主体要严格按照既定目标要求和具体标准从事相应的监控和管理。创业者要主动预测风险，及时分析企业在投资或贷款等重大决策上可能造成的负面影响。积极控制风险，加强对企业投资或贷款等重大决策过程的监督，建立健全企业知识产权、财务管理、合同管理等各项规章制度。要学会减少或转嫁风险，对即将出现的风险，如企业无法承受，可通过放弃眼前利益或局部利益渡过难关；对无法回避的风险，应设法分解和转移，如风险重大，需要牺牲企业的某些利益甚至是全部利益，可申请破产保护以求得再生。

（3）确立企业发展战略，竞争有力。确立与选择一个正确的发展战略，逐步形成稳定、持久的竞争优势是新企业持续、快速成长的关键所在。企业要保持竞争优势，必须不断培育和发展核心竞争力，并重点提高营销能力和管理水平，在产品或服务、技术营销、品牌、人力资源、企业文化等方面拥有其他企业所没有的优势资源。生产型中小企业应坚持生产增长与市场开发两手抓、两手都要硬，解决好增产与市场开拓的矛盾，巩固企业的竞争优势，增加资源回收，使企业的利润保持在盈亏平衡线以上，实现规模扩张。创业者要根据新企业市场优势的不断变化，及时研究、调整与确立发展战略，形成企业竞争优势，让竞争对手难以学习、难以模仿，从而立于不败之地。

 创业故事　　　　**做自己擅长的事情——宗庆后的创业故事**

在中国浙江，有这样一个人，祖父曾是张作霖手下的财政部长，父亲在国民党政府当过职员，他的曾祖父辈均为杭州府钱塘县籍，这个传奇人物叫宗庆后。他是娃哈哈集团创始人，1991 年至今担任杭州娃哈哈集团有限公司董事长兼总经理。

1979 年任小学教师的母亲退休，于是他返回家乡，但因文化水平低，只可在一所小学里当校工，做推销员。1987 年，杭州市上城区校办企业经销部成立，这即成为后来的娃哈哈。当时 42 岁的宗庆后与两名退休教师，以 14 万元借贷，代销人家的汽水、棒冰及文具赚钱。在 2011 年"两会"上，宗庆后有一项颇为引人瞩目的提案，即建议国企员工都可持股，并按贡献大小定期调整持股额。从 1993 年开始，娃哈哈集团就已采用全员持股模式。2012 年 10 月 12 日，宗庆后以 100 亿美元身价登上"福布斯中国富豪排行榜"首位。

一、从冰棒到娃哈哈

在"唯出身论"的年代，宗庆后"旧官僚后代"的出身让他尝尽了人生的艰辛。16 岁那年，宗庆后便被"安排"到浙江舟山去填海滩，一待就是 15 年。1979 年，宗庆后顶替母亲回到杭州做了一所小学的校工。1987 年，他和两位退休教师组成了一个校办企业经销部，主要给附近的学校送文具、棒冰等。在送货的过程中，宗庆后了解到很多孩子食欲不振、营养不良，而这些是家长们最头痛的问题。

"当时我感觉做儿童营养液应该有很大的市场。"填海时形成的坚毅性格让宗庆后决定抓住这个机遇搏一把，此时的他已经 47 岁，早错过了创业的最佳年龄。面对众多朋友善意的劝说，他显得异常固执："你能理解一位 47 岁的中年人面对他一生中最后一次机遇的心情吗？"

1988 年，宗庆后率领这家校办企业借款 14 万元，组织专家和科研人员，开发出了第一个专供儿童饮用的营养品——娃哈哈儿童营养液。

随着"喝了娃哈哈，吃饭就是香"的广告传遍神州，娃哈哈儿童营养液迅速走红。到第四年销售收入达到 4 亿元、净利润 7000 多万元，完成了娃哈哈的原始积累。

二、小鱼吃大鱼

1991 年，娃哈哈儿童营养液销量飞涨，市场呈供不应求之势。但即便如此，宗庆后依然保持了一种强烈的危机感："当时我感觉如果娃哈哈不扩大生产规模，将可能丢失市场机遇。但如果按照传统的发展思路，立项、征地、搞基建，在当时少说也得二三年时间，很可能会陷入厂房造好产品却没有销路的困境。"

宗庆后将扩张的目标瞄向了同处杭州的国营老厂——杭州罐头食品厂。当时的杭州罐头食品厂有 2200 多名职工，严重资不抵债；而此时的娃哈哈仅有 140 名员工和几百平方米的生产场地。

摆在宗庆后面前有三条路：一是联营，二是租赁，三是有偿兼并。显然前两条路是稳当的，而有偿兼并要冒相当大的风险。但宗庆后最终决定拿出 8000 万元巨款，走第三条路。

娃哈哈"小鱼吃大鱼"的举措在全国引起了轰动，最初包括老娃哈哈厂的职工，都对这一举措持反对态度。宗庆后最终力排众议，"娃哈哈"迅速盘活了杭州罐头厂的存量资产，利用其厂房和员工扩大生产，三个月将其扭亏为盈，第二年销售收入、利税就增长了 1 倍多。

1991 年的兼并，为娃哈哈后来的发展奠定了基础，也让宗庆后尝到了并购的"乐趣"。之后，并购几乎成为娃哈哈异地扩张的主流手段；到 2002 年底，娃哈哈已在浙江以外的 22 个省市建立了 30 个生产基地，2002 年，娃哈哈共生产饮料 323 万吨，占全国饮料产量的 16%。

如果说早期的并购让娃哈哈迅速做大，那么与达能的策略型合作则帮助娃哈哈做强。1996 年，娃哈哈的产品已经从单一的儿童营养液扩展到了包括含乳饮料、瓶装水在内的三大系列，当时的娃哈哈效益也很好。

"但我觉得已经出现了危机，企业最薄弱的地方就是规模太小。"宗庆后再一次谈到了他的感觉，"当时除了营养液是我们主打产品之外，果奶、纯净水都有与我们实力和品牌相差无几的竞争对手。"

宗庆后为此制定了一个投资金额几亿元的长远规划。"在当时的情况下，如此巨额的投资，通过银行借款很困难，国内民间融资更不可能。最后，我们想到了国外资本。"

从1996年开始与达能集团合资兴办了5个企业之后，娃哈哈与外部资金的合作领域越来越广泛，达能集团至今累计投资已近1亿美元。

"几乎每年都有几十个亿的外部资金进入让娃哈哈用，这使企业保持了高速发展的势头。"宗庆后兴奋地说。

三、农村市场养大"非常可乐"

在娃哈哈的成长历史中，非常可乐的成功是不可或缺的一笔。可口可乐和百事可乐已存在100多年，在全球饮料行业中占有绝对优势。20世纪70年代后期，"两乐"开始进军中国市场，很快便以破竹之势占据了我国饮料市场的半壁江山。

在接触众多的经销人员之后，宗庆后发现了"两乐"市场操作的两大缺陷：一方面，"两乐"的决策过分依赖数据模型分析，流程漫长，不可能完全覆盖广阔的农村，而且"两乐"进入中国20年来也一直没有想过要进入农村市场；另一方面，"两乐"对高额利润的无止境追逐使其经销队伍缺乏向心力。随着"两乐"市场地位的稳固，两乐逐步转向了重视大城市终端的深度分销模式，给经销商的利润空间压得越来越小。

四、再次感觉到了机会

1998年，娃哈哈推出非常可乐，正式向"两乐"挑战："非常系列"将双脚扎根于广大的农村，紧紧抓住"两乐"在广大农村认知度相对较低的状况，以低价格切入；同时"非常系列"给经销商留足了利润空间，很快摆上了经销商柜台的显眼位置。

正是牢牢抓住"两乐"的缺陷做文章，非常可乐很快异军突起。2002年娃哈哈"非常系列"碳酸饮料产销量达到62万吨，约占全国碳酸饮料市场12%的份额，在单项产品上已逼近百事可乐在中国的销量。虽然在城市和发达地区"两乐"仍具有绝对优势，但广大农村市场几乎已被"非常系列"控制。

五、多元化的儿童用品商

2002年5月20日，娃哈哈童装公司在北京举办娃哈哈童装展示发布会。娃哈哈盛传多年的多元化，就此迈开了第一步。而这一步竟是童装，多少有些出乎众人意料。

"童装只是娃哈哈跨行业经营的一个新支点，是娃哈哈进一步多元化的基础。"宗庆后说。

宗庆后的计划是，采取零加盟费的方式在全国开设800家童装专卖店，一举成为国内最大的童装品牌之一。

实际上，在纯净水、可乐、奶饮料等系列产品疯狂赢利的时候，娃哈哈已经感受到了市场饱和和危机。全国饮料市场的大格局已经形成，能大刀阔斧开辟的地方已经不多，这已不能让宗庆后满足。

在此之前，关于娃哈哈多元化的传闻一直没有断过：娃哈哈曾经和英国一家保健品公司建立了一家合资保健品生产厂，但宗庆后最后却以"现在进入保健品市场时机还不成熟"延缓了大规模进入的日期；娃哈哈曾兼并了一家酒厂，可是后来娃哈哈在酒方面也没有多少投入；娃哈哈维生素含片成功上市，但宗庆后的想法却是"药业的条条框框太多，麻烦"。

关于未来娃哈哈的走向，宗庆后说："我们有十几个亿的闲余资金，今后将把它们投向两个领域：一是食品、保健品、药品，二是做所有的儿童产品。"

六、创业智慧

1. 身体素质要好

42岁才开始创业的宗庆后在20多年里亲手缔造了一个企业崛起的神话。如今60多岁的宗庆后依然早出晚归，每天工作 16 小时以上。没有强硬的身体素质，是不能这样高强度工作的。宗庆后认为他年轻时在农村劳动锻炼了 15 年，练就了强健的身体。

2. 果断

从承包校办工厂到代销儿童营养液，从开发娃哈哈营养液到多元投资……无不体现了宗庆后惊人的果断和魄力。

3. 丰富的营销理念和经验

进入改革开放时期，宗庆后经营思想是紧随时代潮流的，尤其在产品营销方面，宗庆后无论是在实战经验上还是在理念意识上都不断在完备，这一点是同龄人少有的。

4. 务实

从"实证广告"就已经证明了这一优点，宗庆后自己也说他好名，不好虚名。宗庆后的务实也表现在内部管理上，他对一些煽情的字眼从来都是置之不理，总是强调埋头实干。

5. 好学

宗庆后在那个年代没有受过良好的教育，但他勤于读书的习惯弥补了这一缺陷，宗庆后在工作中有闲暇时间就挤出来读书，这对他的经营战略思想提供了极大的帮助。

七、宗庆后的创业经

(1) 财富是推动社会前进的动力。

(2) 做好娃哈哈不是偶然的，首先把有限的个人精力放在主业上，做自己擅长的事情，把规模做大，才能把事业做强。

(3) 任何一个企业，做到一定规模，财富已为社会所有。

(4) 企业家的心态要好，不能遭遇一点挫败就萎靡不振，创业精神尤其不能丢。要用这种精神鼓舞员工士气，全心全力发展企业。

(5) 品牌是企业的灵魂，旗帜一倒，人心就会散。

(6) 娃哈哈凭什么与列强争天下？我总结娃哈哈的营销策略是：市场要打穿，营销要做透。

第二节　创办新企业相关的法律政策与伦理问题

一、创办新企业法律规定

（一）著作权法

著作权即版权，英文为 Copyright。著作权是指自然人、法人或者其他组织对文学、艺术或科学作品依法享有的财产权利和人身权利的总称。

我国《中华人民共和国著作权法》(以下简称《著作权法》)中规定著作权分为两类：著作人身权和著作财产权。著作人身权是指作者通过创作表现个人风格的作品而依法享有获得名誉、声望和维护作品完整性的权利。该权利由作者终身享有，不可转让、剥夺和限制。作者死后，一般由其继承人或者法定机构予以保护。根据我国《著作权法》的规定，著作人身权包括：发表权，即决定作品是否公之于众的权利；署名权，即表明作者身份，在作品下署名的权利；修改权，即修改或者授权他人修改作品的权利；保护作品完整权，即保护作品不受歪曲、篡改的权利。著作财产权是指作者及传播者通过某种形式使用作品，从而依法获得经济报酬的权利，包括复制权、发行权、出租权、展览权、表演权、放映权、广播权、网络信息传播权等多项权利。著作权的获得不以权利人的申请为必要条件，相反，当作品完成的一瞬间，作者就自动获得著作权。著作权的保护年限是作者的有生之年加上去世后 50 年。

另外，根据《著作权法》第 3 条的规定，我国《著作权法》保护的作品包括：文字作品；口述作品；音乐、戏剧、曲艺、舞蹈、杂技艺术作品；美术、建筑作品；摄影作品；电影作品和以类似摄制电影的方法创作的作品；工程设计图、产品设计图、地图、示意图等图形作品和模型作品；计算机软件；法律、行政法规规定的其他作品。

(二) 商标法

商标是用以区别商品和服务不同来源的商业性标志，由文字、图形、字母、数字、三维标志、颜色组合或者上述要素的组合构成。商标权是指商标主管机关依法授予商标所有人对其注册商标受国家法律保护的专有权。由于商标是产业活动中的一种识别标志，所以商标权的作用主要在于维护产业活动中的秩序。

商标是企业的无形资产，其中蕴含着企业的声誉、历史、文化等因素，具有很高的价值，驰名商标更是如此。保护并提升商标的价值，可以为企业带来巨大的经济效益。

我国《中华人民共和国商标法》(以下简称《商标法》)规定，商标必须经商标局核准注册方受法律保护，即所谓的注册商标。注册商标包括商品商标、服务商标和集体商标、证明商标，有效期为 10 年，到期后可申请续展，每次续展注册的有效期也为 10 年。

此外，在新企业创设时创业者还需了解以下一些关于商标的法律规定。

第一，根据我国《商标法》第 10 条、第 11 条的规定，有些标志不得作为商标使用。比如：国旗、国徽、红星等正式标志；带有民族歧视、欺骗、违反道德风尚的；仅使用本商品的通用名称、图形、型号的；仅仅直接表示商品的质量、原料、功能、用途等特点的；缺乏显著特征的。

第二，商标的抢注。国内著名商标在国外被恶意抢注的报道已是屡见不鲜，被抢注商标的企业往往缺乏商标保护的自主意识，等到发现问题后，大多需要通过长时间的协商、商事仲裁乃至司法诉讼等途径来解决。商标的抢注针对的是未注册商标，由于我国商标保护实行在先申请原则，且注册商标受地域限制，只在注册国内受保护，因此需要创业者加强对商标的保护意识，以积极的态度来应对，防患于未然。

(三) 专利法

专利包括发明、实用新型、外观设计三种。发明是指对产品、方法或者其改进所提出的新的技术方案；实用新型是指对产品的形状、构造或者其结合所提出的适于实用的新的技术方案；外观设计，是指对产品的形状、图案或者其结合以及色彩与形状、图案的结合所作出的富有美感并适于工业应用的新设计。

专利权的获得需要申请人向国家专利局递交申请，专利局通过形式审查、公开申请文件、实质审查等一系列程序之后，对通过审核的申请人颁发专利证书授予专利权，专利权人在法律规定的期限内，对制造、使用、销售享有专有权。其他人必须经过专利权人同意才能从事上述行为，否则即为侵权。发明专利权的期限为二十年，实用新型专利权和外观设计专利权的期限为十年，均自申请日起计算。专利期限届满后，专利权即行消灭。任何人皆可无偿地使用该项发明或设计。

我国于 2009 年对《中华人民共和国专利法》(以下简称《专利法》)进行了修订，修订后的《专利法》在专利的国际优先权、专利共有人的权利行使、实用新型的保护等多方面进行了变更，使我国的专利保护制度得到了完善。

(四) 商业秘密的保护

在商业活动中，有些信息无法被著作权、商标权和专利权的权利客体所涵盖，但却具有极高的商业价值，如创业者的计划想法、现有的客户名单等。在创业初期，创业者往往需要靠这些信息来吸引投资，但又害怕信息泄露造成重大损失。而保护商业秘密最直接的手段就是签订保密协议。在欧美等商业发达国家，创业者为保护商业秘密，与参与有关构思或者过程开发的雇员签订保密协议的方法得到广泛的认同。

保密协议签订双方为创业者和接触商业秘密的相关人员，协议对商业秘密的范围、雇员在职及离职后的保密义务、违反协议后的处理方式等进行详细的规定。以此来约束双方的行为，若出现泄密情况，由相关人员根据协议约定承担责任。通过这样一份保密协议，在促进雇员工作积极性的同时，能最大限度地保护创业者自身利益。由于我国现有法律没有对商业秘密的具体保护手段做出单独规定，创业者应当提高自我保护意识，利用好签订保密协议这一手段，维护自己的合法权益。

(五) 合同法

合同是平等主体的双方或多方当事人关于建立、变更、终止民事法律关系的协议，而合同法即是有关合同法律规范的总称。我国《中华人民共和国合同法》(以下简称《合同法》)中对合同的订立、效力、履行、担保、终止等问题进行了细致的法律规定，并对诸如买卖合同、加工承揽合同、租赁合同等多种具体合同类别予以专门调整。可以说合同是企业日常经济活动的呈现载体，而合同法更是引导企业合法经营、保护企业正当权益的利器。

1. 合同的订立

合同的订立是当事人意思表示一致的结果，具体分为要约、承诺两个部分。要约是当事人一方向对方发出的希望与对方订立合同的意思表示，在要约中必须明确合同的标的、数量、质量等主要内容。而承诺即受要约人完全接受要约的意思表示。一个合同在订立过程中可能会形成多次磋商，只要当事人还未完全达成一致，就意味着承诺还没有形成。需要注意的是，不论做出要约还是承诺，都必须是当事人真实意志的体现，若一方当事人使用欺诈、胁迫或其他不法方式使对方与之订立合同，都会对合同的效力产生影响。

2. 合同的履行

合同一旦成立并生效，就立即在合同当事人之间形成法律关系，当事人依照合同的约定内容享有和承担相应的权利和义务。合同的履行，是指合同当事人依照合同约定的内容，履行各自应当承担的义务，以此实现各自应享有的权利。合同的履行是合同具有法律约束力的表现。

应当注意的是，履行合同是指合同的全部履行。只有当事人双方按照合同的约定或者法律的规定，全面、正确地履行各自承担的义务，才能使合同内容得以实现，也才使合同法律关系归于消灭。因而，合同履行当事人全面、正确地履行合同义务，是对当事人履约行为的基本要求。只履行合同规定的部分义务，就是没有完全履行；任何一方或双方均未履行合同规定的义务，则属于完全没有履行。无论是完全没有履行，还是没有完全履行，均与合同履行的要求相悖，当事人均应承担相应的责任。

3. 合同的终止

合同的终止是指生效的合同因具备法定或约定的情形，使得合同关系消灭，并使合同的法律效力消失。导致合同终止的原因有很多，最常见的比如合同已经履行完毕，合同目的已经达到；有时合同当事人单方的意思表示也可导致合同的终止，比如借款合同中债权人单方面免除借款人的还款义务。此外，若发生自然灾害、战争之类不可抗力使得合同无法履行等法定情形，也可依照法律规定解除合同，从而导致合同的终止。

（六）劳动法

用工纠纷一直是企业日常运营过程中的多发问题，2008 年随着我国《中华人民共和国劳动合同法》(以下简称《劳动合同法》)的颁布实施，对劳动合同的订立、用人单位的法定义务等焦点问题予以进一步的规范，在明确劳动合同双方当事人权利和义务的前提下，重在对劳动者合法权益的保护。因此，企业的经营者应当严格遵守法律，以避免劳动纠纷的产生。

第一，用人单位与劳动者建立劳动关系后，必须在 1 个月内订立书面劳动合同。满 1 年不与劳动者订立书面劳动合同的，视为用人单位与劳动者已订立无固定期限劳动合同。超过 1 个月不满 1 年未与劳动者订立书面劳动合同的，应当向劳动者每月支付两倍的工资。违反规定不与劳动者订立无固定期限劳动合同的，自应当订立无固定期限劳动合同之日起向劳动者每月支付两倍的工资。签订合同不得扣押劳动者的居民身份证和其他证件，不得向劳动者收取财物。

第二，与劳动者签订劳动合同后不能随便解聘，如解聘，要有法定事由。关于解除合同，《劳动合同法》第 39 条至第 41 条共有 13 项具体规定。过失性解除，以劳动者有过错为前提；非过失性解除，是依据客观情况发生变化，如身体不好、不能胜任工作等原因，而不是由劳动者过失引起；用人单位的经济性裁员，是因经营状况不好出现问题。

第三，无论什么理由解聘，都要给予劳动者经济补偿。补偿方法，按劳动者在该单位的工作年限，每满一年支付 1 个月工资。6 个月以上不满 1 年的，按 1 年计算；不满 6 个月的，向劳动者支付半个月工资。对高端劳动者的经济补偿有适当限制，最高标准是职工月平均工资的 3 倍，补偿年限最多 12 年。

第四，对试用期有了更加明确的规定。合同期限 3 个月以上不满 1 年的，试用期不得超过 1 个月；劳动合同期限 1 年以上不满 3 年的，试用期不得超过 2 个月；3 年以上固定期限和无固定期限的劳动合同，试用期不得超过 6 个月。同一用人单位与同一劳动者只能约定一次试用期。以完成一定工作任务为期限的劳动合同或者劳动合同期限不满 3 个月的，不得约定试用期。试用期包含在劳动合同期限内。

（七）反不正当竞争法

不正当竞争是指商品生产者和经营者在生产和经营活动中，违反法律、法规或者商业道德，损害其他生产经营者的合法权益，扰乱市场经济秩序的行为。反不正当竞争法是国家鼓励和保护公平竞争、制止不正当竞争行为、维护市场的正常经济秩序、保护经营者和消费者合法权利的重要法律制度。

我国 1993 年制定的《中华人民共和国反不正当竞争法》(以下简称《反不正当竞争法》)中，明确将市场竞争的自由、公平和诚实信用作为基本原则，并在《反不正当竞争法》第 2 章条文中详细列举出 11 种不正当竞争的具体类型，主要包括仿冒他人商品、滥用独占地位排挤竞争、商业贿赂、虚假宣传、侵犯商业秘密、压价销售、诋毁他人商誉等。

此外，《反不正当竞争法》还在第 4 章条文中明确了违反本法所要承担的法律责任。经营者违反本法规定。给被侵害的经营者造成损害的，应当承担损害赔偿责任，被侵害的经营者的损失难以计算的，赔偿额为侵权期间因侵权所获得的利润；并应当承担被侵害的经营者因调查该经营者侵害其合法权益的不正当竞争行为所支付的合理费用。被侵害的经营者的合法权益受到不正当竞争行为损害的，可以向人民法院提起诉讼。

(八) 税法

税收是国家为满足社会公共需要，凭借公共权力，按照法律所规定的标准和程序，参与国民收入分配，强制取得财政收入的一种特定分配方式。它体现了国家与纳税人在征税与纳税利益分配上的一种特殊关系，是一定社会制度下的一种特定分配关系。税收收入是国家财政收入最主要的来源。

根据税法相关规定，我国现行共有 23 个税种，现将涉及企业日常运营的一些常见税种进行简单介绍。

1. 增值税

增值税是以商品生产流通和劳务服务各个环节的增值因素为征税对象的一种流转税。增值税的纳税人是在我国境内销售货物或者提供加工、修理修配劳务以及进出货物的单位和个人。这里的货物是指有形动产，包括电力、热力、气体等，不包括不动产。加工：是指受托加工货物，即委托方提供原料及主要材料，受托方按照委托方的要求制造货物并收取加工费的业务；修理修配是指受托对损伤和丧失功能的货物进行修复，使其恢复原状和功能的业务。增值税的基本税率为 17%，但纳税人销售或者进口诸如粮食、天然气等特殊规定货物时，适用低税率。

2. 营业税

营业税是以在我国境内从事应税劳务、转让无形资产和销售不动产业务取得营业收入为征税对象的一种流转税。其中，所谓应税劳务，是指建筑业、交通运输业、邮电通信业、文化体育业、金融保险业、娱乐业、服务业。从事上述业务就应该缴纳营业税，不同的税目税率会有差异，税率为 3%～20%。

3. 企业所得税

企业所得税是对我国内资企业和经营单位的生产经营所得和其他所得征收的一种税。企业所得税纳税人即所有实行独立经济核算的中华人民共和国境内的内资企业或其他组织，包括国有企业、集体企业、私营企业、联营企业、股份制企业、有生产经营所得和其他所得的其他组织这六类。企业所得税的征税对象是纳税人取得的所得，包括销售货物所得、提供劳务所得、转让财产所得、股息红利所得、利息所得、租金所得、特许权使用费所得、接受捐赠所得和其他所得。企业所得税的税率为 25%比例税率。

4. 消费税

消费税是对在我国境内从事生产、委托加工和进口应税消费品的单位和个人，就其销售额或者销售数量，在特定环节征收的一种税。消费税只在应税消费品的生产、委托加工和进口环节缴纳，在以后的批发、零售等环节，因为价款中已包含消费税，因此不用再缴纳消费税，税款最终由消费者承担。消费税征税项目具有选择性，以税法规定的特定产品等为征税对象，即国家可以根据宏观产业政策和消费政策的要求，有目的地、有重点地选择一些消费品征收消费税，以适当地限制某些特殊消费品的消费需求。

消费税的征收范围包括五种类型的产品：第一类是一些过度消费会对人类健康、社会秩序、生态环境等方面造成危害的特殊消费品，如烟、酒、鞭炮、焰火等；第二类是奢侈品、非生活必需品，如贵重首饰、化妆品等；第三类是高能耗及高档消费品，如小轿车、摩托车等；第四类是不可再生和替代的石油类消费品，如汽油、柴油等；第五类是具有一定财政意义的产品，如汽车轮胎等。不同的产品所对应的税率不尽相同，共有 13 个档次的税率，最低为 3%，最高为 56%。

二、大学生创业扶持政策

随着市场经济的不断发展，越来越多的大学生将目光投向了创业，高校也积极引导在校大学生不断积累知识以拓宽思维、扩大就业面。在这个大环境下，国家及各地方的扶持政策较之以往也发生了一些新的变化，具体体现在以下几个方面。

(一) 政策覆盖对象进一步扩大

为鼓励高校毕业生自主创业，以创业带动就业，财政部、国家税务总局发出《关于支持和促进就业有关税收政策的通知》，明确毕业生自 2011 年 1 月 1 日起，从毕业年度起三年内自主创业可享受税收减免的优惠政策。其中，高校毕业生在校期间创业的，可向所在高校申领《高校毕业生自主创业证》；离校后创业的，可凭毕业证书直接向创业地县级以上人社部门申请核发《就业失业登记证》，作为享受政策的凭证。从通知中可以看出一个明显的变化，先前国家出台的所有创业扶持优惠政策只针对社会人员，而此通知首次明确所有的创业优惠政策覆盖毕业年度内在校创业的大学生。随着创业教育的蓬勃开展，在校大学生创业人数越来越多，国家对在校创业的大学生"扶上马，送一程"，让他们能够更早、更快地开创自己的事业。

(二) 给予特殊地区更多政策关怀

1. 大学生农村创业扶持政策

实践证明，大学生到农村创业不仅有利于缓解大学生的就业压力，而且有利于发展现代农业和推动农业科技创新，促进新农村建设。

当前，我国中央政府还没有出台专门针对大学生农村创业的具体促进政策，只是以意见、通知等文件的形式鼓励和引导高校毕业生到城乡基层就业，鼓励和支持高校毕业生自主创业。这方面的文件主要有：2005 年 6 月，中共中央办公厅、国务院办公厅下发的《关于引导和鼓励高校毕业生面向基层就业的意见》，指出要加强对大学生创业意识和创业能力培训；2006 年，国家十四部门发布的《关于切实做好 2006 年普通高等学校毕业生就业工作的通知》以及国家劳动保障部出台的《关于进一步做好 2006 年高等学校毕业生就业有关工作的通知》，都明确表示要把大学生创业培训纳入当地创业服务体系；2009 年 1 月 19 日，国务院办公厅下发的《关于加强普通高等学校毕业生就业工作的通知》，再次提出四项积极就业政策鼓励高校毕业生创业。

我国地方政府在大学生农村创业中扮演着重要角色。由于各地情况不一，难以形成具体的统一规定，这也给了地方政府更为自由灵活的裁量权和更大的施展空间，各地方政府纷纷出台了促进大学生创业和农村创业的具体优惠政策。如山东省烟台市发布实施《关于加强农村实用人才队伍建设的意见》和启动"万名人才下农村"活动，安徽省人事厅出台的《关于大学生到农村创业创新的意见》等。

从具体政策方面来说，当前到农村创业的高校毕业生能享受的政策鼓励主要包括以下两类。

第一，就业补贴政策。该政策是指到农村基层和城市社区从事社会管理和公共服务工作的高校毕业生，符合公益性岗位就业条件并在公益性岗位就业的，按照国家现行促进就业政策的规定，给予其社会保险补贴和公益性岗位补贴，所需资金从就业专项资金中列支；对到农村基层和城市社区其他社会管理和公共服务岗位就业的，给予薪酬或生活补贴，所需资金按现行渠道解决，同时按规定为其缴纳有关社会保险。如各地方实施的在高校应届毕业生中招聘"村官"的创业就业措施等，对参加项目的高校毕业生给予生活补贴，同时为其缴纳有关社会保险。

第二，户籍、工资标准优惠政策。例如，烟台市发布实施的《关于加强农村实用人才队伍建设的意见》中提出：对到农村创业、就业的大中专(技校)毕业生，户口可留在原籍或根据本人意愿迁往就业所在地，有关机构免费提供人事代理服务。对到县级以下农村一线工作的大中专毕业生，可提前执行转正定级工资，高定一挡工资标准。

2. 西部经济欠发达地区大学生创业扶持政策

由于历史、地理等方面的原因，我国西部地区存在经济发展相对落后、人才短缺等情况。近年来，在国家"西部大开发"政策的支持下，西部各省市也先后出台各项优惠扶持政策，用以吸引大学生创业。

例如，西藏自治区 2009 年首次从自治区创业基金中安排 1000 万元专款，设立"西藏高校毕业生创业扶持资金"，用于扶持高校毕业生自主创业。成立高校毕业生创业项目评审专家组，负责项目申请受理、立项审理、实施过程监理、项目验收以及资金使用效果的综合评价等工作。高校毕业生自主创业，可申请 5 万元以下的小额担保贷款。其中，从事微利项目的，由自治区财政据实全额贴息，展期不贴息；对合伙经营的可根据人数累加贷款额度，最高不超过 100 万元。此外，在西藏自治区从事个体经营的高校毕业生可免交 3 年的登记类、管理类和证照类的各项行政事业性收费，从事农牧区经纪人职业的毕业生，可免交 5 年的工商管理费用。

(三) 引导归国留学生创业

目前，我国正在实施留学人员回国创业启动支持计划，对创新能力强、发展潜力大、市场前景好的留学人员企业，在创办初始启动阶段予以重点支持，一些有条件的地区将为留学人员回国创办企业提供一定数量的创业启动资金，并为领军型回国创业留学人员及其创业团队成员提供一定数额的安家费或租房补贴。

留学人员回国创业是指海外留学人员以专利、科研成果、专有技术等回国创办企业。留学人员企业一般要由留学人员担任企业法人代表，或者留学人员自有资金(含技术入股)及海内外跟进的风险投资占企业总投资的 30% 以上。

在税收方面，留学人员回国创办企业的，按有关规定享受相应的税收优惠政策。其中，属于国家需要重点扶持的高新技术企业，减为 15% 的税率征收企业所得税；企业开发新技术、新产品、新工艺发生的研究开发费用，可按实际发生额的 150% 在计算应纳税所得额时加计扣除；企业从事农、林、牧、渔业项目的所得，从事国家重点扶持的公共基础设施项目投资经营的所得，从事符合条件的环境保护、节能节水项目的所得，可以免征、减征企业所得税。

三、遵循伦理道德承担社会责任

如今创办企业不仅要强调创新，同样需要讲究企业伦理。企业在追求经济利益的同时，也要承担相应的社会责任，这就要求创业者开展伦理管理。以"双赢"策略处理与其利益相关者之间的关系：对内赢得员工的忠诚，建立良好的员工关系；对外赢得公众支持、顾客满意、投资者青睐和供应者信任。

(一) 新企业的伦理问题

(1) 创业者要处理好与原雇主之间的关系。

大部分创业者在创建新企业前面临向原雇用企业辞职的问题。在辞职进行创业后，一些创业者发现自己已置身于与前雇主公司敌对的境地。因此创业者在辞职时应从态度和行为的角度考虑，让自己的辞职更加职业化。从态度上来说，应对原雇主提供的工作机会给予感谢，用积极、建设性的视角去处理事务，而不要带着泄愤、不满的心态辞职。从行为上来说，创业者要尽力做到圆满交接，如提前足够时间向雇主说明辞职意图、对自己的工作负责到辞职那天、未辞职前不要占用工作时间处理创业事项等。特别要注意的是，创业者必须要学会尊重所有的雇佣协议，若原雇佣协议中涉及保密条款，创业者必须遵守该条款行事。

(2) 创业者要处理好创业团队成员之间的关系。

鉴于独自创业的一些局限性，相当多的新企业由创业团队发起成立，但创业团队"合久必分，分久必合"的情况也普遍困扰着新企业的创业者。基于亲友关系的创业团队模式可能在短期内获得利润，但长远来看不利于改善决策效率。这要求新企业要更多考虑企业管理和制度建设，通过加强组织规范性来加强个人与企业之间的联系。因此，创业团队的成员不仅要注意成员能力、经验、知识互补等结构层面的问题，更要处理好创业团队成员的相关利益关系。特别是在创业团队成员的职务安排、股权分配方案、股份回购方案等重大事项上给予谨慎处理。

(3) 创业者还要处理好与其他利益相关者之间的关系。

管理学意义上的利益相关者是指组织外部环境中受组织决策和行动影响的任何相关者，可能是新企业的内部雇员，也可能是外部供应商或债权人等。利益相关者对新企业起着很重要的作用，他们的意见也应作为决策时所需要：考虑的因素。对内部雇员不符合伦理的行为范围较为广泛，包括从招聘面试中询问不恰当问题、不公平对待不同员工，其根源可能是因为他们在性别、肤色、道德背景、宗教等方面有所不同；对外部利益相关者不符合伦理的行为包括虚假宣传、以非正当理由向自己亲友提供商业机会等。这些问题能否得到公正、公平处理直接关系到企业形象和发展的稳定性。

(二) 新企业的社会责任

新企业从创立、运营开始，如果要不断地做大做强、持续不断地发展，在追求利润最大化的同时，不仅要遵纪守法、诚实经营，还要承担必要的社会责任，通过良好的行为表现得到社会的普遍认同。

企业社会责任是指企业的经营活动应该符合法律、法规和社会道德规范的要求。企业在创造利润的同时还要承担对国家、企业、员工、股东、消费者、供应商以及社区等诸多利益相关者的责任，将提供优质安全的产品、获取利润、保护环境和对社会的贡献融合在一起考虑，以获得可持续发展的能力。简而言之，企业不仅要为自身谋利益，还应为社会做贡献。虽然国际社会对企业社会责任还未有一个统一的定义，但各国都非常重视企业社会责任，很多国家的企业都成立了专门的委员会或类似机构来推进，公开发表社会责任报告书或可持续发展报告书，并将之视为提升企业形象的重要战略之一，积极参与企业社会责任活动。活动的类型既有社会重视的欧洲型，也有人权重视的美国型和重视经济伦理、追求多方共赢的日本型。我国在 2005 年通过、2006 年开始实施的新《公司法》中第一次提及"企业社会责任"。该法第一章第 5 条规定：公司从事经营活动，必须遵守法律、行政法规，遵守社会公德、商业道德，诚实守信，接受政府和社会公众的监督，承担社会责任。这里"社会责任"的范围涉及法律、法规和社会道德规范的遵守、环境保护、职业的安定和提供更多的就业岗位以及缴纳税金的义务等内容。

近年来，随着全民创业热潮的兴起，在企业社会责任领域，公众和政府的注意力正逐步由大中型企业向中小型企业，尤其是向新企业、小企业转移。人们发现社会责任不再只是大企业、成熟企业的事，即使是处于初创期的企业也很难置身于社会责任之外。利益相关者对企业的接受和认可、社会对企业的认同是新企业生存的基础，企业社会责任的履行给了新企业获得认同的一个机会——为了企业自身的发展，为了股东的利益，同时也为社会创造价值。

一方面从外部来看，初创阶段的企业规模小，资金等关键性的资源缺乏，市场占有率低。行使社会责任有助于树立良好的企业形象，扩大市场的影响力，赢得媒体的良好评价、政府的大力支持，提高品牌知名度，增强顾客的忠诚度，改善与利益相关者各方的关系，与政府和社区形成良性互动，给亟待成长的新企业带来了宝贵的资源，有效地提高了企业的合法性和利益相关者及整个社会公众对企业的肯定和认同。另一方面从内部来看，新企业可以通过将社会责任的实施与自身的经营管理活动紧密地结合在一起获得战略性的竞争力和企业价值的提高，实现利润最大化。员工的安全、士气、忠诚度以及生产力都是企业获得成功，占有竞争优势的要素。对社会负责的商业活动和员工参与管理的治理模式为员工创造了更好的工作环境，提升了员工对工作的满意度，稳定了员工队伍，降低了离职率，为企业赢得了良好的声誉。同时通过环保型产品和服务等的开发，鼓励创新，节约开支，体现了企业的价值和责任感，提高了企业在公众心目中的地位。这样的新企业更容易为社会所接受和认可。

尽管企业社会责任的成本会影响到短期财务绩效，但从长期来看，追求企业价值最大化的经营目标与追求利润最大化的目标是一致的。企业社会责任活动能真正实现社会目标和经济目标的统一，有助于新企业的生存、成长、发展。

 案例分析

【案例】 2012 年，毕业于生物技术专业的赖嘉宝，不顾家人的阻挠，放弃医药公司的高薪工作，利用大学期间创业实践挣得的 5 万多元钱，与同学合伙创立了"怡可轩餐饮管理有限责任公司"，自己当老板，走上了创业之路。

曾在大三时，赖嘉宝与其同学组建创业团队，与校内一家小厂合作，生产"怡可轩养生饼"，在学校饭堂门口摆摊展销，当天 600 盒全部售罄，之后与东莞光大集团合作，签下一笔 1.1 多万盒、总额近 60 万元的大单。2011 年大学期间，赖嘉宝与其创业团队参加"U 势界"创业大赛，荣获大赛冠军，并获得东莞光大集团 200 万元的风险投资。考虑到投资方在东莞的资源优势，决定创业项目选址在东莞地区发展。团队与投资方达成协议，共同注册成立怡可轩餐饮管理有限责任公司，注册资本 300 万元。工商局名称预核准通过后，银行开立验资户准备验资。就在这个时候，投资方财务顾问给出了一个避税方案，建议创业团队可以以个体工商户的形式先开设个体店，等事业做大，再注册成立公司，股东之间权利义务可以通过签协议来约束，这样可以避免沉重的税收及注册资金。最终他们选择了这个方案，并计划在今后进一步发展中，逐步让 3 个合伙人参与到企业法律登记所有人中，将企业由个体工商户变更为目标公司——"怡可轩餐饮管理有限责任公司"。

【案例分析】 大学生团队创业多数首选企业法律形态是有限责任公司、股份制公司，想一步到位，将重点放在公司的做大做强上，很少从企业法律形态选择上考虑，将有限的资金用到最需要的地方。有限责任公司缴纳企业所得税、公积金等后，还需缴纳个人所得税，在公司有债务时，股东只根据他们各自的投资额承担有限责任，如当公司破产时，债权人不能剥夺股东的私有财产，如房产、汽车和存款等。有限责任公司注册资金要求不少于 3 万元，注册资金越多，验资时实缴纳的资本就越多(最开始缴纳注册资本的 20%，剩下的部分在两年之内缴纳)。而个体工商户完全由个人拥有和营运企业，个人享有所有利润，但承担所有债务的责任和义务，负无限连带责任；个体户和合伙企业对注册资金没有限定，只需缴纳个人所得税。企业在发展过程中是可以随时变更法律形态的。创业者先期设立个体工商户，可以等企业有了一定发展，另一个投资者加盟，企业演变为合伙企业，仍然承担无限连带责任，等企业进一步发展壮大，随着资产和风险的增加，开始需要保护所有者的资产，企业可以变更为有限责任公司，以保护所有者的财产。如果企业继续发展壮大，还可以发展重组，创造一个股份制公司，不参与公司的经营，但可控制公司的经营。

大学生初次创业，资金有限，很多是通过家庭筹借、贷款和风投等筹集来的，自身没有什么资金积累，可以考虑承担无限责任。赖嘉宝创业团队申报注册资本 300 万元，为了节约大量资金、获得更多优惠，可以按专家建议，先设立个体工商户，承担无限连带责任。等企业逐渐成熟，发展壮大了，可以变更企业法律形态，设立为公司，投资人各自承担有限责任。

第三节　大学生创业实习平台

真正的创业实践开始于创业意识萌发之时，大学生的创业实践是学习创业知识的最好途径。

21 世纪是创新开拓的新世纪，创造性人才是一种稀缺人力资源。对每一个面向未来并期盼成功的大学生来说，应当认真思考这样一个问题：自己能否成为受欢迎的创造性人才？为了使自己成为创造性人才，当代大学生应当树立这样一种认识：在培养学科能力上下工夫，以利就业固然重要，继而在科技活动中培养创新能力以适应知识经济时代需要，更是一种具有前瞻性的战略。因此，当你在第一课堂废寝忘食地刻苦攻读的同时，千万别忘记投身各种课外科技竞赛和创业活动，这里是创新创业能力的训练场和竞技场，是创新创业教育的特殊课堂。

一、创业服务网站

　　创业服务网站是为创业者提供大量信息与咨询的服务平台，内容一般涵盖创业能力测评、创业政策介绍、创业动态展示、创业证书咨询、创业举措、创业实训、创业典型、创业项目推荐、创业宝典、创业课堂、投资机构引入、创业计划书指导、创业大赛等方面的内容。主要针对初次创业者常见的问题，提供相关的信息服务，并且在创业者经验交流、创业机会的拓展方面具有很大的作用，起到了很重要的推动作用。

　　同时，一些创业服务网站利用自身网站的优势，推出帮扶创业者进行网上创业的延伸项目。例如，"创业大本营"网站面向天津市大学生的"创业实训"项目——宿舍创业实训计划。这一项目通过降低大学生创业的前期成本，确保基本的物流服务，让很多大学生实现了网络创业。

　　然而，创业服务网站的虚拟性决定了它更多地倾向于信息交流，而无法承担大型项目的规划以及促成大型投资的注入。因此，创业服务网站更适合于初次创业的大学生在小型服务项目上的实践，对于传播创业知识、积累创业经验、体验创业管理技巧起到了重要的作用。

二、中国青年创业国际计划

　　中国青年创业国际计划是共青团中央、中华全国青年联合会、中华全国工商业联合会共同倡导发起的青年创业教育项目。该项目参考总部在英国的青年创业国际计划扶助青年创业的模式，动员社会各界特别是工商界的力量为青年创业提供咨询以及资金、技术、网络支持，以帮助青年成功创业。英国青年创业国际计划是设立在英国查尔斯王子基金下，旨在扶助弱势青年自主创业的一个项目。这一计划借鉴的是英国工商界扶助青年创业的项目模式，核心理念是提倡企业的社会责任感。早在 1983 年，英国王子基金就在英国开展青年创业计划，平均每年帮助 5000 名英国青年创业，创业成功率在 60%以上。到目前为止，英国青年创业国际计划的项目模式已经在 35 个国家成功运作，帮助 6 万多名青年走上成功创业之路。

　　2003 年 11 月，在全国青联和政府相关部门联合倡导下，由几个企业界的代表，率先用志愿者的方式，捐出时间、智力和资金，启动了中国青年创业国际计划(YBC)这项全新的公益项目。

　　中国青年创业国际计划的扶助对象是 18 岁至 35 岁之间，具有创业意愿和潜力的失业、半失业或待业青年。任何符合条件的青年都可以向中国青年创业国际计划的项目办公室提出申请，寻求创业支持。项目办公室在收到申请后，将指派工作人员、企业家与申请者见面，帮助其制定商业计划。在创业申请者提交商业计划后，专家小组再对创业者进行面试评估，并决定是否为其提供创业支持。对通过评估的青年创业者，将为其提供创业启动资金，并为其指派一名创业导师。

因为该计划的公益性特点，YBC 不仅吸引了很多青年创业者的加入，还面向全社会愿意向创业者提供扶持的人开通了加入该计划的渠道：

(1) 成为青年人的创业导师、评委或协调委员。

创业导师由成功企业家志愿担任，将为青年创业者提供为期三年的陪伴式创业指导，协助青年进入当地工商网络。这是 YBC 区别于其他类似创业计划项目的标志性之一。YBC 目前拥有 500 多名创业导师，在全国各地与受本项目支持的企业家(客户)进行一对一的合作，帮助他们找回自尊，增强自信，最终产生积极的效果。导师的职责和使命是帮助找不到就业机会的年轻人，培养他们的自信，取得经济上的独立，实现他们创业的理想，通过自己当雇主为社会提供更多就业机会。

当然不是人人都可以成为导师，创业导师需要有一定的资历、阅历和经验。比如，导师必须有 5 年以上创业经验，能真正给青年创业者以指导。申请者可以写一个申请递给 YBC，经过审核后成为 YBC 的创业导师，派发一个创业导师的证书。创业导师的职责首先是收集申请创业者的资料，看有没有合适的创业青年及其创业计划。得到批准后，YBC 会给创业者 5 万元的创业启动资金，同时配给他们创业导师，两者见面后实行双向选择，最终形成"一对一"的关系。

创业导师所要充当的就是教练的角色，会跟创业青年一起分析项目施行的可行性，应该怎样去启动这个项目，过程中可能会存在哪些误区等等。有需要时，也会给创业青年提供一些实质性的帮助，比如介绍一些客户和销售网络。不过，这些都要创业青年自己到市场上亲自运作，注意团队协助。创业导师本身就是一面镜子，他们中很多都曾经历过创业，他们身上的成功或失败，能给创业青年提供活生生的教材，从而让创业青年尽量避免走进创业的误区。创业导师跟创业青年之间是松散关系，相互的沟通在时间上不定，一个月可能有一到两次的见面机会，平时都是通过打电话或者电子邮件的方式进行联系。

更主要的是，创业导师会对创业青年的创业进度进行帮助和监控。在召开每次进度会议之前，创业导师应该决定哪些议题需要在会上讨论，并编写报告，内容包括青年创业月记录、创业进度表"现金流"的部分是否完成？账簿是否完成？银行往来账是否完成？创业青年是否对创业条件作出有意义的评论？销售收入如何？创业青年是否需要培训？企业的管理状况如何？创业青年基金还款的情况如何？在创业导师的帮助和指导下，60%的青年企业能成功运营三年以上。

(2) YBC 助理。

助理主要负责 YBC 日常的办公室工作：受理创业扶持咨询、申请；管理、整理申请者的相关档案；与评审委员沟通；跟踪落实评审工作进度；与 YBC 扶持的申请者、创业者、YBC 服务站保持联系和沟通；跟踪受助青年还款进度以及办公室领导交办的其他工作任务。

(3) 为青年提供创业资金支持。

中国青少年社会教育基金会是由民政部批准设立的、共青团中央为业务主管单位的公募基金会。中国青年创业国际计划(YBC)是隶属于中国青少年社会教育基金会的以推进青年创业、就业为目标的项目，在基金会设有专项基金。

目前，YBC主要接受以企业、事业单位、社会团体为主体的公益捐款或捐赠。根据财政部和国家税务总局的关于捐赠所得税税前扣除问题的相关文件、通知，通过中国青少年社会教育基金会用于公益救济性的捐赠，企业在年度应纳税所得额3%以内的部分，准予在计算企业所得税税前扣除。

三、小型创业园

一般的小型创业园是可以为创业者提供实地创业场所的组织单位。这一类创业园，有的存在于高校之中，有的存在于写字楼之中，但是基本上都能够为创业者提供办公场地、办公设施与互联网络、公共活动区域等基础配套设施，使得一些小型的服务类创业项目可以在此展开业务运营。

目前，吉林省大学生创业园数量已达到50多个，大学生创业企业达到1000多户，创业大学生达到3000多人，直接带动5000多名毕业生就业。现介绍几家吉林省大学生创业园。

1. 吉林省万易大学生创业园

吉林省万易大学生创业园位于建设街1568号，建设街与南昌路交汇处，紧邻长春市三大商圈之中的两大商圈，红旗街商圈和重庆路商圈，该创业园是由吉林省中小企业发展局创业服务中心依据《关于实施创业孵化基地工程的意见(吉办发[2007]8号)》创办的，以扶持大学生创业、促进大学生创业为宗旨，为大学生创办的企业提供各种孵化服务的机构。创业园依托于共青团吉林省委、吉林省工信厅、吉林省教育厅和吉林省内50余所高校，总面积4000平方米，共有不同面积房间101个，分为蜂巢区以及幼蜂区。创业园分为蜂巢区和幼蜂区分别为在校大学生以及毕业三年以内的大学生提供创业服务。

2. 长春市双阳区大学生创业园

长春市双阳区注重大学生创业培训，积极为大学生提供创业空间和创业舞台，大学生创业园初具规模。

目前，双阳区拥有三家大学生创业园，即吉林省盛世金马大学生创业孵化产业园、吉林农业发展学院大学生创业孵化基地、长春市双阳区创业培训基地，建筑面积15000平方米左右。主要功能有政策咨询、就业指导、创业服务、创业项目展示、创业培训、创业实践等。目前已有44家大学生创业企业落户创业园，带动就业1323人，实现产值和利润550万元。创业园内还设有仿真创业实训操作平台，在课堂上就能了解创业的全过程。同时依托国际劳工组织推广的"SIYB"创业培训项目开展GYB和SYB两个创业模块的创业培训，即产生你的企业想法、创办你的企业，截止到现在，接受GYB和SYB培训的大学生有2026人，有800多名大学生参加创业实践活动。

3. 吉林市大学生创业园

吉林市大学生创业园是在共青团吉林市委、吉林高新技术产业开发区管委会、中共吉林市委宣传部、吉林市人力资源和社会保障局等单位的大力支持下，由新吉林网投资建设并运营管理，是吉林省规模最大、条件最好、设施最先进、创业成本最低的大学生创业园，同时也是"吉林青年创业园-吉林市大学生科技创业孵化基地"。

吉林市大学生创业园位于吉林市国家高新技术产业开发区创业园区内，总面积为5000平方米，可同时容纳500名大学生就业、创业、见习和培训。共有64个独立办公隔断、8个20平方米小办公室，7个40平方米大办公室，办公室内配备办公桌、办公椅、办公柜及沙发，设有宽带网络、内部电话、视频监控及音响系统，创业园内建立公共接待区、公共洽谈区、物业管理服务中心、大小会议室及培训教室，新浪吉林网的视频直播间及中心机房也设在创业园内。

吉林市大学生创业园只接受五年内应往届高校毕业生和在读大一至大四的大学生入驻申请，创业项目如通过共青团吉林市委和新浪吉林网的审核后，可享受创业资金补贴的优惠政策和优惠价格。

吉林市大学生创业园物业管理服务中心还提供创业项目、创业培训、公司注册、小额担保贷款、宣传推广等一系列的创业服务。

4. 辽源市大学生创业园

辽源市高度重视大学生创业就业工作，依托优势产业，强化大学生创业园区建设。拿出500万元建立创业发展基金，重点支持大学生进入园区创办企业。同时，不断健全政策扶持机制、市场导向机制和部门联动机制，为大学生创业创造便利条件。2010年，辽源市成立了高校毕业生创业就业服务中心，负责高校毕业生创业就业指导工作。去年，开通了大学生就业创业指导网络群。今年，开通我省首个大学生创业网站，并在长春和沈阳举办了两场大型专场人才招聘会，设立大学生创业园区独立展区，吸引域外大学生。辽源市各部门经常深入到大学生创业园区调研了解情况，帮助大学生解决实际问题，共为园区大学生创办企业累计提供贷款1.3亿元。

四、企业孵化器

（一）孵化器概述

1. 企业孵化器的定义

孵化器，英文为incubator，本义指人工孵化禽蛋的专门设备。后来引入经济领域，指一个集中的空间，能够在企业创办初期举步维艰时，提供资金、管理等多种便利，旨在对高新技术成果、科技型企业和创业企业进行孵化，以推动合作和交流，使企业"做大"。

美国孵化器专家鲁斯坦·拉卡卡认为：企业孵化器(business incubator)是具有特殊用途的设施，专门为经过挑选的知识型创业企业提供培育服务，直到这些企业能够不用或很少借用其他帮助将它们的产品或服务成功地打入市场。企业孵化器在我国也称高新技术创业服务中心，它通过为新创办的科技型中小企业提供物理空间和基础设施，提供一系列的服务支持，进而降低创业者的创业风险和创业成本，提高创业成功率，促进科技成果转化，培养成功的企业和企业家。在我国台湾地区叫育成中心，在欧洲一般叫创新中心(innovationcenter)。

2. 企业孵化器的基本特征

企业孵化器一般应具备四个基本特征：一是有孵化场地，二是有公共设施，三是能提供孵化服务，四是面向特定的服务对象——新创办的科技型中小企业。

3. 企业孵化器的当前发展状况

企业孵化器在 20 世纪 50 年代发源于美国，是伴随着新技术产业革命的兴起而发展起来的。企业孵化器在推动高新技术产业的发展，孵化和培育中小科技型企业，以及振兴区域经济，培养新的经济增长点等方面发挥了巨大作用，引起了世界各国政府的高度重视，企业孵化器也因此在全世界范围内得到了较快的发展。目前，企业孵化器获得了迅猛的发展，截至 2010 年底，世界上已有超万家企业孵化器，其中北美拥有 1590 家(并以每周新建一家的速度增长)，欧洲拥有 2334 家。

中国企业孵化器起源于 20 世纪 80 年代中后期，1987 年中国诞生了第一个科技企业孵化器——武汉东湖创业服务中心。经过 30 年的发展，科技企业孵化器的数量持续增长，孵化能力不断增强。

4. 企业孵化器的组织机构

(1) 项目招商部：招商引资，项目洽谈，企业进驻审批，收集各类科技、经济信息和市场情报，推荐投资合作项目，文件翻译，三资企业工商注册服务等。

(2) 产业服务部：企业生产、科研、市场营销、财务管理、知识产权、标准化等全过程服务，内资企业工商注册、税务登记"一条龙"服务，进驻企业毕业认定，协助高新技术企业、产品和各类项目的申报，研究企业发展模式，指导和培训进驻企业进行现代化管理，做好企业数据统计和科技中介机构的管理等。

(3) 综合服务部：对外宣传、接待、文秘、档案、内部财务管理、信息调研、内部管理等。

(4) 物业管理部：孵化基地的水、电、设备、环境卫生、保安等一系列物业后勤配套服务。

(5) 信息部：孵化基地计算机网络管理及相关专业技术信息服务等。

(二) 我国企业孵化器的发展趋势

我国企业孵化器的发展已形成自己的特色并开始呈现多种形态。孵化器正朝着形式多样化、功能专业化、投资主体多元化和组织网络化方向发展。

1. 在形式多样化方面

在我国，不仅有综合性的创业中心，而且近年来发展了一批留学人员创业园、大学科技园和海外创业园等。如今，已有依托清华大学、上海交通大学、重庆大学、四川大学等高等院校建立了数十家大学科技园孵化器；北京、上海、苏州等地依托创业中心和高新区建立了近百家留学人员创业园，为海内外留学人员和海外华人提供创业的全程服务；在美国、俄罗斯、新加坡、英国等地建立了海外创业园。

2. 在功能专业化方面

兴建了一批以中小型的软件开发企业为主要培育对象的软件园。上海张江生物医药孵化器、北京医科大学医药孵化器、北京 863 软件孵化器、北京北内制造业孵化基地、北京新材料孵化器、陕西杨凌农业专业孵化器、天津塘沽海洋技术专业孵化器等一批专业技术孵化器已经投入运营。

3. 在投资主体多元化方面

除了有政策性孵化器外，商业性孵化器的发展呈现良好态势；管理体制已从事业型为主，向企业型、事业单位企业化管理并重模式转变。一批国有和民营大中型企业、风险投资机构和跨国公司已经在中国创建了企业孵化器，以孵化器数量最多的北京为例，在 2000 年统计的 25 家孵化器中，大学投资的孵化器占 5 家，国企投资的孵化器占 7 家，民营企业投资的占 1 家，政府投资的占 7 家，国外公司投资的占 2 家，其他孵化器占 3 家。

4. 在组织网络化方面

为促进孵化器优势互补，协同发展，企业孵化器的工作组织网络也应运而生。1993 年高新技术产业开发区协会建立了高新技术创业服务中心专业委员会，这是第一个全国性的科技企业孵化器网络(组织)，目前已拥有 100 多家正式会员，每年都举办研讨、交流活动并与国外同行建立联系。设立在科技资源比较丰富的中心城市，连接本城市各类型孵化器的城市孵化器网络，目前已在北京、上海、武汉等地建立；中西部 12 个省市、华北、东北和华东地区先后建立了区域科技企业孵化器网络。此外，中国还积极参与了国际孵化器网络组织的有关活动。

5. 积极意义

我国涌现出的一些成功产业孵化器，培育了一大批科技型企业和企业家，为经济发展和产业结构调整做出了贡献。在孵的上万家创业企业为营造创业氛围、培育企业和企业家发挥了重要作用。

同时，在鼓励科技人员创业和创造新的就业机会等方面，维护社会稳定等方面作出了贡献。几十年来，孵化器直接创造的新增的就业岗位、大学科技园和留学人员创业园吸引了数万名科技人员创业，为鼓励大学和海外科技人员创业发挥了重要的引导作用。

(三) 企业孵化器园区常见优惠政策

一般企业孵化器园区多倾向于扶持拥有高新技术的海外留学(及已回归)人员创办高新技术企业，帮助高新技术成果加速商品化、产业化进而国际化，为造就新一代国际型企业家创造最佳条件。

入驻企业除享受企业孵化器园区规定的优惠政策外，还可享受类似以下的特惠政策：优惠的税收政策可使留学生创办的企业享受三年或更长时间的减半或免征收所得税、营业税或增值税的政策；超低的房屋使用租金，面向留学生创办的企业实施三年免租的优惠政策；租金标准及物业管理费用低于同类地域及条件下的价位；设有创业基金或种子基金，对有特殊需要的优秀高新技术企业或产品项目提供贷款服务，并协助企业开拓其他融资渠道；企业在获得上市保荐资格后，园区向其提供一次性资助；在区内实现产业化的专利，对专利所有者资助 50% 的专利申请费和维持费；属于区内重点鼓励产业的国家级研究开发机构，给予一定的资助；进入区内企业博士后工作站工作的博士，每人每年给予补助经费等。

五、创业竞赛

创业计划竞赛起源于美国，又称商业计划竞赛，是风靡全球高校的重要赛事。它借用模拟实际企业的运作模式，要求参赛者组成优势互补的竞赛小组，提出一项具有市场前景的技术、产品或者服务，并围绕这一技术、产品或服务，以获得风险投资为目的，完成一份完整、具体、深入的创业计划。

为了培养广大青年的创新、创业意识，提高就业能力，造就一代符合未来挑战要求的高素质人才，教育部相关部门特联合金蝶软件(中国)有限公司举办全国大学生创业大赛。创业大赛旨在培养复合型、创新型人才，促进高校产学研结合，让学生不仅在未来的创业道路上有所准备，更对毕业后的社会就业有深刻体验。

大赛自 2009 年启动以来得到了各省市、各高校的积极响应。2009 年大赛全国共计 32 个省市、1000 多所高校，8233 支队伍参赛，影响了超过 1000 万的在校大学生。大赛覆盖全国所有 985、211 高校，代表了当代中国大学生的最高水平。大赛取得了良好的社会影响，推进了创新创业、就业教育在校园的普及。

大赛以院校为单位进行报名，由一名指导老师和四名在校学生组成参赛团队。所有参赛人员一经报名，不得更换。大赛分为校内选拔赛、省市预选赛、区域半决赛以及全国总决赛四段赛事。其中，校内选拔赛由各参赛院校自行组织；省市预选赛由大赛组委会统一组织，并根据竞赛晋级规则选出优胜团队晋级区域半决赛；区域半决赛决胜团队将晋级全国总决赛。总决赛将根据综合成绩排名，分别颁发一等奖、二等奖、三等奖。一等奖队伍将进入"创业之星"争夺赛，冠军将获得 10 万元创业基金。

大赛以"电子对抗系统"和"ERP 管理软件"为竞赛平台，以创业计划书为基础，并由教育部相关领导、高校专家与国内外知名企业高管评审团点评及网友投票的方式进行综合评判。需要参加赛前培训的院校可填写培训申请表，上报大赛组委会当地报名处，由大赛组委会统一安排赛前培训。

参加训练的学生组成相互竞争的多家模拟企业，为完成经营目标，借助所掌握的理论知识，独立作出各种运营决策。通过若干经营周期的运营管理，最终争取在所有企业中脱颖而出。通过对真实企业的仿真模拟，让参加训练的学生在模拟经营竞赛中体会并学习企业运营管理知识，熟悉企业的业务流程，帮助学生增强分析问题与解决问题的能力，提升学生的综合素质。

学生是在模拟运营中体验着企业的运营管理，不冒风险，轻松尝试，完成企业运营管理中的各项分析决策，包括：制订企业战略、分析市场信息、制订研发计划、产品特性设计、营销渠道建设、生产制造管理、竞争对手分析、产品定价策略、市场营销推广、全面预算管理、经营绩效分析等。通过逼真再现的商业环境和学生对虚拟企业的亲自运营管理，帮助学生掌握应对在现实中可能碰到的各种管理问题的有效办法，在失败中吸取教训，在成功中领悟真谛，从而真正提升日常企业管理经营中的分析决策能力。

✦✦✦✦✦　思　考　题　✦✦✦✦✦

1. 新企业在选址中应着重考虑的因素有哪些？应掌握哪些策略？
2. 创办新企业的流程有哪些？
3. 创办新企业存在哪些风险？如何化解？
4. 大学生创办新企业应遵守哪些法规和政策？
5. 通过参加什么样的创新创业平台来提高大学生创新创业能力？

第十章 新企业管理

知识目标

- 了解新企业营销、财务、人力资源管理的特征。
- 理解新企业营销、财务、人力资源管理的重要性。
- 掌握新企业营销、财务、人力资源管理策略。

能力目标

通过本章的学习，大学生应建立营销、财务、人力资源管理的新理念，加快新企业的发展。

企业从创立之初到其摆脱生存困境，并步入规范化管理这一过程，如果按照企业"初创、成长、成熟、衰退"的四阶段生命周期来看，新企业显然是指处在生命周期第一个阶段的企业，这时企业首先要考虑的问题是生存下来。由于新企业立足未稳、实力较弱，加上企业内外部环境变幻莫测，企业必须十分重视各项管理工作。因此对于新企业而言，此时最为重要的就是认知企业存在的主要风险，通过有效的市场营销管理、财务管理和人力资源管理等职能手段规避和化解风险，积累相关资源，加快企业进入快速成长期。

第一节 新企业营销管理

新企业创建伊始，由于目标市场的潜在客户对企业不熟悉，无疑会对新企业的能力，产品的质量、交货期，经营者的信誉等问题产生疑虑。如何利用自身的优势，迅速地渗透市场，树立企业形象、打造企业品牌，获得市场或被同行业接受，如何在短时间内与目标客户建立关系，这直接关系到新企业的成长和发展，也关系到新企业是否能够很好地规避初创期的市场风险。新企业必须在短时间内探求适合的营销技巧，制定最有效的营销战略和策略，充分展示新企业及产品在市场上的独特性、差异性的特征，提高企业及产品在市场上的知名度。

一、新企业营销特征

1. 新企业营销的首要任务是快速进入市场

新企业往往没有市场基础，品牌缺乏知名度，渠道的配合与支持也相对较弱，同时也缺乏足够的现金流支撑其长线经营，这更加迫切地要求新企业在短时间内必须迅速打开市场，获得客户认同，摆脱企业初创期生存的压力。

2. 新企业营销的关键是品牌传播

大多数新企业都认识到企业要发展壮大，必须开展品牌建设。但是在创业初期，由于受制于资源约束或者缺乏长远的品牌战略目标，甚至有些创业者把品牌建设简单地理解为就是做广告，就是造影响，使得品牌建设缺少层次感甚至方向性。因此，新企业应该有全新的品牌诠释和系统的品牌内涵，由内而外、持续坚定地向消费者和社会公众传递品牌文化。

3. 新企业营销的目标具有阶段性

新企业营销的各个阶段，其目标和任务都不一样。成功的新企业营销可能需要历经凝聚创业团队的项目创意营销阶段，吸引投资者关注的商业计划营销阶段，寻求市场认同的产品/服务营销阶段，以及塑造品牌形象的企业营销阶段等。

4. 新企业营销策略灵活多变

新企业营销的实施环境更为动荡，具有很大的不确定性，这也使得创业者的营销策略必须更加灵活。一方面，其灵活多变的特征有助于创业者积极发挥优势，促进企业快速成长；另一方面，营销策略既需要高度灵活，又需要内在一致，自然也就加大了实施的难度。

二、市场再评估

新企业在进入市场、初尝市场成果之后仍然要考虑市场评估的问题，一是因为创业策划阶段的市场分析与实际进入市场之后的情况可能不一致；二是新企业面对生存压力还将考虑如何扩大市场、如何进一步开发产品种类、如何寻找新商机、如何巩固市场地位等问题。在这样的背景下，积极开展新一轮的市场分析可以帮助新企业开发符合顾客需求的新产品，找准自己的位置，并进行有效的营销策划。借助科学的评估，才能在激烈的竞争中抓住有利的机会，才能有效地回避市场危机，创造成功的机会。

1. 市场需求再分析

市场需求再分析，是指新企业进入市场后对产品或服务再次进行市场需求调研、分析及数据处理，以此作为企业产品开发和项目决策以及营销策略调整的依据，同时也可用于指导企业的生产、销售。对新企业而言，市场需求再分析应从更加深入地接近顾客、分析和验证顾客真实需求入手。顾客真实的需求指顾客存在未解决的问题，而现有的产品或服务又不能提供一种解决方案。如果新产品能够更好地为顾客提供服务，满足顾客需求，那么可以理解为存在真实需求。但是，值得注意的是，顾客的消费习惯都有保持现状的倾向，要真正实现顾客的转移，新产品必须有足够的吸引力。

如何判断是否存在真实的顾客需求呢？找出顾客的问题与渴望，就能找到真实的顾客需求。例如，日本的一次性尿布产品的开发正是缘于顾客对带孩子过程中洗换尿布的麻烦的抱怨。因此，顾客沮丧、抱怨的原因通常是真实需求的信号。

查找到顾客的问题并根据顾客的问题尽快拿出解决问题的方案，不断改进现有产品或研制出满足顾客需求并解决顾客的问题的新产品和服务，只有从模仿到改造再进行不断创新、不断优化产品结构，新企业才有实现顾客转移的可能，才能拥有市场。

企业在发展过程中要特别注意倾听顾客的抱怨，发现问题背后的商业机会，这样才能了解顾客的真实需求。要对顾客的抱怨和需求进行有效分析，发掘更有市场价值的产品，制定开发新产品的新方案，满足顾客的需求。当然，在制定解决满足顾客需求方案的同时，要对方案进行经济可行性分析、市场潜在竞争分析。一个新产品方案的策划，首先要考虑它的成本应小于顾客所愿意承担的价格，同时具备独特性、差异性、难以复制性等，这样新企业才更具市场竞争性。

2. 准确把握顾客偏好

顾客偏好是顾客在重复购买过程中建立起对购买对象、购买方式的喜好。假如顾客在每次购买过程中都有相对较愉悦的购买经历，势必会形成相对固定的购买模式，从而建立起购买习惯，形成偏好。所以，顾客的购买习惯与偏好的形成与其经历、性格、成长环境、社会地位及受教育程度等多方面复杂因素相关。偏好从理论上而言不一定是顾客最优的选择，但应该是购买者心理上最优的选择、最佳的满足。

作为新企业，不仅要针对顾客的真实需求，提供相应的新产品，还应该了解客户的购买偏好，选择销售渠道、设计销售流程和服务模式。

3. 分析影响购买需求的产品主要属性

购买者的收入水平、偏好、对未来的预期及相关商品的价格(互补品、替代品)等因素影响着购买者的购买行为。产品的质量、价格、功效、外观、操作方法和售后服务，或者是其中的几种因素共同影响着购买者的选择。在实际购买过程中，顾客的购买行为与产品的属性很难一一对应，因此，要获得对顾客选择产品影响最重要的属性是很困难的。只有针对产品的属性，利用相关的分析方法，评估出每个属性的相对重要性，才能查找出对顾客影响的最重要的属性。

在成熟的目标市场中，新企业只有了解产品的某一属性或某些属性影响着购买者的决策，从而修正产品的不满意属性，使其更为接近目标顾客理想的产品，并将顾客偏好转化成实际的购买行为，才能增强其成功的可能性。在未被开发的市场中，新企业更要加大研发力度，开发出更优于市场产品的、更能满足目标顾客需求的新产品，尽快抓住市场机遇，抢占市场份额，成就新企业的发展。

当然，对新企业而言，在成熟的目标市场中，获取顾客的信息不同于现有企业，受时间、资金等因素的影响难以获得足够的信息量，这些也直接影响新企业对顾客的偏好的把握和对市场需求程度的分析。

三、新企业的营销策略

新企业的营销与成熟企业的营销不同，完全沿用成熟企业的营销模式对新企业不合适而且风险很大。成熟企业营销策略是建立在有自己的品牌和形象、有雄厚的资金、有完善的销售渠道、有市场、有人才、有市场口碑、有自己特定的忠实顾客群这一基础之上的，而这一切正是新企业所缺乏的。新企业没有任何基础条件，要想走向成功，必须精心设计独特的营销策略。采取何种策略将技术或创意变为客户愿意购买的产品，如何将产品实现大规模生产和销售，是新企业面临的首要问题。

1. 产品差异化切入

市场定位是新企业营销管理的核心。如何扬长避短是企业创业期制胜的关键。企业创立之初就要认真研究市场机会，拓展产品和市场的边界，从广阔的行业市场中寻找最适合的消费者群体。创新市场需求，从满足需求的角度去认识产品，创新产品价值，寻求自身特色和优势。新企业在制定产品策略的过程中必须有清晰的产品上市思路，即企业先上什么产品，下一步再开发什么产品，产品结构升级的战略地图如何描绘。尤其是对于最初上市的产品，在产品决策之前必须有所了解：产品的哪些特质满足顾客的需求；哪些顾客接受本企业产品；产品在哪些方面优于市场竞争对手；产品制造的可行性、收益分析及市场前景如何。作为一个新企业，必须集中所有的优势和资源，力求在个别产品上打开市场缺口。这就要求新企业了解消费者的更深层次的需求，创造更优于竞争对手的产品。同时，在企业发展过程中，集中技术优势、资源优势、品牌优势对产品进行不断的修正和研发，以期从行业的开拓者或追随者成为行业领先者，并成为行业标准的标杆。华为公司就是从程控交换机入手，最终成长为行业的领军者的。

2. 制定市场覆盖计划

新企业一定要选择重点区域市场作为根据地进行大力开拓，不要试图一开始就建立全国性的营销网络。一般要优先选择若干价值高、有实力、成长性好、行业影响大、地理位置优，或者原有关系的客户。要根据客户特征对每一个客户制定专门的销售策略，要发挥集体的力量来制定策略，发挥企业员工的聪明才智，建立整个公司的营销理念和销售流程。在对客户的选择上，新企业也应该区分识别，建立客户信息处理机制，进行分类分级管理。有些客户是不能直接给新企业带来经济回报的，但却可以帮其打开行业的大门，积累行业经验和品牌；有些客户虽然利润不高，但采购需求真实，财务和市场状况良好，在经济萧条期仍然能支持新企业；有些客户虽然利润很高，但财务状况不良，风险较大。

3. 寻找有效的促销支点

促销是企业的营销人员通过各种有利于销售的沟通方式，如人员推销、广告推销、营业推广和公共关系等方式，针对目标顾客及其消费行为进行有效引导，促成购买的活动。一般有两种方式：一种是人员推销，即直接方式；另一种是非人员推销，即间接方式。新企业大部分面临的问题是产品及其品牌不为消费者所认知，更谈不上企业被社会认知。如何利用现有资源使有限的广告费用变得切实有效，是企业经营者面临的共同问题。这就需要营销者在有效使用广告费用的同时，能灵活运用各种广告宣传工具进行企业宣传，如开展事件营销、选择有实效的赞助方式、撰写软文、选择合适的媒体投放、充分发挥关系网络和互联网等各种资源的作用等。一个有创意的促销策略，能够起到意想不到的作用。

新企业因其人力、财力等资源相对匮乏，应选择投入小、见效快的有创意的促销策略。

4. 注意把握渠道效率与风险的平衡

新企业要根据产品的特质选择不同的营销渠道模式。一般情况下，服务业因其服务的提供与消费之间不需要通过中间商而选择直接渠道。工业品销售也采用直接渠道，它可以根据用户的特殊需要进行加工、安装，同时便于用户掌握产品的特性、使用功能和方法，减少产品不必要的损耗，降低流通费用，能够掌握价格的主动权。而消费品的主要销售方式为间接营销，通过中间商进行销售，可以节约流通领域的人力、物力、财力和时间，降低销售费用和产品价格，同时可以集中精力积累生产技能，扩大流通范围和产品销售，对于生产者和消费者均有利。如饮料制造商，它的产品主要通过超市、社区便利店、加油站、报刊亭、快餐店、娱乐场所等与消费者连接，很显然它的营销渠道属于宽渠道模式。劳力士手表属于奢侈品消费，一般通过专业珠宝店特许经销，属于窄渠道模式。窄渠道营销因生产者与消费者之间的中间环节少，产品可以迅速到达消费者手中，企业能及时地了解消费者需求，便于企业调整决策，较好地控制产品营销过程。如对售前及售后服务有特殊要求、技术性强、保险要求高的产品应选择较窄的渠道，而对于标准化程度较高且单价较低的产品则应选择宽渠道。

新企业应根据产品的属性如价格、技术性、内外部特性等，还有市场因素如包括潜在消费者在内的消费者的分布、数量、购买习惯及购买批量，企业的资金、销售能力以及竞争者状况等方面因素，综合分析选择适合自身产品的有效的、可控的营销渠道。

新企业渠道的功能诉求有别于相对成熟的企业，应更关注信息传递、收集信息、树立形象、客户服务的作用；渠道结构应尽可能扁平化，选择渠道成员也应慎重，注重商誉和营销能力，建立有效的考核体系和风险控制体系。

5. 打造精干高效的营销队伍

无论是营销任务的推进还是渠道的构建，新企业的营销能力都是影响和制约企业能否快速发展的重要因素。因此，必须有效开展全员营销计划，凝聚队伍，培养企业良好的形象，获得广泛的社会认同。既要吸引有行业经验的专业人士，同时也需要引进拥有良好社会关系的市场开拓人才，在搭建营销队伍时，要注重队伍的整体质量。

 创业故事　　　　　**诚信铸就辉煌——李嘉诚的创业故事**

这个世界上的大多数财富都属于那些发奋努力的创业者，而那些妄想着不通过努力就能轻而易举地获得大量财富的创业者往往都是失败的代名词。走近那些成功的创业者，我们不由得为他们的不懈努力而动容，而且我们还发现成功的创业者拥有巨额财富的背后，需要付出与财富相同数量的努力和汗水。其实，创业就是一场无法预知结果却要求创业者必须不懈努力的长途跋涉。通常，只有坚持不懈，创业者才会离胜利的终点越来越近。无数的创业者用铁一般的事实证明了这样一个创业规律——只要创业者真正努力了，无论成败他们都不会后悔。

李嘉诚作为华人世界的财富象征，大多数人只看到了他作为华人首富的风光一面，却很少能看到他在创业过程中所付出的常人无法想象的努力。李嘉诚从推销员到"塑胶花大王"，在他的塑胶行业如日中天时，毅然出售塑胶业务，投资地产业，奠定了他成为巨富的基础。之后，李嘉诚投资电信、发展能源，致力于业务多元化及国际化，迄今，李嘉诚的家族企业已发展成为一个包括港口、电信、地产、零售及制造能源五大核心业务在内的综合型跨国大企业集团。李嘉诚自身的努力拼搏、敢为人先、先敬业后乐业、不靠学历靠毅力、不靠决心靠恒心的这些创业智慧，还有他独到的眼界都是创业者需要好好学习和研究的。

一、从推销员到"塑胶花大王"

华人首富李嘉诚，1928 年 7 月 19 日出生于广东潮州的一个书香之家。因为父亲去世早，14 岁的李嘉诚被迫辍学，担负起家庭的重任。他最初是在舅父的钟表公司里当学徒，后来又做推销员，在生活的磨砺下成熟起来。

经过一段时间的磨炼，李嘉诚发现自己不仅推销有术，而且大有潜力。他那与生俱来的观察力和分析能力十分适合做推销员。他总是能凭着直觉看出客户是什么类型的人物，并且能马上了解客户的心理和性格，从而定好相应的推销策略。李嘉诚认为，在从事推销工作时，必须充满自信，而且要熟悉所推销的产品，尽最大努力，设法让客户感到你的产品是廉价而且优秀的。很快，李嘉诚成了全公司的佼佼者。但李嘉诚从不喜欢高谈阔论，他认为从事推销工作，重要的有两点：一是勤劳，二是创新。由于出色的推销工作，李嘉诚18岁就做了部门经理，两年后又被提升为这家塑胶带制造公司的总经理。

走南闯北的推销生涯，不仅初步形成了李嘉诚的商业头脑，丰富了他的商业知识，而且也使李嘉诚结识了很多好朋友，教会了他各种各样的社会知识。同时，在推销过程中，也使他学会了宽厚待人、诚实处世的做人哲学，为他日后事业的发展打下了良好的基础。

李嘉诚经过几年的生活的磨砺之后，逐渐成熟起来。干推销工作的这段时间虽取得了一定的成功，但毕竟只是一名高级"打工仔"，而他所管理的塑胶企业、塑胶公司的财产毕竟是董事长的，企业的成败都与李嘉诚关系不大，这使十分渴望向社会证明自身价值的李嘉诚下定决心要自立门户。因此无论老板怎样赏识，再三挽留，他都决意要离开，他要用自己平日点滴的积蓄从零开始，亲自创业。

1950年夏天，说干就干的李嘉诚以自己多年的积蓄和向亲友筹借的5万港元租了一间厂房，创办了"长江塑胶厂"，专门生产塑胶玩具和简单的日用品，由此起步，开始了他叱咤风云的创业之路。

在创业最初的一段时期，李嘉诚凭着自己的商业头脑，以"待人以诚，执事以信"的商业准则发了几笔小财。但不久以后，一段惨淡经营期来临了。几次小小的成功，使年轻且经验不足的李嘉诚忽略了商战中变幻莫测的特点，他开始过于自信了。几次成功以后，他就急切地去扩大他那资金不足、设备简陋的塑胶企业，于是资金开始周转不灵，工厂亏损越来越严重。过快的扩张，承接订单过多，加之简陋的设备和人手不足，极大影响了塑胶产品的质量，迫在眉睫的交货期使重视质量的李嘉诚也无暇顾及越来越严重的次品现象。于是，仓库开始堆满了因质量问题和交货的延误而退回来的产品，塑胶原料商开始上门催款，客户也纷纷上门寻找借口要求索赔。

李嘉诚做梦也没有想到，在他独自创业的最初几年里初尝成功的喜悦后，随之而来的却是灭顶之灾。1950年到1955年的这段沉浮岁月，直到今日，李嘉诚回忆起来都心有余悸。这是李嘉诚创业史上最为悲壮的一页，它沉痛地记录了李嘉诚摸爬滚打于暴雨泥泞之中的艰难历程，它用惨痛的失败反映李嘉诚成功之路的坎坷和最为心痛的一段际遇。

失败其实并不是重要的，最重要的是失败之后是否仍有信心，能否继续保持或拥有清醒的头脑。像任何身处逆境的人一样，李嘉诚经过一连串痛定思痛的磨难后，开始冷静分析国际经济形势变化，分析市场走向。

一个偶然的机会，李嘉诚阅读最新英文版《塑胶》杂志时，发现了一家意大利公司用塑胶原料设计制造的塑胶花即将倾销欧美市场的消息。这时，李嘉诚敏锐的头脑马上兴奋地预测到：一个塑胶花的黄金时代即将来临。

1957年，李嘉诚带着企业复活的希望踏上了学习塑胶花制造技术的征途。咬紧牙关欲走出绝境的李嘉诚在这期间吃了不少苦，甚至不惜打短工，千方百计地搜集点滴有关塑胶花制作的技术资料，他也开始了一系列别具新意的"转轨"行动。经过李嘉诚的努力，塑胶花开始引人注目，为中国香港市民普遍接受。"长江塑胶厂"的名字也开始为人们所熟悉。

在接下来的日子，李嘉诚领导的长江工业公司迎来了中国香港塑胶花制造业最为辉煌的时期。庞大的塑胶花市场，为李嘉诚带来了数以千万计的利润，长江工业公司的塑胶花和李嘉诚本人也越来也受到塑胶界的注目。"长江"因此而成为世界上最大的塑胶花制造基地，而李嘉诚则被誉为"塑胶花大王"。

二、成功融入中国香港地产界

李嘉诚在20世纪60年代靠经营塑胶起家，很短的时间就发展成为中国香港"塑胶花大王"，长江实业也成为中国香港的上市公司，然而就在此行业仍如日中天时，李嘉诚看到地产业方兴未艾，具有极大的潜力，因此毅然出售塑胶业务，改为投资地产业，奠定了他成为巨富的基础。

通过收购和黄集团，李嘉诚成功融入中国香港地产界的主流，并且获得了丰富的土地资源。收购和黄集团以后，李嘉诚在房地产业的发展明显加快，很快就成为中国香港的房地产巨头，并且将开拓的目光放到了海外，1988年4月，李嘉诚联合新世界发展主席郑裕彤、恒基兆业主席李兆基及李嘉诚持有10%股份的加拿大国际商业银行，在加拿大成立协和太平洋公司 以 32 亿港元巨资获得加拿大温哥华世界博览会旧址的发展权。

在美洲扩张的同时，李嘉诚也在亚洲寻找机会。1988 年 6 月，李嘉诚联合中国香港商界巨亨李兆基、邵逸夫、周文轩、曹文锦等人，投标获得政局稳定、深具潜质的亚洲四小龙之——新加坡的展览中心发展权。1992 年 3 月，李嘉诚、郭鹤年两位中国香港商界巨头，通过中国香港八佰伴超市集团主席和田一夫的牵线搭桥，携 60 亿港元巨资，赴日本札幌发展地产，此举震惊了日本商界。

三、投资电信项目

20 世纪 90 年代中期，李嘉诚认识到地产业暴利已经过去，因此他在不停地出售手上即将落成的住宅物业的同时，积极向海外电信业发展。他旗下的和黄集团作为发展电信业的旗舰，投资了一系列电信项目，获得了丰厚的收益。

Orange 公司是和黄集团最为成功的投资典范之一。当时和黄集团注资 5 亿美元收购 Orange 发展电信事业，眼下 Orange 公司已位居英国第三大电信公司，同时为以色列、中国香港及澳大利亚提供电信服务。而和黄集团在出售了 Orange 公司以后，和黄集团持有德国电信公司 Man-nesmann10.2%的股权，是目前欧洲最大的移动电话商。业界评论，此笔交易中李嘉诚根本没有任何成本，但却收获巨大，这笔轰动全球的交易改变了李嘉诚"地产大王"的形象。

四、发展能源业务

李嘉诚旗下还有一个很重要的业务，就是能源业务。1986 年，李嘉诚财团趁石油价格低潮，收购赫斯基石油公司 52% 的控股权，其中李嘉诚家族占 9%，和记黄埔和嘉宏国际各占互成权益的 43%，共耗资 32 亿港元。

和黄原本是一家老牌英资企业，在被李嘉诚的长江实业收购后，组成了"长黄系"，在李嘉诚的领导下，致力于业务多元化及国际化，迄今已发展成为一个包括港口、电信、地产、零售及制造能源五大核心业务在内的综合型跨国大企业集团。

五、创业智慧

1. 做人的精神

有这样一个故事：李嘉诚口袋里的一枚硬币滚落到一个角落里，他弯腰去拾，却没有拾到。一旁的门童为他拾起，恭敬地放到他手里。李嘉诚给了 100 港元的小费作为酬谢。旁人问起，李嘉诚说："硬币若不拾起，便没有用处；拾起，我还有用。100 元钱对他来说也是有用的。钱的作用不在于聚敛，而在于使用。"

这还可以反映到李嘉诚的管理之道。"管理一家大公司，你不可以样样事情亲力亲为，首先要让员工有归属感，对他们好，让他们喜欢你。"时至今日，社会环境已与多年前李嘉诚创业时有很多不同，有人认为为了成功可以不择手段。李嘉诚却说，"绝不同意为了成功而不择手段，即使侥幸略有所得，也必不能长久。"

2. 富与贵的哲学

李嘉诚有两个事业，一个是拼命赚钱的事业；另一个是不断花钱的事业，他的投入足以让他成为亚洲有史以来最伟大的公益慈善家。"一个人有了衣食住行这个条件之后，应该对社会多一点关怀。"李嘉诚一直在追求内心的富贵。贵为天子，未必是贵；贱如匹夫，不为贱也！在中国古代哲学家早就悟透的道理之下，李嘉诚又自创内心的财富，这就是真正的财富。

3. 天下事成败都在自身

作为华人首富李嘉诚曾说："天下事的成败都取决于自己，自身能力较高的人有较大的成功把握，自身能力较低的人必然会面临种种失败。"李嘉诚这句话成为一个成功创业者对创业成败的经典总结。

4. 创业精神：勤奋拼搏，敢为人先

1981 年，李嘉诚被香港电视台评为当年的"风云人物"，在领奖台上，李嘉诚骄傲地说："我创业成功的根本原因就是运气好，因为时势造英雄。"然而，时隔 17 年后，李嘉诚又一次被香港电视台评为"风云人物"，在接受电视台采访时，李嘉诚谦虚地说："在创业者刚刚走上创业这条路的时候，不要指望运气能创造捷径，创业的成功靠的是勤奋进取，靠的是坚持不懈的努力，忘我地工作对创业者来说非常重要。吃不了苦，害怕流汗的创业者是不会取得创业成功的，他的人生不会精彩。"

从李嘉诚前后两次接受采访的谈话可以看出，李嘉诚的态度转变得非常大，对创业的认识也不大相同。是什么原因让李嘉诚的创业态度和创业认识转变得如此之大呢？

其实，李嘉诚面对一次次的困境，在没有气馁的同时也开始反思，最终找出了自己失利的原因——创业成功靠的是勤奋进取，靠的是不懈的努力，而运气只是一个偶然的不确定因素，把运气当作创业成功最重要的因素，无疑是愚蠢的。勤奋、努力这些创业成功的关键因素又一次被李嘉诚重视起来，并再也没有被丢弃过。最终，李嘉诚在创业这条辛苦的道路上，靠着自己的勤奋与努力终于成为华人首富，成为当代的传奇财富人物。

5. 创业就是在抚养自己的孩子

李嘉诚说过："创业就像是在抚养自己的孩子，你必须用十足的精力全身心地投入其中，但是你不能指望你的努力会使孩子在一夜之间就长大，所以在创业时你同样也必须遵循这个过程。"

1950年，当时只有22岁的李嘉诚毅然辞去了总经理的职位，开始了自己的创业历程。在他创办的长江公司的客户中，有个叫马素的美国人曾订购了一批塑胶产品，但是最后不知什么原因临时取消了合同。对于这个变故，李嘉诚没有要求对方赔偿，他还对马素说："以后有其他生意，我们还可以再合作。"马素被这个年轻人的宽大胸襟所折服，他认为李嘉诚是个可以成大事的人，于是不断替他向美国的行家推销"长江"的产品。自此，美洲订单如雪片般飞来，李嘉诚也进一步感悟到"吃亏是福"的道理。创业五年后，"长江"逐渐成为全球首屈一指的大型塑胶厂。李嘉诚也被业内人士称为"塑胶花大王"。

李嘉诚的创业故事对今天的创业者仍有很高的参考价值。尤其是他脚踏实地，一步步将公司由小做大、由弱做强的经历，给创业者们很大的启发。创业者必须抛弃一夜暴富的美梦，一步步地成长才能取得最终的成功。创业者应该把自己的事业当成自己的孩子一样去对待，需要付出辛劳之后，才能见证他的成长。

6. 眼光不同，境界不同，结果也不同

"创业大师"李嘉诚曾说："我之所以取得如此大的成功，一个很大的因素是我具有别人所没有的独特眼光。"其实，李嘉诚的创业过程就是一个靠独特的眼光去寻找财富并且发现财富的过程，他在创业中所表现出来的创业境界，值得每一个创业者去深思。如果一个创业者拥有与李嘉诚一样的独特眼光和创业精神，就一定能取得一个令人美慕的创业结果。

六、李嘉诚的创业经

(1) 不为五斗米折腰的人，在哪里都有。你千万不要伤害别人的尊严，尊严是非常脆弱的，经不起任何伤害。

(2) 如果你认为毅力是每分每秒的"艰苦忍耐"式的奋斗，这是很不成熟的心理状态，毅力是一种心态，不是一种生活。

(3) 思索是上天恩赐人类捍卫命运的盾牌，很多人总是把不当的自我管理与交厄运混为一谈，这是很消极的，在某一种程度上是不负责任的人生态度。

(4) 当我们梦想更大成功的时候，我们有没有做更刻苦的准备？当我们梦想成为领袖的时候，我们有没有服务于人的谦恭？我们常常只希望改变别人，我们知道什么时候改变自己吗？当我们每天都在批评别人的时候，我们知道该怎样进行自我反省吗？

(5) 我绝不同意为了成功而不择手段，如果这样，即使侥幸略有所得，也必不能长久。

(6) 以外国人的管理方式，加上中国人的管理哲学，以及保存员工的干劲及热忱，无往不胜。

(7) 如果得到10%的利润是合理的，11%的利润是可以的，那我就只拿9%。

(8) 人要去求生意就比较难，生意跑来找你，你就很容易做成功，那如何才能让生意来找你呢？那就要靠朋友。如何结交朋友？那就要善待他人，充分考虑对方的利益。

(9) 眼睛仅盯在自己小口袋的是小商人，眼光放在世界大市场的是大商人。同样是商人，眼光不同，境界不同，结果也不同。

(10) 我每天晚上睡得很好，因为在各方面，我行事谨慎，别人不容易破坏我的名誉，我的名利方面，全部是从正道而来的。

第二节　新企业财务管理

财务管理是以资金运作为对象，利用价值形式对企业各种资源进行优化配置的综合性管理活动。对于新企业而言，能否充分利用企业有限的资金，使之进入良性循环，是决定该企业能否进一步稳定发展的一个非常重要的因素。在激烈的竞争中求得生存并持续地获利是新企业梦寐以求的理想结果。不断地提高企业利润，追求利润最大化，是新企业生存和发展的基本前提，也是保证其资本保值和增值的基础。新企业因资金相对比较缺乏，所以在财务管理中更加关注现金的流转，其内容主要包括财务管理的基础观念、现金管理和资本预算三个方面。

一、财务管理的基础观念

1. 资金时间价值观念

从经济学的观点来看，即使不考虑风险和通货膨胀，等量资金在不同时点上的价值量也不相等。现在的 1 元钱和一年后的 1 元钱的价值是不相等的，前者一般要比后者的经济价值大。因为现在的 1 元钱可以立即用于投资，一年后可获得一定的投资收益，使资金总额大于当初投资的总额，由此产生了资金具有时间价值的概念。

资金时间价值，是指资金随着时间的推移而发生的增值，也称货币时间价值。资金时间价值在量上表现为同一资金量在不同时间的价值量的差额。

资金时间价值有两种表现形式：一是绝对数表现形式，即货币时间价值额，是指资本在周转使用中产生的真实数额；二是相对数表现形式，即货币时间价值率，是指扣除风险报酬和通货膨胀补偿后的社会平均资本利润率。它与一般的利率是有差别的。只有在没有风险和没有通货膨胀的情况下，货币时间价值与利率才相等。

资金时间价值计算通常采取终值、现值的形式。终值又称将来值，是现在一定量资金在未来某一时点上的价值，俗称本利和。现值又称本金，是指未来某一时点上的一定量资金折合到现在的价值。终值和现值的计算涉及利息计算方式的选择。目前有两种利息计算方式，即单利和复利。单利是指一定期间内只根据本金计算利息，当期产生的利息在下一期不作为本金，不重复计算利息。复利则是不仅本金要计算利息，利息也要计算利息，即通常所说的"利滚利"。复利的概念充分体现了资金时间价值的含义，因为资金可以再投资，而且理性的投资者总是尽可能快地将资金投入合适的方向，以赚取报酬。在新企业财务管理中通常采用复利计息方法。

2. 风险价值观念

新企业刚刚走向市场，创业者自身所拥有的管理经验和技能相对不足，面对政治环境、市场环境、法律环境的变化，无法及时做出应对；同时，财务人员对财务的控制能力相对较弱，对财务风险缺乏一定的警惕性，这就使得风险成为新企业财务管理的一个重要特征，在新企业财务管理的每一个环节都不可避免地要重视风险。

风险一般是指在一定条件下和一定时期内可能发生的各种结果的变动程度。例如，抛一枚硬币，有正面朝上和朝下两种结果，每种结果出现的概率各占一半，但正面究竟是朝上还是朝下，谁也不能肯定，这就是风险。从财务管理的角度而言，风险就是企业在各项财务活动中，由于各种难以预料或难以控制的因素作用，使企业实际收益与预期收益发生背离，从而蒙受经济损失的可能性。

一般而言，投资者都厌恶风险，并力求回避风险。如果两个投资项目预计收益率相同，但一个项目的风险大而另一个项目风险小，则投资者必然选择风险小的项目。为什么有些人会进行风险投资呢？这是因为风险投资可以获得更多的额外收益，这种收益称为"风险价值"或"风险报酬"。风险价值是指投资者因为冒风险进行投资而获得的超过资金时间价值以外的额外报酬。

人们从事风险活动的实际结果与预期结果会发生偏离，这种偏离可能是负方向的，也可能是正方向的，因此，风险意味着危险和机遇。一方面，冒风险可能蒙受损失，产生不利影响；另一方面，冒风险可能会取得成功，获得风险报酬，并且风险越大，失败后的损失越大，成功后的风险报酬就越大。正因为巨大风险背后隐藏着巨大成功、高额回报的可能，这就成为人们冒风险从事各项经济活动的一种动力。风险与收益的并存性，使人们愿意从事各种风险活动。

由上述可见，风险和收益的基本关系是风险越大，要求的收益率越高。各投资项目的风险大小是不同的，在风险投资收益率相同的情况下，人们会选择风险最小的项目进行投资，竞争的结果是风险增加，收益率下降。最终，高风险的项目要有高收益，否则就没有人投资；低收益的项目风险低，否则也没有人投资。风险和收益的关系如图 10-1 所示。

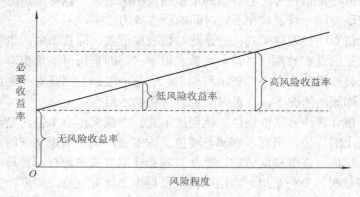

图 10-1　风险和收益的关系

从图 10-1 中可知，不考虑通货膨胀时，投资者进行风险投资所要求得到的投资收益率，即必要收益率，应是无风险收益率与风险收益率之和。

因此，新企业的决策者要树立风险意识，在做财务决策时，如果风险已定，则应尽可能选择收益高的方案；如果收益已定，则要尽可能选择风险小的方案，使可能的损失达到最低。

3. 现金至上观念

现金作为企业经营活动的"血液"，一旦发生问题，企业就难以生存，更谈不上发展，也就无法实现既定的财务目标。企业的现金流动是否顺畅，无疑会关系到企业的"生命"。而忽视现金管理的企业，就有可能导致企业得"血栓"甚至"血液枯竭"。作为新企业，现金无疑是其生存和发展的关键所在。

现金至上是现代财务管理的核心理念，新企业的决策者必须确立现金流管理在企业管理中的地位。其含义包括：第一，现金是稀缺资源，企业不是任何时候都能筹集到资金的；第二，债权人通常只接受最具流动性的现金资产进行支付；第三，有利润而缺现金，企业将面临破产的风险；第四，无利润而有现金，企业可以坚持改善经营以图长远发展。现金流的大小在一定程度上体现了企业经营活动的效率和活力，企业的现金只要能够维持不断周转，完成一个又一个营运周期，企业才具备在市场中生存、发展的能力。

有些企业太看重会计利润，往往忽视现金流，结果陷入困境。新企业决策者要树立现金比利润重要的观念。在衡量财富或价值时，应该使用现金流作为衡量工具。公司得到的现金可用于再投资，而公司获得的会计利润则只是账面上的反映，没有实际变现为手中的货币。公司的现金流和会计利润可以不同时发生，所以新企业应从可持续发展的角度出发，从关注利润转而关注现金流。新企业拥有良好现金流更为重要，"现金至上"的观念比任何时候都备受推崇。

二、现金管理

现金是指生产过程中暂时停留在货币形态的资金，包括库存现金、银行存款、银行本票和银行汇票等其他货币资金。现金是变现能力最强的资产，可以用来满足生产经营开支的各种需要，也是还本付息和履行纳税义务的保证。因此，新企业必须合理确定现金持有量，使现金收支不仅在数量上，而且在时间上相互衔接，以便在保证企业经营活动所需现金的同时，尽量减少企业闲置的现金数量，提高资金收益率。

新企业现金管理的内容主要包括：编制现金预算，以便合理地估计未来的现金需求；对日常的现金收支进行控制；采用特定的方法确定最佳现金余额。

（一）现金预算

现金预算是基于现金管理的目标，依托企业未来发展规划和组织架构，在充分调查与分析各种现金收支影响因素的基础上，合理估测企业未来一定时期的现金收支状况，并对预期差异进行控制的方法。企业可根据生产经营特点与管理要求按年、季、月编制现金预算。

现金预算编制方法有两种：收支预算法和调整净收益法。目前最为流行的、应用最为广泛的是收支预算法。

收支预算法又称直接法，是将预算期内可能发生的一切现金流入、流出项目分类列入现金预算表内，以确定收支差异，采取适当财务对策的方法。在收支预算法下，现金预算主要包括以下四部分内容。

1. 现金收入

现金收入包括预算期初现金余额和预算期内现金流入额，即预算期可动用的现金总额。

预算期内现金收入的主要来源是现销收入、收回的应收账款、应收票据到期兑现和票据贴现收入等。

2. 现金支出

现金支出包括预算期内可能发生的全部现金支出，如采购材料、支付货款、支付工资、支付各项费用、缴纳税金等。测算预算期内现金支出的主要依据是企业的各项业务预算与专项预算，如生产预算、采购预算、直接人工预算、资本支出预算等。对于解缴税款、派发股利的现金支出，则可以根据预计利润表、企业股利分配政策进行测算。

3. 现金收支差额

现金收支差额是指现金收入合计与现金支出合计的差额。差额为正，说明现金有多余；差额为负，说明现金不足。

4. 现金的筹集与运用

现金的筹集与运用指根据预算期内现金收支的差额和企业有关现金管理的各项政策，确定筹集或运用现金的数额。对于临时性的现金短缺，主要通过筹集短期负债或出售短期有价证券加以弥补；如果是经常性的现金短缺，则可以利用增加长期负债或变卖长期有价证券予以弥补。临时性的现金余裕可以归还短期借款或购买短期有价证券；如果这种现金余裕是经常性的，则比较适宜于归还长期借款或进行长期有价证券投资。收支预算法的基本格式如表 10-1 所示。

表 10-1　现 金 预 算

季　度		1	2	3	4	全年
期初现金余额	26 000	35 700	27 800	26 850	26 000	
加：销货现金收入	65 000	52 000	72 000	73 500	262 500	
可供使用现金	91 000	87 700	99 800	100 350	288 500	
减：各项现金支出						
直接材料	17 500	19 000	26 000	28 000	90 500	
直接人工	7200	9000	14 000	13 500	43 700	
制造费用	11 700	12 000	12 300	12 200	48 200	
销售费用	2800	2800	2800	2800	11 200	
管理费用	8100	8100	8100	8100	32 400	
所得税费用	3000	3000	3000	3000	12 000	
购买设备	36 000	36 000				
支付股利	5000	5000				
支出合计	55 300	89 900	66 200	67 600	279 000	
现金多余或不足	35 700	−2200	33 600	32 750	9500	
向银行借款		30 000			30 000	
偿还银行借款				6000	6000	12 000
偿还借款利息				750	600	1350
合计				6750	6600	13 350
期末现金余额	35 700	27 800	26 850	26 150	26 150	

（二）确定最佳现金余额

新企业最佳现金余额的确定，应根据企业的经营范围和现金管理特点，选择适当的模式。这里主要介绍新企业常用的成本分析模式和现金周转模式。

1. 成本分析模式

成本分析模式是根据持有现金发生的相关成本，分析预测其总成本最低时现金余额的一种方法。该方法需考虑因持有一定量的现金而产生的机会成本和现金短缺成本。

机会成本是指企业因持有一定数量的现金而丧失的再投资收益。由于现金属于非营利性资产，保留现金必然丧失再投资的机会及相应的投资收益，从而形成持有现金的机会成本，这种成本在数额上等同于资金的投资收益。例如企业欲持有 10 万元现金，则只能放弃5000 元的投资收益(假设企业要求的收益率为 5%)。用公式表示为

$$机会成本 = 现金余额 \times 有价证券利率$$

现金短缺成本是指在现金余额不足而又无法及时通过有价证券变现加以补充给企业造成的损失，包括直接损失与间接损失。如由于短缺现金而无法及时购入原料，由此导致企业停工的损失；由于短缺现金而使企业无法享受购货现金折扣的损失等。现金短缺成本随现金余额的增加而下降，随现金余额的减少而上升，即与现金余额呈反方向变动关系。

上述两项成本同现金余额之间的关系如图 10-2 所示。

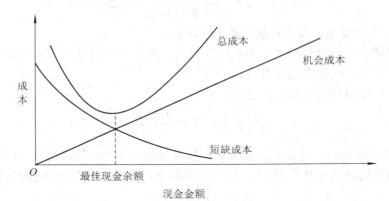

图 10-2 成本分析模式示意图

从图 10-2 中可以看出，由于各项成本同现金余额的变动关系不同，使得总成本曲线呈抛物线，抛物线的最低点即为成本最低点，该点对应的现金余额即是最佳现金余额。

例 10-1 某企业有四种现金持有方案，有关成本资料如表 10-2 所示。

表 10-2 某企业现金持有方案

项目 \ 方案	甲	乙	丙	丁
现金余额/元	30 000	40 000	50 000	60 000
机会成本率/(%)	10	10	10	10
短缺成本/元	5100	3200	2000	0

根据表 10-2 编制现金余额测算表，如表 10-3 所示。

表 10-3　现金余额测算表

方案 项目	甲	乙	丙	丁
机会成本	3000	4000	5000	6000
短缺成本	5100	3200	2000	0
总成本	8100	7200	7000	6000

由上述分析可知，丁方案的总成本最低，即 60 000 元是该企业的最佳现金余额。

2. 现金周转模式

现金周转模式是从现金周转的角度出发，根据现金的周转速度来确定最佳现金余额的方法。该方法在运用中包括以下三个步骤：

第一，计算现金周转期。

现金周转期是指企业从购买材料支付现金至销售商品收回现金的时间，即现金周转一次所需要的天数，其计算公式为

$$现金周转期 = 存货周转期 + 应收账款周转期 - 应付账款周转期$$

第二，计算现金周转率。

现金周转率是指一年或一个经营周期内现金的周转次数，其计算公式如下：

$$现金周转率 = \frac{1}{现金周转期} \times 计算期天数$$

（若以年为计算期，则计算期天数为 360 天。）

现金周转率与现金周转期互为反比例关系。现金周转期越短，则周转次数越多，在一定现金需求额下，现金余额将会越少。

第三，计算最佳现金余额，公式如下：

$$最佳现金余额 = \frac{年现金需求量}{现金周转率}$$

例 10-2　某公司年现金需求量为 720 万元，其原材料购买和产品销售均采取赊销方式。应收账款的平均收款天数为 60 天，应付账款的平均付款天数为 30 天，存货平均周转天数为 90 天，则

$$现金周转期 = 60 + 90 - 30 = 120（天）$$

$$现金周转率 = \frac{360}{120} = 3（次）$$

$$最佳现金余额 = \frac{720}{3} = 240（万元）$$

应用现金周转模式确定最佳现金余额的前提是：生产经营持续稳定，且材料采购与产品销售产生的现金流量支出和收入在时间间隔和发生数量上保持稳定。

（三）现金收支的日常控制

在现金管理中，新企业除了应按照国家有关规定，在现金使用范围、库存现金限额等

方面进行控制以外，还应当从如下几方面加强现金的日常控制，提高现金使用效率。

1. 力争现金流量同步

现金流量同步是指企业尽可能使其现金流入与现金流出发生的时间与额度趋于一致，从而使交易性现金余额降至最低水平。

2. 加速收款

为了提高现金的使用效率，新企业应在不影响销售的前提下加速收款。企业加速收款的任务不仅在于尽量让客户早付款，而且还要尽快地使这些"付款"转化为现金。

3. 合理利用现金浮存

所谓现金浮存，是指企业账户上现金余额与银行账户上所示的存款余额之间的差额。由于从企业开出支票，收票人收到支票并存入银行，至银行将款项划出企业账户需要一段时间，在这段时间里企业已开出支票，却仍可动用银行存款账户上的这笔资金。如果能正确预测浮存量并加以利用，将可节约大量现金。

三、资本预算

新企业的财务战略重点是投资决策，而投资将面临很大的风险。一方面是大量的投资支出引起大量的现金流出；另一方面是新产品研究开发的成败与未来现金流入的大小具有很大的不确定性，从而增大了投资风险。投资的高风险性，需要新企业决策者做出慎重的投资决策。所以，资本预算是新企业财务管理的重点。

(一) 资本预算的概念

资本预算又称 K 期投资决策，是对长期投资项目未来各期的现金流入与现金流出进行详细分析，并对投资项目是否可行做出判断的过程。资本预算是一种必要的管理工具，在企业财务管理过程中占有非常重要的地位，它所涉及的项目通常要支出大量资金，对企业会产生较长时间的影响。一项资本预算失误，会给企业带来重大损失，影响企业的财务状况和现金流量，甚至造成企业的破产。因此，新企业必须综合考虑资金的时间价值、投资的风险价值、资本成本以及现金流量等问题，并采取适当的指标来评价投资项目的预期效益。

(二) 现金流量

在资本预算决策中，评价项目赢利的财务指标不再是利润，而是现金流量。估计投资项目的预期现金流量是资本预算的首要环节，实际上也是分析投资方案时最重要、最困难的一个步骤。

1. 现金流量的估算

所谓现金流量，是指一个项目所引起的在未来一定期间内所发生的现金支出和现金收入的增加额。这里的"现金"是广义的现金，它不仅包括各种货币资金，而且包括与项目相关的非货币资源的变现价值(或重置成本)。例如，一个项目需要使用原有的厂房、设备和材料等，则相关的现金流量是指它们的变现价值，而不是其账面价值。

一个项目的现金流量由初始现金流量、营业现金流量和终结现金流量三部分构成。

(1) 初始现金流量。初始现金流量即建设期现金流量，指项目开始时所发生的现金流量。一般包括以下内容：

第一，固定资产投资，是指房屋、建筑物、生产设备等的购入或建造成本、运输成本和安装成本等。

第二，无形资产投资，是指项目用于土地使用权、专利权、商标权、专有技术、特许权等方面的投资。

第三，流动资金投资，是指项目投产前后分次或一次投放于原材料、在产品、产成品等流动资产的投资增加额，又称垫支的流动资金。这些资金一经投入，便在整个投资期限内围绕着企业的生产经营活动进行周而复始的循环周转，直至项目终结时才退出收回，并转作他用。

第四，其他投资费用，是指与长期投资项目有关的咨询调查费、注册费、人员培训费、谈判费等。

第五，原有固定资产的变价收入扣除相关税金后的净收益。变价收入主要是指固定资产更新时变卖原有固定资产所得的现金收入。

(2) 营业现金流量。营业现金流量即经营期现金净流量，指项目投产后，在其有效年限内由于正常的生产经营活动所引起的现金流量。这种现金流量一般按年度进行计算。一般包括以下内容：

第一，营业现金收入，是指项目投产后生产产品或提供劳务而使企业每年增加的现金销售收入，这是经营期最主要的现金流入项目。

第二，经营成本，又称为付现成本，是指用现金支出的各种成本和费用，如材料费用、人工费用、设备修理费用等。这是经营期最主要的现金流出项目。由于企业每年支付的总成本中，一部分是付现成本，另一部分是非付现成本，包括固定资产折旧费、无形资产摊销费等，而无形资产摊销费往往数额不大或是不经常发生，为简化起见通常忽略不计。因此，付现成本可以用当年的营业成本减固定资产折旧后得到。

第三，缴纳的各项税款，是指项目投资后依法缴纳的、单独列示的各项税款，主要是所得税。

因此，企业每年营业净现金流量可用以下公式计算：

年营业净现金流量 = 营业收入 – 付现成本 – 所得税

= 营业收入 – (营业成本 –折旧) – 所得税

= 营业收入 – 营业成本 – 所得税 + 折旧

= 税后净利 + 折旧

(3) 终结现金流量。终结现金流量指项目终结时所发生的现金流量，包括回收的固定资产残值或变价收入、回收原垫支的流动资金投资额、停止使用的土地变价收入等。

例 10-3　ABC 公司准备购入一台机器设备以扩充生产能力。该设备的买价为 11 000元，使用寿命为 5 年，采用直线法计提折旧，5 年后设备残值预计 1000 元。5 年中每年营业收入为 8000 元，每年的付现成本为 2000 元，设备投产时需垫支流动资金 2000 元，所得税税率为 25%。试计算其现金流量。

为计算现金流量，必须先计算方案每年的折旧额。

$$每年折旧额 = \frac{11\,000 - 1\,000}{5} = 2\,000\ （元）$$

下面先计算方案的营业现金流量，再结合初始现金流量和终结现金流量编制现金流量表，见表 10-4 和表 10-5。

表 10-4　投资项目的营业现金流量　　　　　　　　　　　　元

年　份	1	2	3	4	5
营业收入(1)	8000	8000	8000	8000	8000
付现成本(2)	2000	2000	2000	2000	2000
折旧(3)	2000	2000	2000	2000	2000
税前利润(4) = (1) − (2) − (3)	4000	4000	4000	4000	4000
所得税(5) = (4) × 25%	1000	1000	1000	1000	1000
税后利润(6) = (4) − (5)	3000	3000	3000	3000	3000
营业净现金流量(7) = (6) + (3)	5000	5000	5000	5000	5000

表 10-5　投资项目的现金流量　　　　　　　　　　　　元

年　份	0	1	2	3	4	5
固定资产投资	−11 000					
垫支流动资金	−2000					
营业现金流量		5000	5000	5000	5000	5000
收回垫支流动资金						2000
残值收入						1000
现金流量合计	−13 000	5000	5000	5000	5000	8000

在确定投资方案的现金流量时，应遵循的基本原则是：只有增量的现金流量才是与投资项目相关的现金流量。所谓增量的现金流量，是指接受或拒绝某个投资方案后，企业总现金流量因此发生的变动。只有实施某个投资项目引起的现金流入增加额，才是该项目的现金流入量；只有实施某个投资项目引起的现金流出增加额，才是该项目的现金流出量。

2. 资本预算中采用现金流量的原因

在会计核算中，企业按照权责发生制计量收入和费用，并以收入减去费用后得到的利润来评价企业的经济效益。科学的投资决策要求用收付实现制确定的现金流量来计算投资方案的经济效益，而不是用利润来衡量，原因如下：

第一，采用现金流量有利于科学地考虑时间价值因素。投资项目具有长期性，要实现科学的决策必须考虑资金的时间价值，将不同时点的现金收入或支出调整到同一时点进行汇总和比较，这就要求决策时弄清每笔预期收入款项和支出款项的具体时间。而利润的计量遵循权责发生制原则，其收入与费用的确认不考虑现金的实际收到和支出的时间。例如，在会计上购置设备的支出如果一次性发生，在购入当期不确认为当期费用，而是在资本化为资产项目后，在以后的受益期以折旧形式计入成本。可见，要在投资决策中考虑时间价值的因素，就不能利用利润来计量。

第二，采用现金流量使投资决策更符合客观实际。利润的计量有时带有主观随意性。会计上对同一种业务的处理可能存在多种方法，如存货计价方法、固定资产折旧方法等，不同方法的使用会形成不同的利润。而现金流量的分布不受这些人为因素的影响，同一种业务对现金流量的影响只有一种结果，以实际收到或付出的款额为准。

(三) 资本预算方法

资本预算方法按其是否考虑了资金的时间价值，可分为两类：一类是贴现评价法，即考虑资金时间价值因素，主要包括净现值、内部收益率等指标；另一类是非贴现评价法，即没有考虑资金时间价值因素，主要包括投资回收期、会计收益率等指标。非贴现评价法在评价投资项目的经济效益时，不考虑资金时间价值因素，直接按投资项目所形成的现金流量进行计算，这些指标在选择方案时起辅助作用。

1. 投资回收期法

投资回收期是指以投资项目营业净现金流量抵偿原始总投资所需要的时间，即回收原始投资所需要的时间，通常以年来表示，记作 PP(Payback Period)。其计算方法分以下两种情况：

(1) 如果投资项目每年的营业净现金流量相等，则投资回收期可按以下公式计算：

$$投资回收期 = \frac{原始投资额}{年营业净现金流量}$$

(2) 如果每年的营业净现金流量不相等，则要根据每年年末尚未回收的投资额加以确定。计算公式如下：

$$投资回收期 = (n-1) + \frac{第(n-1)年年末尚未收回的投资额}{第n年的净现金流量}$$

式中，$n-1$ 表示年末累计营业净现金流量为负值的最后一个年份数。

投资回收期法是最易于理解的资本预算方法。新企业决策者预先确定一个基准投资回收期，项目的投资回收期若小于或等于基准投资回收期，则方案可行；若大于基准投资回收期，则方案不可行。

如例 10-3 中，该项目的投资回收期为

$$投资回收期 = \frac{13\,000}{5000} = 2.6 \text{ (年)}$$

如果 ABC 公司要求基准投资回收期是 3 年，则该项目可行；如果 ABC 公司要求基准投资回收期是 2 年，则该项目不可行。

投资回收期法不仅忽视了资金时间价值，而且没有考虑回收期满以后的现金流量。事实上，有战略意义的长期投资往往早期收益较低，而中后期收益较高。然而，许多新企业依然采用这种方法，原因如下：第一，该方法便于理解，计算简便；第二，具有较短投资回收期的方案往往在短期收益上更具优势；第三，如果公司缺乏现金，采用投资回收期法能够使得资金更快回收。

2. 净现值法

净现值是指投资项目未来现金流入的现值与未来现金流出的现值之间的差额，记作 NPV(Net Present Value)。计算公式如下：

$$NPV = \sum_{i=0}^{n} \frac{I_t}{(1+i)t} - \sum_{i=0}^{n} \frac{O_t}{(1+i)t}$$

式中，n 表示项目投资的年限；I_t 表示第 t 年的现金流入量；O_t 表示第 t 年的现金流出量；i 表示预定的折现率。

如净现值大于零，即贴现后现金流入量大于贴现后现金流出量，说明该投资项目的报酬率大于预定的折现率，该项目可行；如净现值小于零，即贴现后现金流入量小于贴现后现金流出量，说明该投资项目的报酬率小于预定的折现率，该项目不可行。在有多个备选方案的互斥选择决策中，应选用净现值是正值中的最大者。

如例 10-3 中，假设折现率为 10%，则该项目的净现值为

$$NPV = \frac{5000}{(1+10\%)^1} + \frac{5000}{(1+10\%)^2} + \frac{5000}{(1+10\%)^3} + \frac{5000}{(1+10\%)^4} + \frac{8000}{(1+10\%)^5} - 13\,000$$
$$= 7816.2 \text{（元）}$$

该项目净现值大于零，可采纳它。

净现值法的优点主要体现在：第一，把未来各期的净现金流量进行了折现，考虑了货币的时间价值；第二，通常以项目的资本成本作为折现率，考虑并强调了项目的机会成本；第三，考虑了项目的风险因素，因为折现率的大小与风险大小有关，风险越大，折现率就越高。

净现值法也存在一些缺点，主要表现在：第一，计算净现值时所采用的贴现率没有明确的标准，具有一定的主观性；第二，不能反映投资项目的实际报酬率水平，当各项目投资额不等时，仅用净现值无法确定投资方案的优劣。

3. 内部收益率法

内部收益率(Internal Rate of Return，IRR)是指使净现值等于零时的折现率，又称为内部报酬串或内含报酬率。一个投资项目的内部收益率意味着：在考虑货币时间价值的基础上，到项目终结时，以各期净现金流量的现值恰好收回初始投资，此时净现值为零。这个使净现值等于零的折现率，就是该投资方案实际可能达到的报酬率，即预期收益率。计算公式如下：

$$\sum_{t=0}^{n} \frac{I_t}{(1+IRR)^t} - \sum_{t=0}^{n} \frac{O_t}{(1+IRR)^t} = 0$$

在只有一个方案的采纳与否决策中，内部收益率大于或等于企业的资本成本或必要报酬率时就采纳；反之，则拒绝。在有多个备选方案的互斥选择决策中，应选用内部收益率超过资本成本或必要报酬率最多的投资项目。

内部收益率的计算，通常采用"逐步测试法"。首先估计一个贴现率，用它来计算方案的净现值。如果净现值为正数，说明方案本身的收益率超过估计的贴现率，应提高贴现率

进一步测试；如果净现值为负数，说明方案本身的收益率低于估计的贴现率，应降低贴现率进一步测试。经过多次测试，寻找出使净现值接近于零的贴现率，即为方案本身的内部收益率。

如例 10-3 中，该项目的内部收益率测试过程如下：

设 $i = 28\%$，则

$$NPV = \frac{5000}{(1+28\%)^1} + \frac{5000}{(1+28\%)^2} + \frac{5000}{(1+28\%)^3} + \frac{5000}{(1+28\%)^4} + \frac{8000}{(1+28\%)^5} - 13\,000 = 533(元)$$

设 $i = 32\%$，则

$$NPV = \frac{5000}{(1+32\%)^1} + \frac{5000}{(1+32\%)^2} + \frac{5000}{(1+32\%)^3} + \frac{5000}{(1+32\%)^4} + \frac{8000}{(1+32\%)^5} - 13\,000 = -525.5(元)$$

$$IRR = 28\% + \frac{533}{533 + 575.5} \times (32\% - 28\%) = 30.01\%$$

该项目的内部收益率是 30.01%，如果最低投资报酬率要求是 15%，则该项目可行。

内部收益率法考虑了资金时间价值，能从动态的角度直接反映投资项目的实际收益率，且不受行业基准收益率高低的影响，比较客观，概念也易于理解。但这种方法的计算过程比较复杂，特别是对于每期现金流入量不相等的投资项目，一般要经过多次测算才能求得。此外，当投资支出和投资收入交叉发生时，可能导致多个内部收益率的出现，会给决策带来困难，甚至做出错误结论。

案例分析

【案例】邱展宗 2001 年大学毕业后，在内蒙古一家旅行社当经理，收入也不错，2002 年秋天，他带着挣来的 30 多万元回到了家乡。放弃高薪的工作，却要回到穷山沟里来创业，邱展宗的举动，让他的父亲和村民都不理解。邱展宗的父亲邱应芳不认同儿子的做法："我们家穷了这么久，好不容易赚了一点钱，如果败下去的话那就不得了了，一辈子都爬不起来。"

刚回来时，邱展宗首先拉着堂兄邱益武在村里到处找荒地，但却不说想干什么。最后，邱展宗看中了自己家门口那块地，因为比较贫瘠，那块地已经荒废了很多年。在堂兄的帮助下，邱展宗和村里签订了承包合同，租了 80 多亩的荒地，租期 30 年。

邱展宗像农村种地一样，把那个地起了行，起了垅，搞得漂漂亮亮。正在村民议论纷纷的时候，邱展宗拉着他堂兄到南宁走了一趟，买回来一些草种。邱展宗这时候才告诉大家，他要在村里种草、养牛。他的想法不仅遭到了村民的嘲笑，就连一直给他帮忙的堂兄也感到很奇怪。堂兄邱益武说："养牛要种什么草，山上到处都是草地，还要种什么草。"

但邱展宗自己心里却很有数，在内蒙古工作的几年里，他特意去考察了当地依靠养殖致富的成功经验，他知道自己的家乡有山有水，非常适合生态养殖业，所以赚了点钱后，他就决定立即回乡养牛。而且在内蒙古，邱展宗还了解到光靠山里的野草，不能满足现代化养殖的需要，必须种上优质的牧草，所以，他回来的第一件事就是种草。邱展宗说："这种草的好处就是蛋白质含量比较高，经过杂交改良以后，它的口感非常好，它的毛比较少，动物吃了以后不容易扎嘴，所以特别喜欢吃这种草。"

2003 年春天，邱展宗种下的草已经长了将近一年了。但村民却一直没看见他养的牛，他们都觉得邱展宗的草是白种了。但邱展宗却并不着急，他原本就是要等到草长好后才开始养牛，而且养的还不是本地一般的牛。在内蒙古期间，邱展宗早就调查清楚了，只有经过杂交改良后的肉牛，产出的小牛才能迅速生长，而且产肉率高。"当时我就到我们当地畜牧部门去打听，正好我们贺州市也正在搞这种牛的品种改良，所以我就认定了这个路子。"这时，邱展宗在内蒙古挣来的钱只剩下十几万元，他用全部剩下的钱去买进口的种牛，并开始精心饲养种牛。

2005 年，邱展宗卖掉第一批牛挣了点钱，但他很快又不卖牛了。原来，那时候昭平县全县只有一家屠宰场收购肉牛，宰杀后再把牛肉卖到市场，因为没有竞争对手，他们收牛时故意压价。看到自己养牛的利润都被别人赚走了，邱展宗有了一个新的想法："如果我自己来屠宰牛，分割着卖，一头牛能卖 2300 元，大概能产生毛利 400～500 元。"

从卖肉牛到卖牛肉，邱展宗的利润增加了，牛肉的销售量也越来越大，这更加坚定了他当初回乡养牛的信心。邱展宗说："我们这里有山有水，动物这东西也讲究生态，这是纯生态养出来的牛，牛肉质量非常好。"除了将牛放到纯天然的状态下放牧外，邱展宗还要给牛喂他特意种的优质牧草，这些牧草中含有丰富的营养物质，牛吃了后肉质也不一样。村民邱华海说："肉比较多，肉质也比较好。"

牛肉在市场上越卖越火，但邱展宗还是不满足。他觉得：既然自己的牛肉这么好，为什么不直接面对市场，向饭店直接销售牛肉，进而可以减少一道环节而增加利润呢？

2006 年 5 月，邱展宗带着新鲜的牛肉直接去饭店里推销。饭店都有自己固定的供货渠道，对突然冒出来的邱展宗没人当回事。邱展宗连着找了十几家饭店，却一斤牛肉也卖不出去。怎么样才能让饭店接受自己呢？邱展宗又想出了一个怪招。

当时昭平县市场上的牛肉平均是 9 元钱一斤，而邱展宗将批发价定为 11 元钱。打出的是与众不同的优质优价的招牌。刚开始闯市场，价格就比别人高，邱展宗这个奇怪的举动让县城那些饭店都无法接受。如昭平县最大的饭店经理陈善邦回忆说："不敢肯定他是做生意的人，我第一次跟他做生意，我也不懂，我也不敢相信。"但邱展宗又出怪招，把牛肉送去给饭店免费试用，陈善邦这才勉强答应先试用，结果却是他意想不到的。陈善邦的饭店经过试验后，感觉他的牛肉确实不错，于是决定跟他合作。

饭店用了邱展宗的牛肉后，来吃饭的人都觉得味道好，邱展宗的牛肉在顾客中慢慢地有了口碑。但陈善邦觉得他的牛肉贵，就用便宜的牛肉冒充，结果被顾客发现了。陈善邦说："我们换了一次，顾客吃了以后说：'你的牛肉好像不对头'，我说'怎么不对头'，他说：'好像跟上次不一样，不怎么好吃。'"经过这么一折腾，陈善邦从此就认定了邱展宗，只从他那里买牛肉。陈善邦说："宁愿贵一点，他的牛肉，分量足、不注水、口感都不一样，新鲜！"

现在，邱展宗每天都要赶上几头牛送到县城去屠宰，新鲜的牛肉还没上市就被县城里的饭店早早地订购一空，他一个月就能挣到两万多元。但是，邱展宗和村里的亲戚一起养的牛加起来存栏只有 200 多头，远远满足不了迅速扩大的市场，邱展宗就到周围乡镇去发动农户按照他的养殖模式养牛，但却遭到了亲戚和村民们的不理解和强烈反对。

村干部吴繁荣说："也是我们隔壁镇，有一个地方我和他也去看了，他也准备在那里和我们这里一样搞一个牛场。"这件事让村里的亲戚们很气愤，自己辛辛苦苦发展起来的赚钱门路，就这么容易地让村子外的人沾光。原来邱展宗 2002 年回到家乡养牛，不仅自己赚了 120 多万，还带动了家族亲戚养牛致富。现在他要将养殖基地建到其他乡镇去，亲戚们自然不愿意，认为是"肥水流了外人田"。

但邱展宗顾不上亲戚们的反对，还是要去村子外发展自己的养殖基地，而第一步就是让农民像他四年前一样，先种牧草后养牛。邱展宗说："你看，像这种草叶子比较柔软，一比较就知道了，所以将来给别人拿草种的时候，一定拿好的给别人。"对于争执，邱展宗说："这是很难协调的事，不是一天两天能解决的。"

2006 年 8 月，当地政府决定扶持邱展宗发展养殖业，而且希望他传授村民养殖技术，带动全县农民一起养牛致富，邱展宗本人也当选为贺州市人大代表，他的身上又多了一份责任。邱展宗说："大家把我这个路子放到农村去，稍微改良一下，也能像我一样过上富裕的生活。"

【案例分析】大学生邱展宗创业致富的成长之路，给我们带来以下启示。

1. 科学地制定创业战略和发展规划，才能实现稳健成长

邱展宗在创业前就在知识、资金、技术、市场和气候条件等方面做好了充分的准备，他引进大草原的现代养殖模式，先种草，再养牛，然后自己加工对接市场，再发动群众扩大规模，共奔致富路。他思路清晰、环环相扣，可见其成功并不偶然。

2. 新企业成长要注重价值创造和价值增值

邱展宗对养殖行业的整个产业链有清晰的了解和认识，因此，他才能从种草养牛，发展到加工宰牛，并对饭店直销，从而极大地提高了优质牛肉的附加值。同样也因为其对产业链的把握，他才在养殖基地的建设中，形成了"基地＋农户"的产业发展模式，变成草种、种牛、养殖技术的提供方，形成了他自身的核心竞争力。

3. 创业营销要打破常规，逆向思维，做低成本营销

面对接近饱和低价的批发市场，邱展宗选择了高端优质的定位，以高价、高调入市，越过批发市场直接和饭店打交道，并通过免费试用的方式打开市场，取得巨大成功，产品供不应求。

4. 创业者要追求个人价值和社会价值的有机统一，做企业社会公民

邱展宗很好地把个人创业和带动村民的致富结合起来，成就了他第一个阶段的成功，现在他把自身企业的规模发展和当地政府发展特色产业结合起来，带动全县农民脱贫致富，必将带来良好的社会效益。

第三节　新企业人力资源管理

对于新企业来说，资金和市场是创业者最大的担忧和最为关注的焦点，因而，许多新企业将大量的精力都投在了融资、市场开拓、控制成本等方面，而忽略了企业人力资源管理体系建设，相当一部分新企业主要靠同学圈、朋友圈、家族成员来构建创业团队或核心员工队伍，在管理中借助亲情、友情来维系。随着新企业的快速发展，越来越多的员工加盟企业，原有的粗放式的人力资源管理手段和方法的弊端会逐步显露出来。它不仅影响新企业的正常发展，还将严重威胁新企业的生存。

对新企业来说，如何把握和开发人力资源这种关键资源，对其人力资源的管理提出了更高的要求。新企业必须树立强烈的"人尽其才，人事相宜"的用人理念，重视人才的培养和开发，在人力资源的激烈竞争中，保持自身的竞争优势。

一、新企业人力资源管理工作的主要内容

1. 岗位分析与设计

岗位分析与设计指对业务岗位的工作内容、职责做出说明和研究，并确定完成这项工作需要有什么样的行为和过程。具体来讲，工作设计就是全面收集某一职务的有关信息，然后再对该职务进行书面描述的过程，一般从 6 个方面开展调查研究：工作内容(What)、责任者(Who)、工作岗位(Where)、工作时间(When)、怎样操作(How)以及为什么这样做(Why)。

2. 人力资源招聘

根据新企业的发展需要，采用一定的科学方法，从应聘人员中选出适宜人员予以录用，

它为组织不断适应市场需要提供了可靠保障。

3. 培训与开发

从泰勒的科学管理开始，企业就开始通过科学的培训来提高员工技能，从而满足劳动分工的需要。新企业不仅仅需要通过培训来满足员工当前工作的需要，而且还要通过培训增强组织和应变能力，并不断地提高员工的个人素质、知识和技能，从而提高劳动生产率，防止员工技能退化，也有利于员工个人的发展。组织中人员的聘用、选拔、晋升等工作，都离不开培训和开发。所以说，培训与开发是人力资源管理的一项最基本的任务。

4. 绩效管理

绩效管理是以绩效考核为主体的对员工达到何种目标和为什么要达到此种目标达成的共识与承诺，以及促进员工取得优异绩效的管理过程。

5. 薪酬管理

薪酬管理是在企业长远发展战略的指导下，对员工薪酬支付原则、薪酬策略、薪酬水平、薪酬结构、薪酬构成进行确定、分配和调整的动态管理过程。薪酬体系设计主要是薪酬水平设计、薪酬结构设计和薪酬构成设计；薪酬日常管理是由薪酬预算、薪酬支付、薪酬调整组成的循环，这个循环可以称为薪酬成本管理循环。

当然，新企业由于处在企业发展的特定阶段，这些人力资源管理的内容会有一定的缺失，也存在着不太完善的状况。比如工作设计，由于企业自身的组织架构还不健全，岗位界定也还不够清晰，有些岗位专业化程度也不够高，有可能无法为员工确定非常明确的岗位职责和岗位任务；培训工作也相对简单，主要表现为岗位培训、公司制度的培训、员工技术的培训等，目的主要在于适应岗位要求，更快地进入工作岗位，获得成效；薪酬激励也不够规范，激励也是以短期激励为主，有些新企业没有建立起规范合理的薪酬体系，随意性较大。

二、新企业在人力资源管理方面存在的问题

1. 对人力资源管理不重视

新企业在企业运作初期，由于主要精力放在市场开拓上，对人力资源管理无暇顾及，表现在缺乏专业的人力资源管理人员，有的连人力资源管理的职能都缺失，员工薪酬管理也比较混乱，在人力资源管理工作上财力的投入也往往不足。这使得企业在资源的分配中弱化了对人力资源的投入，甚至产生诸如责权利不清楚、劳资关系不明晰、缺乏有效的绩效管理等问题，成为影响企业未来发展的重要障碍。因此，新企业要得以持续、快速地发展，就必须重视对人力资源的管理。

2. 缺乏关键核心人才

新企业在外部市场竞争的压力下，出于对成长与发展的迫切需要，必须对产品、市场、技术、管理等方面进行系统化设计和高效运作，而且新企业缺乏企业知名度以及产品的品牌形象、技术资金实力弱以及缺少稳定的发展前景，使得其与成熟的大企业相比在关键人才的引进上缺乏吸引力。为此，有些新企业可能会通过虚拟公司的外资背景、夸大公司实力与业绩、给予求职者过高的承诺等不规范的手段来吸引人才，不惜以牺牲企业的信用为

代价。这种短视行为将给企业人才流失埋下隐患，因此新企业必须搭建一个合理的平台，创建一个适合企业发展和个人发展的企业环境，以吸引关键核心人才。

3. 人力资源管理规范化程度低

新企业一般不设立正式的人力资源管理部门，也很少有正式的绩效评价和与之相匹配的统一的薪酬制度，甚至连基本的岗位职责的界定都极不规范。在进行人员招聘时，新企业更倾向于采用一些非正规的简单方式，员工入职阶段和成长过程中也缺乏系统的培训，大多数新企业多采用一种非正式的和不太规范的所谓灵活方式来进行人力资源管理。

规范化管理对新企业的发展的影响犹如地基对楼房的影响，楼层越高，对地基的要求就越严格。规范化管理可以促使企业的经营行为更多地具有理智的特点，借助扎实的基础管理工作强化成本核算，通过管理制度建设构建基本的管理工作秩序，进而提高工作效率。规范化管理也可以说是企业长期健康发展的保证。管理不规范是导致大多数新企业失败的主要原因之一。企业成立之初的管理往往不规范，随着企业的不断发展，管理水平跟不上企业发展的要求，如果没有及时地对企业管理进行规范，就会导致企业管理效率下降，出现许多不合理的现象，导致企业的产品品种、质量、服务、利润等受到不利影响，使企业的发展受到制约。

4. 缺乏对员工的有效激励机制

新企业由于管理基础比较薄弱，薪酬管理制度不健全，加上企业的知名度不高，企业未来发展的愿景也不明确，企业员工大多数是追求工资和奖金，企业一有风吹草动，员工队伍就极不稳定，这给企业的长期稳定发展带来较大的风险。所以，企业应围绕员工培训工作及职业生涯规划展开培训，规范企业管理制度，建立起有效的激励机制。

三、新企业人力资源管理的策略

新企业如何获取其发展所需要的关键核心人才，并通过有效的人力资源管理使得人事相宜、人尽其才，已成为企业生存和发展的关键。

1. 有效激励，吸引人才

新企业应根据自身企业所处行业的特点以及战略发展定位，明确企业的竞争优势方向，确定关键人才的类型与稀缺程度，设计有效的激励政策。例如，可以采用高额的远期风险收入吸引人才。新企业由于资金资源的限制可能导致企业的薪酬水平不具有较强的竞争力，那么可考虑通过风险收入和远期收入来吸引人才，一般可采用投资入股、给予股票期权等形式。同时，充分挖掘和利用感情留人、事业留人的激励政策的潜力，增强企业的和谐文化，注重关键核心人才的职业生涯发展，建立关键核心人才的归属感和成就感。

2. 专业规范，提高效率

企业可以根据自身的实际情况，通过在企业内部设立专人专职或者采取人力资源管理外包方式灵活实现企业的规范化人力资源管理。这两种方式都能确保管理的规范性，由于专业人员对人力资源管理相关法律和法规、人力资源管理工具和方法把握得较为准确，制订的人力资源计划以及日常工作都能够符合本企业的利益，通过适时的人力资源管理诊断，能及时在日常管理中发现问题和解决问题。

✦✦✦✦✦ 思 考 题 ✦✦✦✦✦

1. 针对新企业的营销特点，可以制定哪些营销策略？
2. 新企业的财务管理应具备哪些基础观念？
3. 现金预算包括哪几部分内容？最佳现金余额的确定方法有哪几种？
4. 新企业人力资源管理的问题主要表现在哪些方面？
5. 如何进行新企业人力资源管理？

参 考 文 献

[1] 吴晓义. 创业基础：理论、案例与实训. 北京：中国人民大学出版社，2014.

[2] 梅强. 创业基础. 北京：清华大学出版社，2014.

[3] 祁金利，韩威，肖克奇. 大学生就业与创业指导. 西安：世界图书出版公司，2011.

[4] 周卫泽，冯静. 大学生就业与创业实用教程. 沈阳：辽宁教育出版社，2011.

[5] 刘万韬. 大学生创新与创业教程. 上海：南开大学出版社，2014.

[6] 李秋斌. 大学生创业指导. 北京：北京大学出版社，2014.

[7] 孙蕊. 创业教育指导教程. 上海：南开大学出版社，2013.

[8] 高微，韩雪，等. 创业密码. 北京：中国金融出版社，2013.

[9] 王希永，李晓珍. 大学生生涯设计与发展. 广州：中山大学出版社，2001.

[10] 高校毕业生就业创业政策法规选编. 吉林省高校毕业生就业促进会. 2011.

[11] 冯丽霞，王若洪. 创业基础教程. 北京：清华大学出版社，2013.

[12] 李家华. 创业基础. 北京：北京师范大学出版社，2013.

[13] 养乐克. 大学生创新创业教程. 北京：中国时代经济出版社，2014.

[14] 邱慧青，西荣超. 创业指导手册. 北京：清华大学出版社，2013.

[15] 刘记红. 大学生创业教育案例教学的探索. 南通纺织职业技术学院学报，2010(9).

[16] 段美，等. 我国大学生创业能力培养模式及对策研究. 广东青年干部学院学报，2010(9).

[17] 赵观石. 地方高校大学生创业的六个认识误区及对策. 教育理论与实践，2010(10).

[18] 贾文华. 试论大学生创业精神与创业能力的培养. 商丘师范学院，2006(3).

[19] 梅伟惠. 大学生创业技能要素模型研究. 高等工程教育研究，2012(3).

[20] 柴旭东. 基于隐性知识的大学创业教育研究. 华东师范大学，2010.

[21] 曲殿彬，许文霞. 论高等学校创业教育体系的构建. 东北师范大学学报：哲学社会科学版，2009(3).

[22] 李肖鸣，朱建新. 大学生创业基础. 北京：清华大学出版社，2013.